BASTEI LÜBBE

Zeitgeschichte bei Bastei-Lübbe

Wolf Heckmann

ROMMELS Krieg in Afrika

BASTEI LÜBBE

BASTEI-LÜBBE-TASCHENBUCH
Nr. 65 024

1. Auflage 1980
2. Auflage 1982

Printed in Western Germany 1982
Einbandgestaltung: Ralf Rudolph
Abbildungen: Imperial War Museum, London;
Bundesarchiv Koblenz
Karten: Nikola Wachsmuth
Gesamtherstellung: Zettler, Schwabmünchen
ISBN 3-404-65024-7

Inhaltsverzeichnis

Einleitung

Der Krieg in Afrika liegt um die 35 Jahre zurück; die Archive sind geöffnet, die Leidenschaften sollten abgeflaut sein. Es ist an der Zeit, daß die Berichterstattung nüchtern, daß aus den schönen Geschichten Geschichte wird.

Zu schönen Geschichten gehören Helden und Schurken, Allwissende und Tölpel. In der Geschichte kommen nur Menschen vor, fehlbar und anfällig; sie sind nie absolut makellose Helden, und sie sind ganz selten abgrundtiefe Schurken und Tölpel ohne irgendeinen positiven Zug.

Schöne Geschichten werden geschrieben, damit der Leser sich erbauen, sich an einer überragenden Figur aufrichten kann. Geschichte wird für diejenigen geschrieben, die wissen möchten, was passiert ist. Sie braucht deswegen weder abstoßend noch trocken zu sein. Nur Märchenhelden kommen nicht vor.

In den schönen Geschichten über den Afrika-Feldzug ist in der Regel aus Rommel eine Idealgestalt gemacht worden. Geschichte macht aus ihm längst noch keinen Schurken, wenngleich in der Art, in der er mit einigen Untergebenen umsprang, recht unschöne Züge zu finden sind.

Vor der Geschichte ist Rommel ein Produkt seiner Zeit: geprägt ebenso vom Ersten Weltkrieg wie von dessen unglückseligem Schlußpunkt, dem Versailler Vertrag, und seinen Folgen. Rommel war tapfer, ehrgeizig und maßlos in seinen Zielen. Wer die Geschichte dieser Zeit betrachtet, kommt nicht umhin, bei einer Figur auf ganz anderer Ebene verwandte Züge zu entdecken, ebenso imponierend und ungebärdig: bei Winston Churchill, Englands Kriegspremier, den ein altes, gewachsenes und weises System in Grenzen hielt.

Will man den Krieg in Afrika einordnen in die Geschichte, so kollidiert man zwangsläufig mit anderen schönen Geschichten: Etwa der, daß nur Hitler und sein Oberkommando der Wehrmacht dilettantisch und größenwahnsinnig, Generalstab und OKH jedoch (und womöglich die Generalität in ihrer Gesamtheit) ein Hort der Weisheit und professioneller Tüchtigkeit, gepaart mit makelloser Ehrbarkeit, waren.

Manche Memoiren erwecken den Eindruck, daß Hitler hauptsächlich damit beschäftigt war, seine Generale daran zu hindern, den Krieg für ihn zu gewinnen. So wenig wünschenswert das gewesen wäre: man sollte und kann heute nachprüfen, was daran stimmt.

Was außerhalb jeder Kritik bleibt, ist die Leistung der Soldaten beider Seiten, die sich gewiß manches Mal der Vorstellungskraft und der Darstellungskraft entzieht. Der gescheite Fliegergeneral Johannes Steinhoff hat einmal in einer Diskussion gesagt, wer heute über den allgemeinen Konsensus des Mitmachens staune, müsse den damaligen Informationsstand berücksichtigen.

Es kommt hinzu, daß der wildgewordene Kleinbürger Hitler an einem Punkt der Geschichte auftauchte, an dem die totale Unfähigkeit der Menschen, mit der Welt auf anständige Weise fertigzuwerden, ein ganzes Volk für ihn reifgemacht hatte. Die (zugegebene) Vereinfachung in dieser Feststellung wird mir Schelte eintragen. Aber was man auch an zusätzlichen Gründen für das Phänomen Hitler und sein Nazi-Deutschland anführen mag: es hat doch seine Ursache in dieser Kette von Fehlhandlungen und Bluttaten, die man Geschichte nennt.

Die übliche Bemerkung, man beschriebe ein solches Gemetzel wie dieses afrikanische, um vor Wiederholungen zu warnen, ist deshalb ein wenig schlicht, so ehrlich sie gemeint sein mag. Der Informationsstand über das Grauen des Krieges war eigentlich immer ganz gut. Er hat nichts verhindert.

Was fehlt, ist ein wenig mehr Verstand in der Weltgeschichte. (Die Forderung nach Nächstenliebe kann als utopisch aufgegeben werden.)

Was nachdenklich machen soll, ist der Kontrast zwischen Unverstand oben und ehrlicher Hingabe unten. Deshalb verläßt dieses Buch gelegentlich den Kriegsschauplatz: es will Zweifel säen an unkontrollierter Macht.

Zweifel ist das Kind des Verstandes. Er kennzeichnet die

Staatsform, die wir nun nach dem blutigsten Abschnitt unserer Geschichte haben. Sie ist der Forderung nach Hingabe und blindem Vertrauen überaus abträglich.

Und das ist gut so.

Erstes Buch: Ein stürmischer Bursche

Vorspiel: Die unheimliche Begegnung

Schau ohne Zuschauer

Als Generalleutnant Erwin Rommel im Februar 1941 nach Nordafrika kam und sofort eine hektische Aktivität entwickelte, ging es ihm wie einem Schauspieler, der eine hinreißende Vorstellung vor menschenleerem Zuschauerraum gibt:

Er ließ seine ersten, spärlichen Einheiten mehrfach am Gouvernementspalast von Tripolis vorbeiparadieren, um furchterregende Kampfkraft vorzutäuschen. Er trieb mit seiner unwiderstehlichen Mischung aus Charme und Schelte italienische Handwerker an, die ihm in Rekordzeit über 200 hölzerne Panzerattrappen auf alte Pkw-Fahrgestelle nagelten.

Aber den Feind, den er beeindrucken und von weiterem Vorrücken nach Westen abhalten wollte, gab es nahezu nicht mehr. Östlich der Grenze Tripolitaniens war nicht viel mehr als ein militärisches Vakuum. Die kampferprobten englischen Truppen, die in den Monaten zuvor die um ein Vielfaches überlegenen Italiener aus der Cyrenaika gefegt hatten, waren von unerfahrenen Einheiten mit erbärmlicher Ausrüstung abgelöst worden.

Und niemand kümmerte sich um Rommel, geschweige denn um seine Panzer-Streitmacht aus der Tischlerei und der Trick-Kiste. Selten oder nie haben sich im Zeitalter des Flugzeugs und moderner Nachrichtenübermittlung feindliche Truppen so ahnungslos gegenübergestanden. Jeder glaubte vom anderen etwas Falsches:

Rommel erwartete knochenharte Angriffsdivisionen, wo unvollständige Verbände standen, die nach Ausbildung und Ausrüstung kaum zur Verteidigung ausreichten.

Die Briten vermuteten dort, wo Schiff um Schiff mit kampflustigen, glänzend ausgebildeten und bewaffneten Deutschen anlegte, nicht viel mehr als die verstörten Überreste der italienischen Libyen-Armee, deren schwere Waffen Wüste und Bergland zwischen Sidi Barani und El Agheila bedeckten.

Es ist ziemlich offensichtlich, daß Rommel schon recht bald seinen Irrtum erkannte. Aber als ein Mann, der Ehrgeiz und persönliche Tapferkeit mit einem ausgeprägten Sinn für theatralische Effekte zu verbinden wußte, neigte er nicht sehr dazu, seine Vorgesetzten ausgerechnet über die Schwäche beim Feind zu unterrichten.

Militärische Katastrophen treffen ohnehin in der Regel den, der die Stärke des Gegners unterschätzt.

Die totale Desinformiertheit der Engländer hatte verschiedene Gründe: Vor dem Ausbruch des Zweiten Weltkrieges war es die Aufgabe des verbündeten Frankreich gewesen, ein Agentennetz in Nordafrika zu unterhalten und Nachrichten im italienischen Libyen zu sammeln. In der vagen Hoffnung, den Schießkrieg mit Italien vielleicht doch noch zu vermeiden, verbot die britische Regierung nach der Kapitulation Frankreichs alles, was den empfindlichen Mussolini hätte verärgern können.

So kam es, daß kein einziger britischer Agent in Tripolis war, um über Rommels multiplizierte Schauparaden zu berichten. Ein Fehlschlag für den Veranstalter, aber nichts Besseres konnte ihm passieren.

Luftaufklärung fand ebenfalls nicht statt. Die paar in der Wüste zurückgelassenen Flugzeuge – zwei Schwadronen Hurricane-Jäger und ein paar zweimotorige Blenheim-Bomber – kämpften ums nackte Überleben. Rommels Holz-Panzer wackelten wie ein Ballett ohne Zuschauer in der Wüste herum.

Immerhin, erdgebundene Aufklärungseinheiten berichteten frühzeitig über die Ankunft deutscher Truppen an der afrikanischen Front. Aber weiter hinten glaubte jedermann, sie hätten Gespenster gesehen. Zumal andere nachrichtendienstliche Erkenntnisse dagegen sprachen.

Erster Verlust: eine Bettenrolle

Corporal Harry Short versetzte seinem Fahrer einen sanften Fußtritt – die beste Methode, in dem kleinen Spähwagen »Marmon Harrington« Befehle zu geben. Denn es gab keine Bordsprechanlage, und das 80-PS-Motorchen heulte im rauhen Gelände meistens auf hohen Tourenzahlen.

Der Fahrer ließ den Wagen gehorsam ausrollen. Corporal Short blickte unschlüssig nach Westen, wo hinter den Hügeln eine Staubfahne aufstieg. Und sie kam näher.

Short dirigierte seinen Wagen so hinter einen Hügel, daß er gerade noch die Kuppen im Westen beobachten konnte. Soviel er wußte, mußten die bei den letzten Gefechten vor zehn Tagen übriggebliebenen Italiener geradewegs bis nach Tripolis gerannt sein. Was mochte da angefahren kommen?

Er zuckte zusammen und duckte sich ein wenig, obwohl die klare Morgensonne in seinem Rücken stand, als drüben das unheimliche Ding auftauchte: ein achträdriger Panzerspähwagen mit einer achtunggebietenden Kanone.

Wie eine sehr eilige Raupe glitt das langgestreckte Fahrzeug auf die Kuppe des gegenüberliegenden Hügels, leise grummelte ein kraftvoller Motor, unter einem Antennengitter blickten wuchtige Männer mit Schirmmützen nach Osten, fuhren dann rückwärts ebenso schnell davon, wie sie gekommen waren.

Es war ein eindrucksvoller Anblick von Kraft und Perfektion, der Short mit düsteren Ahnungen erfüllte.

Das mußten Deutsche gewesen sein. Er kannte sie nicht nur an den Schirmmützen, sondern auch an den schweren Panzerspähwagen, die vorn und hinten einen Fahrer hatten und deshalb rückwärts ebenso schnell und sicher wie vorwärts fahren konnten. Außerdem hatte der ganze Auftritt, schweigsam und entschlossen, so un-italienisch wie nur möglich gewirkt.

Als er sicher war, seine Staubwolke würde den Gegner nicht mehr heranlocken, setzte Harry Short die Patrouillenfahrt fort: den Grenzpfad zwischen Cyrenaika und Tripolitanien entlang, vom Fort El Agheila zur Oase Marada, 110 Kilometer landeinwärts.

Er gehörte zu den King's Daragoon Guards«, einer Ex-Kavallerie-Einheit, die sich mit gutem Grund an der Grenze zwischen Cyrenaika und Tripolitanien reichlich verloren vorkam. Kaum hatten die Dragoner als Aufklärungstruppe die 11. Husaren abgelöst, da begann rund um sie auch die ganze, kampferprobte 7. Panzerdivision zu verschwinden; abgeklapperte Tanks und Lastwagen hinkten den langen Weg zurück ins Nildelta, von der Wüstensonne gedörrte Männer verabschiedeten sich mit einem Leuchten in den Augen, das denen eigen ist, die nach einem langen, trockenen Feldzug wie eine Fata Morgana die Bars von Kairo vor sich sehen.

Die Dragoner, kurz KDG oder auch »King's Dancing Girls« (des Königs Tanzmädchen) genannt, waren erst zwei Jahre zuvor von ihren hochbeinigen Pferden – die durchaus an rassige Tänzerinnen erinnerten – auf Panzerspähwagen umgestiegen. Nun ratterten sie in den eckigen, scheußlich aussehenden Marmon Harringtons herum: Kaum 6 Millimeter Panzerung, ein Maschinengewehr, als »schwerstes Geschütz« eine einschüssige Büchse namens »Boyes Rifle« vom Kaliber .55 (14 mm), der vom Hersteller panzerbrechende Wirkung nachgesagt wurde. Was zutreffen mochte, wenn man unter Panzern solche Blechbüchsen wie den Marmon Harrington verstand.

Sie waren so unerfahren wie unerschrocken; es blieb ihnen nichts übrig, als den Wandel der Zeiten mit Humor zu nehmen. Das mochte dazu beigetragen haben, daß man bei den KDG eine auffallende, militärisch-unübliche Zahl von nonkonformistischen Originalen finden konnte.

Zum Beispiel Leutnant E. T. »Bill« Williams: Der hochintelligente Offizier – er sollte noch Brigadier und Abwehrchef bei Feldmarschall Montgomery werden – sah mit seiner runden Gelehrtenbrille und den etwas gebeugten Schultern des hochaufgeschossenen Jungen nicht gerade kriegerisch aus. Und als das Regiment in die Wüste kam, weigerte es sich souverän, lebenswichtige Nebensächlichkeiten zur Kenntnis zu nehmen.

Beispielsweise konnten erhebliche Unannehmlichkeiten vermieden werden, wenn man zu Beginn der abendlichen Zugführer-Besprechung mit dem Taschen-Kompaß die Marschzahl zum eigenen Fahrzeug ermittelte. Denn diese Besprechungen fingen im letzten Tageslicht beim Spähwagen des Schwadronschefs an und endeten in stockfinsterer Nacht, und wegen der ständigen Flieger-Plage standen die Spähwagen weit auseinandergezogen in der Wüste.

Leutnant Williams aber verzichtete oft auf diese lästige Maßnahme, verirrte sich ebenso oft auf dem Rückweg und kreiste dann, in der eisigen Wüstennacht vor Kälte schnatternd, bis zum Morgengrauen durch den Schwadronsbereich. Er errang damit schon als Subalterner eine gewisse Berühmtheit, und schließlich hieß nächtliches Umherirren im ganzen Regiment nur noch »einen Bill Williams machen«.

Da es dieser Bill Williams war, dessen Troop (Zug) die ersten scharfen Schüsse mit dem Deutschen Afrika-Korps wechselte, trug das Gefecht einen entschieden skurrilen Zug.

Es war am 20. Februar 1941 gegen 15 Uhr, als die drei englischen Spähwagen an der Küstenstraße bei El Agheila auf drei Achtrad-Ungetüme, ein Seitenwagen-Motorrad und einen mit einer Kanone bestückten Lastwagen stießen. Beide Seiten feuerten etwas hastig und ungenau; kein ernsthafter Schaden wurde angerichtet, nur Lance Corporal Allen zerkratzte mit seiner Boyes Rifle die Farbe an einem deutschen Wagen.

Listig versuchte Leutnant Williams, den Feind durch das hügelige Gelände südlich der Straße zu umgehen und im Rücken zu fassen. Leider blieb sein Troop im Sand stecken.

Es dämmerte schon, als sie sich endlich herausgewühlt hatten. Über Funk kam der Befehl, zur Schwadron zurückzukehren. Tapfer und unweise genug beschloß der Leutnant, allein noch schnell einen Bogen über das Straßenstück zu schlagen, auf dem der Feind sich herumgetrieben hatte.

Alles war friedlich. Als er in der Nähe des Postenhäuschens an der Grenze einen anderen Spähwagen stehen sah, wunderte Williams sich nicht: die Schwadron hatte mitgeteilt, daß Leutnant Weaver zu seiner Unterstützung ausrücken werde.

Aber der andere Wagen stand schräg und blockierte die schmale Straße.

»Drück mal auf die Hupe«, brüllte Williams seinem Fahrer zu, Reiter Butler.

Auf das Signal hin machte der andere Platz und rollte ihnen entgegen. Er war nur noch ein paar Meter entfernt, als Williams die acht Räder und das Balkenkreuz am kononenbestückten Turm entdeckte.

Beide Fahrer traten die Gaspedale durch, aus beiden Türmen sprühten Mündungsblitze. Als sie Sekunden später aneinander vorbeirasten, gab es in Williams' Fahrzeug einen gedämpften Ruck. Erst bei der Schwadron stellte er fest, daß der Feind seine Bettenrolle und eine große Zeltplane, die außenbords am Spähwagen verzurrt waren, im Vorbeirasen abgerissen hatte. Aber auch diese Wertgegenstände waren nicht verloren; noch in der Nacht ratterte Harry Short zum Ort des Dramas, fand sie mitten auf der Straße und brachte sie im Triumph ihrem rechtmäßigen Besitzer zurück.

Es blieb nicht beim »drôle de guerre«; vier Tage später mußten auch die rückwärtigen Stäbe zur Kenntnis nehmen, daß die Deutschen da waren. Über das Gefecht beim Fort Agheila berichtete auch der Großdeutsche Rundfunk.

Das Grenzfort gehörte in dieser Zeit niemandem; da die KDG keine Infanterie-Unterstützung hatten, war es für sie ein viel zu exponierter Platz, um es die Nacht über zu besetzen. Im Morgengrauen pflegten die Marmon Harringtons vorsichtig heranzurollen, und, die ziemlich verwüsteten und stinkenden Räume des Forts vermeidend, die umliegenden Hügel als Beobachtungsposten zu besetzen.

Als »Artillerist« war meistens Leutnant Tracey Rowley dabei, ein Australier, der ein paar behelfsmäßig auf Lastwagen montierte Automatik-Kanonen vom Typ Bofors (4 cm) kommandierte, von den Engländern wegen ihrer gemächlichen, aber nachdrücklichen Feuerfolge »Pom-Pom« genannt. Dieser Rowley erzählte gern von seiner Zeit als 17jähriger Söldner bei Tsching Kai-schek, und seine totale Mißachtung von Gefahr und militärischen Regeln war eindrucksvoll.

So hatte er ein paar Militärhosen durch zwei energische Schnitte mit der Schere zu Shorts umgearbeitet, und die Fransen baumelten um seine Oberschenkel, wie es 30 Jahre später bei Teenagern als chic gelten sollte. Bei Fliegerangriffen pflegte er auf dem

Kotflügel seines »Pom-Pom-Lastwagens« zu sitzen und auch im Geschoßhagel nicht mit der Wimper zu zucken.

Im Morgengrauen des 24. Februar ratterten sie wieder auf das Fort zu: Leutnant Williams' Troop voran, Corporal Short dahinter, der Australier als Schlußlicht.

Der Feuerüberfall aus dem Fort kam wie ein Blitz aus heiterem Himmel: der typische, peitschende Krach von Hochgeschwindigkeitskanonen. MG-Geschosse winselten vorbei, der vorderste Spähwagen, kommandiert von Lance Corporal Allen, blieb mit einem Ruck stehen.

Harry Short ließ seinen Wagen sofort nach links von der Straße herunterrollen. Zu seinem Erstaunen jagte im nächsten Augenblick der »Pom-Pom-Lkw« in wildem Tempo an ihm vorbei auf das Fort zu; Leutnant Rowley mit flatternden Haaren und Hosenfransen auf dem Kotflügel.

Er hatte Allens Spähwagen schon weit passiert, als eine MG-Garbe das Führerhaus durchsiebte und den Fahrer tötete. Im nächsten Augenblick dröhnten Achtrad-Spähwagen und Motorräder den Hügel hinunter. Aus sicherer Entfernung sah Short, wie die Deutschen Rowley, Allen und dessen Fahrer White gefangennahmen, und, den abgeschossenen Marmon Harrington im Schlepptau, in Richtung Westen verschwanden.

Viel später traf er Rowley in einem italienischen Gefangenenlager wieder.

»Warum bist du damals wie ein Wilder auf das Fort zugerast?«, fragte er ihn.

»Ich dachte, wir wären am gewinnen«, sagte Rowley mürrisch.

Die Koalition der Spätzünder

Drei Tage nach dem Gefecht von El Agheila tagte in London das Kriegskabinett unter Vorsitz von Premierminister Winston Churchill. Der Regierungschef, seiner Mentalität entsprechend auf ein einmal anvisiertes Ziel fixiert, diktierte ins Protokoll:

»Es wäre ein Fehler, irgendwelche pessimistischen Schlüsse aus der Tatsache zu ziehen, daß in Libyen zwischen britischen und deutschen Panzerfahrzeugen Kämpfe stattgefunden haben. Die deutschen Streitkräfte sind zurückgetrieben worden; es gibt keine Hinweise darauf, daß sie sich auf bedeutsame Operationen oder gar einen Angriff durch die libysche Wüste vorbereiten. Es ist nicht bekannt, wie viele deutsche mechanisierte Einheiten nach Libyen gebracht worden sind.«

Eine ernste Bedrohung von Tripolitanien aus hätte Churchills übrigen Pläne gestört. Also weigerte er sich, die Tatsache zur Kenntnis zu nehmen.

Kaum fünf Wochen später wird Churchill Beweismaterial dafür zusammentragen, daß sein Oberbefehlshaber Mittelost die Flankenbedrohung in der westlichen Wüste verschlafen hat. Unter übertriebener Fairneß hat Churchill nie gelitten; seine Qualitäten lagen auf anderen, eher gegenteiligen Gebieten. Als er am 10. Mai 1940, unmittelbar nach dem deutschen Angriff auf Holland, Belgien und Frankreich, an die Spitze des Kabinetts gerufen wurde, geschah dies keineswegs wegen seiner edlen Seele. England brauchte in seiner schweren Stunde einen bedenkenlosen Raufbold. Es hätte kaum einen besseren finden können.

Dies um so mehr, als sich Churchills rastlose Energie auf den Hauptfeind Deutschland konzentrierte und er bereit war, sich mit allem und jedem zu verbünden, um diesen Kampf zu bestehen. Den italienischen Diktator Benito Mussolini, den er verabscheute, umwarb er unmittelbar nach seinem Amtsantritt mit einem feierlichen Friedensappell, in dem er erklärte, »nie ein Feind von Italiens Größe« gewesen zu sein.

Aber er kam zu spät mit diesem Versuch, Englands Position im Mittelmeer zu sichern. Frankreich brach unter deutschen Schlägen zusammen und der Duce glaubte zu wissen, auf welcher Seite sein Traum vom italienischen Imperium zu verwirklichen war.

Lange hatte er geschwankt, lange auf den Diktator-Kollegen nördlich der Alpen herabgesehen. Nach einem ersten Treffen mit Hitler am 14. Juni 1934 in Venedig, bei dem der Führer nach Ansicht von Frau Rachele Mussolini linkisch »in einem viel zu großen Regenmantel hing und nicht wußte, was er mit seinem Hut anfangen sollte«, brüllte auch der Duce vor Lachen über die Beschreibung seines Gastes durch einen französischen Journalisten: »Ein kleiner Klempner, der ein Nachtgeschirr vor sich herzutragen schien: seinen Hut«.

Noch fühlte sich Mussolini als der dienstälteste faschistische Diktator, spürte auch das Provinzielle, Verklemmte im Rassenwahn, in der extremen Gewalttätigkeit der Nationalsozialisten. In seinem Italien war der Faschismus bei allem martialischen Gebrüll gemildert durch augenzwinkernde mediterrane Urbanität. Aber genau dieser Gegensatz, in dem er sich zunächst noch so überlegen fühlte, sollte das Trauma seiner letzten Jahre werden.

Denn unaufhaltsam driftete Mussolini in die Rolle des Junior-Partners, der staunend und neiderfüllt zusah, zu welcher Entschlossenheit der »kleine Klempner« seine Massen motivieren konnte. An Eroberungssucht stand er Hitler ja in nichts nach; denn beide waren Produkte der Geschichte ihrer Völker – der Völker, die nach jahrhundertelanger Spaltung und Ohnmacht nun als imperialistische Spätzünder die Gier der Habenichtse entwickelten, die auf die Besitzenden besonders abstoßend wirkt. Insofern war die Achse Berlin-Rom auch nach der Verlängerung bis Tokio nicht nur eine Koalition der Bösen gegen die westlichen Demokratien – obwohl dies besonders im Hinblick auf die Taten des Nationalsozialismus in stetig steigendem Maße zutraf –, sondern auch ein Kampfbund der Zuspätgekommenen und Unterlegenen. Ein zu Ende gehendes Zeitalter kolonialisatorischer Eroberung und Unterdrückung hatte zum Abschluß – und gewissermaßen auch zur eigenen Überwindung – noch die schlimmsten Mißgeburten hervorgebracht: ins Schaurige übersteigerte Karikaturen von Kolonisatoren, undenkbar ohne abendländisch-christliche Vorgänger von Cortez bis Kitchener, aber ein Rückfall eben, der in der Regel schlimmer als die Krankheit ist.

Hitler, unfähig zu erkennen, daß eine frei gewählte Regierung in einer funktionierenden Demokratie sich mit einem Anachronismus seiner Art nicht über unbegrenzt viele Vertragsbrüche und Untaten hin einlassen konnte, sollte bis an das Ende seiner Tage verstört darüber grübeln, weshalb England sich nicht zu einer Art germanischer Komplizenschaft bereitgefunden hatte – wo er doch erklärtermaßen zur Errichtung seines Kolonialreiches nur die slawischen Untermenschen versklaven, das Empire aber unangetastet lassen wollte...

Hitler fürchtet die Briten

Der Ex-Unteroffizier Mussolini, der im Ersten Weltkrieg mit seinen sozialistischen Freunden gebrochen und aus nationaler Überzeugung gegen die deutsch-österreichischen Truppen gekämpft hatte, träumte von einem Wiedererstehen des Imperium Romanum. Er schätzte jedoch die eigene Stärke im Verhältnis zu den im Mittelmeer engagierten Großmächten England und Frankreich zunächst realistisch genug ein, um einen europäischen Krieg zu fürchten. Er überfiel lieber, zur Abrundung der italienischen Ostafrika-Besitzungen, das unterentwickelte Äthiopien und genoß 1936 den Ruhm des siegreichen Eroberers – so wenig heldenhaft das Zerschlagen der mittelalterlich ausgerüsteten Truppen des Negus auch war.

Unter Englands Federführung verhängte der Völkerbund papierne Sanktionen; vom Kollegen Hitler kam freundlicher Applaus. Das gemeinsame Eingreifen auf der Seite der aufständischen Falangisten im Spanischen Bürgerkrieg brachte eine weitere Annäherung, besiegelt durch die »Achse Berlin-Rom«. Bei einem Besuch in Berlin 1937 erkannte Mussolini den linkischen Gast von Venedig nicht wieder; ein triumphierender Hitler lehrte ihn im fanatischen Jubel von Kundgebungen und im Gedröhn militärischer Vorbeimärsche Achtung – und ein erstes Gefühl von Furcht.

Kaum wieder zu Hause, führte der Duce in der italienischen Wehrmacht den »Passo Romano« ein, eine Nachahmung des deutschen Parademarsches.

Hitler nahm Österreich, zwang England und Frankreich in der Sudetenkrise zu beschämendem Einlenken, warf ihnen gleich darauf das Münchner Abkommen vor die Füße und zerschlug die

Tschechoslowakei. Kein Zweifel, in dieser Welt brauchte man nur zuzugreifen. Mussolini ließ Albanien besetzen: Brückenkopf auf der anderen Seite der Adria. Im »Stahlpakt« vom 22. Mai 1939, einem uneingeschränkten Kriegsbund, schmiedeten Deutschland und Italien sich aneinander; der ewig schwankende Duce schickte Hitler allerdings nach der Unterzeichnung einen erläuternden Brief, in dem er einschränkend mitteilte, seine Wehrmacht sei vor 1943 noch nicht zum Kriege bereit.

Berlin wollte davon nichts wissen und brachte auch einen glänzenden Zeugen zum Schweigen: Enno von Rintelen, Militärattaché bei der deutschen Botschaft in Rom, der über den erbärmlichen Stand der italienischen Rüstung berichtet hatte. Er wurde von Reichsaußenminister von Ribbentrop zu »positiverer Haltung« ermahnt, eine von ihm inspirierte Denkschrift der Abteilung »Fremde Heere« wurde eingestampft.

Hitler schürte die Polen-Krise; noch einmal zuckte er vor dem fest geplanten Überfall auf den östlichen Nachbarn zurück, als ihn – zusammen mit der Nachricht vom Abschluß eines englisch-polnischen Bündnisses – eine neue Absage des Duce erreichte. Aber ein paar Tage später fielen die Würfel, Mussolini versprach immerhin, zur Abschreckung der Westmächte seine Kriegsvorbereitungen fortzusetzen, ließ jedoch heimlich den Botschaftern Englands und Frankreichs mitteilen, er werde nicht eingreifen. Ihre Regierungen erklärten Deutschland den Krieg.

Polen brach zusammen; der impulsive Mussolini, zu dessen wenigen festen Überzeugungen ein erbitterter Antikommunismus gehörte, ärgerte sich maßlos über Hitlers Komplizenschaft mit Stalin. Dokumentarfilme über das brutale Wirken der perfekten deutschen Kriegsmaschinerie, die Mussolini sah, ließen seine Furcht jedoch wieder wachsen.

Wenn Diktatoren, vor allem jene dieses Kalibers, Geschichte machen, verläuft sie oft wie in der Vorstellungswelt des »kleinen Moritz'«: Mussolini war ungeheuer geschmeichelt, weil der Führer ihn in seiner Danziger Siegesrede zweimal erwähnte. Und dann kam ihm die große Idee, mit der er sein Weltbild in Ordnung bringen und die Kumpanei der Sowjetunion mit seinem siegreichen Verbündeten erklären wollte. Der Bolschewismus sei in

Wirklichkeit kein Bolschewismus, sondern eine slawische Abart seines Faschismus, verkündete er strahlend seinem Schwiegersohn und Außenminister Graf Ciano.

In seinen Memoiren berichtete Ciano, er habe ihn mühsam davon abhalten können, diese fabelhafte Erkenntnis in einer großen Presse-Kampagne unter die Leute zu bringen.

Immer hefteten sich die gewichtigen Realitäten an seine Stiefel, wenn er zum Höhenflug startete. Sobald er einen Deutschen zu Gesicht bekam, prahlte er ungeheuer mit den bevorstehenden Kriegstaten Italiens, aber niemand war sicher, daß an den »Millionen Bajonetten«, mit denen er protzte, auch Gewehre befestigt waren.

Er wollte nun auch konsequent zu seinem Verbündeten stehen, deshalb stoppte er die Lieferung von Flugzeugmotoren an Frankreich und anderen Kriegsmaterials an England, einschließlich einer Serie von Übungsflugzeugen, für die schon Verträge unterschrieben waren. Zu dumm nur, daß der chronische Devisenmangel seines rohstoffarmen Landes sich nun verschärfte und die schwächlichen Rüstungsanstrengungen noch mehr behinderte. Und daß die Engländer, die von Gibraltar über die Inseln Malta und Zypern bis zum Suez das Mittelmeer beherrschten, Schiffe mit dringend notwendiger Kohle für Italien anhielten.

Er werde sie bitter dafür büßen lassen, dröhnte der Duce im engeren Kreise. In dieser Stimmung und unter dem Eindruck der Meldungen von der deutschen Westfront, wo Hitlers Panzer-Keile verwüstend vordrangen, erhielt Mussolini den Friedensappell des neuen britischen Premiers Winston Churchill. Seine Antwort war eiskalt:

Er erinnerte daran, daß England nach dem Überfall auf Äthiopien die Sanktionen gegen Italien organisiert habe, als dieses »im Begriff war, sich einen kleinen Platz an der afrikanischen Sonne zu sichern ...« »Ich erinnere Sie auch an den Zustand tatsächlicher Knechtschaft, in dem Italien sich in seinem eigenen Meer befindet. Wenn Ihre Regierung Deutschland den Krieg erklärt hat, um die Ehre Ihrer Unterschrift zu wahren, so werden Sie begreifen, daß der gleiche Sinn für Ehre und Achtung vor den im italienisch-deutschen Vertrag eingegangenen Verpflichtungen die italienische Politik heute und morgen angesichts aller denkbarer Ereignisse leitet«.

Bedeutende Daten konnten die italienischen Streitkräfte nicht mehr verrichten, als der Duce am 10. Juni England und dem zusammenbrechenden Frankreich den Krieg erklärte. Erst acht Tage später überschritten sie die Grenze Frankreichs, schon hatte der französische Marschall Pétain den deutschen Diktator um Waffenstillstand gebeten, aber nicht einmal den Geschlagenen konnten Mussolinis Truppen viel anhaben. Und die Beute-Verteilung, für die der Duce sich als Entrée »mindestens 1000 Tote« gewünscht hatte, blieb aus.

Hitler hoffte immer noch auf ein Arrangement mit England. Zu harte Bedingungen für Frankreich würde die Entschlossenheit der Briten, den Kampf fortzusetzen, nur verstärken. Als der Führer in seiner triumphierenden Reichstagsrede vom 19. Juli einen »Appell an die Vernunft auch in England« richtete, fürchtete Mussolini ein Einlenken Churchills. »Das wäre für ihn sehr schmerzlich, denn er will den Krieg, heute mehr als jemals«, schrieb Ciano in sein Tagebuch.

»Er hätte sich darum keine Sorgen zu machen brauchen«, vermerkte der grimmige Churchill später dazu, »was er nur an Krieg verlangen mochte, es sollte ihm nicht verweigert werden.«

Auch nach Churchills eisiger Ablehnung seiner Friedensfühler änderte Hitler seine Haltung gegenüber Frankreich nicht. Das südöstliche Drittel des Landes blieb unbesetzt, in Vichy regierte ein Kabinett unter Marschall Pétain vergleichsweise souverän. Außer geringen territorialen Zugeständnissen an der gemeinsamen Grenze im Süden gab es nichts für Mussolini; keine Rede von Korsika, kein Gedanke an Tunesien, die an Italienisch-Tripolitanien angrenzende Besitzung Frankreichs in Nordafrika.

Die Gründe für diese herbe Enttäuschung lagen auf der Hand: Zum einen mußte Hitler weiterhin fürchten, das beträchtliche, in den französischen Kolonien liegende Potential könne der Vichy-Regierung entgleiten und England stärken, zum anderen zeigten sich die Nachteile, die jeder Koalitionskrieg mit sich bringt, insbesondere ein so dilettantisch vorbereiteter: die Achse Berlin-Rom eierte, jeder wollte etwas anderes, ohne es dem Partner einzugestehen. Arm in Arm schlenkerten die Diktatoren auf die verschiedenen Kriegsschauplätze, bis es nicht mehr reichte. In den nun folgenden Monaten wurden die Weichen gestellt, das Ende vorprogrammiert.

Für Hitler hatte es nie einen Zweifel gegeben, in seinem Buch »Mein Kampf« teilte er es aller Welt mit: der zu gewinnende »deutsche Lebensraum« liege im Osten. Schon unmittelbar nach dem Polenfeldzug, im Oktober 1939, erging eine interessante Weisung:

»Unsere Interessen bestehen in folgendem: Es ist Vorsorge zu treffen, daß das Gebiet als vorgeschobenes Glacis für uns militärische Bedeutung hat und für einen Aufmarsch ausgenutzt werden kann. Dazu müssen die Bahnen, Straßen und Nachrichtenverbindungen für unsere Zwecke in Ordnung gehalten und ausgenutzt werden.«

Einige Monate später ließ Hitler von seinem Wehrmacht-Chefadjutanten, dem damaligen Obersten Rudolf Schmundt, in Ostpreußen einen günstigen Platz für ein östliches Führerhauptquartier erkunden. Dieser Platz lag bei Rastenburg und sollte unter dem Namen »Wolfsschanze« weltbekannt werden.

Der Kampf gegen die Westmächte war für Hitler eine lästige Notwendigkeit, um sich den Rücken freizukämpfen für seine großen kolonisatorischen Pläne im Osten. Es wäre also logisch gewesen, nun zunächst auch England zu erobern. Aber nur halbherzig ließ er Pläne für das Unternehmen »Seelöwe«, den Sprung über den Kanal, ausarbeiten. Es ist ziemlich sicher, daß er diesen Angriff nie ernstlich erwogen hat. Hitler fürchtete die Briten, und er hatte offenbar auch eine tief eingewurzelte Scheu vor amphibischen Operationen. Die See war ihm unheimlich.

So war er tagelang am Rande von Panik und Hysterie, als im April 1940 bei der Besetzung Norwegens britische Seestreitkräfte vor Narvik die deutschen Zerstörer zusammenschossen, während ein englisches Expeditionskorps an Land ging. Hitler gab Nordnorwegen verloren und befahl seinem General Dietl den Rückzug. Die Operation gelang nur, weil das Oberkommando der Wehrmacht diesen Befehl einfach zurückhielt. Eine Äußerung des Führers aus diesen Tagen gibt Aufschluß über seine Briten-

Furcht: »Ich kenne den englischen Soldaten aus dem Ersten Weltkrieg. Wo er einmal sitzt, kriegen wir ihn nie wieder raus«, sagte er zu seinen Adjutanten.*

Diese Furcht bestimmte dann auch seine Aktivitäten in den Monaten nach der Niederwerfung Frankreichs. Der sonst so zielbewußte Hitler prüfte rat- und rastlos die verschiedensten Pläne, um England etwas anzutun, ohne sich zum offenen Kampf um die Insel stellen zu müssen. Vergebens versuchte er, Spanien und Rest-Frankreich zum aktiven Kampf zu bewegen, wobei jedermann klar sein mußte, daß sich die Interessen dieser beiden Mittelmeer-Anrainer miteinander und mit denen seines Verbündeten Mussolini stoßen mußten und daß der deutsche Diktator von vornherein entschlossen war, sie alle drei zu betrügen. Folgerichtig wurde nichts daraus.

Nur scheinbar jedoch paßte sein gleich darauf unternommener Versuch, sogar den Urfeind Sowjetunion als Verbündeten in den Krieg gegen England zu ziehen, nicht in seine Ostland-Pläne. Die Briten blieben für ihn die weitaus gefährlichsten Gegner; die abgrundtiefe Schurkerei, sie mit Hilfe des Kolosses im Osten zu bezwingen oder wenigstens zum Einlenken zu bringen und dann den Verbündeten zusammenzuschlagen, wäre durchaus nach seinem Herzen gewesen.

Denn das Ziel blieb der Osten, unabänderlich, um »das ewige Naturgesetz des Stärkeren« zu erfüllen, »das Deutschland vor der Geschichte das Recht gibt, diese minderrassigen Völker zu unterwerfen, zu beherrschen und zu nutzbringender Arbeit anzuhalten«. So nahm Hitler das Scheitern seines Versuches, eine riesige Festlands-Koalition gegen Großbritannien zusammenzubringen, eher erleichtert hin; die Zurückhaltung der anderen nahm ihm die Entscheidung ab, nun würde er also zuerst die Sowjetunion vernichten, die Reihenfolge war schließlich egal; die Minderrassigen würden in ein paar Monaten erledigt sein.

* Im Herbst 1914 hatte das bayerische Infanterieregiment List, dem Hitler angehörte, in der Nähe der belgischen Stadt Ypern bei dem Versuch, zum Kanal durchzubrechen, schwerste Verluste erlitten. Es war sein erster Einsatz. Die Verteidiger waren Engländer.

Aber bevor sich dieser Irrtum aufklärte, pfuschte dem Eroberer der italienische Junior-Partner ins Handwerk. Mit ständig wachsendem Grimm hatte Mussolini zugesehen, wie ohne ihn Geschichte gemacht wurde. Der Krieg hatte Italien nichts eingebracht – im Gegenteil. In »seinem eigenen Meer« war es in der Tat eingesperrt wie in einem Sack. Die Ausgänge, die Straße von Gibraltar und der Suezkanal, waren fest in englischer Hand ebenso wie die waffenstarrende Felseninsel Malta, die am Seeweg zu Italiens nordafrikanischer Kolonie Libyen lag. Äthiopien und das daran anschließende Italienisch-Somaliland waren nahezu abgeschnitten und nur auf dem Luftweg über den Sudan zu erreichen.

Auf dem Balkan, im Selbstverständnis des Duce eindeutig sein Interessengebiet, gerieten die Grenzen in Bewegung, ohne daß Italien etwas abbekam; schlimmer noch: Deutschland entwikkelte sich immer mehr zur Hegemonialmacht.

Noch während des Westfeldzuges (und wohl kaum zufällig in dieser Zeit) hatte Stalin damit begonnen, seinen Verbündeten Hitler zu löchern: Rumänien müsse Bessarabien zurückgeben, das Rußland unter Druck nach dem Ersten Weltkrieg abgetreten hatte. Nach kurzem Zögern stimmte Hitler zu.

Bulgarien und Ungarn forderten ebenfalls Gebiete von Rumänien. Frankreich und England, die gemeinsam mit der Türkei in einem Pakt Rumäniens Grenzen garantiert hatten, fragte niemand mehr. Auch die Türkei erklärte ihre Neutralität. Das Deutsche Reich spielte auf Kosten Rumäniens den guten Onkel. Die Unterschrift des italienischen Außenministers Graf Ciano neben der Ribbentrops unter den »Wiener Schiedssprüchen«, in denen die Grenzfragen neu geregelt wurden, sah aus wie eine kleine Aufmerksamkeit gegenüber armen Verwandten.

Mussolinis Stolz war tief getroffen. War denn nicht gerade die Enttäuschung über die geringe Beteiligung Italiens an der Beute des Ersten Weltkrieges Anlaß für die Faschisten gewesen, sich unter dem »fascio« (dem Rutenbündel) zu sammeln? Diesmal würde er selbst zugreifen, schwor er sich und seinen Vertrauten. Wozu hatte man drüben den Brückenkopf Albanien, von dem aus man entweder Jugoslawien oder Griechenland angreifen konnte ...

Zwar kamen aus Berlin immer wieder Mahnungen: Hitler wünscht Ruhe auf dem Balkan. Jede Aktivität des Achsenpartners könnte England Gelegenheit geben, sich in Griechenland oder Jugoslawien festzusetzen und die für Deutschland lebenswichtigen Ölfelder im rumänischen Ploesti zu bedrohen. Der Duce möge seine Anstrengungen gegen England konzentrieren, etwa von Libyen aus die kleine britische Garnison in Ägypten angreifen.

Daran hatte Mussolini allerdings auch schon gedacht, aber sein libyscher Oberbefehlshaber, Marschall Graziani, erwies sich als unglaublich störrisch. Zwar standen seine Chancen auf dem Papier nicht schlecht: Nach der Niederlage Frankreichs war er der Verpflichtung enthoben, die westliche Grenze Libyens gegen Französisch-Tunesien zu schützen, und er hatte 215 000 Mann unter Waffen gegenüber 36 000 Briten. Aber der Marschall schien die Kampfkraft seiner Armee überaus realistisch einzuschätzen. Er schob den Beginn der befohlenen Offensive immer wieder hinaus.

Schließlich befahl Mussolini, am 13. September 1940 anzugreifen, anderenfalls werde Graziani gefeuert. »Niemals ist eine militärische Operation so gegen den Willen des Befehlshabers durchgesetzt worden«, schrieb Ciano in sein Tagebuch.

Widerstrebend setzte Graziani seine Truppen in Bewegung. Die schwachen britischen Verbände zogen sich geschickt kämpfend zurück. Die Italiener schafften knapp 90 Kilometer bis Sidi Barani. Dort erlahmte ihr Schwung; Graziani gab zunächst einmal Auftrag, den eroberten Küstenstreifen entlang eine Wasserleitung zu bauen.

Inzwischen dampften britische Geleitzüge mit Waffen und Verstärkungen um das Kap der Guten Hoffnung und hinauf nach Suez. Kriegspremier Churchill hatte geknirscht, weil seine Admiralität darauf bestand, diesen langen, aber sicheren Weg der kurzen, gefährlichen Reise durch das Mittelmeer vorzuziehen. Nun zeigte es sich, daß Zeit genug war. Unter den Truppen, die nun ungefährdet in Ägypten an Land gesetzt wurden, war eine wichtige Einheit: das 7. Königliche Tankregiment, das im Frankreichfeldzug bei Arras Rommels 7. Panzerdivision in einem Gegenangriff hart zugesetzt hatte.

Seine Infanterie-Unterstützungstanks vom verbesserten Typ »Matilda II« hatten eine Bug-Panzerung von 80 mm Dicke. In ganz Nordafrika gab es keine italienische Waffe, die diese Panzerung durchschlagen konnte.

Inzwischen gab es auf dem Balkan neue Ärgernisse für den Duce. Im unruhigen Rumänien hatte sich der General Jon Antonescu als Diktator etabliert. Er erneuerte einen alten Vorschlag an Hitler, durch die Entsendung einer Militärmission bei der Ausbildung der rumänischen Streitkräfte zu helfen. Der Führer ergriff die Gelegenheit, nicht nur Heerestruppen, sondern auch starke Flak- und Luftwaffenverbände zum Schutz der Ploesti-Ölquellen in Rumänien zu stationieren.

Den Duce lud niemand ein, daran teilzunehmen. Er tobte, sein Stahlpakt-Partner habe diesen Schachzug vor ihm verheimlicht – wobei anscheinend sein Schwiegersohn und Außenminister Ciano, der gerne Sand ins deutsch-italienische Getriebe warf, eine Hand im Spiel gehabt haben dürfte: ihm hatte Ribbentrop schon frühzeitig von der Abmachung mit Rumänien berichtet.

Schließlich durfte Italien auch ein paar Fliegeroffiziere nach Bukarest entsenden. Es sah wieder wie eine milde Gabe aus. Mussolini sagte (laut Cianos Tagebuch): »Sie benehmen sich, als ob wir überhaupt nicht existierten. Aber jetzt werde ich ihnen mit gleicher Münze heimzahlen.«

Die italienische Garnison in Albanien war nach und nach auf 125 000 Mann verstärkt worden. Zugleich verschärfte Italien einen schon längere Zeit anhaltenden Nervenkrieg gegen Griechenland.

Der dort regierende General und Ministerpräsident Joannis Metaxas hätte eigentlich gut als Dritter im Bunde zu Hitler und Mussolini gepaßt. Seit 1936 regierte er diktatorisch, ließ politische Gegner ausweisen, einsperren oder umbringen, sympathisierte mit Nazi-Deutschland und imitierte Gestapo und Hitlerjugend. Aber wenn sein Botschafter in Berlin sich über Mussolinis rüdes Gehabe beschweren wollte, wurde er von Ribbentrop gar nicht erst vorgelassen und mit der Bemerkung abgespeist, seine Regierung möge in Rom anklopfen.

Gründe zur Beschwerde gab es genug. Nach einer ausgedehnten Presse-Kampagne häuften sich die Zwischenfälle an der albanisch-griechischen Grenze, schließlich wurde der Zerstörer »Helle«, der wegen eines religiösen Feiertages über die Toppen geflaggt in Tinos lag, von einem offiziell unbekannten, tatsächlich aber eindeutig italienischen U-Boot torpediert und versenkt.

Metaxas enthielt sich jeder Reaktion. Als bei gefundenen Sprengstücken des »Helle«-Torpedos die italienische Herkunft nachgewiesen wurde, durfte die zensierte griechische Presse nicht einmal darüber berichten. Dem kriegslüsternen Duce sollte kein Vorwand für einen Überfall geliefert werden. Der aber war Mitte Oktober 1940 endgültig entschlossen, auch ohne Vorwand und ohne Genehmigung des Verbündeten anzugreifen.

Am 15. Oktober fand im Palazzo Venezia in Rom eine Konferenz über das Unternehmen Griechenland statt. Generalstabschef Marschall Pietro Badoglio riet energisch ab: die Streitkräfte in Albanien reichten nicht aus. Aber Graf Ciano, der albanische Oberbefehlshaber Visconti-Praska und der Statthalter in Albanien, Jacomini, äußerten die feste Überzeugung, von den Griechen sei kein ernsthafter Widerstand zu erwarten. Im Gegenteil: Ciano, der in der griechischen Hauptstadt mächtige Schmiergelder verteilen ließ, hatte von »gewissen Führern in Athen« die Überzeugung gewonnen, man warte nur darauf, »die italienischen Befreier zu begrüßen«.

Mussolini befahl schließlich die Besetzung des Epirus bis zur Bucht von Arta mit dem Hafen Preveza und verbot jede Unterrichtung des deutschen Verbündeten. Als der wache Enno von Rintelen, inzwischen zum »Deutschen General im Hauptquartier der italienischen Wehrmacht« ernannt, von Truppenkonzentrationen an der albanisch-griechischen Grenze erfuhr und Badoglio um Auskunft bat, antwortete dieser, es würden lediglich Vorkehrungen getroffen, um bei einer Landung der Briten in Griechenland sofort eingreifen zu können.

Der Duce handelte wie ein schlitzohriger Dorfbürgermeister, um sich eine Art Alibi zu verschaffen: Am 19. Oktober schrieb er einen Brief an Hitler, er könne sich die dauernden Provokationen Griechenlands nicht länger gefallen lassen, ließ ihn bis zum 23. Oktober liegen und schickte ihn dann durch Boten nach Berlin – wohl wissend, daß Hitler zu dieser Zeit an der spanischen Grenze war, um Franco in seine Festland-Koalition zu schmeicheln.

Am 28. Oktober trafen sich Mussolini und Hitler in Florenz. Erst auf dem Wege dorthin erfuhr Hitler, daß italienische Truppen im Morgengrauen die griechische Grenze überschritten hatten. Während er auf den Verbündeten wartete, lief Mussolini aufgeregt auf dem Bahnsteig von Florenz auf und ab und fragte alle paar Minuten, ob noch keine spektakulären Siegesmeldungen vorlägen. Sie blieben aus, und so konnte er Hitler nur mit den Worten entgegentreten: »Führer, wir marschieren!«

Dieser hatte im Zug ein wenig über den Duce-Brief nachgedacht und war zu dem Schluß gekommen, der Partner werde ja nicht so blödsinnig sein, ausgerechnet zu einer Zeit anzugreifen, in der in den griechischen Bergen täglich der Herbstregen beginnen könne und bald der Winter einbrechen werde. Er konnte nicht wissen, daß Mussolini keinen langen Feldzug, sondern einen ausgesprochenen Blitzsieg vorhatte.

Allerdings, die Griechen spielten nicht mit.

Sie waren zwar zahlenmäßig unterlegen und erbärmlich ausgerüstet, aber sie kannten ihre Berge, und sie kämpften mit der Wut des grundlos Angefallenen. Am 22. November war der letzte italienische Soldat von griechischem Boden vertrieben. Tausende waren im eisigen Pindos ums Leben gekommen. Kurz darauf standen griechische Stoßkeile bis zu 50 Kilometer tief in Albanien. Mussolini brütete und barmte; gelegentlich kamen ihm Ideen von weltgeschichtlicher Bedeutung. So verkündete er seinem Schwiegersohn, die Aufforstung des gesamten Apennin müsse vorangetrieben werden, denn dadurch werde das Klima Italiens rauher und damit der Charakter des Volkes härter.

Churchill befaßte sich mit Näherliegendem. Am 8. November hörte er von einem Plan seines Mittelost-Oberbefehlshabers Archibald Wavell, der ihn nach eigenem Bekenntnis »schnurren ließ wie sechs Kater«:

Der General, mit dem »Matilda«-Regiment nun im Besitz einer fabelhaften Offensiv-Waffe, hatte es satt, in der westlichen Wüste darauf zu warten, daß Graziani sich endlich zur Fortsetzung seines Vormarsches über Sidi Barani hinaus bequemte. Sein Plan war, seine kleine Truppe in Nachtmärschen unbemerkt an den trägen Gegner heranzubringen und überraschend zuzuschlagen. Churchill und sein Kriegskabinett stimmten begeistert zu: »Das war endlich etwas, was den Einsatz lohnte.«

Während die Vorbereitungen dazu liefen, schickte Admiral Cunningham, der Befehlshaber der britischen Mittelmeerflotte, in der Nacht zum 11. November den Flugzeugträger »Illustrious« den halben Weg von Malta nach Tarent, wo die italienische Flotte vor Anker lag. Zwanzig »Swordfish«-Torpedoflieger starteten im Schutze der Dunkelheit. Zwei Stunden später war die Hälfte der italienischen Kriegsschiffe für Monate außer Gefecht gesetzt. Nur zwei Flugzeuge kehrten nicht zur »Illustrious« zurück.

Churchill vermerkte mit Behagen, daß am selben Tage ein italienisches Bombergeschwader, begleitet von etwa 60 Jägern, auf ausdrücklichen Wunsch Mussolinis an einem deutschen Luftangriff auf England teilnahm. Die kampferprobten englischen Jäger stellten sie und schossen acht Bomber und fünf Jäger ab. Churchill: »Das war ihr erstes und letztes Eingreifen in unsere häuslichen Angelegenheiten.«

Inzwischen übte eine Armee von 25 000 Mann in der ägyptischen Wüste den Angriff. Die Befestigungskette südlich von Sidi Barani, in der Grazianis Armee sich eingegraben hatte, wurde nach Luftaufnahmen exakt nachgebaut. Insbesondere die 50 »Matilda«-Besatzungen vom 7. Königlichen Tankregiment übten daran den Einbruch und die Zusammenarbeit mit der Infanterie, hauptsächlich mit den indischen Schützen und den Rauhbeinen von der 6. australischen Division. Im Morgengrauen des 9. Dezember

1940 brachen sie los, nachdem sie sich in der Nacht auf Sichtweite an die ahnungslosen Italiener herangeschlichen hatten; einschließlich Tanks und Artillerie, deren Motor- und Kettengeräusche geschickt durch Flieger-Tiefangriffe übertönt wurden.

Die »Matilda«* erwies sich als grausiges Instrument. Das 24-Tonnen-Ungetüm, nur zur Infanterie-Unterstützung konzipiert und mit zwei 87-PS-Motoren eigentlich untermotorisiert, machte gleichwohl mit seinem ebenso gemächlich wie unaufhaltsam erscheinenden Vorrücken einen niederschmetternden Eindruck auf die Italiener. Tapfere Artilleristen, zum Teil mit alten Holzrad-Kanonen aus dem Ersten Weltkrieg ausgerüstet, feuerten noch auf ein paar Meter Entfernung ihre Granaten gegen die Kolosse, nur um die Geschosse abprallen und als glühende Punkte hoch im Himmel verschwinden zu sehen.

Die Tanks brachen in die Stellungen, zermalmten Kanonen und Besatzungen oder schossen die Männer mit dem Maschinengewehr nieder. Die italienischen Panzer, selbst beim stärksten Typ »Carro Armato M 13« viel zu schwach gepanzert und mit Kanonen ausgerüstet, deren Geschosse wegen zu geringer Mündungsgeschwindigkeit kaum Kratzer auf den »Matildas« hinterließen, waren völlig hilflos. Ein englischer Tankkommandant brüllte seinen Kanonier ungeheuer an, weil der mehrfach auf einen »Carro Armato« geschossen hatte, ohne erkennbare Wirkung zu erzielen; erst auf kurze Entfernung erkannten beide, daß das armselige Ding durchlöchert war wie eine Pappschachtel. Gegen diesen Gegner reichte die Zweipfünder-Kanone (etwa 40 mm und eine beachtliche Mündungsgeschwindigkeit von 853 m in der Sekunde) noch völlig aus ...

Ein hingerissener Churchill erhielt am Morgen des zweiten Tages die Meldung, es sei unmöglich, die Gefangenen zu zählen, aber es gebe ungefähr »20 Morgen voll von Offizieren und 100 Morgen mit Soldaten«.

* Den Spitznamen »Matilda«, der zur offiziellen Bezeichnung wurde, erhielt der Tank vom Vorläufer-Typ Mark I, dessen Silhouette besonders durch das ummantelte, wassergekühlte Turm-MG wie die Ente Matilda aus einer damals sehr populären Comic-Serie aussah. Das kleine und schmalspurige Fahrzeug watschelte auch entenartig.

Tatsächlich betrug die Zahl der Gefangenen 38 000, drei Divisionen existierten nicht mehr, 237 Geschütze und 73 Panzer wurden als Beute gezählt.

Von den fünfzig »Matildas« war nur eine als Totalverlust abzuschreiben: Die Besatzung hatte ihr Fahrzeug in Brand gesteckt, als ihm mitten in der feindlichen Stellung die Kette zerschossen wurde. In einem Tank wurde die vierköpfige Besatzung getötet, als der Fahrer seine Sichtblende öffnete und im selben Augenblick ein Artilleriegeschoß hindurchfuhr. In keinem Fall wurde eine Panzerung durchschlagen; an einer »Matilda« wurden 38 Einkerbungen von Treffern gezählt, und sie war immer noch voll einsatzfähig.

1. Hitler befiehlt »Unternehmen Sonnenblume«

Der wackere Schwabe

Was als begrenzte Aktion gedacht war, entwickelte sich zu Englands erstem großen Triumph im Zweiten Weltkrieg: Obwohl General Wavell eine Infanteriedivision abziehen und nach Ostafrika schicken mußte*, verjagte die kleine »Western Desert Force« (Streitkraft der westlichen Wüste) die Italiener aus der ganzen Cyrenaika. Die »Matildas« rasselten in die Befestigungen von Sidi Omar, Bardia, Tobruk und Mechili, bis die Flucht der Italiener zu schnell für sie wurde. Am 6. Februar eroberten die Briten Benghazi. Ein paar Tage später standen sie bei El Agheila an der tripolitanischen Grenze. Sie hatten 130 000 Gefangene gemacht, zehn Divisionen vernichtet, 850 Geschütze und 450 Panzer erbeutet oder zerstört. Die Engländer verloren weniger als 600 Mann. Aber die Truppen waren nach ihrem 800-Kilometer-Sturm erschöpft, Waffen und Gerät in schlimmem Zustand, insbesondere die paar Tanks, die im rauhen Gelände übriggeblieben waren. Und aus London bombardierte Premier Churchill seinen Mittelost-General Wavell mit Aufträgen. Eine ernste Bedrohung der britischen Position im Mittelmeer zeichnete sich ab: Hitler hatte seinen Standpunkt revidiert, daß »die Alpen die Kriegsschauplätze trennen«, daß südlich davon alle kriegerischen Aktivitäten Sache des Verbündeten seien.

Aber zugleich hinderte ihn seine Ostland-Besessenheit daran, mehr als das Notwendigste zu tun; alle Maßnahmen waren darauf

* Dort hatten die italienischen Truppen unter dem Prinzen von Aosta im August 1940 Britisch-Somaliland erobert, verloren es Anfang 1941 mit Italienisch-Somaliland und einem Teil Abessiniens und mußten am 19. 5. 41 kapitulieren.

abgestellt, Mussolinis Gesicht zu wahren und die südliche Flanke oberflächlich zu sichern, insbesondere jede Gefährdung der rumänischen Ölfelder auszuschalten. Mehr denn je war er davon überzeugt, sich den ernsthaften Kampf gegen England schenken zu können; nur die Sowjetunion müsse er vernichten und damit die letzte Hoffnung der Briten auf einen »Festlandsdegen« zerstören, dann werde das Inselreich einlenken oder zusammenbrechen.

Mit dieser Überlegung waren auch die Pläne des Admirals Raeder erledigt, die Hitler vorübergehend beeindruckt hatten: den italienischen Verbündeten massiv zu unterstützen mit dem Ziel, die Engländer völlig aus Nordafrika und, durch Eroberung von Malta, Zypern und Gibraltar, aus dem gesamten Mittelmeer zu vertreiben, damit die italienische Flotte schließlich an der Blockade und Aushungerung der britischen Inseln teilnehmen könne.

Widerwillig und zögernd ließ Hitler sich nun südlich der Alpen engagieren und hielt im Gegensatz zum Raeder-Plan – der auch in der Absicht vorgelegt worden war, ihn von seinem Ost-Fanatismus abzulenken – den Aufwand jeweils so klein wie möglich. Ende 1940, als die Italiener in Griechenland und Nordafrika die ersten Rückschläge hinnehmen mußten, ließ er zunächst das X. Fliegerkorps nach Sizilien verlegen, sagte jedoch zu General Rommel, er werde keinen einzigen Mann und keinen einzigen Pfennig nach Nordafrika schicken.

Aus Verärgerung über Mussolini meinte Hitler zunächst, es sei das beste, den Verbündeten im eigenen Saft schmoren zu lassen. Aber die Briten hatten Kreta besetzt. Ploesti lag in der Reichweite ihrer Bomber.

Am 11. Januar 1941 befahl er in seiner Weisung Nr. 22, aktive Unterstützung für die Italiener in Albanien und Libyen vorzubereiten: »Die Lage im Mittelmeer erfordert aus strategischen, politischen und psychologischen Gründen deutsche Hilfeleistung. Tripolitanien muß behauptet werden.«

Am 19. Januar traf er sich mit Mussolini, der einen deutschen »Sperrverband« für Nordafrika akzeptierte, die angebotene Gebirgsdivision für Albanien aber ausschlug. Drei Tage später fiel Tobruk.

Es wurde offensichtlich, daß ein »Sperrverband« nicht reichte.

Militärisch sei der Verlust Nordafrikas durchaus zu verkraften, sagte Hitler Anfang Februar zu den Oberbefehlshabern. Aber er fürchtete, daß sich das Klima beim Achsenpartner bis zum Abfall vom Bündnis verschlechtern könne. Zugleich knüpfte er große Hoffnungen an einen »raschen Erfolg in Nordafrika«: Sei es nicht durchaus möglich, den Engländern dort ihre Basis zu entziehen und damit eine friedliche Lösung auf dem Balkan zu ermöglichen? Er werde deshalb keinen »Sperrverband«, sondern eine angriffskräftige Streitmacht nach Afrika schicken. Und der Kommandeur werde ein unglaublich harter Mann sein, der Typ des Stoßtruppführers, der mit seiner 7. Panzerdivision in Frankreich ohne Rücksicht auf Gefahr und körperliche Erschöpfung zur Kanalküste durchgestoßen sei: Generalleutnant Erwin Rommel.

Die Vorstellungen waren nicht gerade bescheiden, mit denen der durch militärische Erfolge verwöhnte Diktator seine Soldaten nach Nordafrika schickte – ging es doch gegen die sonst von ihm so gefürchteten Engländer und mußte doch die Versorgung über das zumindest zeitweise vom Feind beherrschte Mittelmeer geschehen.

Auch Generaloberst Franz Halder, der Chef des Heeres-Generalstabes, hatte – allerdings Ende Oktober 1940 noch vor der vernichtenden Niederlage der Italiener – in sein Tagebuch geschrieben, eine deutsche Division in Libyen könne durchaus die Engländer über den Nil zurückwerfen und der Luftwaffe die Gelegenheit geben, den Briten »ihre Lebensmöglichkeit im östlichen Mittelmeer zu nehmen«. Sein Stab hatte in diesen Monaten, in denen die politische Führung schwankte, unermüdlich neue Pläne ausgearbeitet; es war bereits erwogen worden, aus Rumänien durch Bulgarien und die Türkei nach Syrien vorzustoßen und über Palästina den Italienern zum Suezkanal entgegenzukommen.

Einmal notierte Halder mit deutlichem Vorwurf, das Heer solle »für alles bereit sein, ohne daß eine klare Auftragserteilung« erfolge. Untergründig knisterten in der Spitze der Wehrmacht die Spannungen; im Prinzip jeder gegen jeden, und der Luftwaffenchef Göring gegen alle, aber hauptsächlich Halder als Gralshüter althergebrachter Generalstabstugend gegen das von Hitler eingerichtete Oberkommando der Wehrmacht (OKW), das gelegentlich auch flüsternd »Militärisches Büro des Gefreiten Hitler« genannt wurde; Generaloberst Wilhelm Keitel, der OKW-Chef, sollte sich noch den häßlichen Spitznamen »Lakeitel« einfangen. Im Oberkommando des Heeres (OKH) versuchte sich der Chef, Generaloberst von Brauchitsch, halbwegs herauszuhalten.

Fleißige Generalstäber tüftelten indessen an Plänen; wie farbenfrohe Etikette nahmen sich die Decknamen der Projekte aus, mit denen Hitler die Generalstäbler beschäftigte: »Felix« – Wegnahme Gibraltars; »Marita« – Angriff auf Griechenland; »Attila« – Besetzung Rest-Frankreichs; immer noch mal wieder »Seelöwe« – Invasion Englands, bald jedoch in »Haifisch« übergehend; das Vortäuschen einer bevorstehenden Invasion, um vom Eigentlichen abzulenken: »Barbarossa«, – Überfall auf die Sowjetunion.

Das also war die Situation, in der Rommel Hals über Kopf nach Libyen ging: Widerwillig zweigte Hitler ein wenig von seiner »Barbarossa«-Streitmacht ab; nicht nur, um dem taumelnden Verbündeten in Afrika zu helfen, sondern zugleich in der vagen Hoffnung, sein Lieblingsgeneral werde schon irgendwie Wirbel genug machen, um das Balkan-Problem vorerst zu neutralisieren. Nun sollte nichts mehr »Barbarossa« stören.

Daß dies nicht gelang, daß die Kriegsschauplätze im Süden schließlich noch einen beträchtlichen Einsatz zu Lasten des Ostland-Ritts erforderten, kann kriegsentscheidend gewesen sein – hat aber zumindest den Verlauf des Krieges dramatisch beeinflußt. Dabei spielte in geringerem Maße auch die Tatsache eine Rolle, daß Rommel schließlich mehr »Wirbel« machte, als von ihm und seiner kleinen Truppe erwartet wurde. Den langen italienischen Stiefel hinunter, über das gefährliche Meer und schließlich über hunderte von Kilometern durch unwirtliches Land verliefen die überdehnten Nachschublinien, an deren Ende der ungestüme General nach mehr schrie: mehr Treibstoff, Munition, Waffen, Gerät und Soldaten.

Der Deckname für den Einsatz deutscher Truppen in Afrika lautete »Sonnenblume«. Unbewußt hatte man damit ein absolut treffendes Symbol gefunden: eine große, prächtige Blüte auf einem langen, ziemlich zerbrechlichen Stiel.

Mitte Februar wimmelte es in Tripolis von erschöpften und demoralisierten Soldaten, die aus der Wüste kamen und Wunderdinge von der Wucht und Perfektion der englischen Kriegsmaschinerie erzählten.

Und in einem Punkt hatten sie die ganze Stadt angesteckt: Aus Angst vor Fliegerangriffen brüllte jedermann, wenn nach Einbruch der Dunkelheit auch nur das kleinste Licht angezündet wurde. Als aber in der Nacht zum 15. Februar im Hafen von Tripolis die Lichter angingen, gerieten die italienischen und arabischen Einwohner der Stadt aus dem Häuschen: Was in dieser Nacht geschah, sah so monströs und selbstverständlich zugleich aus, daß jeder die Angst vergaß. Mächtige Scheinwerfer tauchten Schiffe und Kais in gleißendes Licht, und wohlgenährte, selbstsichere, glattrasierte lächelnde Deutsche luden ohne ein lautes Wort und mit unheimlicher Geschwindigkeit und Präzision ihr teuer und solide aussehendes Kriegswerkzeug aus.

Der italienische Truppenarzt Tobino, heute Chef der Psychiatrischen Klinik der italienischen Stadt Lucca, notierte sich: »Mit Fatalismus und fast froh hatten wir auf die Engländer gewartet – ging doch die Sache so endlich zu Ende. Aber statt ihrer kamen die Deutschen ... Bis dahin waren unsere Truppen immer in einem großen Durcheinander und mit finsteren Mienen von Bord gegangen. Um eine Division auszuladen, brauchten wir mindestens drei Tage. Dabei ging alles so drunter und drüber, daß man anschließend mindestens zehn Tage brauchte, um alles wiederzufinden und die Truppe zu ordnen.

Aber die Deutschen paradierten schon am nächsten Morgen mit weißen Handschuhen über die Straßen. Die Flüchtlinge aus der Cyrenaika und die Kriegsmüden aus Tripolis standen da und glotzten. Und die meisten, die noch kurz zuvor gesagt hatten, die Engländer seien gut, großzügig und unsere Freunde, wurden wieder zu Maulhelden.«

Die »weißen Handschuhe« waren übertrieben; zur Stimmung

der Truppe hätten sie gleichwohl gepaßt. Denn die jungen Soldaten der zuerst eingetroffenen Aufklärungsabteilung 3, viele von ihnen Berliner, amüsierten sich bei der Parade: auf Befehl ihrer Oberkommandierenden drehten sie nach dem ersten Vorbeimarsch die Motoren ihrer Panzerspähwagen und Motorräder auf, donnerten hinten herum durch ein paar Nebenstraßen und schlossen sich am Ende dem Zug wieder an, um den Schau-Effekt zu verdoppeln.

Der 24jährige Unteroffizier Claus Wernicke hockte auf seiner schweren BMW und bemühte sich, gleichmütig dreinzublicken, obwohl er den deutlichen Eindruck hatte, beim zweiten Durchgang wiedererkannt und mit verstärktem Beifall begrüßt zu werden. Wie die meisten seiner Kameraden in der AA 3 und in der ganzen deutschen Wehrmacht hatte er das Gefühl einer grenzenlosen Überlegenheit.

Sie hatten die Feldzüge in Polen und Frankreich mitgemacht; mochte irgend jemand noch daran zweifeln, was das vielgesungene Lied behauptete: »Denn heute (ge)hört uns Deutschland, und morgen die ganze Welt«?

Für die Reise nach Afrika hatten sie merkwürdige Uniformen bekommen: grün, mit Wickelgamaschen, offenbar aus irgendwelchen Uralt-Beständen. Auf Fragen sollten sie unterwegs antworten, sie seien Freiwillige, die bei den Italienern eintreten wollten. (Bei später ankommenden Einheiten wurde auf diese Maskerade verzichtet.)

Auf dem Schiff von Neapel nach Tripolis saßen sie in ziemlich explosiver Umgebung. Überall lagen Munitionskisten, an allen Wänden waren Benzinkanister gestapelt. Aber niemand kam auf die Idee, besorgt zu sein; statt dessen gab es dröhnendes Gelächter über die Berichte der Kameraden, die in Neapel noch einen Besuch bei hilfsbereiten und gar nicht so teuren Damen gemacht hatten – und nun darüber fluchten, wie zeitraubend so eine Uniform mit Wickelgamaschen ist. Vorher wie nachher.

Wie sie sich benehmen sollten, hatte Hitler höchstpersönlich in seiner Weisung 22e festgelegt:

Sie hätten eine »hohe militärische und politische Aufgabe«, nämlich den »infolge der beschränkten kriegswirtschaftlichen

Leistungsfähigkeit Italiens« unzulänglich ausgerüsteten Verbündeten auch psychologisch Hilfe zu leisten.

»Sie müssen daher bei allem berechtigten und stolzen Gefühl ihres Wertes und ihrer vollbrachten Leistungen frei von jeder verletzenden Überheblichkeit sein ...«

Am Kai in Tripolis stand ein nicht mehr ganz junger, aber straffer und drahtiger Offizier mit Ritterkreuz und Pour le mérite, dessen Blick faszinierte, weil er zugleich zupackend und irgendwie nach innen gekehrt wirkte; das war nicht nur das Kennzeichen einer ungewöhnlichen Persönlichkeit, sondern auch eine Folge der Tatsache, daß er in der Öffentlichkeit nie eine Brille trug, obwohl er auf einem Auge kurzsichtig und auf dem anderen weitsichtig war: Generalleutnant Erwin Rommel, damals 50 Jahre alt.

Der wackere Schwabe verdankte Hitler viel. Obwohl er sich durch ungewöhnliche Tapferkeit und taktisches Geschick als Frontoffizier im Ersten Weltkrieg den Pour le mérite verdient hatte, verlief seine Karriere als Berufsoffizier im Hunderttausend-Mann-Heer der Republik eher zähflüssig. Fünfzehn Jahre lang blieb er Hauptmann; keine Chance für den hochdekorierten Professorensohn, in den auserwählten Kreis der Leute mit den »Intelligenzstreifen«, den Generalstab, einzutreten.

Erst 1933 nahm er die»Majorsecke«, hatte erste, flüchtige Kontakte mit Hitler, die jedoch kaum etwas damit zu tun hatten, daß es nun, im stürmischen Aufbau der Wehrmacht, auch mit Rommel schneller aufwärts ging: 1935 wurde er Oberstleutnant und Ausbilder an der Kriegsschule in Potsdam. Immerhin, in oberen Parteikreisen hatte man Pläne mit ihm, der nie Mitglied der NSDAP geworden war: erst sollte er militärischer Ausbilder der SA werden, dann erhielt er einen ähnlichen Sonderauftrag bei der Hitlerjugend. 1937 erschien sein Taktik-Leitfaden »Infanterie greift an«, von Hitler mit Begeisterung gelesen. Im nächsten Jahr war Rommel Oberst und Kommandeur der Kriegsschule Wiener Neustadt. Zuvor kommandierte er auf Wunsch Hitlers das »Führerbegleitbataillon« bei Einmarsch in das Sudetenland. In derselben Funktion war er auch beim Angriff auf Polen dabei.

Nun war er dem obersten Kriegsherrn nahe genug, um einen Wunsch zu äußern: er wollte eine Panzerdivision kommandieren.

Er erhielt die 7. PD – eine ungewöhnliche Vergünstigung für einen Infanteristen.

Aber Hitler hatte sich nicht verschätzt: Im Frankreichfeldzug wurde Rommels Verband als »Gespensterdivision« bekannt, die rücksichtslos durchbrach und ungeniert durch das feindliche Hinterland raste. Ihr Kommandeur fand nichts dabei, unter feindlichem Feuer, in brusttiefem Wasser stehend, selbst beim Brükkenbau Hand anzulegen. Aber er rechtfertigte Hitlers spätere Bemerkung, er sei ein »unglaublich harter Mann«, nicht nur durch glänzende Waffentaten: Als sich ein gefangener, »fanatisch« aussehender französischer Offizier weigerte, in ein bestimmtes Fahrzeug einzusteigen, gab es nach Rommels Notizen keine andere Wahl, als ihn kurzerhand niederzuschießen.

Nach der Kapitulation Frankreichs inspirierte Rommel die Herausgabe eines Buches über den Siegeszug der 7. Panzerdivision, in dem er sein Licht keineswegs unter den Scheffel stellte. Diese eher amerikanische Auffassung vom Wert der »Public Relations« auch für einen Berufssoldaten machte seinen Namen schon einigermaßen bekannt, brachte ihm aber auch Ärger mit den konservativeren Kräften der Wehrmacht: Generalstabschef Halder behinderte die publizistische Arbeit dadurch, daß er die Genehmigung zur Veröffentlichung von Fotos verweigerte*. Wütend protestierte auch der Kommandeur des Panzerregiments 15 von der 5. Pz.Div.; der Anteil seiner Einheit an Waffentaten, die nun Rommels Verband allein für sich in Anspruch nehme, sei auch erwähnenswert gewesen, zumal er dafür das Ritterkreuz erhalten habe. Das war Oberst Johannes Streich. Einige Monate später, inzwischen Generalmajor und Kommandeur der 5. Leichten Division, sollte sein Kommando in der Wüste dadurch enden, daß ihn sein Kommandierender General Rommel ablösen ließ und nach Hause schickte.

In der Wehrmacht gab es jedenfalls reichlich Grund zum Mur-

* Der vielbeschäftigte General vermerkte am 20. 8. 1940 nach einem Gespräch mit Major i. G. Dingler von der Heereswesenabteilung unwillig in seinem Kriegstagebuch: »Viele Aufnahmen 7. Pz.Div. Ich lehne die Unterschrift ab.« Und noch einmal am 20. 12. 1940: »Propaganda-Karten über den »Siegeszug« der einzelnen Divisionen widersprechen den Anordnungen über die Berichterstattung über diesen Krieg.«

ren, als der frischgebackene Generalleutnant Erwin Rommel Oberkommandierender in Afrika wurde; bei Generalstabschef Halder hatte er nun ohnehin etwas im Salz stehen, und die »OKW-Partei« Keitel und Jodl begegneten solchen Senkrechtstartern in der Gunst des Führers immer mißtrauisch. Hitler jedoch zeigte ungeniert sein Wohlwollen, indem er ihm für die ersten Tage seinen Wehrmachts-Chefadjutanten Rudolf Schmundt mit nach Afrika gab.

Offensichtlich sprachen die beiden auch über das Unrecht, das Rommel bei seiner publizistischen Arbeit erfahren hatte. Denn gleich nach seiner Rückkehr und Meldung bei Hitler schrieb Schmundt am 19. Februar 1941 an den »hochzuverehrenden, lieben Herrn General« nach Afrika:

»Beim Führer ist sichergestellt, davon können Sie überzeugt sein, daß eine historische Verdrehung der Verdienste nicht mehr stattfinden wird.«

Die beiden Offiziere unternahmen gemeinsam Erkundungsflüge und betrachteten die erschütternden Einheiten der Verbündeten, ohne daß sie sich dabei schon über die Schwäche des Gegners im klaren waren; die Schwäche des Alliierten hingegen war offensichtlich. So kehrte Schmundt mit einem ziemlich langen Wunschzettel nach Deutschland zurück.

Auch das steigerte Rommels Beliebtheit bei seinen Vorgesetzten von OKW und OKH nicht, denn sie fühlten sich übergangen. Schmundt schrieb:

»Am Sonntag traf ich auf dem Berghof ein, wo der Führer bereits auf Nachrichten fieberte!... Er ist vollkommen auf den Kriegsschauplatz Libyen konzentriert und bangt nun erstmal um die nächsten 14 Tage. Alle Wünsche werden von mir mit der Autorität des Führers forciert, soweit es geht.

1. Der Reichsmarschall hat persönlich sofort eine Erkundungsstaffel mit 2 He 111, mehreren Ju 52 und 6 Störchen für Herrn General bestimmt.

2. Die Zuführung von Panzerabwehrwaffen und Minen ist durch das Heer beschleunigt veranlaßt worden.

...

5. Nachrichteneinheiten und der 1. Panzerverband werden durch Herrn General von Rintelen vorgezogen.

6. Wesentliche Verstärkungen des Fliegerkorps X sind bereits angeordnet.

Es wird nun die 15. Panzerdivision entsandt, für deren zweckmäßige Ausrüstung seitens des Führers Sorge getragen wird. Soweit die Transporte zu beschleunigen sind, wird dies geschehen ...«

Der folgende Schlußabsatz des Briefes läßt erkennen, daß Hitler einen seiner seltenen Anfälle von Humor (mit einer ansehnlichen Prise Gift) hatte, als er den offiziellen Namen für die Truppen erfand, die an der Seite der italienischen Truppen kämpfen sollten:

»Der Führer will dem Korps, sobald es unten ist, einen Namen geben. Wie ist es mit ›Deutsches Afrika-Korps‹ entsprechend dem ›Alpen-Korps‹ aus dem Weltkrieg?«*

In seinem Antwortschreiben an den Adjutanten und in ersten Lageberichten für das OKH sorgte sich Rommel noch, daß die Engländer jeden Augenblick ihren Vormarsch nach Westen fortsetzen könnten. Dabei dramatisierte er ein wenig und berichtete mehrfach, der Feind stelle sich im Raum Agedabia zur Fortsetzung des Angriffs bereit.

Aber schon am 9. März teilte er dann dem OKH mit, es sei zweckmäßig und möglich, noch vor Beginn der Sommerhitze (Juni, Juli) selbst zum Angriff anzutreten:

»Das erste Angriffsziel wäre dabei die Zurückgewinnung der Cyrenaika, das zweite der Nordteil Ägyptens und der Suezkanal.« Zu dieser Zeit setzte jedoch auch er noch voraus, daß zuvor das Eintreffen der 15. Panzerdivision abzuwarten sei. In der grundsätzlichen Frage, ob so früh wie möglich angegriffen werden solle, gab es zu dieser Zeit auch keine Meinungsverschiedenheiten zwischen Rommel und seinen Vorgesetzten, so oft das auch behauptet worden ist.

Generalstabschef Halder, der sich am 28. Februar als Ergebnis

* Hitler soll schon bei der Beauftragung Rommels nicht nur dessen militärische Qualitäten im Auge gehabt haben, sondern auch die Tatsache, daß er für Taten im »Deutschen Alpen-Korps« im Kampf gegen die Italiener ausgezeichnet worden war. Zuvor hatte Mussolini einen Offizier als Militärattaché nach Berlin geschickt, der nach dem Ersten Weltkrieg in einer Delegation der Sieger mit dem Deutschen Reich verhandelt hatte, was Hitler maßlos ärgerte.

eines Gespräches mit Feldmarschall von Brauchitsch notiert hatte »Gedankenaustausch über Operation in Libyen. Wir müssen uns davor hüten, viel hineinzureden«, vermerkte auch nach der Einweisung von Generalmajor Johannes Streich: »Betonung des offensiven und eiligen Charakters der Aufgabe.«

Vernünftigerweise machte er sich allerdings Gedanken über die Frage, wie der Nachschub durch das unwirtliche Land zu führen sei. Ergebnis: bei Beschränkung auf Rückeroberung der Cyrenaika möglich, wenn auch gleich die vor Tobruk liegenden, kleineren Häfen, insbesondere Benghazi, genommen werden. Ein Vorstoß nach Ägypten erschien ihm offenbar indiskutabel. Wie recht er hatte, sollte sich im nächsten Jahr zeigen.

Allerdings, auch der kühle Generalstäbler Halder glaubte offenbar, mit der Sowjetunion leicht bis zum Herbst fertig werden zu können, denn in seinen Notizen für einen Vortrag bei Hitler am 17. März heißt es: »Angriff Ägypten: 1 Pz.Korps nach Freiwerden aus Barbarossa auffrischen (vorbereitet).«*

»Wir hatten einen großen Tag . . .«

Drei Tage später erschien Rommel zur Berichterstattung in Berlin. Obwohl die hohe Generalität nun auf den Ostland-Ritt fixiert war, wurden ihm – sicher dank des »kurzen Drahtes« zum obersten Kriegsherrn – erstaunlich große Teile eines weiteren Wunschzettels genehmigt. Eine »Geheime Kommandosache«, die Brauchitsch persönlich am nächsten Tag unterschrieb, zeigt deutliche Übereinstimmung mit Rommels eigener Lagebeurteilung vom 9. März.

Nach dem Eintreffen der 15. Panzerdivision sei das Gebiet um Agedabia als Ausgangspunkt für die weiteren Angriffsoperatio-

* Auch später im Jahre 1941, als Rommel an der ägyptischen Grenze stand und Verstärkungen, Nachschub und Kolonnenraum forderte, lauteten die internen Stellungnahmen des OKH immer wieder sinngemäß: Nach Abschluß Barbarossa im Herbst ist alles möglich . . .

nen in Besitz zu nehmen, schrieb Brauchitsch. Dann wörtlich: »Ob unmittelbar anschließend an das Gewinnen dieses Gebietes zu der vom Afrika-Korps beabsichtigten Angriffsoperation mit allgemeiner Stoßrichtung auf Tobruk anzutreten sein wird oder ob hierzu das für später beabsichtigte Heranführen von Verstärkungen abzuwarten ist, wird von dem Ausgang der um Agedabia zu erwartenden Kämpfe abhängig sein, insbesondere davon, ob es gelingt, das britische Panzerkorps um Agedabia entscheidend zu schlagen.«

So etwa hatte Rommel es vorgeschlagen, so wurde es genehmigt. Der entscheidende Unterschied lag darin, daß es kein »britisches Panzerkorps um Agedabia« gab, sondern als stärkste Streitmacht einige ausgeleierte, dünnhäutige, schwach bewaffnete Kreuzer-Tanks*. Und es war Rommels Intimfeind Streich, der das für ihn entdeckte.

Der harte, besessen arbeitende Rommel hatte eine rührende Gewohnheit: Täglich schrieb er mindestens ein paar Zeilen an seine Frau. In den entscheidenden Tagen nach seiner Rückkehr aus Berlin sind sie voller versteckter Hinweise (rückübersetzt aus dem Englischen):

25. März: Kehrte sicher hierher zurück. In Rom wurde ich vom Duce empfangen. Nun bin ich froh, wieder an der Front zu sein ...

26. März: ... Ich muß die Truppen zurückhalten, damit sie nicht durchgehen ... Unsere italienischen Kollegen ziehen lange Gesichter, denn die Briten scheinen frech zu werden ...

27. März ... Als Ergebnis unserer letzten Operation »erbten« wir einen Flugplatz mit viel Benzin und einem Generator, der 6–10 Kilowatt pro Stunde erzeugt.

28. März: Es gibt einen Sturm und die See ist »furioso«, wie die Italiener sagen.

* Das 7. Tankregiment mit den bulligen »Matildas« kämpfte längst in Ostafrika. Deutsche Stellen wurden auf diesen Panzertyp ziemlich spät aufmerksam. Halders Tagebuch am 4. 3. 41: »Große Aufregung am Berge (Hitlers Berghof) durch Eintreffen eines Bildes von engl. Panzerwagen mit 80 mm Panzerung ...« Dabei war mindestens eine der starken »Matildas« in Frankreich erbeutet worden und tat mit Balkenkreuz und aufmontierter Pak in einer deutschen Einheit Dienst, von der Besatzung liebevoll »Oswald« getauft.

29. März: Ich fahre heute zurück nach Tripolis... Ich hoffe, heute abend zurück zu sein. Jedenfalls werde ich meine Waschutensilien mitnehmen, denn die Sache könnte anders ausgehen als geplant. (Abends) Wieder zurück. Die Konferenzen endeten sehr zufriedenstellend.

1. April: Wie Du wahrscheinlich aus dem Wehrmachtsbericht weißt, hatten wir gestern einen großen Tag...

2. April: Das sind ereignisreiche Tage für uns, aber wir machen gute Fortschritte...

3. April: Seit dem 31. März haben wir mit bemerkenswertem Erfolg angegriffen. Die Stäbe in Tripolis, Rom und möglicherweise Berlin werden staunen. Ich wagte es, entgegen früheren Befehlen und Weisungen vorzugehen, weil ich eine Gelegenheit sah. Sie werden es am Ende gutheißen, und ich bin sicher, daß jeder an meiner Stelle genauso gehandelt hätte. Das erste Ziel – geplant für Ende Mai – ist erreicht. Die Briten sind auf der Flucht. Unsere Verluste sind außerordentlich leicht. Die Beute ist überhaupt noch nicht abzuschätzen. Wie Du Dir vorstellen kannst, kann ich vor Freude nicht schlafen...

4. April: Gestern war ein großer und ereignisreicher Tag. Ich erhielt eine Botschaft des Führers mit Glückwünschen zu meinem unerwarteten Erfolg und Weisungen für die Fortsetzung der Operationen, die völlig mit meinem Standpunkt übereinstimmen.

5. April: ... Hoffen wir, daß das große Spiel, das jetzt im Gange ist, glücken wird...

Das »Ungetüm« fängt Corporal Short

»Lieber Gott, nimm diese verdammten Flugzeuge hier weg, dann will ich auch immer lieb sein!«

Obwohl eine Kette feuerspeiender Zerstörer vom Typ Me 110 angeheult kam, mußte Corporal Short von King's Dragoon Guards grinsen, als er diesen wütenden Schrei hörte. Der Sergeant, der ihn ausstieß, war sonst ein ziemlich wilder Bursche und ihm grauste vor nichts. Aber wie jedermann zwischen El Agheila und Benghazi hatte er in diesen letzten Februartagen die Nase voll von der deutschen Luftwaffe.

Die Küstenstraße hieß allgemein »Bombenallee«; ungepanzerte Fahrzeuge durften sie bei Tageslicht nur mit Sondergenehmigung befahren. – Darum bemühte sich niemand, der seinen Verstand beieinander hatte.

Schon im Januar, als das von Hitler in den Mittelmeerraum verlegte X. Fliegerkorps aktiv wurde, hatte man beunruhigende Nachrichten gehört: tollkühn angreifende Stukas hatten den Flugzeugträger »Illustrious« – dessen Torpedoflieger die italienische Kriegsflotte vor Tarent so schwer geschlagen hatten – nun im Gegenzug übel zugerichtet und den Kreuzer »Southampton« versenkt. Horizontalbomber He 111 verminten den Suezkanal, Ju 87 und Me 110 verfolgten die Spähwagen der KDG, die sich in der deckungslosen Wüste fühlten »wie die Kirsche auf der Torte«.

An diesem 27. Februar, drei Tage nach dem Gefecht beim Fort El Agheila, wurde Major Lindsays C-Schwadron besonders eingedeckt. Verstärkt durch zwei 25-Pfünder-Artilleriegeschütze,* zwei kleine Zweipfünder-Pak, zwei »Pompoms« und australische Infanteristen, hatten sich die Spähwagenleute in der Nähe der Grenze auf die Lauer gelegt: Wenn die Deutschen noch einmal Lust auf einen Besuch im Fort El Agheila verspüren sollten, dann wollten die KDG mit kräftigeren Kalibern als der ärmlichen Boyes Rifle aus dem Marmon Harrington bereit sein. Australische Pioniere hatten sogar die Straße vermint; bis dahin waren Anträge auf Minenschutz mit der Begründung abgelehnt worden, als reine Defensivwaffen seien sie schlecht für die Moral der Truppe.

Statt der deutschen Spähwagen kamen die Flieger.

Zuerst schwirrte ein Aufklärer vom Typ Henschel 126 um sie herum; eine besonders lästige Sorte, deren Piloten inzwischen schon widerwillige Bewunderung erregt hatten, wenn sie im Tiefstflug zwischen den Dünen herumkrochen, um den 4-cm-»Pompom« zu entgehen, und dann plötzlich über die Kuppen

* Feldhaubitzen vom Kaliber 3.45' = ca. 88 mm, oft im direkten Beschuß eingesetzt, auch gegen Panzer. Wurde dadurch im Afrika-Korps unter dem respektvollen Namen »Ratsch-Bum« bekannt.

huschten und sogar die Frechheit hatten, mit Handgranaten nach den Spähwagen zu schmeißen.

»Jetzt kriegen wir die Me 110 auf den Hals«, sagte Corporal Short düster.

Drüben im Turm seines Wagens überprüfte Major »Mick« Lindsay etwas steifrückig sein Flieger-MG, denn vor ein paar Tagen hatte ein angreifender Zerstörer die innere Turmwandung getroffen, als der Schwadronschef das MG abfeuerte— und das Geschoß war im Kreis herum und dann in seine Schultermuskulatur gefahren. Gleich darauf hatte Short über Funk die Stimme seines Vorgesetzten gehört, voller Erstaunen und Empörung: »Jesus, die haben *mich* getroffen!«

Ein Spähwagenfahrer mit Sanitäter-Kenntnissen zog das Geschoß mit einer ölbeschmierten Kombizange heraus, und Lindsay weigerte sich strikt, das Loch einem Doktor zu zeigen.

Diesmal, in der Lauerstellung an der Grenze, wurde es ernst. Die zwölf Me 110 kamen aus Richtung See. Vierzig Minuten später waren drei Spähwagen und zwei Lastwagen zerstört, zehn Männer wurden schwer verwundet, einschließlich Lindsays Vertreter Hauptmann Delmege. Der unzerstörbare Major stand, bleich und wütend, in einem Haufen Patronenhülsen. Wie üblich hatte das MG-Feuer aus dem Spähwagen bei den Angreifern keine Wirkung gezeigt, Aber die meisten Verwundeten hatten an den Maschinengewehren gestanden.

Bei einem zweiten Angriff einer kleineren Formation wurde ein weiterer Wagen zerstört, und der Regimentskommandeur sagte über Funk: »Anscheinend wollen die Deutschen euch da nicht haben.«

Der Hinterhalt wurde aufgegeben, da offensichtlich niemand hineintappen würde. Dafür gerieten Harry Short und sein Leutnant Howard in einen deutschen Hinterhalt:

Im ersten Tageslicht des 2. März fuhren sie wieder Richtung El Agheila. Noch warfen die Dünen lange, blaue Schatten – und in einem davon bewegte sich etwas.

Short und Leutnant Howard schickten ihre drei Wagen als Flankendeckung nach links hinüber und schlichen auf den nächsten Hügel, um die Sache genauer anzusehen. Sie waren kaum oben, als ein wüstes Feuer losging. Automatikwaffen, dazwischen ein peitschendes Krachen... Sie hörten als erste die Stimme einer Kanone, die bald jedermann auf dem afrikanischen Kriegsschauplatz kennen sollte: die 8,8-cm-Flak.

Die beiden auf dem Hügel spritzten auseinander und verbargen sich notdürftig hinter Kameldornbüschen. Aus den Augenwinkeln sah Short, wie zwei große Achtrad-Spähwagen feuernd hinter den drei kleinen Marmon Harrington herjagten. Kurz darauf knirschte und grummelte es neben ihm, und einen knappen Meter neben seinem Kopf kam ein mächtiger Reifen zum Stehen. Er beschloß, ganz langsam aufzustehen. Nun sah er das unheimliche Ding ganz aus der Nähe, das kaum zwei Wochen zuvor ein paar Meilen weiter südlich seinen Weg gekreuzt hatte, und die wuchtigen Männer mit den Schirmmützen lächelten freundlich auf ihn herab. Die düsteren Ahnungen hatten ihn nicht getrogen.

Während Short und sein Leutnant nach hinten gebracht, von Kriegsberichterstattern fotografiert und von einem netten älteren Herrn mit den Rangabzeichen eines Generals (Streich) bewirtet wurden, hätte Major Lindsay am liebsten den unglücklichen Lance Corporal verzehrt, der für die drei Spähwagen den Rückzugsbefehl gegeben und nach einer wilden Verfolgungsjagd wohlbehalten die Schwadron erreicht hatte. Aber bei ruhiger Überlegung mußte er sich eingestehen, daß es besser war, die beiden Kommandanten im Stich zu lassen, als die drei kostbaren Fahrzeuge durch die überlegenen deutschen Waffen vernichten zu lassen.

Verwirrung und Flucht

Von Mitte März an sahen die Spähwagen-Leute außer den Achtrad-Ungetümen auch gelegentlich mittelschwere Panzer auf deutscher Seite, vor deren wüst aussehenden Geschützrohren man nur hinter die nächste Düne sausen konnte. Die Luft schwirrte von deutschen Flugzeugen, die lästigen und nicht wegzuschlagenden

Henschel-Aufklärer schienen jeden Splittergraben zu beschnüffeln. Gelegentlich tauchten ein paar britische »Hurricane«-Jäger auf, die jedoch nur Erfolge erzielten, wenn sie eine Formation der schwerfälligen Ju 87-Stukas allein erwischten. Viel öfter gerieten sie unter die schwerbewaffneten Me 110, und etwa ein dutzendmal mußten die KDG mit ihren Spähwagen auf Bitten fluchender Piloten durchlöcherte und notgelandete Maschinen zur Straße schleppen, wo übernächtigte Air-Force-Monteure die meisten wieder zusammenflickten.

Im Regimentshauptquartier jagten Stukas den Kommandeur, Colonel McQuorquodale, vom Donnerbalken, und sein schottischer Landsmann Lindsay vergaß vor Lachen, sich hinzuwerfen.

Ein weiterer Besuch im Regimentshauptquartier hinterließ gemischte Gefühle: Brigadier Rimington, Kommandeur der 3. Tankbrigade, brachte die erfreuliche Mitteilung, daß die Meldungen der KDG über die Anwesenheit schneller deutscher Truppen nun auch im Hauptquartier geglaubt würden. Von Corporal Shorts erster Begegnung bis zu Leutnant Williams' Bettenrollen-Gefecht und weit darüber hinaus hatten lächelnde Schreibtischkrieger einander versichert, die Dragoner hätten, neu im Geschäft, offensichtlich irgendwelche verschüchterten italienischen Nachhuten zu furchterregenden Deutschen vergrößert.

Der Brigadier kündigte nun an, in den ersten Apriltagen sei ein begrenzter deutscher Vorstoß zu erwarten. Die Dragoner hätten sich dann, in Fühlung mit dem Feind, zurückzuziehen. Als Aufklärungseinheit hatten die KDG ohnehin nicht die Aufgabe, irgendwelche Angriffe zurückzuschlagen; daß aber von vornherein von Rückzug gesprochen wurde, wirkte reichlich ernüchternd. Vor zwei Monaten hatte man noch die Frage diskutiert, ob der Marsch nach Tripolis sofort oder etwas später stattfinden werde. Würde man denn vor den Deutschen immer nur davonlaufen?

Am Morgen des 24. März – Leutnant Williams führte wieder die Patrouille – war das Fort El Agheila erneut von Deutschen besetzt, und diesmal machten sie deutlich, daß sie da bleiben wollten.

Unter einem Hagel von Geschossen zog sich Williams mit seiner kleinen, durch Infanteristen mit einer Pak verstärkten Truppe in die Dünen südlich der Straße zurück, wo ihn aber gleich ein schwerer Panzerspähwagen aufstöberte. Die kleine Pak feuerte. Die automatischen Waffen des Achtradwagens bellten zurück, töteten einen der Kanoniere und verletzten einen weiteren schwer. Es blieb nur Flucht.

Inzwischen hatte sich Leutnant Whetherly von Süden an die Straße herangearbeitet.

»Feindliche Panzer, Lastwagen mit Infanterie auf dem Flugplatz und der Straße. Über dem Fort die italienische Flagge«, meldete er über Funk.

Eine Gruppe von Panzern klirrte weiter Richtung Grenze. Der vorderste fuhr auf eine der Minen, die für Major Lindsays Hinterhalt gelegt worden waren. Bevor er sich zurückzog, sah Whetherly noch, wie zwei leblose Körper aus dem Kampfwagen geborgen wurden, die ersten Toten des Afrika-Korps.*

Leutnant Whetherly war es auch, der die erste Meldung über den Beginn von Rommels Offensive gab. Am frühen Morgen des 31. März sah er weit im Süden in der Gegend von Giofer Panzer mit dem Balkenkreuz nach Osten rollen. Unmittelbar darauf meldete auch Leutnant Budden heranrollende Panzer zwischen El Agheila und den Salzsümpfen von Marsa el Brega. Den ganzen Tag über hielten sich die Späher mit ihren dünnhäutigen Wagen so gerade außerhalb der Reichweite der deutschen Panzerkanonen – ihre exakte Berichterstattung wurde auf Befehl des Kommandeurs der 2. Tankdivision lobend im Kriegstagebuch erwähnt.

Aber abends kam der Befehl, fast 50 Kilometer hinter Marsa el Brega zurückzugehen.

Merkwürdig ... Die Karte zeigte, daß die Enge von Marsa el Brega, begrenzt durch rauhes Gelände und unbefahrbare Salzsümpfe, die beste Verteidigungsstellung war. Wurde denn nicht einmal der Versuch gemacht, die Deutschen zu stoppen?

In den nächsten Tagen verstärkte sich bei den Spähwagenleuten immer mehr ein Gefühl der Unwirklichkeit. Immer neue Rückzugsbefehle, ausgeführt inmitten von Kavalkaden zurückströ-

* Vorher hatte allerdings ein deutscher Soldat in der Dunkelheit irrtümlich einen Kameraden erschossen.

mender Fahrzeuge; kaum noch Kontakte mit dem Feind, aber Gerüchte und an Panik grenzendes Durcheinander auf den Straßen und Pfaden nach Norden und Osten. Der Funkkontakt mit der Division fiel zeitweise völlig aus, dann kamen verwirrende und einander widersprechende Befehle.

Major Lindsay und seine C-Schwadron, die weit im Süden den Eingang des befahrenen Wadi Faregh bewacht hatten, hörten erst vom allgemeinen Rückzug, als die Dunkelheit einbrach. In stockfinsterer Nacht führte ihr Weg durch rauhes Gelände.

»Ich werde vorausgehen und nach den Sternen navigieren«, verkündete der Major, und seine Männer staunten: sogar Astro-Navigation kann er, der unglaubliche Mick!

Er verriet keinem Menschen, daß er nur einen einzigen Stern kannte: den Nordstern, und nach Norden mußten sie schließlich. So grummelten sie durch die Nacht, der lange Major voraus, mit den Füßen nach Felsbrocken tastend, im ersten Spähwagen hinter ihm ein Fahrer, der im Finstern sehen konnte wie eine Katze. Schließlich sahen sie ein loderndes Feuer unter dem Nordstern, hielten darauf zu und erkannten brennende Tanks.

Sie standen an der Küstenstraße, die weit und breit menschenleer war. Nirgends an den glühenden Stahlkästen war ein Einschußloch zu sehen.

»Die sind nicht abgeschossen worden«, sagte einer. »Das sind die alten, ausgelatschten Kreuzer vom 5. Tankregiment. Alle paar Meilen bricht einer zusammen. Sie haben sie bestimmt angesteckt, weil sie nicht mehr zu reparieren waren.«

»Wir müssen weiter«, sagte der Major.

Aus der Küstenebene, die vor langer Zeit noch Meeresgrund war, steigt landeinwärts wie eine Wand die frühere Steilküste. Nur an einigen Stellen ist sie mit Fahrzeugen zu nehmen, und dort stauten sich in diesen Tagen des chaotischen Rückzuges endlose Schlangen.

Seltsamerweise ließ die deutsche Luftwaffe die leichte Beute unbehelligt. Erst jenseits der Höhe sahen die Dragoner, daß die Messerschmitts und Junkers' auf ganz bestimmte Ziele angesetzt waren: immer wieder fanden sie ausgebrannte und explodierte Benzin-Tankwagen. Zwischen Msus und Maraua stand ein riesiger, blauschwarzer Rauchpilz: Stukas hatten dort ein großes Benzinlager in Brand gebombt; eine ganze Kolonne von achtzehn Benzin-Transportern war mit in die Luft geflogen.

Es schien, als ob plötzlich jede Organisation, das gesamte Befehlsgefüge zusammengebrochen sei. Ein Rückzugsbefehl nach dem anderen traf ein, mal über das stotternde Funkgerät, mal durch Verbindungsoffiziere, dann auch durch zufällige Treffen im Gewimmel der nach Norden und Osten führenden Wege. Aber nur selten kamen Befehle, die normale Tätigkeit einer Aufklärungseinheit auszuüben: außer Schußweite Fühlung mit dem Feind zu halten und zu berichten, was er macht.

Wenn sie doch einmal im weiten Land südlich der Gebirge Kolonnen der Deutschen sichteten, waren es meistens nur ein paar Späh- und Lastwagen, vielleicht mit etwas Artillerie und Pak. Wer sie sah, mußte sich fragen: »Warum laufen wir denn vor denen davon?«

Für den verwundeten Hauptmann Delmege war ein neuer stellvertretender Schwadronschef zu Major Lindsay gestoßen, Hauptmann Tony Llewellyn Palmer. Er paßte aufs beste in den ebenso schrulligen wie unerschrockenen Verein; in seinem Spähwagen lebte als zusätzliches Besatzungsmitglied ein Huhn, ein hübsches kleines Ding, das er sich eigentlich zugelegt hatte, um ihm bei Gelegenheit den Hals umzudrehen. Aber das Tier fing an, Eier zu legen, und es rettete sich dadurch vor dem Topf.

Einmal rückte ihnen eine deutsche Kolonne auf den Pelz. Diesmal waren sogar ein paar Panzer dabei, aber der Wagen von Hauptmann Palmer stand noch mit geöffneten Luken in der brettflachen Wüste herum, obwohl sie schon fast auf Schußweite heran waren.

»Nun mal los«, rief Lindsay ihm zu, »die kassieren uns gleich ein«!

»Ich kann noch nicht«, sagte sein Vertreter, »mein Huhn ist noch nicht da«.

Man konnte schon das Brüllen der Panzermotoren und das Klirren der Ketten hören, und als ob es die Gefahr erkannt hätte, kam das Huhn, halb rennend, halb fliegend und aufgeregt kakelnd, hinter ein paar Büschen hervorgeschossen, verschwand mit unverminderter Geschwindigkeit im Spähwagen, die Luken krachten zu, und ab ging die wilde Jagd.

Aber schließlich drehte Hauptmann Palmer seinem Huhn doch den Hals um; denn dort wo sie auf diesem Rückzug landeten, ertrug niemand lange den Anblick eines Huhnes, ohne daß ihm in Erinnerung an fast vergessene Genüsse das Wasser im Munde zusammenlief.

Sie huschten noch gerade so in die Festung Tobruk, bevor Rommels Truppen »den Sack zumachten«.

2. Rommel pfeift aufs Lehrbuch

Wo bleiben die Tanks?

Der Befehlshaber des Deutschen Afrika-Korps, General Rommel, war mit dem Vorsatz nach Afrika zurückgekehrt, einen begrenzten Angriff zu führen. Die Leichtigkeit, mit der Streichs kleine Truppe inzwischen das Fort El Agheila besetzt hatte, konnte ihn darin nur bestärken.

Schließlich hatte selbst Generalstabschef Halder in der Besprechung am 20. März gemeint, man könne durchaus mit den derzeit zur Verfügung stehenden Kräften daran denken, das »Vorfeld von Agedabia in die Hand zu nehmen«.* Inzwischen waren 8000 Mann der 5. Leichten Division in Tripolis gelandet, darunter das 5. Panzerregiment, das überwiegend mit den starken, den englischen »Kreuzern« weit überlegenen Panzern III und IV ausgerüstet war. Auch die italienische Panzerdivision »Ariete« war nun seinem Befehl unterstellt, die am Graziani-Debakel nicht teilgenommen hatte.

Aber mehr als das »Vorfeld von Agedabia« sollte es auch nicht sein; als Rommels Stabschef, Oberstleutnant von dem Borne, in einer Besprechung mit dem »Fliegerführer Afrika« meinte, man könne auch weiter vorgehen, wenn erst einmal die Enge von Marsa el Brega durchstoßen sei, wehrte er kurz angebunden ab: das widerspräche den Befehlen des OKH. Und als General Streich seine Division zum ersten regelrechten Angriff auf befestigte britische Infanteriestellungen führte, ließ der Befehlshaber ihm weit-

* So vermerkte er wörtlich in seinem Tagebuch. Die Brauchitsch-Weisung vom folgenden Tage (siehe Seite 50) empfiehlt Warten auf 15. PD. Ebenfalls im Gegensatz zu dieser Weisung meinte Halder überdies, vor dem Herbst sei kein Angriff »auf der Sehne Tobruk« möglich. Auch im vielgerühmten OKH wußte die rechte Hand nicht, was die linke tut.

gehend freie Hand; ein merkwürdiger und auffälliger Gegensatz zu der Art, in der Rommel später grundsätzlich in die Kampfführung eingriff.

Dabei lief die Operation zunächst nicht sehr zufriedenstellend. Die Engländer hatten nur ein Regiment 25-Pfünder hinter ihren Infanteriestellungen zwischen dem Meer und den Salzseen, und die schossen unangenehm akkurat. Zwei Panzerangriffe wurden zurückgeschlagen; zwar konnten die Explosivgeschosse der Panzerung nichts anhaben, aber direkte Treffer reichten, um Ketten von den Laufrädern zu reißen und die Besatzungen grausam durchzuschütteln. Obendrein blieben die Panzer immer wieder in einem sandigen Rücken stecken.

Auch die Stuka-Angriffe brachten die Artilleristen nicht zum Schweigen, und in General Streichs Gefechtsstand, in dem man sich gelegentlich auch vor den Einschlägen der rastlosen 25-Pfünder in den Sand werfen mußte, richteten sich die Ferngläser immer wieder auf den welligen Horizont: ein Gegenangriff mit Tanks hätte jetzt gerade noch gefehlt. Glücklicherweise war nichts Kräftigeres zu sehen als ein paar kleine Zwei-Mann-Panzer mit Maschinengewehr, die schon im Frankreich-Feldzug nicht einmal Spähwagen gefährlich werden konnten.*

Das gab General Streich die Chance, die erste Krise des Afrika-Korps im klassischen Land des Panzerkampfes mit Infanterie zu lösen. Bei Einbruch der Dunkelheit schickte er ein MG-Bataillon nördlich der Straße dicht am Strand in die rechte Flanke der Engländer. Man darf heute vermuten, daß dieser Vorstoß zu den folgenreichsten des Afrika-Feldzuges gehörte. Der Angriff der wohltrainierten Fußtruppen, die geschickt die Deckung der Dünen ausnutzten, traf einen Nerv, der den britischen Einheiten noch viel zu schaffen machen sollte: nämlich ihr altertümliches Reglement, das von einem ordentlichen, aufgeräumten Schlachtfeld mit säuberlich getrennten Linien ausging, auf dem man sich besonders davor zu hüten hatte, überflügelt oder gar umgangen zu werden.

* Bei Manövern unmittelbar vor Kriegsausbruch hatten ergrimmte Besatzungen mit Kreide auf die Flanken dieser »Bren-Carriers« geschrieben: »Nicht im Kampf verwenden. Nur Weichstahl«.

Der britische Kommandeur tat jedenfalls, was Wellington auch getan hätte: er zog sich zurück.

Johannes Streich hätte seine Lektion beim Kampf gegen die Engländer an der Kanalküste schlecht gelernt, wenn er nicht gleich und auch ohne besonderen Befehl des kommandierenden Generals seine ganze Division* nachgezogen hätte. Die einzige Enge in der ganzen Cyrenaika, in der zwischen dem Meer und den unbefahrbaren Salzseen nur 13 Kilometer zum Manövrieren blieb, war geöffnet.

»Wir setzen den Vorstoß auf Agedabia fort, Hauser«, sagte er zu seinem Stabschef. Für ihn als »Panzermann« war das nun wieder eine Reaktion nach dem Lehrbuch.

Rommel, der sich zunächst etwas erstaunt zeigte und erst nach einem langen Blick auf die Karte Streichs Maßnahmen billigte, pfiff nun allerdings auf jedes Lehrbuch. Am Vormittag des 2. April, noch bevor die ersten Einheiten Agedabia erreicht hatten, bekam er zwei wichtige Informationen:

- Obwohl sich kleinere Infanterie-Einheiten, unterstützt durch Artillerie, noch zweimal zum Kampf stellten, beobachteten Aufklärungsflieger in der gesamten Cyrenaika Fahrzeugkolonnen auf Ostkurs.
- Ein erstes Panzergefecht hatte gezeigt, daß die britischen »Kreuzer« mit ihrer Zweipfünder-Kanone dem Panzer III auf 1000 Meter Entfernung kaum etwas anhaben konnten, während dessen 5-cm-Kwk zum Beispiel ihre 23-mm-Bugpanzerung glatt durchlöcherte, und zwar noch über 1500 Meter.

Er schlug deshalb die Lehrbuch-Weisheit in den Wind, nach der ein kluger Kommandeur seine Streitkräfte bei der Verfolgung eines weichenden, aber ungeschlagenen Feindes besser nicht teilt. Rommel teilte sie nicht nur, er drittelte sie sogar. Als er seine Chance erkannt hatte, brach ein Wirbelsturm los, verwandelte er sich in den rast- und respektlosen Vorwärtsdränger, der von seinen Leuten nicht mehr verlangte als von sich selbst – aber das war Übermenschliches.

* Was zur Verfügung stand, konnte man allerdings kaum als »ganze Division« bezeichnen, es bestand im wesentlichen aus dem Panzerregiment, der Aufklärungsabteilung, zwei MG-Bataillonen und zwölf Rohren Artillerie.

Generalmajor Kirchheim, der im Auftrag des OKH Libyen bereiste, sah sich plötzlich vom Generalskollegen beschlagnahmt und mit Teilen der italienischen Division »Brescia« nach Norden und Osten über die Küstenstraße geschickt. Generalmajor Streich hatte unversehens nur noch eine gemischte Kampfgruppe aus Teilen seiner Division unter sich, die Rommel quer durch die Wüste auf das zentral liegende Fort Mechili zujagte, den Kreuzungspunkt uralter Beduinen-Pfade. Als der italienische General Italo Gariboldi, dem das Afrika-Korps immerhin taktisch unterstellt war, voller Sorge um die Flanken und um andere geheiligte Begriffe aus dem Lehrbuch bremsen wollte, fertigte Rommel ihn kurz mit der Bemerkung ab, er habe nicht die Absicht, gute Gelegenheiten ungenutzt vorübergehen zu lassen.

Er machte alles falsch – und deshalb richtig, ein Außenseiter in der »internationalen Gewerkschaft der Generale«, die so viele mehr oder weniger kluge Bücher über ihr Gewerbe geschrieben, gelesen und ausgetauscht hatten, daß innerhalb bestimmter Grenzen eine Art Kodex entstanden war.

Dazu gehört beispielsweise, daß vor einer Operation, die immerhin über ein paar hundert Kilometer führen soll, kluge Logistiker haarklein ausrechnen, welcher Nachschub mit welchem Lastwagen-Raum wann wohin zu transportieren ist; dies wiederum mit zahlreichen Alternativ-Programmen, um Eventualitäten zu begegnen. Wer sich von heute auf morgen zu einem solchen Unternehmen entschließt, muß erst in der feindseligen Wüste ein Fiasko erleben, wenn er nicht Rommel heißt.

Der ließ, als die Tanks von Streichs Panzer trocken wurden, vor den Augen des insgeheim händeringenden Divisionsstabs alles von den Troß-Lastwagen werfen, was nicht zum Schießen und Fahren nötig war, und auf Planen notwendig in der Wüste lagern. Und er ließ die auf Vermittlung des Führer-Adjutanten Schmundt vom dicken Reichsmarschall gestifteten Ju 52 Sprit nach vorn fliegen und hatte das Glück, daß in der ersten, kritischen Phase nur zwei davon durch britische Jagdflieger am Boden zerschossen wurden.

Zum Kodex gehört auch, daß die Kräfteverteilung des Gegners ermittelt wird, seine Reaktionen vorausberechnet werden und daß jede selbständige Einheit darauf abgestimmte Befehle schriftlich bekommt. Zu den wenigen Papieren, die Rommel ausgab, gehörten gelegentlich aus dem Kurzstart-Aufklärungsflugzeug »Fieseler Storch« geworfene Zettel mit der Aufforderung, voran zu machen, sonst käme er mal runter. Denn er flog selbst Aufklärung, dirigierte die hastig zusammengewürfelten Kampfgruppen nach den Ergebnissen, und es war unvermeidlich, daß seine Befehle sich gelegentlich aufhoben.

Eine der verblüffend kleinen, panzerlosen Kolonnen, die von den KDG-Spähwagen beobachtet worden waren, hatte den weitesten Weg: Sie war aus dem MG-Bataillon 8 des Oberstleutnants Ponath gebildet und stieß quer durch den Cyrenaika-Buckel nach Derna vor, um dort wieder die Küstenstraße zu erreichen und sie für die zurückflutenden englischen Verbände zu sperren – 450 Kilometer durch die zumeist weglose Wüste, eine wüsten-unerfahrene Truppe, ausgerüstet mit Fahrzeugen, die nicht einmal in europäischen Wäldern und Wiesen als geländegängig zu bezeichnen waren.*

Das kann man nur mit Leuten machen, die nach zwei Blitz-Feldzügen gar nicht auf die Idee kommen, daß etwas schiefgehen könnte; daran hatte auch ein sehr frühzeitiges Treffen mit Engländern in Afrika, das zugunsten der anderen Seite ausging, nichts ändern können: Leutnant Weaver von der C-Schwadron der KDG hatte am 23. März mit drei Spähwagen und einer Pak bei Giofer eine Kompanie des MG-Bataillons 8 überrascht, die gerade hoffnungslos festgefahren war. Obwohl die Engländer drei Lastwagen in Brand schossen und erst durch über Funk alarmierte Flieger verscheucht werden konnten, blieb als Erinnerung an das Gefecht nur gutmütige Anerkennung für den Schneid, mit dem sie immer wieder auf ihren altertümlichen Vehikeln angerumpelt kamen – nur der Koch Leo war völlig gebrochen, weil sie ihm seine schöne neue Feldküche durchlöchert hatten.

Durstig, übermüdet, immer wieder steckengebliebene Fahrzeuge ausbuddelnd, gelegentlich vom allgegenwärtigen Rommel ange-

* Irgendwer hatte bestimmt, daß schwerere Fahrzeuge in der Wüste Zwillingsreifen auf der Hinterachse haben müßten. Sie sanken im Sand besonders tief ein und wurden reihenweise durch eingeklemmte Steine zerstört.

spornt, schleppte sich diese Truppe nach Derna, und ein Teil von ihr kam tatsächlich in drei Tagen hin, machte unterwegs rund 400 Gefangene und fing die beiden wichtigsten Briten-Generale. Aber am Flugplatz Derna stießen sie wieder auf die alten, schneidigen Feinde von der KDG. Zu dieser Zeit reichte die Schlange der ostwärts kriechenden britischen Fahrzeuge noch 25 Kilometer zurück bis Giovanni Berta. Von hier aus schlängelt sich die Küstenstraße Richtung Tobruk in Serpentinen wieder ins Bergland hinauf, reichlich unangenehm für einen hastigen Rückzug ...

Nicht einmal seine Panzerstreitmacht hatte Rommel beieinander halten können: zwar war der Stoß durch die Wüste Richtung Mechili und Tobruk der wichtigste, aber vor General Kirchheim und seiner leichtbewaffneten Infanterie mußte er schon einen etwas kräftigeren Verein die Küstenstraße entlang Richtung Benghazi schicken. So verstärkte er die Aufklärungsabteilung 3 durch etwas Artillerie (von insgesamt zwölf verfügbaren deutschen Rohren) und eine Panzerkompanie vom Regiment 5.

Heulen für Großdeutschland

Joachim Saenger, Funker im Panzer III des Kompaniechefs, dachte wie alle anderen: diese tischglatte Fläche da vorn ist der richtige Platz für einen Marschhalt. Am nördlichen Horizont stiegen die Berge an zum Benghazi-Flugplatz Benina, den sie nehmen sollten.

»Was zum Teufel ...« sagte der Kompaniechef.

Die Stahlkästen waren kaum auf der glatten Fläche zum Stehen gekommen, als einer nach dem anderen mit einem merkwürdigen Knirschen bis über die Laufrollen versank.

Ein ausgetrockneter Salzsee, über dessen Salzdecke der Wind eine tarnende Sandschicht geblasen hat, ist kein Parkplatz für 20-Tonnen-Panzer. Aber wer weiß das schon, wenn er frisch aus Europa kommt? Fluchend und schwitzend machten sie die weniger betroffenen Fahrzeuge wieder flott, zerrten mit ihnen noch ein paar andere heraus, aber ein Teil der Kompanie blieb hoffnungslos stecken und mußte auf die Zugmaschinen warten.

Von den Bergen hörte man Gefechtslärm, offenbar hatte die Infanterie schon allein angegriffen. Die übriggebliebenen Panzer rasselten auf einen Graben zu – für den 22jährigen Saenger ins erste Gefecht. Erst viel später wurde ihm klar, daß die gelegentlich hörbaren scharfen Geräusche von den nutzlos abprallenden Geschossen der englischen Panzerbüchse herrührten.

Aber dann gab es einen schmetternden Krach, der Panzer hob sich ein bißchen und blieb mit einem Ruck stehen.

Bis auf Oberleutnant Sandrock war die ganze Besatzung unerfahren; sie starrten sich mit bleichen Gesichtern an und fühlten sich schon halb tot. War das ein Pak-Treffer? Der Oberleutnant brüllte Saenger zu, er solle die anderen stoppen, hier sei ein Minenfeld; der gab die Meldung auch mit halbwegs fester Stimme durch, aber die anderen Panzer fuhren unbeirrt weiter, und dann krachte es auch noch zweimal, zwei zerrissene Ketten hingen herunter, und dann eine dritte Explosion:

Unteroffizier Lämmerhirt war vom Panzer direkt auf eine Mine gesprungen. Sie fanden von ihm nur die Mütze wieder.

Der Oberleutnant warf Saenger einen wütenden Blick zu – doch er sah sich den Boden an, bevor er vom Panzer sprang, um einen unbeschädigten Wagen zu übernehmen.

Später stellte sich heraus, daß sich die Funkfrequenzen auf dem Weg von Deutschland nach Afrika verschoben hatten. Probesendungen zur Abstimmung waren vor dem Einsatz verboten. Deshalb hatten die anderen die Minen-Warnung nicht gehört.

Erst nach Stunden waren sie wieder unterwegs, völlig erschöpft vom Kettenflicken unter der brüllenden Sonne, der Gefechtslärm in den Bergen hatte aufgehört. Die Nachzügler fuhren Kurs Mechili, links blieben die Berge zurück, es ging hinein in die Wüste.

Der Wind wehte von hinten, jeder Wagen fuhr in seiner eigenen Staubwolke. Sie machten die Luken zu und setzten die Gasmasken auf, aber der Staub drang überall hin, und die glühende Hitze jagte alle bis auf den Fahrer auf die Platten hinter dem Turm.

Saenger riß die Gasmaske vom Gesicht, er glaubte zu ersticken; er heulte vor Erschöpfung und Hilflosigkeit und schämte sich sehr. Aber dann bemerkte er auch in den staubbedeckten Gesichtern der anderen Tränenspuren – so fuhren sie heulend für Großdeutschland hinter ihrem Regiment her nach Mechili.

Das Drama von Mechili

In der gesamten Wüste südlich der Berge hielt nun alles, was das Balkenkreuz trug, Kurs auf das Wüstenfort.

Nördlich der Berge war die Lage ziemlich geklärt, Benghazi genommen, die abziehenden Engländer hatten nur noch ein paar Vorratslager in Brand gesteckt.

In einer qualmüberlagerten Straße hielt ein Panzer III, ebenfalls ein Nachzügler vom Regiment 5. Aus dem Turm brüllte der 20jährige Richtschütze Werner Fenck: »Hohenecker!«

Kamerad Hohenecker war etwas leichtfertig um eine Ecke gegangen, vielleicht zum Pinkeln.

Der Ruf aber hatte merkwürdige Folgen, denn aus einem naheliegenden Haus wurde er mit fremdartiger Betonung wiederholt, erst zaghaft, dann immer lauter und im Chor – schließlich tanzten freudig erregte Araber mit erhobenen Händen um den Panzer und brüllten: »Hohenecker!«

Offenbar hielten sie das Wort für eine Kundgebung der Friedfertigkeit; der Ruf ging wie ein Lauffeuer durch die Stadt.

Hohenecker aber fand sich mit etwas erstauntem Gesicht wieder ein: auch ein Spähwagen-Kommandant starrte etwas zweifelnd auf Araber herunter, die ihn anstrahlten und »Hohenecker!« brüllten.

Um Mechili hätte man die Situation um diese Zeit ebenfalls eher komisch finden können – wenn man zu vergessen bereit war, daß ein paar tausend Leute sich gegenseitig umbringen wollten.

Rommels unorthodoxe Methoden, Sprit zu beschaffen, hatten im wesentlichen nur dazu ausgereicht, die Räder-Fahrzeuge der Kampfgruppe unter General Streich einigermaßen mobil zu halten. Die spritfressenden Panzer liefen immer wieder trocken. So kam es, daß der General das Gebiet Mechili schließlich mit einer

»Blitz« durch die Cyrenaika: April 1941. ▶

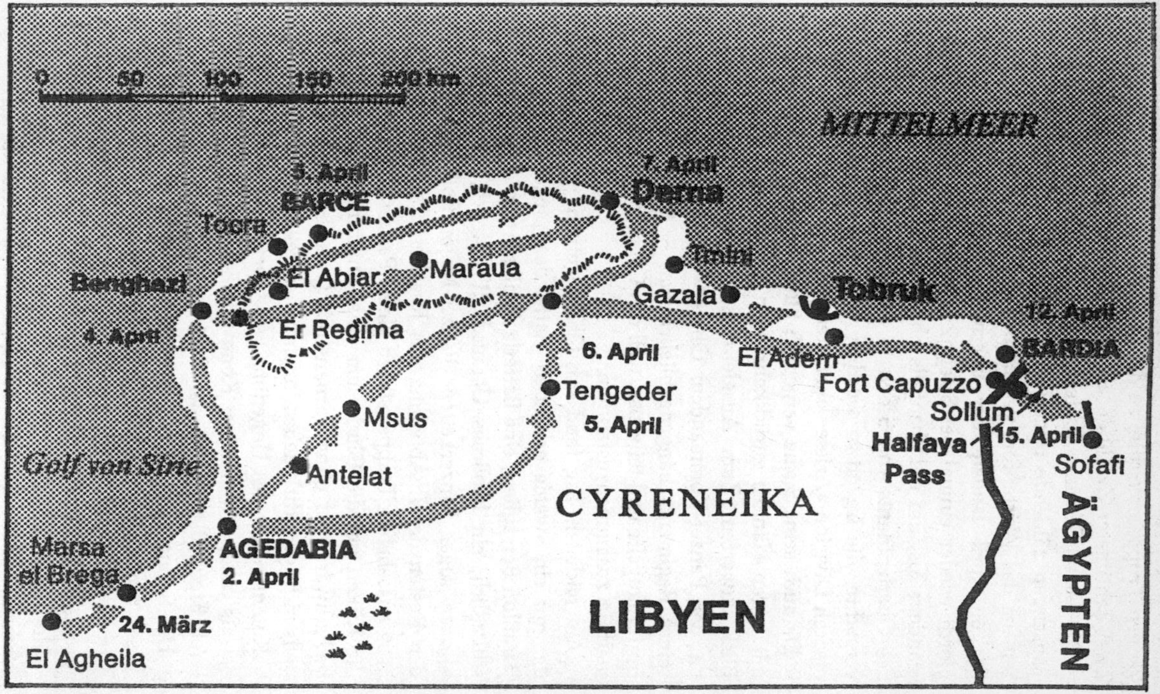
0
50
100
150
200 km
MITTELMEER
3. April
BARCE
7. April
Derna
Tocra
Tmimi
El Abiar
Maraua
Benghazi
Gazala
Tobruk
4. April
Er Regima
12. April
6. April
El Adem
BARDIA
Fort Capuzzo
Tengeder
Sollum
Msus
5. April
Halfaya
Pass
15. April
Sofafi
Golf von Sirte
Antelat
CYRENEIKA
ÄGYPTEN
Marsa
el Brega
AGEDABIA
2. April
24. März
LIBYEN
El Agheila

kleinen Truppe erreichte, zu der als schwerste Kaliber zwei kleine Zwei-Zentimeter-Zwillinge auf Selbstfahrlafette gehörten.

Die Luftaufklärung hatte inzwischen ergeben, daß eine nach Tausenden zählende feindliche Truppe mit zahlreichen Fahrzeugen um das Wüstenfort versammelt war. Am späten Nachmittag des 6. April landete der unermüdliche Rommel mit seinem Storch wieder einmal bei Streich. Er schickte den Divisionskommandeur los, um die ebenfalls ohne Panzer anrückende Gruppe des Oberleutnants von Schwerin ausfindig zu machen. Er selbst versuchte, die irgendwo westlich vermutete Artillerie der italienischen Division »Ariete« aufzutreiben.

Da auch seine Suche vergeblich blieb, konnte er dem ebenfalls mit leeren Händen zurückkehrenden Streich nur einen finsteren Blick zuwerfen. Zum Ausgleich flog er wieder nach Westen, um den Panzer-Kommandeur Oberst Olbrich, der mit dem Gros seines Regiments hängengeblieben war – teilweise, weil es an Sprit mangelte und teilweise, weil das Gelände unbefahrbar war – mächtig zusammenzustauchen.

Am nächsten Tag fand sich Oberstleutnant von Schwerin ein, der nur ein »wenig erkundet« hatte, dazu sogar ein verstärktes Bataillon Bersaglieri, eine Batterie Artillerie von der »Ariete«, und schließlich, ein liebliches Geräusch für Streich, quietschten und klirrten sogar Panzerketten: Panzer-Major Bolbrinker kam mit den Resten der I. Abteilung des Regiments 5. Eine sehr eigenartig aussehende Truppe: sieben kleine Panzer II scharten sich wie die Küken um die Glucke um einen mächtigen Panzer IV, der, pechschwarz und ohne Tarnanstrich (dazu hatte die Zeit in Tripolis nicht gereicht), neben ihnen um so gewaltiger wirkte.

Kommandant des Ungetüms war Oberleutnant Albrecht Zorn, der als einziger von seiner Kompanie heil durch die kettenzerstörende Steinwüste südlich des Gebirges gekommen war.

Die Sonne sank, auf den sanften Hügeln um Mechili hockte diese zusammengewürfelte Truppe, starrte auf das Fort mit den Türmen auf der Wehrmauer, und der rastlose Kommandeur sprang aus seinem Storch: »Morgen greifen Sie an, Streich!«

Noch ehe die Motoren von Zorns Panzer und den »Küken« rundum am Morgen des 8. April warmlaufen konnten, waren auch die Belagerten aus ihrer Erstarrung erwacht: im ersten Licht formierte sich eine Fahrzeugkolonne. Da es nur ungepanzerte Räderfahrzeuge waren, kümmerte Major Bolbrinker sich nicht darum, sondern fuhr seinen Angriff wie verabredet: Richtung Fort.

Zorns Ungetüm donnerte im Zickzack-Kurs durch Infanteriestellungen, und der Funker amüsierte sich damit, abwechselnd mit dem MG zu schießen und Eierhandgranaten aus dem geöffneten Turmluk zu werfen. Kleinwaffenfeuer kleckerte auf die Flanken. Irgendwo gab es noch einen längeren Aufenthalt, am Fort sah man inzwischen allerlei Fahrzeuge herumrasen.

Quer zur Fahrtrichtung sahen sie, daß sich die Panzer endlich wieder in Bewegung setzten, ein durch Quader zum Panzerhindernis ausgebautes Wadi. Und dahinter stand eines der kleinen Panzerabwehrgeschütze, dessen Vollgeschosse an der mächtigen Bugpartie von Zorns Panzer abprallten. Er stoppte, ließ eine Sprenggranate in die Richtung feuern, gab dem Fahrer dann sofort Befehl: »rüber!«

In der Erregung des Augenblicks machte der Fahrer einen kleinen Fehler: er vergaß, daß bei dem modernen Getriebe des Panzers IV vor dem Herunterschalten der kleinere Gang vorgewählt werden mußte. Und als das Fahrzeug sich über den Rand des Wadis schob, stand es quälende Sekunden lang mit hochgereckter Bodenplatte da, statt mit der Kraft des kleinen Gangs sofort überzukippen und Fahrt aufzunehmen.

Oberleutnant Zorn hatte nur ein etwas beduseltes Gefühl, als das Vollgeschoß durch die dünne Bodenplatte krachte und sein linkes Bein zerschmetterte. Mir ist der Turmdeckel auf den Kopf gefallen, dachte er verschwommen. Irgendwie kam er heraus, rutschte über das Heck und verbrannte sich auch noch am heißen Auspuff den Rücken.

Erst dann merkte er, daß sein Bein gefühllos an der Hose herumschlenkerte. Einige Panzer II brausten an ihm vorbei und hielten feuernd auf der anderen Seite des Wadis. Die Pak schoß nicht mehr. Seitlich sah er indische Infanteristen aus ihren Löchern aufstehen und davonlaufen.

Der Führer des Instandsetzungszuges, der das Gefecht durch ein Scherenfernrohr beobachtet hatte, alarmierte einen Assistenzarzt und rettete Zorn so vor dem Verbluten. Die gesamte übrige Besatzung war tot.

Die Cyrenaika wird »entblößt«

In Marsa Matruk war in der Nacht zum 9. April 1941 die Hölle los. In der kleinen Gruppe weißer Häuser – einst fashionabler Badeort der feinen Leute von Kairo und geadelt durch die Tatsache, daß schon Antonius und Kleopatra hier schwimmen gingen – schwirrten Gerüchte über Kraft und Geschwindigkeit des deutschen Vormarsches.

Hochbeinige Bedford-Lastwagen rumpelten staubbedeckt aus Westen heran. Die stoppelbärtigen und hohläugigen Fahrer sahen aus, als hätten sie seit geraumer Zeit den Fuß nicht nur zum Tanken vom Gaspedal genommen.

Leutnant Tim Llewellyn Palmer von den 7. Husaren, jüngerer Bruder des Hauptmanns und Huhnbesitzers von den KDG, sah sich achselzuckend um. Er war mit einer Vorausabteilung der B-Schwadron seines Regiments aus dem Delta gekommen. Mit hastig zusammengekratzten Panzern vom Typ Mark VI »Leicht« – zwei Maschinengewehre, maximal 15 mm Panzerung, aber immerhin 88 PS und 56 km/h – sollten sie die Grenze nach Libyen schützen. Es sah so aus, als würde es unangenehm, langwierig und trocken werden. – Palmer ging zielbewußt auf die Bar des Hotels »Hillier« zu.

Auf dem staubigen Flugplatz schoben Mechaniker mächtige Kisten auf Lastwagen.

»Hallo Tim! Großartig dich zu treffen«, begrüßte ihn ein kleiner Mann in Shorts, staubbedeckt von den Schuhen bis zum schütteren Haar, nur das Monokel blitzte frischgeputzt im scharfgeschnittenen Gesicht: General Archibald P. Wavell, Oberbefehlshaber Nahost.

»Sei ein guter Junge, Tim. Geh' mal rüber und besorg' mir ein Flugzeug. Meins hat gerade in der Wüste Bruch gemacht«. Den Oberbefehlshaber schien das zu amüsieren. Tatsächlich fand Tim einen Fliegeroffizier, der versprach, einen zum VIP-Transport geeigneten Apparat aufzutreiben. Es werde nur etwas dauern.

Der junge Leutnant ging zu Wavell zurück, der nicht nur sein Oberbefehlshaber, sondern auch ein väterlicher Freund der Palmer-Brüder war.*

»Ich komme gerade aus Tobruk«, sagte der General. »Da scheint alles in Ordnung zu sein. Eine Abteilung ›Matildas‹ ist schon auf dem Weg in die Festung. Die werden halten.«

Palmer hatte das Gefühl, das erste vernünftige Wort zur Kriegslage seit einer Woche zu hören. Der 58jährige General schien weder ermüdet noch nervös; schon immer hatte man an ihm am meisten seine »Steher-Qualitäten« in schwierigen Situationen gepriesen.

»Schade, daß ich jetzt nicht hierbleiben kann«, fuhr Wavell gelassen fort, »aber ich muß dringend nach Griechenland. Da steht's auch nicht so gut. Traurig, daß wir das anfangen mußten, obwohl die Deutschen schon nach Afrika kamen.«

Der General schien ein paar Wochen zurückzudenken. Damals, nach der Vertreibung der Italiener aus der Cyrenaika, hatte er auf dem Höhepunkt seiner Karriere gestanden. Sein Premierminister in London schien ihm alles zuzutrauen. Das hätte ihm wohl eine Warnung sein müssen.

Eigentlich aber hatte das Unheil schon früher begonnen – die Italiener saßen noch in Tobruk, als Churchill am 10. Januar 1941 an Wavell telegrafierte:

»Nichts darf die Eroberung von Tobruk beeinträchtigen, doch nachher müssen alle Operationen in Libyen hinter der Hilfeleistung an Griechenland zurückstehen ... Wir erwarten und verlangen prompte und tatkräftige Unterordnung unter unsere Entscheidungen, für die wir die volle Verantwortung tragen.«

Zu dieser Zeit hatten Agenten über immer stärkere deutsche Truppenkonzentrationen in Rumänien berichtet. Churchill war überzeugt, daß Hitler sie durch Bulgarien gegen Griechenland marschieren lassen wollte, um dem in Albanien schwer bedräng-

* Vier Llewellyn-Palmers waren Offiziere: Julien, Adjutant bei Wavell, kam durch einen Stuka-Angriff bei Sollum ums Leben. Peter wurde 1942 bei der Landung der Alliierten in Madagaskar getötet. Tony kommandiert heute das Dragonerregiment, Tim lebt als Farmer und pensionierter Oberst in Somerset.

ten italienischen Verbündeten zur Hilfe zu kommen. Der Premier war fest entschlossen, in diesem Fall die mit England verbündeten Griechen zu unterstützen.

Wavell hingegen vermutete – zu jenem Zeitpunkt weitgehend richtig –, daß der bedrohliche Aufmarsch eher in den Bereich der psychologischen Kriegführung gehörte, zumal er sich die Gelegenheit nicht entgehen lassen wollte, den Italienern ein für allemal die Lust auf Ägypten zu nehmen.

Churchill und die Stabschefs stimmten zögernd zu, die Jagd fortzusetzen, aber kaum war Benghazi erobert und El Agheila erreicht, als ein neues Kabel eintraf:

Für ihn hätte es ja völlig gereicht, die ägyptische Flanke bei Tobruk zu schützen, schrieb Churchill mürrisch. Aber nun sei es so weit: »Sie müssen eine feste Stellung bei Benghazi beziehen und alle verfügbaren Kräfte im Delta konzentrieren, um Verschiffungen nach Europa vorzubereiten.«

Dabei war auch dem Premierminister klar, daß Wavell mit seinen begrenzten Kräften einen energischen deutschen Vorstoß in Griechenland nicht zurückschlagen konnte. Er hatte politische Gründe, so wörtlich, »die Überführung der eigentlichen Kampftruppen der zur Verteidigung Ägyptens mobilisierten Armee nach Griechenland« anzubieten:

Auf dem Balkan standen Rumänien, Ungarn und Bulgarien nun eindeutig im Lager der Achse, nur Jugoslawien und die Türkei waren eventuell noch als Verbündete zu gewinnen, zumindest vom Beitritt in die feindliche Koalition abzuhalten. Aber auch diese Hoffnung war dahin, wenn Großbritannien die Griechen im Stich ließ. Bei erfolgreichem Widerstand jedoch könnte es sogar gelingen, »Türken und Jugoslawen mit hineinzuziehen«, schrieb Churchill.

- In politischer Hinsicht hatte er gewiß recht, wie die Ereignisse zeigen sollten; sogar mehr als er damals selbst vermuten konnte, obwohl die Türkei sich nicht »mit hineinziehen« ließ.
- In militärischer Hinsicht waren Großbritanniens Kräfte im Nahen Osten jedoch völlig überfordert, zumal Wavell nicht nur die Wüstenflanke bei El Agheila halten und eine italienische Übermacht in Ostafrika und Eritrea bekämpfen mußte, son-

dern auch noch dringend aufgefordert wurde, das (seit 1924 italienische) Rhodos »baldmöglichst« als Luftstützpunkt zu besetzen.

Churchills spätere Behauptung, er habe nichts von der Schwächung der Wüstenflanke gewußt und nichts dergleichen befohlen, war reichlich fern der Wahrheit und grob unfair gegenüber Wavell, der sich allerdings auch allzu willig und klaglos bemühte, die Wünsche des unbändigen Regierungschefs zu erfüllen. Außenminister Anthony Eden, von Churchill zusammen mit dem Generalstabschef zum Vorantreiben der Griechenland-Pläne ins Mittelmeer geschickt, berichtete ganz klar am 20. Februar nach London:

»General Wavell schlägt folgende Disposition der Streitkräfte vor: als Garnison für die Cyrenaika eine weniger geschulte und ungenügend ausgerüstete australische Division, die indische, in Ausbildung begriffene motorisierte Brigade und eine Panzer-Brigadegruppe, die den Restbestand der 7. Panzerdivision* darstellt. Sie werden sich erinnern, daß diese Panzerdivision nie volle Stärke erreicht hatte.«

Das wurde in London kommentarlos zur Kenntnis genommen; es entsprach ja auch der Weisung, die von den Stabschefs noch einmal bekräftigt wurde: die Wüstenflanke mit den »geringstmöglichen« Kräften zu halten.

Am 7. März landeten die ersten britischen Heereseinheiten in Griechenland. London drängte, die Transporte in jedem möglichen Maße zu beschleunigen. Die Transporter und Kriegsschiffe der britischen Mittelmeerflotte dampften eilfertig hin und her. Ironischerweise wurde der Abtransport der Streitkräfte aus Ägypten hauptsächlich durch Deutsche behindert: die Luftwaffe verminte immer den Suezkanal.

* Gemeint war die frisch aus England herübergebrachte 2. Pz.Div. Die 7. war, wie erwähnt, nach dem Winterfeldzug ins Delta zurückbeordert worden.

Wavell, der noch am 2. März in einem umfangreichen Lagebericht für London zu dem Schluß gekommen war, daß vor dem Ende des Sommers kein größerer Angriff aus Tripolitanien zu erwarten sei, wurde im Laufe des Monats unruhig. Was ihn dazu brachte, waren Informationen aus der geheimsten Quelle des Zweiten Weltkrieges. So geheim, daß erst jetzt, in der Mitte der siebziger Jahre, erste Berichte darüber an die Öffentlichkeit dringen durften.*

Aber diese Berichte verändern nach mehr als dreißig Jahren die Kriegsgeschichte, erhellen Hintergründe und räumen mit liebgewordenen Märchen auf. Zum Beispiel mit dem in vielen Beschreibungen des Afrika-Krieges gehätschelten »italienischen Verrat«.

Die deutsche Wehrmacht benutzte auf den höheren und höchsten Stabs-Ebenen eine Maschine namens »ENIGMA« zum Verschlüsseln von Funksprüchen. Das Gerät enthielt eine Anzahl von Walzen, die gegeneinander drehbar waren und alle Buchstaben des Alphabets enthielten. Vor der Sendung einer im Klartext eingefütterten Meldung verdrehten sich die Walzen nach einem bestimmten Schlüssel. Wenn dem Empfänger eines Funkspruches bekannt war, in welchem Verhältnis diese Walzen beim Senden zueinander standen, konnte er mit Hilfe einer entsprechend eingestellten »ENIGMA« aus einem wüsten Buchstabensalat den Klartext niederschreiben lassen, und zwar blitzschnell. Die Walzen drehten sich einfach, dem Schlüssel entsprechend, in die ursprüngliche Stellung zurück.

Das Prinzip war eigentlich kein besonderes Geheimnis: Schon in den zwanziger Jahren hatte eine deutsche Firma, die das Patent auch noch über Umwege von einem Holländer gekauft hatte, »ENIGMA«-Verschlüsselungsmaschinen bei den Botschaften der Industriestaaten in Berlin angeboten. Daß die Wehrmacht dieses System dann übernahm, wurde vom polnischen, französischen und britischen Geheimdienst bald herausgefunden. Polen und

* Colonel Frederick Winterbotham: »Aktion Ultra«, geschrieben von einem der wichtigsten britischen Nachrichtenoffiziere; Anthony Cave Brown: »Die unsichtbare Front«, eine vorzügliche und umfassende Geschichte der Geheimdienst-Aktivitäten beider Seiten.

Franzosen konnten sich sogar schon in den dreißiger Jahren eine Original-»ENIGMA« beschaffen.

Aber das nützte ihnen noch gar nichts: Die Möglichkeit, mehrere Walzen willkürlich gegeneinander zu verdrehen, ergab eine fast unbegrenzte Zahl von Kombinationsmöglichkeiten. Schon der Hersteller der ersten, vergleichsweise primitiven »ENIGMA«, die zum Verschlüsseln von privaten Geschäftsgeheimnissen angepriesen wurde, versicherte, daß ein Mann 42 000 Jahre Tag und Nacht rechnen müßte, die Kombinationsmöglichkeiten auszuprobieren und dabei möglicherweise einen Sinn im Buchstabensalat zu finden.

So brachte es die Westalliierten auch nicht weiter, als sie einmal vorübergehend eine geheimdienstliche Quelle für den jeweils gültigen Schlüssel anzapfen konnten: Die Quelle versiegte, ein paar kleine Walzen verdrehten sich gegeneinander, und das weltweite Netz von Antennen, das der britische Geheimdienst aufgebaut hatte, empfing wieder nur noch einen unverständlichen Wust von Buchstaben und Zahlen.

Aber dann traten die Vorläufer von Geräten in die Geschichte ein, die man zu Recht die »Weltwunder« unseres Jahrhunderts nennt: Rechenautomaten oder, anglo-amerikanisch, Computer.

Großbritannien hatte zwar vor dem Krieg seine Rüstung auf das Übelste vernachlässigt (und sogar einen sehr frühen Düsentriebwerk-Konstrukteur* gräßlich behandelt), aber doch allerlei in Zukunfts-Technologie investiert: Funknavigation, Funkortung (Radar), Atomenergie und eben Anfänge der Computer-Technik. Und während in Deutschland der erste Konstrukteur eines Rechenautomaten in den dreißiger Jahren in der Irrenanstalt landete, gelang britischen Wissenschaftlern die Konstruktion einer Maschine, die tatsächlich mit Hilfe schneller Ketten-Rechnungen nachvollziehen konnte, was in den sendenden »ENIGMA«-Geräten verändert worden war.

Man nannte sie »Die Bombe« und installierte sie in einem Geheimdienst-Zentrum in Bletchley Park bei London. Und das ganze Unternehmen der Codeknackerei hieß »Ultra«.

* Sir Frank Whittle; zwar nach dem Kriege geadelt, aber vorher derartig an der Verwirklichung seiner Idee gehindert, daß sich sein Buch stellenweise wie eine Parodie liest: »Jet – The Story of a Pioneer«.

Als die »Bombe« 1940 zum erstenmal mit »ENIGMA«-verschlüsselten Meldungen gefüttert wurde, war sie noch weit von der Perfektion entfernt. Zunächst »fand« sie nur zufällig manchmal gewählte Kombinationen. Wissenschaftler wühlten im Kabelgewirr des mächtigen Kupferkastens. Langsam verbesserten sich die Ergebnisse. In den Jahren nach Sommer 1942 sollte dem »Unternehmen Ultra« schließlich kaum eine wichtige Meldung mehr entgehen. Aber schon bei der Luftschlacht um England und bei der Versenkung des deutschen Schlachtschiffes »Bismarck« lieferten die Codeknacker entscheidende Informationen.

Die Geheimhaltung von »Ultra« war für die Briten natürlich lebenswichtig. Sir Archibald Wavell in Kairo gehörte zu den wenigen Eingeweihten. Bei ihm sollte es sich zunächst einmal zeigen, daß ein nur halbwegs geknackter Code in Verbindung mit einem ungewöhnlichen, eigensinnigen Gegner auch von großem Nachteil war.

Colonel Winterbotham, der Chef des Unternehmens, erinnert sich genau, daß ihn Churchill höchstpersönlich im Februar 1941 befragte, wann mit dem Eintreffen der deutschen Truppen in Afrika zu rechnen sei. Er konnte ihm den Wortlaut der Funksprüche überreichen, mit denen Rommel selbst durch das OKH unterrichtet worden war: Eintreffen der 5. Leichten Division im April, 15. Panzerdivision im Mai.

Diese Informationen, die auch Wavell sofort zugestellt wurden, dürften weitgehend zu der verhängnisvollen Entblößung der Wüstenflanke beigetragen haben – ebenso wie etwa zu dem Unglauben, auf den die KDG-Späher mit ihren Meldungen über deutsche Truppen im Februar stießen.

Vermutlich hatte die »Bombe« frühe Funksprüche entschlüsselt, spätere nicht.* Hinzu kam das Ungewöhnliche an General Rommel: Durch seinen kurzen Draht über den Chefadjutanten Schmundt zu Hitler erreichte er eine Beschleunigung seiner Transporte, ohne daß Funksprüche notwendig waren. Und dann handelte er, ohne seine Oberen zu fragen... Kein Wunder, daß Wavell total auf dem falschen Bein erwischt wurde.

Erst nach seinem optimistischen Lagebericht vom 2. März (den

* Zu einer bestimmten Zeit war es zum Beispiel geplant, zunächst eine deutsche Division nach Albanien zu schaffen, dann erst das DAK nach Afrika.

Churchill ihm später trotz eigener Kenntnis der Ursachen sorgfältig aufs Butterbrot schmieren sollte), erfuhr Wavell über Ultra, daß vermutlich doch schon Deutsche in Tripolitanien waren. Am 20. März berichtete er nach London, die Möglichkeit eines Angriffes bereite ihm Sorgen, weil das tellerflache Gebiet südlich Benghazi keine Sperrpunkte biete.

Churchill, der Verursacher des Aderlasses in der Wüstenflanke, stellte sich sechs Tage später in seiner Antwort unschuldig: »Ich nehme an, Sie warten nur darauf, daß die Schildkröte ihren Kopf weit genug vorstreckt, um ihn abzuhauen . . .«

Wavells Antwort vom 27. März, drei Tage nach der Besetzung des Forts El Agheila, läßt schon sehr auf mangelhafte Unterrichtung des Oberkommandierenden schließen, obwohl detaillierte Berichte der KDG von der Grenze aktenkundig sind:

»Noch keine Beweise, daß viele Deutsche vor El Agheila*; vermutlich meist Italiener mit Deutschen zur Versteifung.

Ich muß zugeben, nach der Eroberung Benghazis ziemliches Risiko in der Cyrenaika eingegangen zu sein, um Höchstmaß an Unterstützung für Griechenland bereitzustellen . . . 7. Panzerdivision kehrte nach Kairo zurück und muß, da keine Reservepanzer vorhanden sind, auf Reparaturen warten, die Zeit kosten . . . meine Hauptschwierigkeit liegt im Transport.«

Zu dieser Zeit hatte Wavell 59 000 Mann und 8000 Fahrzeuge nach Griechenland schaffen lassen.

Zugleich nahm der Mangel an Transportraum in der Cyrenaika katastrophale Formen an. Die deutsche Luftwaffe hatte den Hafen von Benghazi völlig zerschlagen, so daß dort kein Nachschub mehr ausgeladen werden konnte.

Nur in Tobruk wurde Material angelandet, weitere 320 Straßenkilometer entfernt. Und die allgemeine Organisation war so schwach, daß zwei kostbare Lastwagen, von einer Einheit mit einer langen Ersatzteil-Liste auf die Reise geschickt, nach Tagen mit einem Tachometerkabel zurückkehrten.

Mit Nachrichtenmitteln sah es nicht besser aus; denn die nach

* Über den dort kommandierenden General Rommel hatte ihm der Nachrichtendienst nicht viel mehr mitteilen können, als daß dieser sich in Frankreich als ein »stürmischer Bursche« erwiesen habe.

Griechenland gehenden Einheiten hatten natürlich Vorrang bei der Ausrüstung mit Funkgeräten. In der Cyrenaika waren nicht einmal genügend Feldtelefone. Die Stäbe mußten sich weitgehend auf das von den Italienern gebaute, zivile Telefonnetz von Benghazi verlassen. Jede Einheit schickte »Bergungspartys« aus, die versuchen sollten, aus den zerschossenen italienischen Panzern Funkgeräte zu besorgen. Diesen war aber meistens nicht einmal ein Quietschen zu entlocken.

Fahrbereit erbeutete oder reparable »Carro Armato M 13« bildeten das Rückgrad der Panzer-Streitmacht. Bis zum Beginn des deutschen Angriffs hatten die Besatzungen kaum Zeit, sich mit den Blechsärgen vertraut zu machen; sie konnten nur noch feststellen, daß die Motoren sich nach 10 bis 12 Minuten Fahrt hoffnungslos überhitzten. Es waren ohnehin nur rund 30; die meisten dieser Panzer blieben auf den ersten Etappen des Rückzuges einfach stehen.

Die frisch aus England eingetroffene 2. Tankdivision kam ziemlich unvollständig in der westlichen Wüste an: ein Regiment hatte Wavell gleich für Griechenland abgezweigt. Die übriggebliebenen, schon reichlich abgenutzten Fahrzeuge mußten den Weg von der Eisenbahn-Endstation Marsa Matruk bis in die Gegend von Agedabia auf eigenen Ketten und Rädern zurücklegen. Die Kreuzer-Panzer vom Typ Mark II A 13 brachen dabei förmlich zusammen, denn Wunderwerke mechanischer Zuverlässigkeit waren sie ohnehin nicht; nun aber waren sie so abgenutzt, daß ein Technischer Offizier nur noch feststellen konnte: »Es lohnt sich nicht, neue Motoren einzusetzen, die Getriebe, Kardanwellen und Ketten sind ja auch kaputt.« Ende März waren keine 30 Panzer mehr fahr- und kampfbereit.

Wavell sagte später, von diesem Zustand der »frisch« ankommenden Division habe er nichts gewußt; zumindest nicht, als er die 7. Tankdivision, die nach acht Monaten ununterbrochenen Einsatzes gewiß erholungs- und überholungsbedürftig war, ins Delta zurückbeorderte.

Auch die »Kreuzer« dieser Division klirrten die 650 Straßenkilometer nach Marsa Matruk auf eigenen Ketten. Ohne Zweifel eine gewaltige Verschwendung. Churchill sollte Wavell auch das später grimmig vorrechnen, ließ aber das Grundproblem unberührt: Wer von seinen Militärs eine effektive Kriegsführung mit mechanisierten Streitkräften in derartigen Gegenden verlangt, muß ihnen eben mobile Werkstattzüge mitgeben, wie sie auch das Afrika-Korps hatte. Wavell wäre jedenfalls von Sinnen gewesen, hätte er seine knappe stationäre Reparatur-Kapazität nur für die 7. Division und ohne Rücksicht auf seine übrigen Kriegsschauplätze in die hinterste Wüste verlegt.

Ein besonderer Fehler war, daß die örtlichen Kommandeure nicht früh und laut genug Krach schlugen. Sie hatten aber auch kaum Gelegenheit dazu. Denn Generalleutnant Philip Neame – ein hochdekorierter Soldat mit Viktoriakreuz, jedoch ohne jede Wüstenerfahrung –, der das Kommando in der Cyrenaika erst Ende Februar übernahm, fand weder einen ausreichenden Stab noch die nötigsten Nachrichtenmittel vor. Und Generalmajor Gambier-Parry, Kommandeur der 2. Tankdivision, kam frisch aus England.

Immerhin, ein General beschwerte sich, aber seine Stimme hatte (vorerst) nicht viel Gewicht: Generalmajor L. J. Morshead, Kommandeur der 9. australischen Infanteriedivision. Von seinen »Diggers«* war Ende Februar erst eine Brigade angekommen – mit erbärmlich wenig Panzerabwehrwaffen und Maschinengewehren. Außerdem, schrieb er Wavell nach Kairo, weise die Gegend »nicht mehr Hindernisse als ein Billardtisch« auf und sei deshalb nicht die beste Stellung für unmotorisierte Infanterie.

Die Energie des Australiers richtete sich jedoch bald auf einen heftigen Streit mit Neame. Es ging um die besondere Auffassung der Rauhbeine aus der Südsee von Disziplin; die war allerdings für einen Offizier Seiner Britischen Majestät schwer erträglich, wurde jedoch (wie schon im Ersten Weltkrieg) von all denen lächelnd toleriert, die einmal Gelegenheit hatten, Australier im Kampf zu sehen.

Neame aber gehörte offenbar nicht dazu, denn noch am 31. März, als der deutsche Angriff schon rollte, nahm er sich die Zeit zu einem langen Brief an Morshead: »Ich muß nun zu Ihrer

* Digger = (Gold)Gräber, engl. Spitzname für Australier.

Kenntnis bringen, daß in Benghazi erneut Fälle ›australischer Trunkenheit‹ vorgekommen sind ... Ein betrunkener australischer Soldat ist sogar in mein eigenes Hauptquartier gekommen ... Ich kann keine Worte mehr finden, um meinen Abscheu auszudrücken ... Ihre Division wird nie ein brauchbares Kriegsinstrument werden, wenn Sie die Disziplin nicht verbessern ...« So ging es über mehrere Seiten.

Morshead schäumte, besonders über den Ausdruck »australische Trunkenheit«, weil man damit im Englischen einen ganz ausgesuchten Rausch bezeichnet – allerdings besser nicht in Gegenwart eines Australiers. Dieser wohlgezielte Hieb des Cyrenaika-Kommandeurs enthüllte, daß er weniger Sorge um die Disziplin als eher heftigen Widerwillen gegen »Diggers« empfand.

Morshead schrieb denn auch richtig zurück, ihm passe diese antiaustralische Attitüde nicht. In seinem Tagebuch vermerkte er: »Nehmen wir den Fall des australischen Soldaten, der in die Offiziersmesse in Barce marschierte. Er wurde von zwei Briten begleitet. Was passierte eigentlich denen?«

Doch dann verblaßten diese Probleme vor größeren.

Nach dem Durchbruch der Deutschen Richtung Agedabia hielt sich General Neame an eine schriftliche Weisung von Wavell, die dieser am 26. März gegeben hatte, als ihm das Mißverhältnis der Kräfte an der Wüstenflanke dämmerte. Neame sollte besonders darauf achten, seine Streitkräfte intakt zu halten und irgendwelchen Boden nicht als lebenswichtig zu betrachten. »Selbst die Wiederbesetzung Benghazis durch den Feind wäre trotz ihres Propaganda- und Prestigewertes gleichwohl von geringer militärischer Bedeutung, und man sollte auf keinen Fall eine Niederlage riskieren, nur um Benghazi zu halten.«

Neame nahm daraufhin Gambier-Parry an die kurze Leine: er dürfe seine Tanks nicht ohne ausdrückliche Genehmigung zum Gegenangriff einsetzen. Das war angesichts der völlig unzureichenden Nachrichtenverbindungen weniger weise und dürfte dazu geführt haben, daß die Infanterie in der Enge von Marsa el Brega im entscheidenden Augenblick ohne Panzer-Unterstützung war. Die »Kreuzer« und »M 13 taten danach nicht viel mehr, als konfusen Rückzugsbefehlen zu folgen und unterwegs mechanischen Störungen zu erliegen.

Das 6. Tankregiment (mit den Beutepanzern) erhielt zum Beispiel am 4. April den Befehl, sich mit der Unterstützungsgruppe* zu vereinigen, konnte aber weder deren Standort noch die Funkfrequenz herauskriegen. Zwei Tage später, als die einzige übriggebliebene Schwadron die übliche Pause zum Abkühlen der kochenden Motoren machte, wurde sie von Osten (zum Glück ziemlich unpräzise) beschossen. Die »Grüße« kamen vom 5. Tankregiment, das Befehl erhalten hatte, alle Fahrzeuge in Richtung Westen als feindlich zu behandeln.

Wavell, dem die allgemeine Konfusion nicht verborgen geblieben war, flog zu Neame nach Barce. Er brachte den wüstenerfahrenen General O'Connor mit, einen temperamentsprühenden kleinen Iren, um ihm das Cyrenaika-Kommando zu übergeben. Aber O'Connor meinte, er werde besser nur als Berater bei Neame bleiben.

Das Problem war, einen Rückzug solcher Art zu organisieren, wie ihn Wavell natürlich bei seinem Befehl vom 26. März im Auge gehabt hatte: nicht ungeordnet davonzulaufen, sondern Kontakt mit dem Feind zu halten und ihm soviel Schaden wie möglich zuzufügen. Das scheiterte aber nicht nur an den katastrophalen Nachrichtenverbindungen. Wenn in einer Rückwärtsbewegung die Zügel einmal schleifen, sind sie schwer wieder aufzunehmen. In den Einheiten machte sich die Meinung breit, die Deutschen seien einfach nicht zu stoppen.

Es zeigte sich allerdings auch, daß die totale Respektlosigkeit der Australier sich nicht nur gegen das Offizierskorps Seiner Majestät richtete. Auch ein Feind mit einem Ruf wie Donnerhall machte sie eher bockig.

Zu den wenigen ernsthaften Gefechten in diesen ersten Apriltagen gehörte der Kampf um die Hänge östlich von Benghazi, vor denen die Panzerkompanie des Oberleutnants Sandrock ihre bösen Erfahrungen mit Salzseen und Minen gemacht hatte.

Drei Kompanien von General Morsheads 9. Division, verstärkt

* Support group = Die infanteristischen und artilleristischen Teile der britischen Tankdivision.

durch vier Rohre Artillerie, hielten die Stellungen einen Tag lang gegen die verstärkte Aufklärungsabteilung 3 des Oberstleutnants Freiherr von Wechmar.

Morsheads Truppe, die als schlecht ausgebildet galt*, machte ihre mangelhafte Ausrüstung durch Tapferkeit wett. Als die Artillerie ausfiel, blieb als schwerstes Geschütz ein kleiner, italienischer Beute-Granatwerfer, mit dem die Bedienung unter Sergeant McLaughlin auf etwas unorthodoxe Weise feuerte: das Ding war schon ziemlich kaputt und schüttelte deshalb beim Abschuß so kräftig, daß ein bärenstarker Aussie das Rohr festhalten mußte, während ein anderer auf der Grundplatte lag. Zur Verblüffung der sieggewohnten Deutschen traten die Australier, wie die Cowboys aus der Hüfte feuernd, sogar zu einem Gegenangriff an. Das Kriegstagebuch der AA3 verzeichnete erbitterte Nahkämpfe.

Das Gros der drei Kompanien konnte sich in der Dunkelheit vom Feind lösen und nach Osten in die Berge zurückziehen. Dort fanden die Briten eine Lkw-Kolonne mit zypriotischen Fahrern, mit der sie durch das brennende Barce fuhren und die jenseitigen Hänge besetzten. Eine abgeschnittene Einheit von 25 Mann verpaßte den Anschluß, schlug sich aber zu Fuß auch noch bis Gazala durch. Inzwischen waren Straße und Wege in deutscher Hand. Die Einheit löste sich auf. Nur einer kam durch: in der Nacht zum 10. Mai wankte der 22jährige Soldat P. H. Jenkins halb bewußtlos auf einen Vorposten der Festung Tobruk zu.

Am Abend des 6. April war die Verwirrung in der Cyrenaika perfekt. Neame, O'Connor und Morshead trafen sich in Maraua. Zum Hauptquartier von Gambier-Parrys 2. Tankdivision gab es keine Verbindung mehr. Positive Nachrichten lagen nur von den grimmigen Australiern östlich Barce vor, die erneut vorfühlende Einheiten zusammengeschossen hatten.

Aber Luftaufklärung hatte inzwischen eindeutig ergeben, daß die Deutschen wahnsinnig genug waren, in mehreren Marschkolonnen südlich der Berge einfach durch die Wüste zu stoßen. War es noch möglich, eine Verteidigungslinie von Gazala nach Mechili aufzubauen?

* Siehe Eden-Telegramm Seite 75.

Morshead fuhr voraus – und passierte Derna, kurz bevor die Spitzen des MG-Bataillons 8 mit ihrem Oberstleutnant Ponath dort ankamen. Neame und O'Connor wollten Derna meiden und geradeaus nach Tmimi fahren. Aber in der Dunkelheit nahm ihr Fahrer die falsche Piste. Die erschöpft dösenden Generale kamen zu sich, als irgendwer ihren Wagen anhielt und unverschämterweise mit einer Taschenlampe hineinleuchtete. Ehe der ohnehin schon geladene O'Connor ein Donnerwetter loslassen konnte, erkannte er die fremdartigen Tropenhelme. Sie waren gefangen.

Nur einen Katzensprung entfernt lag der Flugplatz Derna, und gleich dahinter die Straße, die sich von hier vom Ort nach Süden wendet und wieder die Steilhänge zum Hochplateau erklimmt. Dort schob sich in dieser Nacht noch immer ein breiter Strom von Fahrzeugen über die steile Straße – die aber, wie überall, von den Italienern fabelhaft ausgebaut war – Richtung Tmimi-Tobruk. Und natürlich dachte niemand, daß gleich nebenan eine Gruppe erschöpfter und halb verdursteter Deutscher die beiden wichtigsten britischen Generale diesseits des Nils gefangen hielt.

Zu den wenigen Einheiten, die noch in guter Ordnung marschierten, gehörten die Königlichen Dragoner mit ihren Marmon Harringtons, die offenbar unter ihrem scheußlichen Äußeren ein goldenes Herz verbargen, denn sie hielten durch über Stock und Stein.

Das Gros der Spähwagen-Leute hatte gerade die Höhe erreicht, als die winzige Truppe des Oberstleutnants Ponath einen Vorstoß über den Flugplatz Richtung Straße versuchte. Hastig organisierte das Regimentshauptquartier eine »Verteidigungs-Party«, zu der glücklicherweise im richtigen Augenblick noch ein paar vorüberziehende Artilleristen mit 25-Pfündern und Pak stießen. Es zeigte sich sofort, daß der Gegner offenbar sehr schwach war; nur Leutnant Whetherly, der nach Süden aufklärte, mußte sehr eilig vor dem wohlgezielten Feuer einer 3,7-cm-Pak davonrattern, entkam aber ohne Kratzer.

Auf der anderen Seite des Platzes war inzwischen auch das Gros der Kampfgruppe Ponath nachgekommen. Was an britischen Fahrzeugen, gleich den beiden Generalen, über den Wüstenpfad kam, wurde von den Deutschen eingesackt und in die »Gefangenenschlucht« dirigiert. Darunter ein komplettes Feldlazarett. Deutsches und britisches Sanitätspersonal kümmerten sich gemeinsam um die Verwundeten beider Seiten.

Am Nachmittag machte sich das nunmehr auf sieben »Kreuzer« zusammengeschmolzene 5. Tankregiment daran, von Derna aus die Paßhöhe zu erklimmen. Drei der »Kreuzer« wurden hier wiederum überfordert: sie mußten gesprengt werden.

Die vier übriggebliebenen wurden später bei dem Versuch eines Gegenangriffs auf die Gruppe Ponath zerstört. Inzwischen hatten die letzten Nachzügler Derna passiert, Pioniere sprengten Lager und einen Teil der Paßstraße in die Luft. Auch die KDG zogen weiter. Der Befehl lautete nun: alles nach Tobruk!

Die Entscheidung war in Kairo gefallen. In Gegenwart von Außenminister Eden und Reichsgeneralstabschef Dill hatte Wavell mit Admiral Cunningham, dem Chef der Mittelmeerflotte, und dem Royal-Air-Force-Kommandeur Longmore beraten: Können wir wenigstens Tobruk halten?

Den Ausschlag gab Cunningham. Er glaubte, die Festung trotz seiner übrigen Verpflichtungen über See versorgen zu können.

Wavell stoppte sämtliche Transporte nach Griechenland. Eine ganze australische Infanteriedivision stand schon zur Einschiffung bereit.

Am nächsten Morgen wurde er mit der Nachricht geweckt, daß Neame und O'Connor offensichtlich in Gefangenschaft geraten seien. Wavell flog selbst nach Tobruk, um mit Morshead zu beraten, dessen »Diggers« schon sandverwehte Panzergräben ausschaufelten, Drahthindernisse flickten, Minen legten.

Wavell gab sich gelassen, obwohl ihn zu dieser Zeit das Bewußtsein plagen mußte, einen schweren Fehler begangen zu haben — wenn auch unter dem rücksichtslosen Druck des obersten Chefs. Doch nach ein paar Gesprächen mit General Morshead sah er Licht am Ende des Tunnels.

Morshead war, wie damals in der australischen Armee üblich*, ein echter »Bürger-General«, von Beruf Abteilungsleiter einer

* Berufsoffiziere machten grundsätzlich nur Stabs-Arbeit; Truppenführer sollten nur Zivilisten werden, die durch Leistung hervorragten. Es entsprach australischem Selbstverständnis, sozusagen eine »antimilitaristische Armee« zu haben.

Schiffahrtsgesellschaft in Sydney. Mit seinem bräunlich-südländischen Teint und der eher zartgliedrigen Figur entsprach Leslie Morshead keineswegs der üblichen Vorstellung vom Hünen aus dem australischen Busch, aber er war ein hochdekorierter Haudegen aus dem Ersten Weltkrieg, der in Frankreich schon mit kaum 25 Jahren ein Bataillon geführt hatte. Mit milder Bestimmtheit hatte er den Respekt seiner Individualisten-Truppe gewonnen, die ihn aus irgendeinem Grunde »Ming, den Gnadenlosen«, nannte.

Eine Brigade der 9. Division war schon seit einigen Wochen in Tobruk, die übrigen Einheiten kamen nun in guter Ordnung aus Westen dorthin zurück, wenn auch auf den merkwürdigsten Vehikeln. Eine Truppe der 20. Infanteriebrigade, die nach Neames Urteil »nie ein brauchbares Kriegsinstrument« werden würde, hatte sich nach scharfen Rückzugsgefechten aus einem intakten Lastwagen und einem zerschossenen, plankenlosen Zehntonner italienischen Fabrikats einen Zug gebaut, der für alle reichte.

Untergehakt hockten die »Diggers« darauf, Karabiner in den Pranken, und machten einen eher erstaunten und verärgerten Eindruck. Den Rückzug nannten sie im Jargon der Rennplätze »Benghazi-Tobruk Handicap«.

Es schien, als ob eine etwas ungewöhnliche, aber sehr verläßliche Truppe Tobruk in Besitz nahm. Und noch mehr gesunde Einheiten rollten auf der Straße von Derna heran: die Dragoner mit ihren Spähwagen, mehrere Batterien mit den zuverlässigen 25-Pfündern. Aus dem Delta war eine Brigade der 7. australischen Division unterwegs, deren Verschiffung nach Griechenland Wavell gestoppt hatte. Dazu noch an Flak, Artillerie, »Matildas« und »Kreuzern«, was sich in Lagern und Werkstätten zusammenkratzen ließ.

Notlandung in der Wüste

Ein Sandsturm tobte, als Wavells zweimotorige »Lockheed Lodestar« auf dem Sandplatz von Tobruk am Abend des 7. April wieder zum Start rollte. Prompt blockierte eine Bremse – der General mußte wieder aussteigen.

Endlich konnten sie wiederum starten – doch nach einigen Minuten Flug fiel der Öldruck an einem der beiden Motoren auf Null. Der Pilot landete in der Wüste.

Eine »Hurricane« rollte neben ihnen aus: Fliegerleutnant Storrar hatte die Maschine des Oberkommandierenden am Boden gesehen – er half beim Reinigen des Ölfilters. Die »Lodestar« startete wieder, aber nun sprang Storrars Maschine nicht mehr an. Er mußte zu Fuß nach Tobruk.

Die »Lodestar« flog jedoch nur knapp eine Viertelstunde – und der Öldruck fiel wieder.

Die Sonne war mit afrikanischer Geschwindigkeit hinter dem Horizont versunken. Der Pilot versuchte, mit einem Motor weiterzufliegen; doch der wurde immer heißer. Als die Öltemperatur-Nadel tief im roten Feld stand, setzte der Pilot zur Landung an, die fabelhaft gelungen wäre, wenn nicht der allgegenwärtige Sand wieder eine Bremse zum Blockieren gebracht hätte: die Maschine schleuderte – die linke Tragfläche und das Heck wurden abgerissen.

Mit englischer Gelassenheit schlug Wavell vor, erst einmal einen Tee zu brauen. Er zog sich jedoch vorsichtshalber in die Wüste zurück und ließ seine Geheimpapiere verbrennen, als in der Ferne Autoscheinwerfer auftauchten. Doch es war nur eine englische Wüstenpatrouille: sie nahm ihn mit nach Sollum. Von dort rief Wavell sein Hauptquartier in Kairo an. Die Stabsoffiziere hatten schon alle Hoffnung aufgegeben, denn die Maschine war seit sechs Stunden überfällig.

Spät nachts erreichte Wavell den Flugplatz Marsa Matruk.

Als er sich von Tim Llewellyn Palmer verabschiedete, sagte er lächelnd: »Dann seht mal zu, daß ihr an der Grenze seid, bevor die Deutschen da sind.«

Offenbar wußte er zu dieser Zeit noch nicht, daß am Tage zuvor ein letzter schwerer Schlag seine Wüsten-Armee in Mechili getroffen hatte.

Hauptmann Charles Armitage von der Royal Horse Artillery (RHA)* genoß seinen Urlaub in Kairo.

Der junge Offizier galt seit dem Feldzug gegen die Italiener als hervorragender Taktiker, und seiner Karriere konnten nur noch unfreundliche Handlungen des Feindes gefährlich werden.

Dieser Feldzug hatte so begonnen: Armitages Einheit war gerade zwei Wochen in der Wüste, als es losging. Die italienischen Stellungen wurden in der Regel nach dem gleichen erprobten System angegangen: Während die »Matildas« mit der Infanterie frontal einbrachen, schlugen die schnellen, aber dünnhäutigen »Kreuzer« der 7. Tankbrigade einen linken Haken durch die Wüste, um dem Feind den Rückzug abzuschneiden.

Armitage begleitete mit seiner Halbbatterie von vier Rohren die 8. Husaren. Beim ersten Angriff sollten sie in der Gegend von Buq Buq die Küstenstraße nach Sollum erreichen und sperren.

Die Husaren legten in dem rauhen Gelände ein wüstes Tempo vor. Armitage, der die Spitzengruppe begleitete, mußte mit Kummer feststellen, daß seine von Vierrad-Traktoren gezogenen Kanonen immer weiter zurückblieben.

Als die italienischen Stellungen in den Dünen jenseits der Straße in Sicht kamen, sagte der Tank-Kommandeur munter: »Na schön, alter Junge, nun gib ihnen mal Zunder mit deinen 25-Pfündern. Wir gehen jetzt ran!«

Er zeigte nicht die geringste Neigung, auf die Kanonen zu warten. Armitage, der die italienischen Artilleriestellungen mit dem Glas begutachtet hatte, wußte genau, daß seine schwach gepanzerten Schützlinge im Gegensatz zu den »Matildas« übel was abkriegen würden, wenn sie ohne Artillerie-Vorbereitung angriffen.

Der Husar gab ihm schließlich fünf Minuten. Über Funk stellte Armitage fest, daß sein Geschützstaffelführer vermutlich etwa

* RHA = Königliche bespannte Artillerie. Hieß trotz moderner Transportmittel noch so zur Unterscheidung von der Feldartillerie, die in der Regel zur Infanterie-Unterstützung eingesetzt wurde, während RHA mit Tank-Einheiten arbeitete. Die Unterschiede verwischten sich bald. Das RHA-Regiment wurde nach Feldartillerie-Vorbild im Sommer 1941 von 16 auf 24 Rohre erhöht.

9 km weiter hinten war. Bei einer Reichweite von kaum mehr als 10 km konnte es so gerade klappen. Also ließ er sie mal eine Salve schießen, um zu sehen, wo die Dinger einschlugen. Leider zeigte sich überhaupt nichts. Inzwischen feuerten auch die Italiener, und zu hören war im Gefechtslärm ebensowenig. Eine zweite Salve, bei höchster Rohrerhöhung geschossen, ergab auch kein Resultat. Die Tanks brausten los. Zu kurz können wir doch nicht liegen, dachte Armitage verzweifelt und befahl kurzerhand: »400 weniger!«

Die Granaten schlugen mitten in der feindlichen Geschützstellung ein. Armitage ließ seine Kanoniere räuchern, was die Rohre hergaben, und am Ende sah es wie eine fabelhaft geplante Sache aus: Als die Husaren durch die Batteriestellungen der Italiener brausten, steckten die Überlebenden die Nasen in den Sand. Kein »Kreuzer« ging verloren. Ein paar tausend Gefangene wurden gemacht. Der Husaren-Kommandeur gab eine Meldung über Funk, die Churchill so amüsierte, daß er sie in seine Memoiren aufnahm: »Haben das zweite B von Buq Buq erreicht.« Armitage sah natürlich keinen Grund, die näheren Umstände seiner artilleristischen Glanzleistung zu verbreiten; er galt hinfort als ungemein begabtes Luder.

Im Zusammenspiel mit den Husaren kamen sie bis Agedabia. Die 7. Tankdivision ratterte zurück, die Artilleristen mußten vorn bleiben. – Die Urlaubsregelung war großzügig: Was sollte auch noch passieren? Der Regimentskommandeur fuhr nach Kairo, Hauptmann Armitage folgte per Anhalter, denn der Mangel an Transportraum machte sich schon bemerkbar.

Das schwarze Ungetüm

Als dann im April die Nachrichten vom deutschen Vormarsch in Kairo bekannt wurden, war es kein Problem, sich wiederzufinden: Armitage trieb seinen Kommandeur auf Anhieb im Shepherd's Hotel auf, als er sich gerade zur Abreise fertigmachte. Sie sammelten auch noch ein paar von ihren Soldaten ein und besorgten für sie einen Lastwagen. Den Stabswagen des Colonels voraus, rumpelten sie nach Westen. Hinter Tobruk stießen sie auf zurückflutende Haufen, aber irgendwer erzählte ihnen auch, daß ihr Regiment auf dem Wege nach Mechili sei.

Sie wandten sich also nach links. Der Wüstenpfad nach Süden war verlassen, ein Sandsturm tobte. Einmal rissen die treibenden Sandwolken auf, und wie ein Wesen aus einer anderen Welt flog 30 Meter vor ihnen ein kleines, hochbeiniges Flugzeug mit dem Hakenkreuz am Leitwerk quer über ihren Weg. Unter den hochliegenden Tragflächen sahen sie deutlich zwei Männer in der Kabine; sie warfen sich über die Sitze und rissen die Karabiner heraus, aber dann schlug wie ein Vorhang wieder eine Sandwolke zwischen ihnen und dem Flugzeug zusammen.

Heute kann man annehmen, daß sie den Kommandierenden General des Deutschen Afrika-Korps in seinem Fieseler Storch gesehen haben.

Sie rollten in das Gebiet von Mechili, ein Gewimmel von Fahrzeugen und Männern um das kleine Fort. Der Colonel ging zu General Gambier-Parry, der keine Ahnung hatte, was seine 2. Tankdivision – oder was davon übrig war – eigentlich machte.

Die Nachschubkolonnen waren in Mechili, aber er wußte nicht, wohin er sie schicken sollte.

Der General machte den Vorschlag, die Artilleristen sollten bei ihm bleiben, bis nähere Nachrichten vorlägen. Das war am Nachmittag des 6. April. Als sie sich am nächsten Morgen umsahen, hatte sich die leicht wellige Wüste rundum sehr zum Nachteil verändert: Überall hockten in lockeren Gruppen, aber besonders konzentriert an den nach Süden und Osten führenden Pfaden, feindliche Fahrzeuge:

Im Laufe des Tages verstärkte sich der Eindruck, auch die anderen wüßten nicht so recht, was sie machen sollten. Ihre Zahl schien nicht übermäßig groß. In Mechili war immerhin die vollständige 3. indische Motorbrigade; zwar nur leicht bewaffnet und kaum ausgebildet, aber mehr als 2000 Mann. Sonst sah es allerdings traurig aus: die paar Rohre Artillerie, eine Menge versprengter Nachschubfahrzeuge, ein einziger Tank vom Kreuzer-Typ Mark II A 13, der zu Gambier-Parrys Divisionshauptquartier gehörte. Tatsächlich war dieser einsame Kampfwagen am Abend des 7. April – nachdem drüben in Derna die letzten vier Kreuzer vom MG-Bataillon 8 abgeschossen worden waren – der letzte Tank der ganzen 2. Division.

Es war ein unheimlicher, unwirklicher Tag: wie hypnotisiert, so schien es, starrten sich die feindlichen Lager an. Irgendwo gab es gelegentlich etwas Gefechtslärm, manchmal feuerten Maschinengewehre von drüben, aber die Geschosse fielen matt und unwirksam in den Sand.

Abends sah man wieder das kleine Flugzeug herumkreisen und schließlich in westlicher Richtung davonfliegen. Niemand ahnte, daß darin der feindliche Oberkommandierende saß, der in gewiß reichlich düsterer Stimmung versuchte, ein paar schwere Waffen von seinen Einheiten heranzubringen, die sich irgendwo auf dem rauhen Gelände quälten.

Auch Gambier-Parry wartete auf Verstärkungen; zwischendurch hatte er einmal Verbindung zum Cyrenaika-Hauptquartier bekommen und erfahren, daß man von seiner 3. Brigade (den beiden dahingeschmolzenen Regimentern mit den Kreuzern und den italienischen »M 13«) nichts wisse. Im letzten Licht landete drüben wieder das kleine Flugzeug.

Man hörte Motorengebrüll und das Quietschen von Ketten. Gambier-Parry beschloß, am nächsten Morgen auszubrechen.

Auch die Artilleristen hatten die Panzergeräusche gehört; sie sahen sechs Kampfwagen und ein fürchterliches, riesiges, pechschwarzes Ding mit einem dicken, kurzen Rohr, das einen niederschmetternden Eindruck machte.*

Der Morgen des 8. April brach an. Von Anfang an ging alles schief. Der einsame Kreuzerpanzer kam nicht zur vereinbarten Startlinie. Eine Schwadron der 3. Motorbrigade brauste auf eigene Faust los, landete mitten in einer Batterie der italienischen »Ariete«-Division und stürzte sich mit dem Bajonett auf die erschrokkenen Artilleristen. Es gab ein ziemliches Massaker, aber die bereitgestellte Kolonne geriet immer noch nicht in Bewegung.

* Charles Armitage, der heute als pensionierter Brigadier eine Farm in Wiltshire betreibt, hielt es noch bis zu seinem Gespräch mit dem Autor für einen Rommelschen, psychologischen Trick, den Panzer IV von Oberleutnant Zorn nicht mit einem Tarnanstrich zu versehen, sondern pechschwarz und furchterregend zu lassen.

Die Infanteristen setzten sich wieder ab. Unglücklicherweise hatten sich die italienischen Artilleristen nach dem Überfall bereits reorganisiert, als der Kreuzer angeklirrt kam und prompt abgeschossen wurde. Die gesamte Besatzung kam ums Leben.

Nun rollte auch die Kolonne, die fast nur aus ungepanzerten Fahrzeugen bestand. Zufällig hielt sie Richtung auf den Gefechtsstand von General Streich, der selbst zum Karabiner griff. Verwüstender wirkten die doppelläufigen Zwei-Zentimeter-Kanonen: die Kolonne schwenkte ab.

Zur gleichen Zeit rasselten die deutschen Panzer auf die Pakstellung hinter dem befestigten Wadi zu. Der Australier Rayner kommandierte eine der kleinen Zweipfünder-Kanonen. Er sah den großen, schwarzen Kampfwagen genau auf sich zukommen. Sie feuerten wie wild, aber ihre Geschosse prallten wirkungslos ab. Als der Panzer schwerfällig das Hindernis zu überklettern versuchte, brüllte Rayner: »Gib ihm noch einen in den Hintern!« Im nächsten Augenblick trafen Granaten von anderen Panzern das kleine Geschütz, verwundeten Rayner schwer an den Beinen und töteten die übrige Besatzung – sie merkten nicht mehr, daß sie das schwarze Ungetüm mit einem Treffer durch die Bodenplatte außer Gefecht gesetzt hatten.

Die große Kolonne stand verwirrt herum. Granaten krepierten zwischen den ungeschützten Lastwagen, töteten und verwundeten die aufgesessenen Infanteristen. Niemand befolgte das Gesetz des Wüstenkrieges: Selbst die unsinnigste Bewegung ist besser, als stehenzubleiben.

General Gambier-Parry beschloß, zu kapitulieren. Artillerie-Colonel Williams aber wollte keineswegs aufgeben.

Hauptmann Armitage sah seinen Boß mit besonders finsterer Miene ankommen. Er sprang in den Wagen und knurrte: »Und nun, zum Teufel, nichts wie weg hier!«

Inzwischen hatten sie eine kleine Kolonne um sich versammelt: außer dem Stabswagen des Colonels drei Lastwagen mit Soldaten ihrer Einheit.

»Wir werden in Richtung Benghazi abzischen!« sagte der Oberst. Benghazi lag in nordwestlicher Richtung, in der vom Feind nicht viel zu sehen war.

Die kleine Kolonne brauste los, Gasfuß auf der Bodenplatte, niemand hinderte sie – nach einer halben Stunde blieben sie stehen, um sich umzusehen. Kein Mensch weit und breit. Doch ihre Kolonne hatte sich um ein Fahrzeug vergrößert: ein kleiner Dreivierteltonner, am Steuer ein bräunlicher Mensch mit Brille, hatte sich einfach angehängt. Es war ein indischer Doktor von der 3. Motorbrigade. Die Ladefläche seines Wagens war bedeckt mit Benzinkanistern – ein willkommener Gast.

»Was soll ich in Gefangenschaft«, sagte der kleine Doktor, »die Deutschen haben sowieso die besten Ärzte.«

Nur ein paar Kilometer weiter nördlich lagen die schroffen Ausläufer des Gebirges, zerfurcht von tief eingefressenen Wadis, den Spuren der explosiven Güsse des Winterregens, zu dieser Jahreszeit voll grüner Pflanzen und Büsche. »Da werden wir uns erst einmal verkriechen«, meinte der Oberst.

Sie quälten die Fahrzeuge so hoch wie möglich in eines der Wadis hinein und tarnten sie mit abgerissenen Büschen. Es fand sich sogar eine geräumige Höhle. Offenbar ein Schafstall von Beduinen. Jedenfalls roch es so. Was den Oberst nicht daran hindern konnte, sich zum Schlafen hinzulegen. Armitage war zu aufgeregt. Er wanderte herum, inspizierte Soldaten und Fahrzeuge, um sich zu beschäftigen.

Eine halbe Stunde nach Sonnenuntergang brachen sie auf. Armitage ermahnte die Fahrer, keinen unnötigen Lärm zu machen und die Motoren nicht hochzudrehen. Er setzte sich selbst an das Steuer des Stabswagens.

Sie hielten Kurs nach Süden, in die Wüste hinein. Ihr Plan war, erst nach einer ordentlichen Fahrstrecke, wenn sie sicher vor feindlichen Fahrzeugen waren, Kurs nach Osten zu nehmen, um den Drahtzaun zwischen Libyen und Ägypten zu erreichen; die beste Navigationshilfe in der weglosen Wüste.

Die Nacht war mondlos und sternenklar. Ein paar Sterne standen merkwürdig tief am Horizont. Doch bevor Armitage sie als Begrenzungslichter entgegenkommender Fahrzeuge ausmachen konnte, war die kleine Kolonne schon fast mit den Deutschen zusammengerasselt.

Die Briten traten die Gaspedale durch und brausten, gänzlich ohne Licht, im großen Bogen zurück. Einen halben Kilometer weiter bremsten sie und machten ihre Waffen bereit. Doch die deutsche Kolonne raste vorbei – offenbar fürchteten die anderen sich ebenso.

Die Briten nahmen wieder Kurs nach Süden. Minuten später mußten sie erneut vor einer deutschen Kolonne ausreißen, die zum Glück ebenfalls nichts mit ihnen zu tun haben wollte. »Ein Verkehr wie am Picadilly Circus«, meinte der Oberst.

Der Gedanke, umzukehren wurde wieder verworfen. Da die Deutschen ohnehin überall herumwimmelten, war es schließlich egal, in welche Richtung man fuhr.

Nachdem eine Flasche Whisky die Runde gemacht hatte, sah die Zukunft schon nicht mehr ganz so düster aus. Eine halbe Stunde Fahrzeit passierte nichts. Plötzlich wurden sie gewahr: sie fuhren durch ein deutsches Lager. Die Fahrzeuge standen zerstreut, überall waren die bulligen Umrisse von Schwerlastwagen zu erkennen.

Armitage gab Gas, hielt Südkurs und paßte nur auf, keines dieser Ungetüme zu rammen. Kein Schuß fiel. Waren die Deutschen genau so erschrocken wie sie? Heute darf man vermuten, daß sie einfach völlig erschöpft gewesen sind.

Bei Sonnenaufgang war die kleine Kolonne der Artilleristen gut 25 Kilometer südlich Mechili auf Ostkurs.

Sie brutzelten gerade ein anständiges Frühstück, als ein Motor schnurrte. Und wieder kam dieses hochbeinige Ding mit dem Hakenkreuz angeflogen.

Sie stürzten fluchend zu ihren Waffen, doch der Pilot drehte ab. Keineswegs ein Trost für sie, denn er würde sicher eine Meldung über Funk weitergeben. Sie ratterten also nach Osten, so schnell es die Federn und Achsen nur vertrugen.

In der Mittagshitze rasteten sie, von ein paar Kameldornbüschen notdürftig getarnt. Am Nachmittag erreichten sie tatsächlich den Grenzzaun.

In einiger Entfernung sahen sie ein paar aufgeworfene Wälle, offenbar eine Verteidigungsstellung. Mehr war in der hitzeflirrenden Luft nicht zu erkennen. Bei ruhiger Überlegung mußte man zu der Überzeugung kommen, daß selbst diese verrückten Deutschen noch nicht so weit sein konnten. Sie fuhren also draufzu. Etwa 500 Meter trennten sie noch – plötzlich wurden drüben weiße Fahnen gezeigt: es waren Ägypter*, wohlausgerüstet mit schweren Maschinengewehren und Pak, aber fest entschlossen, sich nicht mit wilden Ungläubigen anzulegen – und schon gar nicht mit deutschen.

Bei Sollum erreichten Oberst Williams und seine Party wieder britische Truppen. Sie erfuhren: Tobruk war von den Deutschen eingeschlossen – und ihr Regiment saß in der Festung.

Tage später bestiegen sie in Alexandria ein Schiff nach Tobruk. Es war kein Zerstörer, auf den sie gehofft hatten, sondern ein alter, wackeliger Frachter ohne Bedeckung. Armitage: »Sonst wird mir selbst bei ruhigster See regelmäßig schlecht, aber auf dieser Reise kam ich vor lauter Angst nicht zum Kotzen.«

Sie kamen unbelästigt in Tobruk an, obwohl die Dampfer vor und hinter ihnen versenkt wurden. Am 16. April erreichten sie endlich wieder ihr Regiment.

In Gefangenschaft

Die gesamte 3. Motorbrigade, General Gambier-Parry mit seinem Divisionshauptquartier und zahlreiche Versprengte waren in Mechili in Gefangenschaft geraten – insgesamt 2000 Mann. Außer den Artilleristen jedoch hatten noch mehrere andere Gruppen gezeigt, daß der schwache Ring der deutsch-italienischen Truppen zu durchbrechen war. Sie entkamen zumeist nach Tobruk. Über Mechili stand ein großer bleischwarzer Rauchpilz; Gambier-Parry hatte das Benzinlager anstecken lassen.

Der ölige Qualm wies kleinen und größeren deutschen Einheiten den Weg, die sich noch immer durch die Wüste oder – noch schlimmer – durch das mit Felsbrocken besäte, von Wadi-Ausläufern zerklüftete Land knapp südlich der Berge heranquälten: Teile der Aufklärungsabteilung 2, des Panzerregiments 5, Nach-

* Das quasi unabhängige Ägypten unter König Faruk verfügte auch während des Krieges über eine Armee, die jedoch nie in Kampfhandlungen verwickelt war.

schubkolonnen, Liegengebliebene, die mühsam ihre zusammengebrochenen Fahrzeuge wieder geflickt hatten.

»Hoffen wir, daß das große Spiel gelingen wird ...« Nur drei Tage zuvor hatte Rommel diese Worte niedergeschrieben.

Es scheint, als habe Rommel selbst kurze Zeit vor dem Risiko gegraust, das er eingegangen war: die ohnehin viel zu kleine Streitmacht war zersplittert, außer Munition mangelte es an fast allem, die Spur war gekennzeichnet durch versagende oder spritlose Fahrzeuge, jede einzelne Gruppe für sich bot ein leichtes Opfer für einen energischen Gegenstoß zusammengefaßter Feindkräfte.

Noch waren die Briten eben nicht entscheidend geschlagen, die »Vernichtung ihrer lebendigen Kraft« nicht gelungen, wie es im Jargon dieses blutigen Gewerbes heißt.

Zwei Trümpfe steckten für Rommel im »großen Spiel«, davon kannte er nur einen genau: die unglaubliche Einsatz- und Opferbereitschaft seiner Soldaten, die in fremder und feindlicher Natur blindlings gehorchten.

Was nur zusammen mit dem zweiten Trumpf ausreichte: der Waffenunterlegenheit der Engländer, dem Zusammenbruch ihres Befehlsgefüges, hervorgerufen durch die unzureichende Luftaufklärung und den Mangel an modernen Nachrichtenmitteln und – so darf man wohl hinzufügen – entstanden durch das Fehlen einer Führerpersönlichkeit mit auch nur entfernt rommelschen Qualitäten.

Aber wer verlegt schon seinen Korps-Gefechtsstand in ein Mini-Flugzeug? Die Gewerkschaft der Generäle, wenn es sie gäbe, hätte Rommel ausschließen müssen.

Keine Pause für die Deutschen

Rommel gönnte sich und seinen Männern nach dem Überraschungserfolg von Mechili keine Pause. Nur einen Augenblick freute er sich an der Beute, die trotz des brennenden Benzinlagers beträchtlich und hochwillkommen war: besonders die wüstentüchtigen Fahrzeuge der indischen Motorbrigade, mit denen die Gefangenen nun nach Benghazi und (einer Vereinbarung zwischen der deutschen und italienischen Regierung entsprechend) in italienisches Gewahrsam gebracht wurden, nahmen gleich anschließend ihren Dienst im dezimierten Fuhrpark des Afrika-Korps auf.

Ein Beutestück dieses Tages sollte für Rommel in den folgenden Jahren eine Art »Markenzeichen« werden: die Staubbrille, die unverrückbar über seinem Mützenschirm befestigt war.

Wie sein damaliger Ordonnanzoffizier in seinem Buch* berichtete, entdeckte Rommel die Brille, als er zwei riesige, leicht gepanzerte, mit Funk- und Bürogeräten ausgerüstete Lastwagen für sich und seinen Stab beschlagnahmte. Auch ein General dürfte mal Beute machen, bemerkte Rommel und befestigte die Schutzbrille zwischen dem hakenkreuztragenden Adler und dem Schirm an seiner Mütze.

Noch immer konnte man angesichts des gewonnenen Bodens, der riesigen Beute und der Zahl der Gefangenen die Verluste auf deutscher Seite als extrem leicht bezeichnen; kein Trost natürlich für die Angehörigen von denen, die nun im Wüstensand unter einem Haufen gesammelter Steine lagen, säuberlich als Kreuze im »Bestattungsplan« des zuständigen Gräberoffiziers vermerkt, denn Ordnung muß sein – auch beim Sterben.

Kein Trost auch für diejenigen, die mit zertrümmerten Gliedern oder zerschossenen Organen unter Qualen nach hinten transportiert wurden; so auch der junge Oberleutnant Zorn, wissend, daß er nun als Krüppel ohne sein linkes Bein durchs Leben hinken mußte. Eine brave Tante Ju 52 – ein Zivilmaschine der Luft-

* Heinz Werner Schmidt: »With Rommel in the Desert«. Obwohl es manche Ungenauigkeit enthält (etwa: »Wir fingen den britischen Kommandeur, Generalmajor Gambier-Parry, in seinem Zelt.«), liefert das frisch geschriebene Buch unbezweifelbare Informationen aus persönlichem Erleben. So berichtet Schmidt, daß Stabschef von dem Borne und Ia Ehlert keine Ahnung von Aufenthaltsort und Absichten Rommels am 7. April hatten und Schmidt schließlich in einem Storch losschickten, um allen Kolonnen zu befehlen: »An Mechili vorbei direkt nach Tobruk vorstoßen!« Der Pilot mußte jedoch in einem Sandsturm landen, und Schmidt erreichte das Divisionshauptquartier der 5. Leichten erst am 8. April morgens, unmittelbar vor dem Angriff auf Mechili.

hansa – brachte ihn nach Italien. Wegen der auf Malta stationierten britischen Jäger dicht über dem Wasser geflogen von Flugkapitän Müller.

Makabre Scherze leistet sich mitunter das Schicksal im Krieg: Zorn war nach einer Notoperation schon aus Mechili abtransportiert, als mit Teilen seiner 4. Kompanie auch sein Spieß dort eintraf. Der fand in der Nähe des zerschossenen Panzers ein Bein, noch komplett mit einem Stiefel, in dem der Name »Olt. Zorn« stand. Der Hauptfeldwebel glaubte natürlich, auch sein Kompaniechef sei in dem Panzer IV umgekommen, und so kam nach einiger Zeit bei Mutter Zorn in Naumburg/Saale eine Kiste an, feldpostamtlich bezeichnet als »Nachlaß des gefallenen Oberleutnants Albrecht Zorn«. Der Irrtum wurde bald aufgeklärt. Heute ist Dr. jur. Albrecht Zorn, ein drahtiger Endfünfziger, leitender Beamter im Bundesjustizministerium.

Auch die Landser machten in Mechili Beute, deutsche wie italienische. Besonders den wenig verwöhnten Italienern gingen die Augen über vor den Schätzen: Büchsen mit Aprikosen und Schinken – und, für glückliche Besucher des Offiziers-Vorratslagers, Gin und Whisky. Noch war das Beutemachen nicht mit so deutscher Gründlichkeit geregelt, wie es später eingeführt werden sollte.

Verschwitzt aus der Wüste auftauchend, durch die er seine schwere BMW mehr getragen als gefahren hatte, stürzte sich Unteroffizier Claus Wernicke als erstes ins Bekleidungslager. Hier lagen Stapel der bequemen, weiten und luftdurchlässigen Hemden und Unterkleidung der tropenerfahrenen Briten. Wernicke rechnete seine Größe sorgfältig aus Zentimetern in Zoll um und nahm sich reichlich.

Auf dem Wege nach Mechili hatte seine Einheit ein typisches »Ghibli«-Erlebnis gehabt: Bei aufkommendem Sandsturm entdeckten sie voraus eine feindliche Batterie von vier Geschützen, kreisten sie ein und nahmen auch ganz richtig drei Bedienungen gefangen. Doch dann erreichte der Sturm den Höhepunkt, und in den wabernden Massen aus Staub und Sand fanden sie die vierte Kanone nicht mehr, die eben noch deutlich zu sehen gewesen war; der Einheitsführer war nur froh, wenigstens seine Leute wieder vollzählig beieinander zu haben.

Hauptfeldwebel Wilhelm Wendt von der 1. Kompanie des Panzerregiments 5, eingesprungen für den bei El Agheila durch Minentreffer ausgefallenen Zugführer, versorgte sich in Mechili zuerst einmal mit schlichtem Wasser.

Der zähe Altmärker – mit 30 Jahren im Afrika-Korps schon eher ein »älterer Herr« – hatte sich die spärliche Wasser-Ration für die Wüstenfahrt sorgfältig eingeteilt; aber auf der letzten Etappe sah er das verzweifelte Gesicht und die schrundigen Lippen seines Fahrers, der vor innerer Trockenheit kaum noch krächzen konnte. Er reichte dem armen Kerl die Feldflasche und sah mit Kummer den gesamten Inhalt auf einen Zug in ihn hineinfließen. In den nächsten Stunden lief Wendt verzweifelt auf dem Hinterteil des Panzers herum und schnappte, trocken bis in die untersten Regionen, wie ein Fisch nach Luft.

Zu dieser Zeit war die Besatzung, der Funker Joachim Saenger angehörte, zu Fuß unterwegs: zu allem Überfluß hatte in der Steinwüste südlich der Berge auch noch der Motor ihres Panzers den Geist aufgegeben.

Kaum einer der Panzer, die in Tripolis in bestem Zustand ausgeladen worden waren, konnte noch als voll einsatzbereit bezeichnet werden. Die ungenügend abgefilterten Motoren hatten längst zuviel Sand und Staub geschluckt, ausgeschlagene Kolben ratterten beängstigend, Ketten und Laufrollen waren in erbärmlichem Zustand. Als der zusammengeschmolzene Haufen sich nun, vom unerbittlichen Rommel in Richtung Tobruk getrieben, wieder in Bewegung setzte, zeigte sich bei den meisten ein weiterer, im Hinblick auf möglicherweise bevorstehende Gefechte besonders peinlicher Defekt: der allgegenwärtige Sand hatte die Drehkränze der Türme erreicht, es knirschte und knackte, einige Türme waren schon völlig blockiert, andere konnten nur noch über begrenzte Abschnitte schwenken.

Der fürsorgliche »Papa« Streich meldete Rommel, er werde bei der nächsten Rast die Türme abnehmen und reinigen lassen und erhielt zunächst auch die Genehmigung. Doch dann kam ein Gegenbefehl: Keine Rast und keine Reinigung, was sich noch vorwärtsschleppen konnte, hatte ohne Verweilen über Tmimi Kurs auf Tobruk zu nehmen.

»Ein modernes ›Cannae‹ bereitet sich vor«, hatte Rommel sich nach dem Fall von Mechili notiert. Er war davon überzeugt, daß er die klassische Kesselschlacht des Hannibal bei Tobruk wiederholen könnte, daß die ständig steigende Zahl feindlicher Truppen dort zu seinem größten Triumph führen werde.

Er glaubte zu wissen, was die nach Tobruk strömenden Australier und Engländer in der winzigen, sozusagen am Fuß zweier gewaltiger Treppenstufen hingekauerten Hafenstadt wollten: Über See flüchten. Waren sie nicht bisher ständig davongelaufen, in Frankreich wie in Afrika? Und stampfte nicht eine verdächtig große Zahl von Schiffen aus Alexandria und dem Nildelta in Richtung Tobruk? Die kamen gewiß, um den geschlagenen Haufen abzuholen. Es war nur die Frage, ob ihnen hier ein neues Dünkirchen gelingen würde.

Er wollte es ihnen versalzen.

3. Streit unter Generalen

In Tobruk herrscht »Ming der Gnadenlose«

Noch wußte Rommel nicht, daß die Schiffe keineswegs zu einer Evakuierungsaktion kamen, sondern daß sie im Gegenteil Verstärkungen in die Festung brachten. Und er konnte nicht wissen, was »Ming der Gnadenlose«, General und Festungskommandant Morshead, am selben Tage zu seinen versammelten Kommandeuren sagte:

»Hier wird es kein Dünkirchen geben. Falls wir hier herausgehen sollten, dann nur auf einem Wege, den wir uns vorher freigeschlagen haben. Aber es wird keine Kapitulation und keinen Rückzug geben.«

Der General kannte seine Diggers. Er sorgte dafür, daß ihnen und den englischen Einheiten ein paar Punkte ganz klar gemacht wurden:

- Die See in ihrem Rücken war kein Rückzugsweg, sondern Transportweg für den Nachschub an Munition und Verpflegung.
- Tobruk war nicht einfach eine belagerte Festung, sondern es würde auch ein Dorn in der Seite des Feindes werden.

Die Soldaten, die ohnehin das Davonlaufen fast ohne Feindberührung satt hatten, sahen wieder Aufgabe und Ziel. Zwei Tage lang, am 9. und 10. April, wütete ein Ghibli, den die Briten mit dem arabischen Wort »Chamsin« bezeichneten. Die brodelnden Massen hinderten sie nicht, mit verdoppeltem Eifer an der Instandsetzung der Befestigung weiterzumachen. Nackte Männer mit Gasmasken, die Haut bedeckt von einem Gemisch aus Schweiß und rötlichem Staub, schwangen wie Schemen in den wabernden Wolken ihre Schaufeln und Hacken.

Bei der Anlage der Festung hatten die Italiener an den westlichen und östlichen Flanken geschickt die steilen Hänge der Wadis benutzt, die das nach Regengüssen von der Hochebene ins Meer stürzende Wasser tief in den steinigen Grund gefressen hatte. Diese natürlichen Hindernisse waren nach Süden hin durch einen etwa halbkreisförmigen Panzergraben miteinander verbunden. Rundum, an Wadis und Panzergraben entlang, verlief eine doppelte Linie betonierter Kampfstände, tief eingelassen, geschickt dem Gelände angepaßt und in der zumeist hitzeflirrenden Luft Nordafrikas fast unsichtbar.

Eine gute Anlage, aber der ewig rieselnde Sand hatte fast alles verschüttet, die Drahthindernisse waren zerrissen, die ausgedehnten Minenfelder entweder gehoben oder entschärft. Das ließ sich beheben. Bitterer war: es fehlte an Waffen, um die schönen betonierten Kampfstände so zu besetzen, wie es vorgesehen war; in der Regel eine zentral postierte Pak, flankiert von Maschinengewehren.

Den Australiern, die in der Wüste erst einmal ausgebildet werden sollten, hatte man von diesen kostbaren Sachen so wenig wie möglich mitgegeben. So schwächlich die Zweipfünder-Pak, inzwischen allgemein »pea shooter« (Blasrohr) oder »popgun« (Knallbüchse) genannt, gegen die mittleren deutschen Panzer auch war: Nun wären ein paar mehr als die vorhandenen 16 Rohre schon recht gewesen. Auch bei den Tanks sah es traurig aus: 25 Kreuzer, 4 Matildas, 15 leichte Mark VI mit Maschinengewehren, und natürlich die 30 Marmon Harringtons der Dragoner, die allerdings allmählich auseinanderzufallen drohten.

Im Vergleich damit war die Artillerie-Ausstattung schon nahezu ein Lichtblick: vorhanden oder im Anmarsch über See waren außer einem Regiment leichter (18-Pfünder) und mittlerer (60-Pfünder) Artillerie vier Regimenter mit insgesamt 72 Rohren 25-Pfünder.

Rund 25 000 Mann, knapp die Hälfte davon australische Infanteristen, machten sich zur Verteidigung bereit. General Morshead verlegte sieben seiner dreizehn Infanterie-Bataillone in die vorderste Linie, jedes mit einer Reservekompanie im Rücken. Auf eine Kompanie kamen damit rund anderthalb Kilometer Frontlinie; keine besonders starke Besetzung, und Morshead kündigte seinen Kommandeuren an, daß Einbrüche zu erwarten seien:

»Dann schmeißen wir sie eben wieder hinaus!«

Da die Infanteristen in Ermangelung von Pak ohnehin nichts gegen Panzer tun konnten, sollten sie sich überrollen lassen und nur die begleitende Infanterie bekämpfen. Mit den Panzern sollten es dann die eigenen spärlichen Tank-Einheiten aufnehmen – insbesondere aber, im direkten Beschuß, die Artilleristen mit ihren 25-Pfündern.

Ein Plan, der in erschreckendem Maße darauf baute, daß unausgebildete Infanteristen vor einem Feind kaltes Blut bewahrten, der inzwischen als nahezu unüberwindlich galt. Es war das unermüdliche MG-Bataillon 8, zu dessen Unglück Morsheads Vertrauen in seine »undisziplinierten« Diggers sich als völlig gerechtfertigt erwies.

Oberstleutnant Ponath und seine Männer hatten keine Zeit, sich nach dem Marsch durch die Wüste und den harten Tagen vor Derna zu erholen. Rommel setzte sie sofort in Marsch nach Tobruk. Nachhuten der Australier lieferten ihnen zwei Tage lang an der Küstenstraße heftige Rückzugsgefechte. Dabei stießen Ponaths Schützen auch wieder auf die alten Feinde von den KDG, die Aufklärung fuhren und Artilleriefeuer leiteten – und deren »außerordentlich dreistes« Betragen in der Bataillonsgeschichte vermerkt wurde.*

Es zeichnete sich jedenfalls schon ab, daß Rommels Hoffnung, ungefähr zur gleichen Zeit mit dem fliehenden Feind in die Festung Tobruk eindringen zu können, sich nicht erfüllen würde. Aber der übermüdete, von Ehrgeiz gejagte General wollte die Warnsignale nicht sehen. Er konnte es wohl auch nicht; das Schicksal hatte ihm eine Falle gestellt, in die er blind hineintappte:

Vordergründig erinnerte die Situation frappierend an seinen bis

* »... nur ein Bataillon ...« von Heinz-Dietrich Aberger, Adalbert von Thaysen und Kurt Ziemer, im Selbstverlag Walter Borchardt, Essen-Bredeney. – Die C-Schwadron von KDG-Major Lindsay war zusammen mit Australiern in der Nacht zum 9. April schon unterwegs zu der in Tobruk bekanntgewordenen »Gefangenenschlucht« des MG 8 bei Derna, erkannte jedoch unterwegs die Aussichtslosigkeit der Befreiungsaktion und machte kehrt.

Stadt unter Treppenstufen: Wüstenfestung Tobruk. ▶

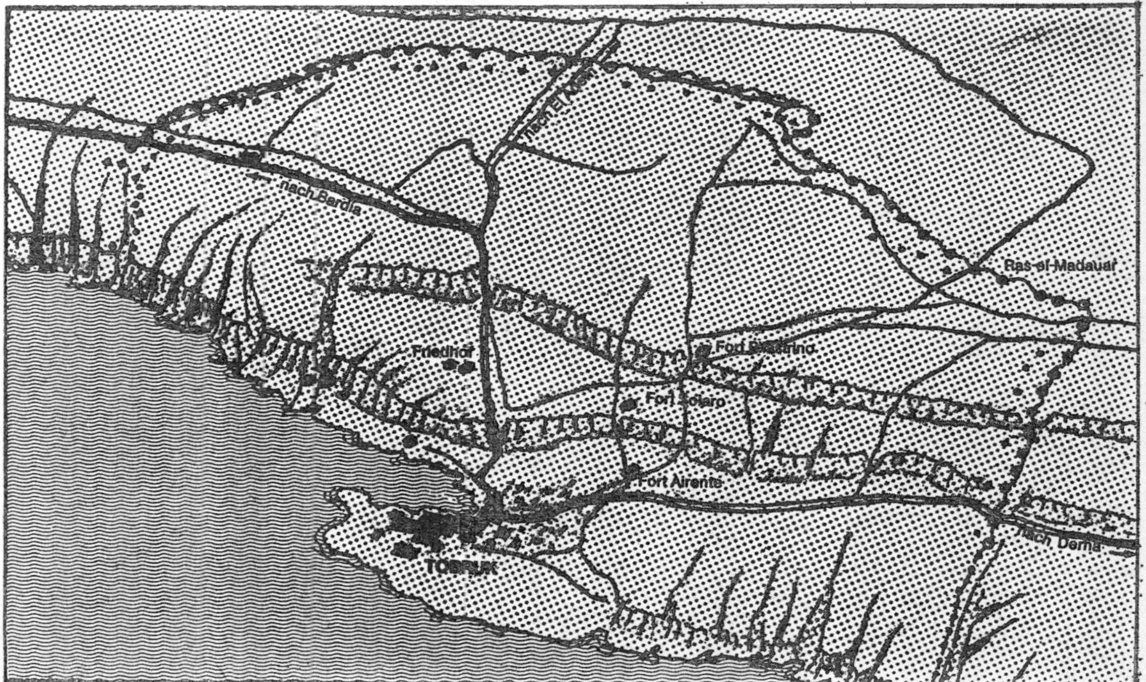
nach Bardia
Ras-el-Madauar
Friedhof
Fort Solaro
Fort Airente
TOBRUK
nach Derna

dahin größten militärischen Triumph, knapp ein Jahr zuvor in St. Valéry: In der kleinen Hafenstadt auf dem westlichen Ufer der Somme-Mündung hatten die deutschen Truppen Anfang Juni 1940 die 51. britische Division eingeschlossen. 8000 Elite-Soldaten aus dem schottischen Hochland, dazu 4000 Franzosen. Englische Schiffe liefen zur Evakuierung ein, aber die Artillerie von Rommels 7. Panzerdivision erreichte rechtzeitig die Höhen westlich des Hafens und verhinderte das Einschiffen. St Valéry mußte kapitulieren. Unter den 12 000 Gefangenen waren vier Generäle.

Ein General fuhr in den Tod

»Kirchheim, fahren Sie auf Tobruk vor. Erkunden Sie eine Artilleriestellung, von der wir den Hafen beschießen können!« Mit diesem Befehl schickte Rommel am 10. April den »beschlagnahmten« OKH-General nach vorn.

Der Traum von St. Valéry ... Doch der Befehl machte den Unterschied zwischen Tobruk und dem wohlgeplanten Frankreich-Feldzug deutlich: es gab hier nicht einmal halbwegs ausreichende Karten, auf denen man mühelos hätte erkennen können, daß eine wirksame Beschießung des Hafens, zumindest mit den vorhandenen Waffen, nur vom Rande der steil abfallenden Djebel möglich gewesen wäre, weit innerhalb der Befestigungsanlagen*.

Generalmajor Kirchheim wurde auf der Küstenstraße durch Tieffliegergeschosse verletzt. Noch während er verbunden wurde, kam Generalmajor von Prittwitz und Gaffron vorbei, Kommandeur der 15. Panzerdivision, der seinen ersten in Tripolis landenden Truppen vorausgefahren war und sofort von Rommel einen ähnlichen Erkundungsauftrag erhielt. Mit deutlichem Vorwurf berichtete Kirchheim nach dem Kriege, daß Rommel ihm ebenso wie Prittwitz gesagt habe, die Küstenstraße sei bis zum Kilometer

* Daß die Italiener geeignete Karten ihrer eigenen Befestigungsanlagen erst nach dem Desaster der ersten Angriffe zur Verfügung stellten, wird in den meisten Veröffentlichungen mit dem beliebten Seitenblick auf den »verräterischen«, zumindest nicht kooperativen Verbündeten betont. Indessen ist es offensichtlich, daß angesichts des chaotischen, von Augenblicksentscheidungen bestimmten Vorgehens schon ein Hellseher in der zuständigen Kartenstelle hätte sitzen müssen, um sie im richtigen Augenblick nach vorn zu schicken.

13 gesichert. Denn der Divisionskommandeur fuhr vertrauensvoll in den Tod.

Bei Kilometer 17 lag das MG-Bataillon 8 fest. Hier überquerte die Küstenstraße ein tief eingeschnittenes Wadi. Die Brücke war gesprengt, vom jenseitigen Hang feuerten Infanteriewaffen, Pak und Artillerie. Man konnte nur die Nase tief in den Sand bohren.

Als von hinten ein Wagen mit Kommandostander angefahren kam, winkten die Männer heftig ab und brüllten: »Halt!« Aber der Kübel rollte weiter und wurde sofort von einem Pak-Vollgeschoß durchschlagen. Prittwitz und sein Fahrer waren tot.

Die Männer auf der anderen Seite des Wadis waren australische Infanteristen, die sich aus dem Haufen italienischer Beute-Waffen vom vorigen Winter eine 47-mm-Pak und ein paar Artilleriegeschütze vom Kaliber 7,5 und 10,5 cm aufgesammelt hatten. Am späteren Nachmittag sahen sie die Deutschen zurückgehen und mit ihren Fahrzeugen in südlicher Richtung verschwinden. In der Erwartung, daß der Feind es bald aus anderer Richtung versuchen werde, zogen sie sich sechs Kilometer auf die endgültige Verteidigungsstellung zurück. Der Kampf um Tobruk begann am nächsten Tage. Es war Karfreitag, der 11. April 1941.

»Die Briten räumen ...«

Die deutschen Truppen hatten inzwischen ziemlich vollzählig das Gebiet um Tobruk erreicht. Bei ruhiger Überlegung hätte man zu dem Schluß kommen müssen, daß ihre Zahl nicht einmal ausreichte, um einen einigermaßen haltbaren Einschließungsring um die 45 Kilometer lange Befestigungslinie von Tobruk zu bilden. Vom schwach motorisierten italienischen Verbündeten waren kleinere Infanterie-Einheiten über die Küstenstraße im Gebiet westlich der Festung angekommen, während sich die Panzerdivision »Ariete« immer noch mit ihren unsäglichen »M 13« durch die Wüste quälte. Aus Tripolis rollten als erste Einheiten der 15. PD drei Kradschützen-Kompanien an.

Rommel teilte seine schwachen Kräfte wieder einmal durch drei: das MG-Bataillon 2 schickte er mit etwas Flak und Artillerie auf die östliche Seite von Tobruk, um dort die Küstenstraße zu sperren. Die Aufklärungsabteilung 3 stieß, verstärkt durch die Kradschützen der 15. PD, weiter nach Osten: gleich nach dem »modernen Cannae« von Tobruk sollte es ja weitergehen zum Suezkanal.

Blieben zum Angriff die intaktgebliebenen oder reparierten Kampfwagen des Panzerregiments 5, kleinere Pionier- und Panzerjägereinheiten, acht Rohre Artillerie (fast ohne Munition), ein paar Rohre schwere und leichte Flak und, als einzige Infanterie-Einheit, das gnadenlos herumgehetzte MG-Bataillon 8. Der Traum von St. Valéry ... auch damals hatte dieses Bataillon, der 7. PD zugeteilt, Rommels Kommando unterstanden.

Zusammen mit dem Angriffsbefehl erhielt das Bataillon die Mitteilung, laut Meldungen der Luftaufklärung räumten die Briten die Festung, schnelles Zupacken sei deshalb erforderlich.

Außerdem wurde »Staubfahren« befohlen: solange der Vormarsch mit Fahrzeugen stattfindet, rollen sie weit auseinandergezogen vor, ebenso wie das Panzerregiment, um eine mächtige, scheinbar von großen Verbänden erzeugte Wolke aufzuwirbeln.

Die Männer auf der anderen Seite jedoch konnten sich infolgedessen schon frühzeitig ein Bild von der Stoßrichtung machen. Es war wieder die 20. australische Infanteriebrigade, deren Betragen General Neame in Wallung gebracht hatte: Nachdem die Artilleriebeobachter in den Marmon Harringtons der KDG ihre Meßwerte nach hinten durchgegeben hatten, traf der erste Feuerschlag der Australier die anrückenden Truppen noch auf den Fahrzeugen. Die deutschen Infanteristen konnten nur noch ein paar Sprünge in ihrer Angriffsrichtung Nordost machen. Der steinige Boden steigerte die Splitterwirkung. Kein anständiges Deckungsloch konnte ausgehoben werden, sie kratzten mit Spaten, Seitengewehren und bloßen Händen flache Mulden. Die Sanitäter schleppten blutige, jammernde Bündel nach hinten, die eben noch kräftige, kampflustige Männer waren.

Die Panzer drehten ab, einige Fahrzeuge mit zerschossenen Ketten mitschleppend. Die Infanteristen blieben liegen, festgenagelt, denn außer der Artillerie schossen nun auch Infanteriewaffen.

Die Nacht rettete die angeschlagene Truppe – vorerst.

Für den nächsten Tag wurde ein neuer Angriff befohlen, wieder ohne Artillerie. Die Panzer kamen vormittags um 11 und preschten, von den Einschlägen der britischen Artillerie begleitet, mit höchster Fahrt durch die eigenen Stellungen der Infanteristen, wie das Kriegstagebuch nicht ohne Vorwurf vermerkte, denn »wir müssen ... auch noch vor den eigenen Panzern Deckung nehmen, damit wir nicht überfahren werden.«

Die wilde Panzer-Jagd dauerte obendrein nicht lange: das Regiment stieß auf den Panzergraben und machte kehrt. »Wir kommen nicht durch!«, brüllte ein Offizier im Vorüberklirren.

Die Situation des Vortages wiederholte sich, nur verschlimmert, denn die Infanteristen lagen nun noch näher an den feindlichen Stellungen.

Sie waren nun zwei Wochen fast ununterbrochen im Einsatz, lagen unter der brüllenden Sonne, geplagt von Durst und einem Milliardenheer von Fliegen, von zusammengescharrten Steinhäufchen unzureichend geschützt, bei jeder Bewegung umzischt von Infanteriegeschossen. Keine Feuerpause auch für den, der mal scheißen muß ... Gestank und Todesangst und die Schreie der Verwundeten.

Befehl: »MG-Bataillon 8 hält die erreichte Stellung.«

Eine weitere Nacht mit der Chance, die Stellung ein wenig auszubauen, ein wenig nach vorn gebrachte Verpflegung und Wasser zu fassen, ein neuer Sonnenaufgang und die Fortsetzung der Qual. Rommels Traum von St. Valéry war noch nicht ausgeträumt.

»Der Kommandierende General der deutschen Streitkräfte in Libyen fordert die britischen Truppen in Tobruk auf, ihre Waffen niederzulegen. Auf einzelne Soldaten, die mit weißen Taschentüchern winken, wird nicht geschossen. Starke deutsche Streitkräfte haben Tobruk schon eingeschlossen. Fluchtversuche sind sinnlos. Denkt an Mechili. Unsere Bomber und Stukas warten auf Eure Schiffe, die im Hafen liegen.«

Flugblätter, die diesen Text in Englisch enthielten, wurden zu Tausenden über Tobruk abgeworfen. Die Vermutung der Deutschen, daß sie noch weiße Taschentücher besäßen, amüsierte die Diggers sehr. Bemerkenswerter jedoch ist, die aus diesen Sätzen sprechende, felsenfeste Überzeugung Rommels, daß die Gegner nur noch an Flucht dächten – über Land oder See. Nach Aussagen

General Streichs geriet er an diesem Ostersonntag mit Rommel in heftige Auseinandersetzungen. Zusammen mit seinem Ia, Major Hauser, habe er weitere Angriffe als aussichtslos bezeichnet.

In seinen persönlichen Notizen vermerkte Rommel auch »unberechtigten Pessimismus bei der 5. Leichten«. Laut Streich ging es im wesentlichen um die Interpretation der Luftaufklärung: Er habe gleich vermutet, daß Verstärkung herangebracht werde, während Rommel stur auf seiner Meinung beharrt habe, der Engländer »baue ab und räume die Festung«.

Die ersten Panzer-Landungsboote

Was wirklich an diesem Ostersonntag unten im Hafen von Tobruk los war, bildete ein Stück Kriegsgeschichte: Zum ersten Mal wurden Tanks von speziellen Panzer-Landungsbooten abgesetzt – häßlichen Dingern mit viereckigem Bug, der herunterklappte und so die Rampe bildete, über die ein Kampfwagen nach dem anderen mit eigener Kraft aus dem Bauch des Schiffes an Land rollte. Sie würden noch auf Sizilien, vor Salerno und Anzio und schließlich am Strand der Normandie ihre Mäuler aufklappen und ihre stählerne Fracht entlassen – Symbole der Vorstellungskraft eines Mannes, der auch in Großbritanniens schwärzesten Stunden nie daran gezweifelt hatte, daß sein Land allen Schlägen widerstehen und schließlich auch wieder zum Angriff übergehen werde: Winston Chruchill.

Schon im Sommer 1940, als Frankreich geschlagen war und alle Welt sich fragte, wann England an der Reihe sei, hatte der genial-aggressive alte Löwe Auftrag gegeben, solche Boote für amphibische Operationen zu konstruieren.* Als Rommels Offensive begann, lagen die ersten achtzehn vertäut im Hafen der Suez-Kanal-

* Auch die »Mulberries« genannten künstlichen Häfen, die entscheidend zum Gelingen der Invasion in der Normandie beitrugen, waren Churchills Idee, Jahre zuvor in einer Weisung niedergelegt: ... »sie müssen sich mit den Gezeiten heben und senken. Die Verankerungsfrage muß gelöst werden ... Eine Diskussion ist überflüssig ...«

Gesellschaft in Port Taufik: sie sollten bei der geplanten Eroberung des Dodekanes (der »Zwölfinseln« im Ägäischen Meer) eingesetzt werden.

Nachdem Admiral Cunningham sich verpflichtet hatte, Tobruk über See zu versorgen, ließ er die aus Geheimhaltungsgründen »A-Leichter« genannten Boote klarmachen. Ein erster Konvoi, fünf Landungsboote mit einer Flak-Schaluppe und einem zum U-Boot-Jäger umgebauten Fischdampfer, traf im Morgengrauen des Ostersonntags vor der Hafeneinfahrt von Tobruk ein. Gerade begann ein Luftangriff, im Mündungsfeuer der Flak und dem Blitzen explodierender Bomben sahen die Besatzungen den von Wracks übersäten Hafen, die von Splittern durchsiebten weißen Häuser – und der ganze Konvoi dampfte vorsichtshalber noch einmal hinaus in die offene See.

Merkwürdigerweise wurden sie nicht entdeckt, überstanden am Hafen einen weiteren Luftangriff, bei dem zwei Frachter versenkt wurden, und konnten ihre kostbare Ladung abliefern: schwere Matildas, 25-Pfünder, Munition, Verpflegung. In der Abenddämmerung fuhren sie wieder hinaus. Die Auspuffe, die ungeschickterweise unmittelbar hinter der Brücke angebracht waren, brüllten den Besatzungen den Maschinenlärm von zweimal 650 Pferdestärken in die Ohren und übertönten das Surren des deutschen Aufklärers, der hoch über Tobruk hinwegzog und mit seiner Meldung Rommels zähneknirschend festgehaltenes Urteil zu bestätigen schien: sie türmen ...

Das MG-Bataillon hatte einen weiteren blutigen Tag vor den Stellungen der Australier verbracht. Das Artillerie- und Infanteriewaffen-Feuer hatte sich eher noch verstärkt; es war offensichtlich, daß auf der anderen Seite Reserven zusammengezogen worden waren. Es gab drüben anscheinend Munition im Überfluß, denn selbst die Artillerie beschoß einzelne Männer; so auch Oberstleutnant Ponath, der nachmittags zur Division zurückbefohlen wurde und bei seiner Rückkehr, völlig ausgepumpt vom zweimaligen Galopp durch das Feuer, mit steinerner Miene seinem Adjutanten zu diktieren begann: »Der Kommandierende hat erneut den Angriff auf die Festung Tobruk befohlen ...«

Streich: »Angesichts meiner Haltung übernahm Rommel persönlich die Führung des Unternehmens, das kurz vor Eintritt der Abenddämmerung begann und von ihm in allen Einzelheiten angesetzt worden war ...«

Rommel kündigte dem Bataillonskommandeur an, der für 18 Uhr befohlene Angriff werde nicht nur durch schwere und leichte Flak unterstützt, sondern er werde auch durch einen »zusammengefaßten Feuerschlag« der Artillerie auf die feindlichen Infanteriestellungen eingeleitet. Zwar schrieb Rommel auch in seinen Erinnerungen von Unterstützung durch die »deutschen und italienischen Artilleriemassierungen«, in Wirklichkeit aber fiel von der Achsen-Seite kein Schuß.*

Und die Flak ... »Verheizen« ist wohl das richtige Wort in der Terminologie des Krieges: Scheunentorgroße 8,8-cm-Kanonen gingen auf dem tischflachen, steinigen Boden unmittelbar hinter den Infanteristen befehlsgemäß in Stellung, und es war ein Wunder, daß sie überhaupt ein paar Gruppen herausbrachten, bevor die Bedienungen abgeschlachtet oder geflohen waren.

Noch auswegloser war das Schicksal der leichten Batterie mit 2-cm-Kanonen; der Befehl lautete, bis an den Panzergraben vorzufahren und die Infanteriestellungen zu bekämpfen. Von einer ganzen Batterie kamen ein Leutnant und sechs Mann zurück.

Über den Panzergraben

Auch der Angriff der Infanteristen brachte kam Bodengewinn. Wie sollte er auch – gegen einen seit Tagen vorbereiteten Gegner, ohne die Unterstützung anderer Waffen! In der üblen Situation seiner Truppe war es dem Bataillonskommandeur nicht einmal gelungen, sämtliche Kompanien von dem bevorstehenden Angriff zu unterrichten: ein Melder nach dem anderen war erschossen worden.

Wieder plumpste die Sonne hinter den Horizont. In der Dunkelheit fühlte Ponath selbst mit einem Teil seiner Männer und einer Pioniergruppe zum Panzergraben vor. Jeder Laut, jedes Klappern

* Johannes Streich glaubt sich zu erinnern, daß die italienische Artillerie erst im Laufe dieser Nacht eintraf, die deutsche inzwischen völlig ohne Munition war.

schien viele Kilometer weit zu hallen in der sternklaren, stillen Nacht, aber es gelang ihnen, einen schmalen Übergang für Fahrzeuge passierbar zu machen und von Minen und Drahthindernissen zu säubern.

Ein Spähtrupp ging los, fand über mehrere hundert Meter keine Spur vom Feind. Niemand ahnte, daß der schräg in nordöstliche Richtung zielende Stoß zufällig genau die Lücke zwischen den doppelreihigen, »auf Luke« angeordneten Stützpunkten getroffen hatte. Ponath zog sein Bataillon nach. Er hatte durchaus Grund zu der Annahme, einen gesicherten »Brückenkopf« jenseits des Panzergrabens erreicht zu haben – und gab eine entsprechende Meldung nach hinten.

Der Chef triumphierte. Nach Aussagen Streichs sagte Rommel, er habe ja nun gezeigt, »wie es gemacht werden müsse und daß es gehe«. Jedenfalls übertrug Rommel die weitere Leitung des Unternehmens Streich – laut Leutnant Heinz Werner Schmidt – mit bedeutungsvoller Betonung: »Ich erwarte, daß dieser Angriff unter ihrer persönlichen Führung mit äußerster Entschlossenheit ausgeführt wird.«

Schmidt, sonst ein absoluter Rommel-Verehrer, fand die Behandlung Streichs in seinem 1951 zum ersten Mal veröffentlichten Buch »unbarmherzig« (remorseless).

Draußen in der nun wieder eisigkalten Wüste war den Männern des MG-Bataillons inzwischen auf besonders unbarmherzige Weise klargemacht worden, daß ihr Brückenkopf keineswegs als gesichert angesehen werden konnte.

Ponaths Schützen hatten sofort begonnen, sich notdürftig einzugraben. Inzwischen war der Mond aufgegangen und stand in ihrem Rücken. Der Feind konnte nicht weit sein. Um so unheimlicher war die Stille, in der die kratzenden und scheppernden Spaten einen gewaltigen Lärm zu machen schienen.

Plötzlich ein Schrei rechts außen: im bleichen Mondlicht ein paar heftige Bewegungen. Zwei Schatten huschten davon: im Staub lag ein Sterbender, von Bajonetten durchbohrt.

Auf der anderen, westlichen Seite des Brückenkopfes, im Posten 33, hatten Leutnant Mackell aus Sydney und seine Männer die schanzenden Deutschen beobachtet. Der Leutnant beschloß, den Feind mit einem Stoßtrupp zu umgehen und aus der Flanke anzugreifen. Das Manöver glückte, und aus kaum 50 Meter Entfernung stürzten sich die Australier mit gefälltem Bajonett, Handgranaten werfend und aus der Hüfte schießend auf die schanzenden Deutschen. Zugleich feuerte die Postenbesatzung mit allem, was sie hatte.

Der schmalschultrige Leutnant Mackell rang mit einem Deutschen, als er einen anderen mit schußsicherer Pistole heranspringen sah.

»Jack!« schrie Mackell.

Corporal Jack Edmonston, ein Schaf-Farmer aus Neu-Südwales, kam ihm mit dem Bajonett zu Hilfe, obwohl er selbst schon durch Bauch- und Halsschuß verwundet war. Der blutende Corporal stach die beiden Deutschen nieder. Mackell hob sein Gewehr auf, und zusammen stürzten sich die beiden mit heiseren Schreien wieder ins Gefecht. Der kleine Mackell brach sein Bajonett in der Brust eines Mannes ab und schlug einen weiteren mit dem Kolben nieder. Als kein aufrecht stehender Feind mehr zu sehen war, brach Jack Edmonston zusammen. Er starb noch in der gleichen Nacht und erhielt posthum das Victoria-Kreuz, die höchste britische Auszeichnung.

Noch ein paarmal brachen die Australier zu ähnlichen Stoßtrupps aus ihrer Stellung, sangen einmal dabei ihr trotziges Vagabundenlied »Waltzing Matilda«, das in Nordafrika durch den schweren Tank eine neue Bedeutung erhalten hatte.*

Allein der erste Angriff kostete Ponaths Truppe 40 Ausfälle an Toten und Verwundeten. Trotzdem hielten die erschöpften Männer ihren Brückenkopf, rafften sich sogar zu Gegenstößen auf, ohne jedoch die schmale Einbruchstelle nennenswert erweitern zu können.

* »Waltzing Matilda« handelt von einem Vagabunden, der einen Schafbock klaute und sich lieber ersäufte, als ins Gefängnis zu gehen. Die eingängige Melodie wäre 1973 beinahe Nationalhymne geworden.

Es war klar, daß weiteres Vorgehen aus einem so eingeengten Brückenkopf einem Selbstmord gleichkam. Oberstleutnant Ponath meldete auch sofort seine Bedenken an, als der Divisionsadjutant mit dem neuen Angriffsbefehl kam.

Nach einem Bericht des damaligen Feldwebels Wilhelm Assenmacher in »... nur ein Bataillon ...« kam es zu einer Diskussion, »die fast ans Heftige grenzte ... Da wurde die Besprechung plötzlich abgebrochen. Im Schein des Mondes stehen sich die Offiziere gegenüber, ihre dunklen Schatten zeichnen sich im Wüstensand ab. Der Adjutant hebt vor unserem Kommandeur die Hand an die Mütze, sagt den Auftrag des Bataillons noch einmal in aller Kürze und erwidert auf eine Gegenfrage unseres Kommandeurs nur: ›Befehl der Division!‹ ...«

Der Befehl, das Zauberwort des Tretens und Getretenwerdens ...

Rommel hatte General Streich soeben ein Privatissimum darüber gehalten, daß es »im deutschen Heere nicht üblich sei, daß ein Einsatzbefehl einer Dienststelle zunächst mit einem Gegenvorschlag der ausführenden Dienststelle beantwortet werde.«

Doch schon im nächsten Jahr wird er selbst vor seinem Führer stehen und Gegenvorschläge machen, um seine Armee zu retten, und die Worte hören: »Das ist ein Befehl, Herr Feldmarschall!«

Aber vorerst trat er, teilte seinen Leutnant Schmidt dem Divisonskommandeur als Aufpasser zu und schrieb unter dem 14. April an seine Frau: »Die Schlacht um Tobruk wird wohl heute enden. Die Briten haben hartnäckig gekämpft und hatten eine Menge Artillerie. Trotzdem werden wir siegen ...«

Das Afrika-Korps hatte die ersten Karten der Verteidigungsanlagen von den Verbündeten erhalten*. Worauf sich Rommels

* Schmidt erinnert sich, daß Rommel die geschickte Anlage bewunderte. Es seien insgesamt zwei Karten verfügbar gewesen. Streich konnte sich beim Interview nicht erinnern, erwähnte jedoch in einem 1960 geschriebenen Bericht über die Nacht zum 14. 4. eine Karte, nach der er die Stelle bestimmen konnte, an der die Befestigungsanlagen die Straße El Adem–Tobruk kreuzten. Sicher ist, daß das Pz.Reg. 5 am 12. 4. keine Ahnung vom Panzergraben hatte. Die Karten müßten also danach eingetroffen sein. Das MG-Bataillon 8 wurde jedoch auch am 14. in Unkenntnis über die Lage der Befestigungen gelassen.

Optimismus stützte, ist nicht mehr abzusehen.

Spät in der Nacht machte sich Johannes Streich mit Leutnant Schmidt im Kübelwagen auf den Weg zur Front. Ein leichter Panzer II, in dem der General den Angriff begleichen wollte, klirrte hinterher.

Sie fuhren über die Straße El Adem-Tobruk nach Norden. »Bei Kilometer 8 müssen wir abbiegen«, sagte der General.

Irgend etwas ging schief. Plötzlich waren sie bei Kilometer 6,2, der Fahrer trat auf die Bremse, voraus hörte man englische Stimmen, dann umzischten sie Leuchtspurgeschosse.

Leutnant und General gingen mit mächtigen Sätzen hinter dem Panzer in Deckung, klammerten sich fest und zogen die Beine an, weil ununterbrochen MG-Garben unter dem Rumpf hindurchgingen. Zu allem Unglück begann der Panzerfahrer, den Wagen auf der Stelle zu drehen, »was unsere Hintern dem Feind ausgesetzt hätte«, schrieb Schmidt.

Sie warfen sich in den Graben, wohin ihnen bald der Panzerfahrer folgte, der nach Streichs Erinnerung den Motor abgewürgt hatte und ihn nicht mehr starten konnte, weil der Anlasser versagte und rund um die Andreh-Kurbel am Heck nun MG-Geschosse wie aus einer Brause einschlugen.

Auch die britische Artillerie mischte sich ein; als rundum eine Salve krepierte, schrie der Panzerfahrer vor Schreck auf.

»Sind Sie verwundet?« fragte Streich.

»Nein Herr General, noch nicht«, antwortete der Fahrer bedrückt. Der General lachte laut.

Im Osten verfärbte sich der Himmel, bald würde die Sonne mit dem afrika-üblichen Satz über den Horizont hüpfen. In kurzen Sprüngen entfernten sie sich aus der gefährlichen Gegend, erreichten auch wohlbehalten eine Artillerie-Stellung. Seinen Kübel samt Fahrer, den Streich zurückgeschickt hatte, sah er nie wieder.

Inzwischen hatte der letzte Akt in der Tragödie des MG-Bataillons 8 begonnen.

Für General Morshead konnte nun, da der Brückenkopf in so enger Fühlung mit seinen Infanteristen geschlagen und so erbittert verteidigt worden war, kein Zweifel mehr über die Angriffsrichtung bestehen: Zur Gabelung, wo sich die Straßen aus Bardia und El Adem vereinigen und über zwei Djebel-Abhänge zu Stadt und Hafen Tobruk hinabstiegen.

Deshalb hatte er alles an Artillerie und Pak, Panzern und Infanterie zusammengezogen, was sich nur ohne allzu großes Risiko aus dem Befestigungsring lösen ließ. Die schwereren Waffen bildeten einen Schlauch, in dem die Angreifer frontal auf massierte Stellungen von 25-Pfündern stoßen sollten, um dann von beiden Seiten von weiterer Artillerie, Pak und eingegrabenen Kreuzer-Tanks eingedeckt zu werden. Seitlich stand eine Stoßtruppe von ein paar schweren Matildas bereit, um am Panzergraben entlang den Sack dichtzumachen, wozu die Enge des Übergangs einlud.*

Pz. 5 und MG 8 marschierten befehlsgemäß in diese perfekte Falle. Die Taktik-Aufgabe, ob dieser Vorstoß zulässig sei oder nicht, hätte der Lehrer Rommel an der Kriegsschule Potsdam gewiß als zu leicht abgelehnt.

Es war noch dunkel, als die Panzer am Brückenkopf eintrafen. Sie hatten einige Zeit vergebens auf Streich gewartet.

Als die Kampfwagen sich durch den Panzergraben tasteten, stellten die australischen Infanteristen ihr Feuer befehlsmäßig ein. Es bestand kein Grund, ihre Stellungen den mächtigen Panzer IV zu verraten, die aus ihren kurzen Rohren Explosivgeschosse von 13,6 Pfund schleuderten.

Weinend in die Gefangenschaft

Ponath mußte nun natürlich seine Truppe teilen: stärkere Kräfte begleiteten, zum Teil aufgesessen, die Panzer zum Angriff. Ein Teil der Schützen und Panzerjäger blieb zurück, um die Einbruchstelle am Panzergraben offenzuhalten.

Sie hatten keine Chance. Aus den naheliegenden Stützpunkten wurden sie durch Infanteriewaffen niedergehalten, bis die Matildas kamen. An deren 80-mm-Bug prallten auch die Geschosse der 5-cm-Pak zumeist wirkungslos ab. Wie beim Winterfeldzug gegen

* Die Division »Brescia«, die auf Rommels Befehl im Westen »Staub fuhr« und mit Kleinwaffen Krawall schlug, betrieb dieses Geschäft nun schon den 4. Tag und erntete kaum noch ein müdes Lächeln.

Grazianis Armee wirkten die ebenso langsam wie unaufhaltsam heranklirrenden Ungetüme niederschmetternd. Ihre MGs mähten die Pak-Bedienungen nieder. In kurzer Zeit war alles zu Ende. Nur ein paar Männer von MG 8 entkamen nach hinten in die Fahrzeugstellung.

Auch die vorrückenden Teile verloren als erstes ihre Pak. Im Mannschaftszug transportiert, waren die Geschütze zurückgeblieben und gerieten beim ersten Büchsenlicht ebenfalls in das Infanteriewaffen-Feuer aus den Stützpunkten. Im deckungslosen Gelände wurden sie hilflos zusammengeschossen.

Die Infanteristen hatten als schwerste Kaliber nun noch die kleinen Granatwerfer vom Kaliber 5 cm, auch »Bulettenschmeißer« genannt. Seit die Lücke am Panzergraben geschlossen war, hatten sie ohnehin keine Chance mehr, zu entkommen.

Ponath und seine Männer hofften zunächst, das Abklingen des Gefechtslärms in ihrem Rücken deute auf das Nachrücken von Verstärkungen hin. Sie marschierten mit den Panzern auf ihr Ziel zu: die Straßengabelung, an der die Reihe der Telegrafenmasten nach Osten abknickte.

Als die Panzer eine leichte, quer verlaufende Bodenwelle erreichten, standen sie plötzlich vor der Front der 25-Pfünder. Schon die ersten Salven wirkten verwüstend. Einem schweren Panzer wurde der Turm abgerissen. Mehrere andere gerieten in Brand.

Die Tatsache, daß ihre improvisierte Pak über einige hundert Meter Entfernung* so wirkungsvoll war, feuerte die Kanoniere an, obwohl die 7,5- und 5-cm-Sprenggranaten der Panzer in ihren offenen Feuerstellungen ebenfalls schwere Verluste forderten. In der Batterie von Hauptmann Armitage erhielt eine Kanone einen Volltreffer. Von der sechsköpfigen Bedienung kam nur ein Mann mit schweren Verletzungen davon. Sergeant Major (»Spieß«) Batten zog die Toten beiseite und feuerte allein weiter, bis die Panzer das Gefecht abbrachen.

* Die 25-Pfünder führten auch eine begrenzte Anzahl panzerbrechender Vollgeschosse mit. Die normale Mündungsgeschwindigkeit von 365 m/sec. (3. Ladung) konnte durch »Superladung« auf 425 m/sec. erhöht werden. Dabei sprang die Kanone zwar unangenehm, durchschlug aber auf 500 m stärkste Panzerung.

Sie zogen sich hinter die Bodenwelle zurück und wandten sich nach rechts, um die Geschützstellung zu umgehen. Aber auch da stießen sie sofort auf massierte Artillerie und Pak. Geschickt Mulden und kleinere Wadis ausnutzend, rollten auch ein paar Kreuzer-Tanks heran. Ein wüstes Feuer schlug in die verwirrte Panzerformation. Immer mehr Türme blockierten, angeschlagen durch Artillerie-Sprenggranaten und die kleinen Zweipfünder-Vollgeschosse. Siebzehn Panzer waren schon abgeschossen; im schwarzen Qualm der brennenden Wagen und im wirbelnden Staub gab Oberst Olbrich den Rückzugsbefehl.

Der Panzer III von Hauptfeldwebel Wendt gehörte zu den wenigen, die den Turm noch schwenken und sich wehren konnten. Er rollte als letzter zurück, bremste seinen Fahrer, den sein Instinkt zur Masse der anderen Fahrzeuge drängte: »Langsam, langsam ... Siehst du nicht, was die für'n Ari-Zunder kriegen? Die Artillerie schießt natürlich immer dahin, wo die meisten Ziele sind.«

Ein paar »Kreuzer« versuchten sich rechts und links anzuschleichen, aber Wendts Richtschütze schoß mehrere in Brand und hielt sie auf Abstand.

»Ich sehe das Regiment nicht mehr«, sagte der Fahrer ganz verzweifelt.

»Jetzt fahren wir schön langsam der Spur nach«, beruhigte Wendt ihn.

Zwischen den tanzenden Fontänen der Einschläge klirrten sie zurück durch den Panzergraben. Vom MG-Bataillon war nichts mehr zu sehen.

Oberstleutnant Ponath hatte vergebens versucht, den Panzer-Kommandeur zurückzuhalten, es aber auch abgelehnt, mit ihm aufgesessen zurückzugehen: jeder einzelne wäre von den Stahlkarossen heruntergeschossen worden. In der Ferne sah man Stukas auf die Stadt Tobruk herunterstoßen. »Das nützt uns auch nichts«, murrten die Landser. Die Australier führten offenbar immer mehr Verstärkung heran. Wieder lagen die Schützen im fast deckungslosen Gelände unter dem gnadenlosen Feuer aller Waffen. Munition wurde knapp.

Ponath beschloß, das Bataillon zurückzunehmen. Beim ersten Sprung wurde er durch Herzschuß getötet. Kurz darauf war alles vorbei. Der ranghöchste Offizier ließ das Feuer einstellen, gab Zeichen zur anderen Seite und stand auf. Ein australischer Major stakste auf ihn zu, hielt ihm sein Zigarettenetui hin und sagte lässig: »Good fight ...«

Die Landser zerlegten noch schnell ihre Waffen und schmissen die Einzelteile in alle Himmelsrichtungen. Es weinten viele, als sie in Gefangenschaft geführt wurden.

Auch weiter hinten gab es Tränen.

Funker Joachim Saenger, dessen Panzer gerade mit endlich repariertem Motor aus der Wüste aufgetaucht war, sah die Reste des Regiments zurückkommen. Sieggewohnte, hochdekorierte Kommandanten sprangen unter Weinkrämpfen aus ihren Panzern. Die Erfahrung war neu, daß deutsche Panzer so rüde gestoppt werden konnten, der Schock zu groß.

Das MG-Bataillon 8 hatte in 14 Tagen 700 Mann verloren. Es bestand noch aus 5 Offizieren und 92 Mann. Oberstleutnant Ponath erhielt posthum das Ritterkreuz.

Johannes Streich über den 14. 4.: »Als ich nach Oberst Olbrich zum Korpsstab fuhr, traf ich nur noch den damaligen Ia, Major Ehlert, an. Er übermittelte mir Rommels Befehl: die Division solle am Nachmittag einen neuen Vorstoß in den Festungsgürtel unternehmen, um einen bestimmten Punkt für die Artillerie-Beobachtung in Besitz zu nehmen. Das verschlug mir die Sprache. Dann bat ich, mir zu sagen, mit welcher Truppe ich den Befehl ausführen solle. MG 8 sei aufgerieben, Pz. 5 zur Zeit nicht einsatzfähig. Da ich über die im Osten stehenden Kräfte nicht verfügen dürfe, sei nichts mehr vorhanden. Ich machte darauf aufmerksam, daß die Australier, wären sie uns nachgestoßen, das gesamte Afrika-Korps überrannt hätten und das gesamte Renommé des deutschen Heeres in Afrika hätten hinwegfegen können ...«

Das war theoretisch richtig. Praktisch war es ausgeschlossen, weil weder Wavell noch Morshead eine Ahnung von der Schwäche der Achsen-Truppen hatten. Wavell hatte einen Berg anderer Sorgen; aber auch ohne sie wäre er kaum auf die Idee gekommen, daß die Deutschen aus dem Tritt waren: psychologisch waren die Briten in der Situation eines Boxers, der nach vielen Runden

Kloppe zum ersten Mal zurückgehauen hat und sich nun, in der Pause zur nächsten Runde, vor freudigem Staunen kaum zu lassen weiß, weil er auch getroffen hat.

Rüge vom Oberbefehlshaber

So vernichtend ein Ausbruch der 25 000 aus der Festung, besonders zusammen mit den inzwischen eingetroffenen 18 Matildas, auch gewesen wäre: die psychologische Situation unterscheidet sich oft, gerade im Kriege, von der tatsächlichen.

Das trifft auch auf Rommel zu, der immer noch nicht glauben mochte, daß die Engländer in Tobruk nun die Absätze in den Boden stemmten. Obwohl er in seinen Erinnerungen* den Eindruck zu erwecken versuchte, er habe schon vor Beginn der Angriffe erkannt, daß Wavell Tobruk halten wolle, schrieb er noch am 16. 4. an seine Frau: »Der Feind schifft sich ein. Wir werden die Festung deshalb in Kürze übernehmen können . . .«

Was er in seinen (1944 nach Notizen diktierten) Erinnerungen über den Angriff vom 14. 4. sagte, ist zum Teil verfälscht, zum Teil grob unfair gegenüber Streich, der gewiß nicht an Rommels Führerqualitäten, Initiative und Findigkeit heranreichte, aber ein tapferer und fürsorglicher Kommandeur war – und zumindest vor Tobruk in seiner Lagebeurteilung erheblich klarer sah als sein ehrgeiziger Korps-Chef.

Reichlich scheinheilig vermerkt Rommel, leider sei (nach dem Vorstoß vor Morgengrauen) nichts von der Truppe zu sehen gewesen, die die Einbruchstelle nach den Seiten habe abdecken sollen.

Ein Soldat seiner Qualität hat gewußt, daß keine Truppe einen solchen Befehl erhalten hatte, weil es keine verfügbare Truppe mehr gab. Zusammen mit wiederholten Hinweisen auf »deutsche und italienische Artillerie- Massierungen« sollte die Bemerkung offensichtlich auch nur die harschen Urteile stützen, die er fällte: Oberst Olbrich, der mit seinem Rückzug seine verbeulten Rest-Panzer vor der Vernichtung bewahrt hatte, habe »die Infanterie

* »Krieg ohne Haß«, Seite 37.

im Stich gelassen«. Milde gesagt: Ein ungewöhnlicher Vorwurf für einen Panzer-Kommandeur, der von 36 eingesetzten Kampfwagen 17 zurücklassen mußte. General Streich, kommentierte Rommel weiter, habe nicht die Kunst beherrscht, »durch Zusammenfassung aller Waffen einen Schwerpunkt zu bilden, dort einen Durchbruch zu erzwingen, nach den Seiten aufzurollen und blitzartig, ehe der Gegner reagiert hat, ins Innere zu stoßen.«

Da er in diesem Zusammenhang nie von einem völlig erschöpften MG-Bataillon und einem dezimierten Panzerregiment, sondern immer pauschal von »der 5. leichten Division« schrieb, schien das alles schön einleuchtend und veranlaßte sogar den britischen Militärhistoriker Liddell Hart zu beifälligen Bemerkungen, die sich allerdings mehr auf die Präzision bezogen, mit der Rommel hier seine Blitzkrieg-Theorie zusammenfaßte. Vor Tobruk erklärte Rommel den überlebenden Offizieren des MG-Bataillons 8 die Katastrophe ebenfalls mit dem Versagen der Divisionsführung – ein geradezu monumentaler Vorstoß gegen den elementaren Führungsgrundsatz, Probleme der oberen Etagen keinesfalls mit Subalternen zu erörtern.

Aber für Rommel standen die Sündenböcke ohnehin fest: General Streich und Oberst Olbrich. Er beantragte auch bald ihre Ablösung, was ziemliche Flecke in ihren Personalpapieren hinterließ. Ihre Fälle waren nicht die einzigen, aber die spektakulärsten. Am 9. Juli 1941 raffte sich deshalb der milde Oberbefehlshaber des Heeres, Generalfeldmarschall von Brauchitsch, zu einer Rüge auf:

Er habe den Eindruck gewonnen, schrieb er an den »sehr geehrten Herrn Rommel«, daß bei Maßnahmen gegen Offiziere des Afrika-Korps in verschiedenen Fällen nicht sachgemäß gehandelt worden sei. »Je schwieriger die Verhältnisse sind, desto größer ist die Anspannung aller Nerven; um so mehr ist es Pflicht eines jeden Vorgesetzten genauestens zu prüfen, ob Eingriffe wie Drohungen bzw. Anträge um Ablösung bisher im Kampf bestens bewährter Offiziere oder scharfe Kritiken und übereilte Befehle am Platze sind, oder ob nicht eine ruhige und belehrende und vom kameradschaftlichen Geist getragene Aussprache ohne jede Schärfe besser zum Ziele führen würde. Ich halte es für meine Pflicht nicht nur im Interesse des Deutschen Afrika-Korps, sondern auch in Ihrem persönlichen Interesse, Sie auf diese Punkte hinzuweisen ...«*

Rommel antwortete am 22. 7., er habe die Ablösung von zwei Kommandeuren beantragen müssen, weil sie »mehrmals völlig versagt hatten und der Kampfwert der ihnen unterstellten Truppen durch sie wesentlich gemindert wurde ...«

Insbesondere General Streich habe dauernd Befehle kritisiert und um Änderungen gebeten. »Beim Erhalt des Befehls, das nach geglücktem Angriff durch die Festungsfront vom Feind eingeschlossene MG-Batl. 8 durch Teile des Pz.-Rgts. 5 wieder zu befreien und ihm wenigstens den Rückweg aus der Befestigungslinie zu ermöglichen«, habe Streich jede Verantwortung für die Ausführung abgelehnt. Dabei sei die mißliche Lage vor allem durch die »ungeschickte Führung« des Angriffes durch die 5. lei. Division entstanden.

Ein »geglückter Angriff«, nach dem die angreifende Truppe befreit werden muß, ist etwas entschieden Ungewöhnliches.

Generalleutnant Paulus, damals Oberquartiermeister I beim Oberkommando des Heeres, sagte später zu Streich, er kenne auch keinen Fall aus der Kriegsgeschichte, in dem am Abend zuvor ein Loch in eine beabsichtigte Einbruchstelle geschlagen und das Unternehmen dann am nächsten Morgen noch mit Erfolg fortgesetzt worden wäre. Für ihn, den späteren Verlierer von Stalingrad, standen die entsprechenden Erfahrungen noch bevor; in der militärischen Situation durchaus vergleichbar, nur durch die Zahl der Opfer ins Monströse vergrößert.

Im Jahre 1959 korrespondierten die Ex-Generale Kirchheim und Streich miteinander und tauschten Ansichten über Rommel aus. Kirchheim, der ja ursprünglich als OKH-Beobachter nach Afrika gekommen und früh im Sommer nach Deutschland zurückgekehrt war, schrieb dem abgeschobenen Ex-Kollegen: »Ich werde an die Zeit ungern erinnert, weil so viel Blut ganz unnütz vergos-

* Es handelt sich bei der zitierten Vorlage um die Fotokopie einer im Hauptquartier OKH angefertigten Abschrift, »für die Richtigkeit« (unleserlich) abgezeichnet. Dieser grausig anzusehende Kampf mit Interpunktion und Syntax scheint deshalb tatsächlich von einem der höchsten Soldaten Großdeutschlands geführt worden zu sein.

sen wurde ... Ich stehe bezüglich Rommel auf dem Standpunkt: Seine Person ist durch die Propaganda, erst von Goebbels, dann von Montgomery und schließlich, nachdem er vergiftet war, durch die Propaganda aller ehemaligen Feindmächte zum Symbol besten Soldatentums geworden. Seine Führereigenschaften werden glorifiziert, auch seine Charaktereigenschaften, insbesondere die Ritterlichkeit, Güte und Bescheidenheit! ... Jede öffentliche Kritik an dieser schon mystisch gewordenen Persönlichkeit würde dem Ansehen deutschen Soldatentums schaden ...«

Nanu?

Rommel als das Produkt vereinter Propaganda-Anstrengungen von Goebbels und Montgomery? Auf dem Denkmalssockel geduldet von Ex-Kollegen, die es zwar besser wissen, aber lieber schweigen, damit wenigstens einer von ihnen mit internationalen Weihen das »deutsche Soldatentum« repräsentieren kann?

Die Wahrheit liegt, wie fast immer, in der Mitte.

Streich und Kirchheim gerieten an Rommel zu einem besonders krisenhaften Punkt seiner Entwicklung: er hatte Hazard gespielt – und dabei zwar nicht verloren, aber den erhofften großen Gewinn nicht einstreichen können.

Gewiß war die blitzartige Wiederbesetzung der Cyrenaika spektakulär genug, und der publicity-bewußte Rommel vermerkte in seinem Brief vom 22. April an seine Frau mit Behagen, daß »die Presse der ganzen Welt« von seinem Erfolg spräche. Aber er wußte auch genau, daß die 25 000 Mann in Tobruk das Symbol eines halben Sieges blieben, wenn er sie nicht überwältigen konnte. Die Taktik der Briten, sich nicht zu stellen und damit ihre Kampfkraft zu erhalten, hatte ihn – abgesehen von dem Erfolg bei Mechili und dem Teilerfolg bei Derna – um die Früchte seines gewagten Spieles gebracht. Der Wüstenkrieg, wie er ihn sofort richtig erkannte, glich eher dem Seekrieg, in dem besetzter Raum ebenfalls eine sehr untergeordnete Rolle spielt.

Dabei wurde das ganze Ausmaß der Niederlage von Tobruk erst nach und nach klar. Zunächst hatte Rommel ja nur gefürchtet, die dort versammelten Streitkräfte könnten ihm über See entkommen. Als sie sich stellten, wurde er ziemlich blindwütig. Denn es war klar, daß an Tobruk vorbei kein Weg zum Nil führte. Aber da wollte er hin.

Zweites Buch: Der Traum vom Nil

1. Rüffel für Rommel

Begrüßung in Ägypten

Im milden Mondlicht sah die hügelige Steinwüste an der libysch-ägyptischen Grenze nicht ganz so scheußlich aus wie unter der unbarmherzigen Sonne. Oberleutnant Tim Llewellyn Palmer von den 7. Husaren lehnte sich fröstelnd an den Turm seines leichten Maschinengewehr-Tanks »Mark VI« und spähte nach Westen. Ganz weit entfernt hatte er dort vor ein paar Minuten Motorengeräusch gehört. Die Deutschen konnten nicht mehr weit sein. Es war die Nacht zum Ostersonntag.

Die deutsche Patrouille bewegte sich äußerst geschickt. Palmer sah sie erst, als sein Blick zufällig auf einen huschenden Schatten fiel.

Er ließ sie noch ein wenig näherkommen. Als dann die Maschinengewehre seiner drei Tanks zu bellen begannen, mußte Palmer wieder die glänzende Ausbildung der »Jerries« bewundern: sie verschwanden wie der Blitz, Sprung und Deckung, mal hier und mal dort, es machte einen ganz konfus, und man zappelte mit dem MG wirkungslos in der Gegend herum.

Aber einen hatte er sich gemerkt; er rannte wie ein Wiesel, obwohl er ein Riesenkerl war, und auf seinen Schultern blitzte es silbern.

Palmer ratterte mit dem Tank hinter ihm her, holpernd und schwankend in dem rauhen Gelände, und er schoß seinen Revolver ebenso wie die seiner Besatzungsmitglieder leer, ohne eine Wirkung zu erzielen. Schließlich verschwand die lange Gestalt in einer Höhle. Palmer sprang aus dem Tank und ging hinterher, den leergeschossenen Revolver in der Hand. Der deutsche Offizier, ein Leutnant, gab vernünftigerweise auf, sagte aber trotzig auf Schul-Englisch: »Ihr Engländer werdet den Krieg doch verlieren!«

Sie waren inzwischen wieder beim Tank angekommen. »So leicht wie die Franzosen werden wir es euch jedenfalls nicht machen«, knurrte der ziemlich nationalbewußte Palmer und begann, die leeren Patronenhülsen aus den Kammern seines Revolvers zu werfen.

»Mein Gott!« Der Deutsche war tief betroffen, daß er sich einem leergeschossenen Revolver ergeben hatte, aber Tim lenkte ihn ab, indem er ihn feierlich als ersten deutschen Offizier in Ägypten begrüßte und ihm einen guten Aufenthalt wünschte. Wozu er ihm die Whisky-Flasche reichte.

Von der Patrouille war nichts mehr zu sehen. Palmer glaubte, die fixen Burschen seien ihm entwischt. Als die Sonne aufging, sah er jedoch auf Anhieb sechs von ihnen in Mulden und hinter Felsbrocken liegen. Sie waren völlig erschöpft und schliefen so fest, daß man sie mühelos einsammeln konnte. –

Die deutsche Patrouille war von den Kradschützen der 15. Panzerdivision ausgeschickt worden, die inzwischen nach einem Gewaltmarsch auf kochenden Motorrädern das Grenzgebiet erreicht hatten. Sie nahmen, verstärkt durch Panzerjäger und Flak, die zerschossenen Grenzorte Capuzzo und Sollum, fliegenumschwirrte Steinhaufen, besonders scheußlich unter der brüllenden Sonne, und noch scheußlicher für eine Truppe, die geradewegs aus Frankreich kam.

Curt Ehle aus Uelzen, einer der Kompaniechefs, hatte mit seiner Truppe kurz zuvor noch Verwaltungsaufgaben in Boulogne wahrgenommen und zu ihrer stillen Freude auch ein großes, von Engländern zurückgelassenes Verpflegungslager betreut. Deshalb transportierte der Troß auch einige Kisten Whisky und Gin, die bei der Überfahrt von Italien auf dem Dampfer »Alicante« mit dem Gedanken ausgeteilt wurden, daß man im Krieg besser rechtzeitig genießt, was einem beschert wird. So lag es nicht nur am Seegang, daß Kompaniechef Ehle zusammen mit dem Kapitän eine Treppe hinunterfiel und hochdekorierte Unteroffiziere stöhnend an der Reling hingen.

Sie kamen immerhin heil an, während eines der Schiffe hinter ihnen nach einem Torpedo-Treffer unter schweren Verlusten sank. Dabei folgte fast der gesamte Divisionsstab der 15. PD dem Kommandeur von Prittwitz in den Tod; Beginn einer Kette von Schiffstragödien, die den Meeresboden zwischen Italien und Nordafrika noch mit Wracks besäen sollte.

Die deutschen Truppen an der ägyptischen Grenze bildeten nun vorerst das äußerste Ende dieser gefährdeten und überdehnten Nachschublinie, kein Gedanke mehr an Gin und Whisky; sie träumten jetzt von kühlem, klarem Wasser in ausreichender Menge und ohne den brackigen Geschmack, der einem hier das Leben versalzen konnte.

Der eilig zusammengekratzte und an die Grenze geworfene Haufen hieß nach seinem Kommandeur etwas pompös »Kampfgruppe Knabe«.

Aber auch auf der britischen Seite waren die Truppen ziemlich zusammengewürfelt: außer der Husaren-Schwadron bestanden sie aus Elementen von drei Infanterie-Bataillonen, Teilen eines RHA-Regiments mit 25-Pfündern und etwas Pak, dazu noch Spähwagen der 11. Husaren.

Es kommandierte ein Mann rommelscher Qualität, ebenso mutig wie rücksichtslos: Oberstleutnant »Jock« Campbell, von Haus aus Artillerist. Sein Auftrag war, die Deutschen möglichst nachhaltig zu stören; da ihnen der Hafen von Tobruk verwehrt blieb, konnte man es sich an fünf Fingern abzählen, daß sie unter Versorgungsschwierigkeiten leiden mußten. Außer dem fernen Tripolis gab es nur Seehäfen geringer Kapazität wie Benghazi und Derna, deren Anlagen vorher obendrein von den eigenen Stukas übel zugerichtet worden waren.

Um den deutschen Spitzen, bei denen noch nicht einmal Panzer beobachtet worden waren, in dieser Situation eine starke und aggressive Truppe vorzutäuschen, war der wilde Artillerist Campbell der richtige Mann. Einmal entwickelte er sogar einen Plan, den Deutschen Capuzzo wieder wegzunehmen – mit einem Bataillon Infanterie vom King's Royal Rifle Corps. Die»Panzerspitze« sollten dabei die 7. Husaren bilden, Blechkisten in der Rolle von Infanterie-Tanks, was angesichts der deutschen Abwehrwaffen selbst für die dicke »Matilda« eine peinliche Angelegenheit geworden wäre. Zum Glück für die Briten scheiterte das Unternehmen an organisatorischen Problemen.

Statt dessen fuhren sie »Demonstrationen« – brausten mit ihren »Mark VI«, die als einzigen Vorteil eine beträchtliche Höchstgeschwindigkeit von 58 km/h zu bieten hatten, hakenschlagend auf die feindlichen Stellungen zu und wieder zurück, immer in der Hoffnung, Ziele für die 25-Pfünder hervorzulocken, aber die Deutschen fielen nicht darauf herein.

Keine Flak gegen Panzer

Das für Räderfahrzeuge ziemlich unwegsame Gelände südlich der Straße nach Capuzzo bot sich für Aufklärungsvorstöße mit den leichten Tanks an, und der rastlose Oberstleutnant Campbell war meistens dabei.

An einem dieser Apriltage beobachtete er zusammen mit Tim Palmer eine deutsche Kolonne, die unten auf der Straße von Bardia Richtung Capuzzo fuhr.

Hinter einer Zugmaschine hing eine mächtige, langrohrige Kanone. Ein einsames Kampfflugzeug vom Typ »Blenheim« surrte hoch in der Gegend herum. Aus 2500 Meter Entfernung beobachteten Campbell und Palmer fasziniert, wie das Gefährt mit der Kanone stoppte, ein paar Männer heruntersprangen, irgendwelche Stützen am Fahrgestell herausklappten und blitzschnell das mächtige Rohr auf das Fahrzeug richteten.

Die Aktion war eine so eindrucksvolle Demonstration teutonischer Perfektion, daß die beiden Briten ganz glücklich waren, als die weißen Sprengwölkchen der Flak-Granaten wenigstens die alte »Blenheim« verfehlten. Aber die größte Überraschung stand ihnen noch bevor.

Sie hatten nicht bemerkt, daß sich hinter ihnen ein kleiner Lastwagen durch das Gelände quälte. Es war Campbells Fahrzeug, dessen eifriger Fahrer dem Chef in die Steinwüste gefolgt war. Natürlich wirbelte er eine mächtige Staubwolke auf, und als er den Beobachtungsstand erreicht hatte, blieb der Unglückliche auch noch auf einem Hügel stehen, in voller Sicht der deutschen Kolonne.

Ungläubig sahen die beiden Offiziere, daß dieses große Kanonenrohr wie ein mächtiger Finger in einer einzigen, flüssigen Bewegung herumschwenkte und auf den Lastwagen deutete. Der peitschende Abschuß-Knall war später zu hören als der Einschlag, der Campbells Auto sofort in Brand setzte. Der Fahrer warf sich völlig verstört in den Dreck. Campbell fluchte: unter anderem verbrannten da seine wohlgehütete Matratze und seine Bettenrolle.

Tim Palmer aber hätte am liebsten geschrien und mit den Füßen getrampelt. Natürlich, die Jerries machten es wieder vor, was jüngere Front-Offiziere auf englischer Seite vergebens vorgeschlagen hatten: schwere Fliegerabwehr-Kanonen mit ihren hohen Mündungsgeschwindigkeiten im Erdkampf zu verwenden. Die Vorteile lagen auf der Hand.

Zugleich mit der wachsenden Bedeutung des Flugzeugs als Angriffswaffe hatten die meisten Industriestaaten schon frühzeitig spezielle Fliegerabwehrkanonen entwickelt. Um ihren Zweck zu erfüllen, mußten diese Geschütze eine möglichst gestreckte Geschoß-Flugbahn aufweisen: nur so kann bei der Bekämpfung von Luft-Zielen zugleich mit hoher Reichweite eine ausreichende Genauigkeit erzielt werden.

Es wurden also langrohrige Kanonen entwickelt, die hohe Geschoß-Anfangsgeschwindigkeiten (V^0) garantierten. Die deutsche 8,8-cm-Flak, von Krupp schon im Jahre 1916 als »Bak« (Ballon-Abwehr-Kanone) zum ersten Mal vorgestellt, erzeugte in den Modellen 36 und 37 eine V^0 von 840 m/sec. Bei den Modellen 41 und 43 wurde sie sogar auf 1020 bzw. 1200 m/sec erhöht.

Dieses typische Flak-Kennzeichen, die hohe Geschoßgeschwindigkeit, war nun eine Forderung, die auch von der Panzertruppe und den Panzerjägern für ihre Kanonen gestellt wurde, um Genauigkeiten, Reichweite und insbesondere Durchschlagskraft zu erzielen. Es lag deshalb nahe, die »Acht-Acht« neben den zur Fliegerabwehr üblichen Zeitzünder-Sprenggranaten auch mit panzerbrechenden Vollgeschossen aus gehärtetem Stahl auszustatten. Bei einem Geschoßgewicht von rund 10 kg ergaben sich ungeheuerliche Zerstörungskräfte; über mehr als zwei Kilometer Entfernung konnten Panzerungen von 150 mm Stärke durchschlagen werden, wie sie nur an den schwersten Panzern, etwa an der Fahrerfront des 55 Tonnen schweren »Tiger I«, zu finden waren.*

Gerade auf den weiten Wüstenflächen Nordafrikas mußte ein Geschütz mit diesen Qualitäten zu einer Art Wunderwaffe werden, und die »Acht-Acht« wurde unter diesem Namen auch bald ein Begriff für beide Seiten.

Die Briten hatten jedoch eine schwere Flak von gleicher Qualität: eine Kanone vom Kaliber 3,7 Zoll (etwa 9,4 cm). Jüngere Frontoffiziere waren schon recht frühzeitig auf die Idee gekommen, dieses Geschütz im Erdkampf einzusetzen, und sie hatten zunächst auch noch höherrangige Mitstreiter: Oberbefehlshaber Wavell persönlich ordnete an, die Kanone im Winterfeldzug 1940/41 gegen die Italiener auszuprobieren.

Und der Mann, der sich dieser Aufgabe mit Feuereifer annahm, hatte immerhin auch schon Gold an der Mütze: Brigadier McIntyre setzte das Geschütz bei der Vorbereitung des Angriffs auf Tobruk ein.

Tim Palmer stand mit seinen kleinen Panzern auf einer Anhöhe in der Nähe, als die »Drei-Sieben« zum ersten Mal mit improvisierten Visieren auf kleine Betonwürfel in den italienischen Befestigungen schoß, die von den Engländern »Pillenschachteln« genannt wurden.

Gleichzeitig mit dem typischen, peitschenden Krach des Hochgeschwindigkeitsgeschosses löste sich eine dieser Schachteln nach der anderen in tausend kleine Splitter auf. Die Panzer-Leute wußten nicht, was sie mehr loben sollten: die wüste Zerstörungskraft oder die Präzision; denn die im Erdkampf völlig unerfahrenen Kanoniere trafen über mehr als 2,5 km fast immer mit dem ersten Schuß.

Natürlich erhoben die Traditionalisten im Offizierskorps ein ziemliches Geschrei über die Sünder, die eine Kanone aus ihrer gottgewollten Rolle gerissen hatten, und McIntyre erhielt den häßlichen Spitznamen »Mad Mac« (»Verrückter Mac«). Aber Wavell zeigte sich entzückt über die enthusiastischen Berichte und versprach seinem jungen Freund Palmer, aus dem nächsten

* Zum Vergleich: Das nur 0,91 kg schwere Geschoß der britischen Standard-Panzer- und Pak-Waffe, des Zweipfünders, verließ das Rohr mit etwa der gleichen Geschwindigkeit und durchschlug auf 500 m Entfernung 56 mm Stahl.

Konvoi wenigstens eine Batterie zum Erdeinsatz in die Wüste zu schicken: zu dieser Zeit begannen gerade die Aktivitäten der deutschen Luftwaffe im Mittelmeerraum, und die verfügbaren Kanonen mußten in ihrer angestammten Rolle die britische Flotte in Alexandria beschützen.

Es war wie verhext: Bald darauf begann der Einsatz in Griechenland, wo jedes verfügbare Geschütz gebraucht wurde, und als Rommels Truppen in die Cyrenaika einbrachen, gab es zwischen Benghazi und Alexandria ganze 16 Flak-Kanonen vom Kaliber 3,7′.

Gewiß, im Laufe des Sommers sollte sich die Versorgungslage bessern, aber dann wird Wavell als Churchills Sündenbock weggeschickt sein; auch »Mad Mac« wurde krank und verließ die Wüste. Nur manchmal konnte man in den Bars von Alexandria oder Kairo dieses Gespräch zwischen wütenden Frontoffizieren und überlegen lächelnden Angehörigen des militärischen Managements hören:

»Die Jerries schießen uns in Fetzen mit ihrer Acht-Acht! Was ist denn nun mit unserer Drei-Sieben?«

»Unsinn, alter Junge, das ist doch eine Flak. Außerdem ist daß Fahrwerk völlig ungeeignet.«

»Dann macht ihr ein verdammtes anderes Fahrwerk! Tut doch endlich mal was . . .«

Es wurde nie etwas getan; gerade auf dem Kriegsschauplatz, der durch Reichweite und Durchschlagskraft von Kanonen bestimmt wurde, blieb die britische Standard-Waffe fast bis zum Schluß der lächerliche Zweipfünder. Es ist kaum abzuschätzen, welchen Strom von Blut die Briten dieser Mangel an Vorstellungskraft und Initiative gekostet hat.

Das Versäumnis ist um so erstaunlicher, als an der Spitze der britischen Streitkräfte und des Staates Männer standen, die etwas von modernen Waffen verstanden: der Premier- und Verteidigungsminister Winston Churchill aus dem Instinkt des alten Schlachtrosses, Reichsgeneralstabschef General Sir Alanbrooke durch eine solide professionelle Ausbildung. Und beide wußten, daß etwas nicht in Ordnung war.

Sir Alan, damals noch Chef der Insel-Verteidigung, notierte sich am 18. Juni 1941: »... fuhr nach Larkhill, um eine Vorführung von Panzer-Abwehrwaffen zu sehen. Ich war über den erreichten Standard enttäuscht und werde eine Kampagne starten, um die Dinge zu verbessern.«

Anfang September war er wieder in Larkhill und vermerkte: »In der Panzerabwehr gibt es Fortschritte. Es feuerten Zweipfünder, Sechspfünder, 75 mm, Bofors und 3.7′ Flak ...« Der höchste Soldat Seiner Britischen Majestät – ein exzellenter Offizier, der im Laufe seiner Karriere Kommandeur der ersten Schnellen Division, Vorläufer der Panzer-Division, und auch Chef der Luftabwehr-Kommandos gewesen war – sah also die schwere Flak in der Pak-Rolle. Daß trotzdem nichts geschah, ist weitgehend ein Rätsel geblieben.*

Denn auch der unermüdliche Churchill, der ununterbrochen Kurz-Mitteilungen, Anfragen und Memoranden produzierte und das unerbittliche Nachbohren nach Einzelheiten zu einem wohldurchdachten System entwickelt hatte, um seine Minister und Stabchefs in ständiger Hochspannung zu halten, erkannte sehr schnell das Problem. Zunächst führte ihn sein wildes Naturell bei der Suche nach Lösungen auf Abwege.

So schrieb er am 23. April an den Kriegsminister: »Alle Erfahrungen dieses Krieges unterstreichen das Bedürfnis nach vielen und guten Panzer-Abwehrwaffen. Man kann natürlich nur eine beschränkte Zahl von Panzerabwehrgeschützen herstellen; um so mehr muß alles darangesetzt werden, um Ersatzmittel zu schaffen, die den gleichen Erfolg gewährleisten. Ich habe schon immer den Haftminenwerfer für aussichtsreich gehalten ... Bitte unter-

* General a. D. Sir John Hackett, Historiker und früherer Kommandeur der Britischen Rhein-Armee, der in der Wüste ein junger Schwadronschef war, berichtete dem Autor, daß die 3,7′-Kanone im Jahre 1942 noch für eine andere Verwendung vorgesehen war: Infanterie-Bekämpfung mit hochgezogenen Sprengpunkten (»Schrapnell«). Angesichts des immer noch bestehenden Mangels an durchschlagskräftiger Pak war dies ein besonderer Unfug, der auch nicht ausgeführt wurde: Eine fabelhafte Hochgeschwindigkeitskanone für etwas zu mißbrauchen, was jedes ordinäre Feldgeschütz auch hätte erledigen können. (Die »Acht-acht« machte so etwas gelegentlich mit ihren Zeitzünder-Flakgranaten nebenbei.)

breiten Sie mir ein Programm.«

Am selben Tage jagte er eine weitere Anfrage hinterher: »Es halten sich Gerüchte, wonach die Deutschen Kampfwagen mit sehr starker Panzerung bauen – man spricht von 100 bis 150 mm. Eine solche Panzerung wäre gegen jedes existierende Panzerabwehrgeschütz gefeit ... Versuche haben ergeben, daß Haftminen ... große Durchschlagskraft besitzen ... Auf jeden Fall dürfen wir nicht schlafen. Ich verlasse mich darauf, daß das Kriegsministerium die Möglichkeit eines sehr stark gepanzerten Kampfwagens im Auge behält und sich mit Gegenmaßnahmen befaßt. Darf ich um Bericht bitten.«

Er spürte wohl, daß es andere Lösungen geben mußte, daß er in dieser Frage Rat brauchte, denn schon am nächsten Tage schrieb er an Kriegs- und Rüstungsminister:

»Ich schlage vor, regelmäßige Sitzungen zur Prüfung von Panzer- und Panzerabwehrfragen abzuhalten ... Es liegt mir sehr viel daran, daß alle zur Sitzung eingeladenen Offiziere aufgefordert werden, Anregungen über die zu diskutierenden Punkte einzusenden, und daß sie ihre persönlichen Ansichten frei von der Leber weg äußern. Mir schwebt sozusagen eine Art ›Panzerparlament‹ vor ...«

Es ist eine der vielen Tragödien des Krieges, daß die Brücke zwischen den erfahrenen und geistig beweglichen jüngeren Frontoffizieren und dem aggressiven, für Neuerungen aufgeschlossenen Mann an der Spitze nie vollständig geschlagen wurde. Es war das »mittlere Management«, das versagte.

Zu den Gründen hatte schon in den zwanziger Jahren der »Vater der britischen Panzerwaffe«, Generalmajor J.C.F. Fuller, eine bissige Anmerkung gemacht: »Es gibt zwei große konservative Mächte unter dem Himmel – die katholische Kirche und das englische Heer.«

Was den international bekannten Fachmann ärgerte, war allerdings eine allgemeine Fehlentwicklung in der britischen Panzerwaffe. Der Weg des Landes, das als erstes ernstzunehmende Panzerkampfwagen entwickelt und erfolgreich eingesetzt hatte, in eine schmerzliche und folgenreiche Unterlegenheit war lange vor Beginn des Zweiten Weltkrieges eingeschlagen worden. Und noch offensichtlicher als auf dem Gebiet der Panzerabwehrwaffen waren die Folgen dieser Entwicklung: Niederlagen, Blut und Tränen.

Zwei konservative Strömungen scheinen weitgehend die Ausrüstung der mechanisierten Teile der britischen Armee bestimmt zu haben: Antiquierte Erfahrungen aus dem Ersten Weltkrieg und heimliche Sehnsucht nach der Kavallerie.

Analysen der erfolgreichen Panzerschlachten von 1917/18 hatten zu dem Trugschluß geführt, daß Tanks nur als Begleitwaffen der Infanterie zu gebrauchen seien. Kaum jemand nahm zur Kenntnis, daß zu diesem Leitsatz weniger die Schlachtfeld-Erfahrung als technische Unzulänglichkeiten der damaligen Zeit beigetragen hatten: Viel mehr als flottes Marschtempo war aus den ungeschlachten Ungetümen von Cambrai nun mal nicht herauszuholen.

Also wurden »Infanterie-Tanks« gebaut, kräftig gepanzert und untermotorisiert: Die erste, MG-bewaffnete Matilda, 80 PS schwach und mit 13 km/h Höchstgeschwindigkeit daherächzend; dann die Matilda II, die höchstens 24 km/h erreichte und auch noch inkonsequent konzipiert war: Die Zweipfünder-Kanone, nur Vollgeschosse verschießend, konnte gegen Infanterie, gegen MG-Nester, Pak- und Artilleriestellungen nicht viel ausrichten. Dazu braucht man Sprenggranaten mit Aufschlagzündern, die detonieren und tödliche Splitter verspritzen.

Immerhin, dank ihrer ungewöhnlich starken Panzerung konnte Matilda, wie im Winterfeldzug 1940/41, in den ersten Jahren des Zweiten Weltkrieges zu einem Überraschungstrumpf werden. Das konnte man von den Vehikeln, die kavalleristische Aufgaben übernehmen sollten, beim besten Willen nicht sagen.

Da war zunächst eine Reihe kleiner, um die fünf Tonnen schwerer MG-Panzer mit maximal 15 mm Panzerung, bis zu 58 km/h schnell. Sie waren gut geeignet, um schlecht bewaffnete Aufständische in den Kolonien einzuschüchtern, aber die Soldaten, die in ihnen gegen einen hochtechnisierten europäischen Feind fahren mußten, waren schon sehr zu bedauern.

Als eine erste, zögernde Konzession an die Theorie, daß mechanisierte Großverbände nicht nur ein Ersatz für die geliebte Kavallerie waren, sondern weit schneller und perfekter als diese selbständige Operationen im feindlichen Hinterland ausführen konnten, gab es eine Serie von »Cruiser«-(Kreuzer)Tanks. Eine schwache Panzerung hielt das Gewicht in Grenzen – um die 15 Tonnen bei den 1941/42 in Afrika eingesetzten Typen –, so daß der Motor von ganzen 150 PS noch 26 km/h Spitze bringen konnte.

Zwar wurde die Motorleistung in späteren Typen auf 300 bis 340 PS erhöht, so daß schließlich beachtliche Höchstgeschwindigkeiten von bis zu 48 km/h herauskamen, aber die Geburtsfehler blieben den »Kreuzern« getreulich erhalten, bis zum Ende des afrikanischen Feldzuges:

- Die fatale Zweipfünder-Kanone.
- Eine viel zu schwache Panzerung.
- Mechanische Unzuverlässigkeit; u. a. warfen die Kreuzer bei heftigen Kurs-Korrekturen gern die Kette von den übergroßen Laufrollen, was die Vorteile der hohen Geschwindigkeit wieder stark reduzierte ...

Als Winston Churchills Kriegskabinett am 11. April 1941 unter dem Eindruck von Rommels Blitzvorstoß etwas betreten zusammensaß, war auch der australische Premierminister Robert G. Menzies dabei. Der Reserve-Major kam dem Problem ziemlich nahe, als er in die Debatte warf:

»Ich glaube, wir sind uns noch nicht völlig klar darüber, was die Deutschen mit ihren Panzerdivisionen alles schaffen können. Das reine Abzählen von soundsoviel Divisionen sagt nichts aus über das Kräfteverhältnis. Was zählt, sind die Maschinen, mit denen diese Kräfte bewaffnet sind. Wären wir deshalb nicht besser beraten, wenn wir unsere vorhandene manpower auf die Tankproduktion konzentrieren würden, selbst wenn sich dadurch die Zahl der Infanteriedivisionen verringerte?«

Aber auch das reine Abzählen von Panzern sagte nichts aus über das Kräfteverhältnis; der wache Churchill merkte es – angesichts der weitgehend auf Panzer-Kraft beruhenden Blitzsiege deutscher Truppen in Polen und Frankreich auch reichlich spät, aber immer noch früher als andere. Am 20. April schrieb er an den Kriegsminister:

»Wir haben jetzt in Libyen (Genau: In Tobruk, sechs Tage zuvor bei dem verunglückten Angriff – Verf.) einige deutsche Panzer in unseren Besitz gebracht. Selbst wenn sie beschädigt sein sollten, müssen alle Schritte unternommen werden, damit sie von einem tüchtigen britischen Panzerkonstrukteur oder sonst einem geeigneten sachverständigen Ingenieur untersucht werden können.

Wenn es die Umstände zulassen, ist zu gegebener Zeit ein deutscher Panzer, bzw. dessen wichtigste Teile, hierherzusenden. Inzwischen ist, falls sich im Nahen Osten kein geeigneter Experte befindet, sofort ein solcher hinzuschicken, damit er die Untersuchungen an Ort und Stelle vornimmt.«

In mehrfacher Hinsicht aufschlußreich ist ein Schreiben, das Churchill am 27. April 1941 an den Rüstungsminister und den Chef des Reichsgeneralstabes richtete. Der alte Löwe grollte:

»1. Ab und zu sollten wir wirklich versuchen, in die Zukunft zu schauen. In Libyen haben wir uns durch die deutschen 6-Pfünder-Panzer* überraschen lassen; dabei lag es nach meiner Meinung klar auf der Hand, daß sie etwas unternehmen würden, um unseren Infanterietank zu zerschlagen. In Bardia usw. haben wir den Italienern noch mit ihm imponiert. Die Deutschen hatten bei Dünkirchen genügend Infanterie- und Kreuzerpanzer erbeutet; sie hatten es also leicht, Waffen vorzubereiten, die unsere Tanks bezwingen.

2. Mein Bestreben geht nun dahin, auch unsererseits mal vorauszuschauen, wie etwa ... durch die Vorbereitung einer schönen Tank-Überraschung für den Feind in Libyen. Doch sofort bringt jeder einen anderen Einwand vor, und wenn wir in drei bis vier Monaten etwas unternehmen müssen, werden wir vor der üblichen hilflosen Unfähigkeit stehen ...«

Des Premiers düstere Ahnungen für die nächste Zukunft sollten sich als nur zu korrekt erweisen; was jedoch seine Mutmaßungen über den deutschen Panzerbau betrifft, so hatte er teutonische Tüchtigkeit teils unter-, teils überschätzt. Wie wir gesehen haben, war die Kunde von der schwergepanzerten Matilda trotz der Beute-Tanks von Dünkirchen erst am 4. März 1941 bis zu den

* Churchill meint hier offenbar die 5-cm-Kwk des Panzer III, die jedoch Geschosse von 2,06 kg = 4,5 englische Pfund verfeuerte.

höchsten Stellen gedrungen – aber andererseits war kein besonderes Reagieren nötig, wurden die alles zerschmetternden 8,8-cm-Kanonen für den Erdkampf ohnehin zu Tausenden hergestellt, rollten auch schon Panzer-Serien aus den Werkshallen, deren überlange Geschütze vom Kaliber 75 mm ihre 6,8 kg schweren Geschosse mit einer V^0 von 790 m/sec herausschleuderten. Diese Langrohr-Version des Panzers IV konnte auch die schwere Matilda über Entfernungen von 2000 Meter und mehr vernichten.

Und auf den Reißbrettern der Konstrukteure entstanden noch wüstere Ungetüme. England sollte bis Kriegsende wenigstens zwei Schritte hinter dem deutschen Panzerbau herhinken.

An einem Handicap wie der unglückseligen Trennung zwischen Infanterie- und Kreuzer-Panzern hatte das deutsche Heer nie zu leiden; zwar wurden zunächst auch leichte (Pz.-I) Kampfwagen mit MG oder 2-cm-Kanone (Pz-II) hergestellt, aber deren Bau wurde schon nach den Erfahrungen des Polen-Feldzuges ersatzlos gestrichen. Auch eine frühe Version des Panzers III mit 3,7-cm-Kanone wurde nicht mehr gebaut.*

Übrig blieben mit den Panzern III und IV zwei zuverlässige, robuste, gut gepanzerte und kräftig bewaffnete Kampfwagen, an denen bis zum Ende des Kriegs nur geringfügige Veränderungen nötig waren, um sie in der Spitzengruppe des internationalen Tankbaus zu halten.

In der Ausstattung des Jahres 1941 brauchten sie, jedenfalls in der westlichen Welt, keinen Vergleich zu scheuen. Starke Panzerungen von maximal 80–90 mm,** verläßliche Fahrwerke, bullige Motoren um die 300 PS, Höchstgeschwindigkeit bei beiden Typen um die 40/42 km/h, so daß im gemischten Einsatz keine Probleme entstanden. Denn in diesem Stadium ergänzten sich ihre Waffen noch gegenseitig:

* Türme und Rümpfe der Grund-Typen waren von vornherein so konstruiert worden, daß sie ohne größere Veränderungen auch viel schwerere Kanonen als zunächst vorgesehen aufnehmen und aushalten konnten.

** Diese Maximal-Stärken, etwa an Turm- und Fahrerfront, sind auch nicht unbedingt aussagekräftig; so fanden sich am Pz. III durchaus verletzliche Stellen von 30–55 mm Dicke, während etwa die mit maximal 90 mm angegebene Matilda fast überall wenigstens 80 mm hatte – außer an ihrer etwas verletzlicheren Seite. Die unglücklichen Kreuzer wiederum hatten nirgends mehr aufzuweisen als 30 mm – zumeist, und an wichtigen Stellen, weniger.

- Pz. IV war der »Artillerist« und verfeuerte aus seinem kurzrohrigen (L/24)* Geschütz vom Kaliber 75 mm nur Sprenggeschosse. Trotz der schwachen V^0 von 385 m/sec wirkten seine Granaten jedoch auf Entfernungen bis zu 1900 m durch ihr Gewicht und ihre Sprengkraft noch genauso zerstörerisch wie die Stahlkügelchen des englischen Zweipfünders.
- Pz. III konnte aus seiner 5-cm-Kanone ebenfalls Sprenggranaten verschießen und damit in begrenztem Maße seine eigene Artillerie-Unterstützung darstellen. Außerdem verließen seine Geschosse das lange Rohr (L/42)* mit einer V^0 von 685 m/sec, und die Vollstahl-Projektile konnten die englischen Kreuzer-Panzer noch über 1500 m durchschlagen.

Die italienischen Blechkisten

Zu den Erzeugnissen des italienischen Panzerbaus genügt es eigentlich, Rommel zu zitieren: »Es konnten einem die Haare zu Berge stehen, wenn man daran dachte, mit welcher Ausrüstung der Duce seine Truppe in den Kampf schickte.«

Der General notierte sich diese Bemerkung, als er nach den mißglückten Attacken auf Tobruk die Reste der italienischen Panzerdivision »Ariete« aus der Wüste auftauchen sah: Von 100 nagelneuen Kampffahrzeugen, die in Tripolis aufgebrochen waren, hatten nur 10 den Marsch überstanden.

Aber auch die Reste warf er sofort gegen Tobruk; als er erkannte, in welchem Mißverhältnis seine Kräfte zu seinen hochfliegenden Plänen standen, verfiel er in den Fehler, den er später noch oft mit Recht seinen Gegnern vorgeworfen hat: Einheiten wahllos in der Reihenfolge ihres Eintreffens angreifen zu lassen, statt abzuwarten und eine Truppe von größerer Stoßkraft anzusammeln.

* Mit der Formel L/24 bzw. L/42 wird die sogenannte »Kaliberlänge« ausgedrückt: Die Länge des Rohres im Verhältnis zum Kaliber. Im Normalfall ergibt die Multiplikation aus dem Kaliber und diesem (auch »Kaliberfaktor« genannten) Wert die Länge des Rohres. Gemeint ist natürlich nur der gezogene Teil ohne Verbrennungsraum. Ein relativ längeres Rohr ergibt in der Regel eine höhere V^0.

Panzerfahrer Mario C., Mechaniker aus der Gegend von Mailand, gab Gas und versuchte, durch die von seinem Vordermann aufgewirbelte Staubwolke das Gelände zu erkennen. Schweiß brannte in seinen Augen, die überhitzte Maschine stank nach kochendem Schmieröl. Er hielt sie trotzdem auf hohen Touren, was sie erfahrungsgemäß immer noch besser vertrug als geringe Drehzahlen.

In den wabernden gelben Massen vor seinem Sehschlitz blitzte es grell. Der Krach der detonierenden Granate war über dem Motorengebrüll kaum zu hören, nur das helle Klirren der abprallenden Splitter. Im letzten Augenblick erkannte er, daß der Panzer vor ihm mit zerschossener Kette scharf nach rechts in seinen Kurs drehte. Mario riß am rechten Steuerungshebel. Um Zentimeter klirrten sie an dem beschädigten Wagen vorbei. Er schlug den alten Kurs wieder ein. Plötzlich war das Gelände voraus klar und deutlich zu sehen.

Sie holperten über eine langgestreckte Bodenwelle. Links voraus lag ein sanfter Hügel. Mario versuchte vergebens, feindliche Stellungen zu erkennen. Nichts rührte sich in dem baum- und strauchlosen Land, das noch karger und feindseliger aussah, als die Wüste mit ihren runden Kameldornbüschen.

Sein Herz hämmerte. Der Feind konnte nicht weit sein. Er wünschte sich sehr, sein erstes Gefecht ehrenvoll zu bestehen.

Ein undeutliches Bündel von Gefühlen und Erinnerungen trieb ihn dazu an, überstieg seine Furcht. Da war vor allem das Bild dieses deutschen Generals, der in seinem offenen Wagen ein Stück mit ihnen gefahren war, obwohl das Artilleriefeuer begann. Eine Zeit lang hatte er ihn rechts voraus ganz deutlich gesehen: eine Granate krepierte, aber als der Staub verwehte, hatte sich seine Haltung nicht verändert, er stand hoch aufgerichtet und blickte nach vorn.

Da waren aber auch die Gespräche mit den italienischen Siedlern in Misurata, die ihnen auf dem Weg nach Osten Brot, Käse und Wein gegeben hatten.

Ein Siedler stammte aus der Gegend von Neapel, er war einen Kopf kleiner als Mario, aber seine Hände waren riesig und hornig verarbeitet. Ringsum blühten Orangenhaine, sproß saftiges

Grün aus wohlbestellten Feldern.

»Hier war nichts als Wüste, als wir hierherkamen«, hatte der Siedler gesagt. »Wir beten jeden Tag, daß wir hierbleiben dürfen. Die Deutschen werden die Engländer doch aufhalten, nicht wahr?«

Mario war wütend geworden. »Wir sind ja auch noch da«, hatte er scharf gesagt und sich abgewandt. Der kleine Mann war ihm nachgelaufen und hochgesprungen, um ihn zu umarmen.

Die Männer der »Ariete« hatten ein gewisses Elite-Bewußtsein. Die meisten stammten aus Norditalien, wo man ohnehin auf den »Mezzogiorno« hinabblickt.

Aber zu Marios Erinnerungen gehörten auch die beiden Deutschen in schwarzen Uniformen*, die im Hafen von Tripolis seinen Panzer beim Ausladen angesehen und fürchterlich gelacht hatten.

Wir werden es ihnen schon zeigen, dachte Mario. Hinter seinem Rücken hörte er aufgeregte Rufe. Der Turm wurde nach links geschwenkt.

Als das Pakgeschoß in ihren Wagen einschlug, fühlte er sich seltsam entrückt. Ein Körper wurde auf ihn geschleudert, und wie eine Fotografie blieb in seinem Gedächtnis das Bild eines blutigen, formlosen Kopfes haften, aus dem an gelblichen Fäden ein Auge hing.

Er wußte nicht, wie er aus dem Panzer gekommen war. Irgend jemand trug ihn, dann lag er in einem dunklen Raum, und ein schweißnasses Gesicht erschien über ihm. Jemand schnitt seinen Ärmel auf, und erst da merkte er, daß sein rechter Arm gefühllos herumbaumelte. Kurz darauf wurde er ohnmächtig. Der kurze Krieg des Mario C. endete im Gefangenenlager.

Die verschwundenen Bersaglieri

Der mißglückte Angriff der »Ariete« auf den Ras el Madauar, eine befestigte Hügel-Stellung an der Südwestecke der Befestigungsli-

* Danach scheinen zumindest einige Angehörige des Pz.Reg. 5 in den alten Panzer-Uniformen nach Afrika gekommen zu sein.

nie von Tobruk, bekam zum Abschluß noch einen besonders bitteren Akzent, als zwei zurückrollende italienische Panzer auf Rommels Gefechtsstand zuhielten und in ihrer Staubwolke nicht als Verbündete erkannt wurden. Rommel ließ seine Begleit-Pak feuern: die beiden Panzer wurden abgeschossen.

»Die italienischen Truppen sind sehr unzuverlässig. Wie 1917 geben sie sehr leicht auf«, schrieb Rommel an seine Frau. Diese Zeilen drücken eine leichte Voreingenommenheit aus der Zeit seiner Siege als Frontkommandeur im Ersten Weltkrieg aus; andererseits traf Rommels Feststellung offenbar in den meisten Fällen zu.

Ein wohlwollender, aber auch scharfsichtiger und kenntnisreicher Beobachter wie General Enno von Rintelen berichtete über das Kern-Problem: Alle italienischen Offiziersanwärter, aktive wie Reservisten, wurden auf Schulen und in Sonderformationen »unter sich« zusammengefaßt und kamen erst nach Abschluß ihrer Ausbildung, als Offiziere, zu ihrer Truppe.

Dieses System zeigte überdeutlich, daß es aus grauer Vorzeit stammte und nicht dazu taugte, einen gemeinsam motivierten Truppenkörper zu schaffen, sondern einen deutlichen Unterschied machte zwischen den befehlenden, antreibenden Herren und der gesichtslosen Masse des Kanonenfutters. Nicht nur mediterrane Individualisten, sondern auch Menschen aus nördlicheren Breiten hätten darauf mit der überaus vernünftigen Folgerung reagiert, daß man sich in dieser abstoßenden Maschinerie zuerst einmal um seine heile Haut zu sorgen hat. Viele Äußerlichkeiten kamen hinzu: Unterschiede in Verpflegung und Versorgung, die unter normalen Bedingungen nicht nur graduell waren.*

Die vernachlässigten italienischen Soldaten zeigten sich desto gutwilliger und begeisterungsfähiger, wenn sich einmal jemand aus den höheren Etagen um sie kümmerte. Rommel, der italienisch mit ihnen radebrechte und gern in aller Öffentlichkeit zähes Rindfleisch aus den Dosen mit dem Aufdruck A. M. (Admini-

* Bei Interviews mit italienischen Kriegsteilnehmern fiel immer wieder die Bemerkung: »Wir litten Durst, aber unsere Offiziere badeten in Selterwasser.« Keiner hatte es selbst gesehen; die allgemeine Atmosphäre und die Trennung in zwei Welten machte es glaubwürdig.

stratione Militare =Militärverwaltung, von deutschen Landsern in »Alter Mann«, von italienischen in »Arabo Morte« = Toter Araber umgetauft) löffelte, wurde von den Mannschaften angehimmelt. Im Offizierskorps war er weniger beliebt, wozu folgender Vorfall bei Tobruk beitrug:

Die Australier hielten nach den mißlungenen Angriffen der Deutschen keineswegs still: die kampflustigen Digger hielten die deutschen und italienischen Belagerer mit Stoßtruppunternehmen in Atem. Nur kurz nach der Enttäuschung mit der »Ariete« wurde eines Nachts heftige Aktivität in der Gegend des Ras el Madauar gemeldet. Wie üblich sah Rommel am nächsten Morgen selbst nach dem rechten.

In der Gegend sollte ein Bersaglieri-Bataillon einen schützenden Schleier vor Artillerie-Stellungen bilden. Rommel spähte vorsichtig über eine Hügelkuppe und fand die Senke dahinter bedeckt mit den bunten, federgeschmückten Tropenhelmen der Verbündeten. Keine lebende Seele war zu sehen und die Artilleriestellung völlig schutzlos. Das Kriegstagebuch der 9. Australischen Division verzeichnet aus dieser Zeit ganz richtig: in einer Nacht 370 italienische Gefangene eingebracht, zwei Geschütze zerstört.

Rommel ließ die Lücke besetzen und kehrte kochend zu seinem Stab zurück. Zum Unglück lief ihm der lange, italienische Verbindungsoffizier, General Calvi, Schwiegersohn des Königs, über den Weg. Die Exzellenz verstand deutsch und erbleichte vor den rauhen Worten des Oberkommandierenden, der obendrein noch mündlich und schriftlich von seinem nominellen Vorgesetzten, Gariboldi, die sofortige Erschießung von Offizieren forderte, die Feigheit vor dem Feind zeigten. – Indessen war im fernen Deutschland nicht verborgen geblieben, daß es beim Afrika-Korps Pannen gegeben hatte. So hatte General Kirchheim nach der Vernichtung des MG-Bataillons 8 an OKW-Chef Keitel geschrieben, die 5. Leichte Division werde aufgerieben und das Afrika-Korps geschlagen, wenn die aussichtslosen Angriffe auf Tobruk nicht aufhörten. Generalstabschef Halder vermerkte dies mit Genugtuung, obwohl er genug andere Sorgen hatte.

»Unternehmen Barbarossa«, der Überfall auf die Sowjetunion,

sollte nun endgültig im Mai beginnen. Seit Wochen füllten sich die Seiten seines Tagebuches in zunehmendem Maße mit Notizen über strategische, taktische, technische, logistische Probleme des Ost-Aufmarsches.

Aber dann fanden auch die ungeschickten Aktivitäten des Juniorpartners südlich der Alpen ihren Niederschlag: Immer wieder und immer öfter tauchte der Deckname »Marita« auf. Unter diesem Codewort wurde das Eingreifen der Wehrmacht in Griechenland vorbereitet.

Ein neuer Blitz-Feldzug

Die Welt starrte im Frühjahr und Sommer 1941 gebannt auf die scheinbar unbesiegbare deutsche Kriegsmaschinerie. Ihre Perfektion war ebenso furchterregend wie faszinierend.

Niemand außerhalb Deutschlands konnte ahnen, daß Hitler eine widerstrebende Generalität zu ihren Erfolgen gezwungen hatte. Gerade diejenigen, die als Profis des Krieges militärische Chancen erkennen sollten, schreckten zunächst vor der »Blitzkrieg-Theorie« mit den modernen Kampfmitteln Panzer und Flugzeug zurück. Aus Furcht vor einer bevorstehenden Niederlage hatte Generalstabschef Halder im Winter 1939/40 (wie schon vor der Sudetenkrise 1938) sogar einen Militärputsch erwogen.

Nach den Blitz-Feldzügen in Skandinavien und Frankreich schlug die Stimmung ins Gegenteil um. Eine Mehrheit traute nun sich und der begeisterten Wehrmacht und natürlich dem »größten Feldherrn aller Zeiten« alles zu. Als Hitler seine Ostland-Pläne enthüllte, gehörten zu den wenigen Warnern die Außenseiter und Hitler-Vasallen Göring, Ribbentrop und Keitel.

Man machte sich brav an die Arbeit. Wie es sich in einem geordneten Staatswesen gehört, wurden auch die Massenmord-Pläne der Führung zuerst einmal schriftlich fixiert. Jodl verbreitete seine Interpretationen von Führer-Richtlinien, nach denen »die jüdisch-bolschewistische Intelligenz beseitigt«, alle »Bolschewistenhäuptlinge und Kommissare sofort unschädlich gemacht« werden mußten. Die feineren Herren vom Wehrmachtführungsstab formulierten daraufhin: »Im Operationsgebiet des Heeres erhält der Reichsführer SS zur Vorbereitung der politischen Verwaltung Sonderaufgaben im Auftrage des Führers, die sich aus dem endgültig auszutragenden Kampf zweier entgegengesetzter politischer Systeme ergeben« – und sie hatten nach dem Kriege natürlich keine Ahnung, was damit gemeint war.

Ebenso glaubten sich Teilnehmer einer 200köpfigen Generalsversammlung, von der Hitler am 30. März 1941 offen die Bereitschaft zum Mord und zur Vernichtung der kommunistischen Intelligenz verlangte, erst nach dem Kriege an ein gewisses Murren zu erinnern. Der ordentliche Halder, der im Gegensatz zu den meisten Kollegen das Unglück hatte, sein Tagebuch nach dem Kriege nicht mehr überarbeiten zu können*, notierte sich getreulich und kommentarlos die Gedanken des Obersten Kriegsherrn, endend mit dem Satz: »Die Führer müssen von sich das Opfer verlangen, ihre Bedenken zu überwinden« – und der an den Rand geschriebenen Gedächtnisstütze: »ObdH Befehl«.

Ein entsprechender Befehl, Todesurteil für die Polit-Kader der Roten Armee, wurde denn auch eifrigst formuliert. (Daß manche Front-Kommandeure ihn später einfach nicht ausführten, kann nur an ihrer erheblich weiter gediehenen Abhärtung gegenüber der Gefahr gelegen haben.)

Angesichts des in diesem Berufsstand so überaus freigebigen Gebrauchs von »Ehre« und »Mannestugend« und dergleichen bleibt die Bereitschaft, sich (in den oberen Etagen) zu Mord-Komplizen machen zu lassen, ebenso erstaunlich wie die Geschwindigkeit, mit der zur Tagesordnung übergegangen wurde. Halders Kriegstagebuch vermerkt ohne weiteren Übergang:

»Mittags: Gemeinsames Frühstück.

Nachmittags: Besprechung beim Führer.

a) Jugoslawische Frage: Entscheidung in meinem Sinne ...«

Die jugoslawische Frage hatte erneut alle Pläne durcheinander gebracht. Das Unternehmen »Marita«, der Entlastungsangriff für die Italiener auf Griechenland, war beschlossene Sache, seit englische Truppen dort an Land gegangen waren. Um für dieses über

* Die Notizen des Generalstabschefs wurden am 5. Juni 1945 von US-Soldaten bei einer Dame beschlagnahmt, die sie für Halder aufgehoben hatte.

Rumänien und Bulgarien führende Unternehmen die lange rechte Flanke frei zu haben, war Jugoslawien mühselig zum Beitritt in den Dreier-Pakt überredet worden. Aber am 27. März, nur drei Tage nach der Unterzeichnung, wurde die Regierung durch englandfreundliche Militärs gestürzt.

Hitler ließ Brauchitsch und Halder kommen: »Ich habe mich entschlossen, Jugoslawien niederzuschlagen. Was brauchen Sie an Kräften? Was brauchen Sie an Zeit?«

Im neuen Bewußtsein der Unbezwinglichkeit vollbrachte der Generalstab eine Meisterleistung. Innerhalb einer guten Woche war der »Marita«-Plan demontiert und zu einem neuen, umfassenden Aufmarschplan zusammengesetzt. Am 6. April, während Rommels kleiner Haufen durch Libyen preschte, brach auch der Angriff auf Jugoslawien und Griechenland los. Im Westen wurde dieses Zusammentreffen lange für eine vorzüglich abgestimmte Doppel-Organisation gehalten.

Ein neuer Blitz-Sieg verstärkte das allgemeine Selbstvertrauen. In drei Wochen war alles vorbei. Aber rund vier Jahre später, kurz vor dem Ende, sollte Hitler mit tränenerstickter Stimme den Balkan-Feldzug verfluchen: Durch ihn habe sich der Angriff auf die Sowjetunion um entscheidende sechs Wochen verzögert, sei das Ostheer in den russischen Winter geraten, bevor der Koloß zerschlagen war.

Die »Barbarossa«-Verschiebung von Mitte Mai auf die zweite Juni-Hälfte sollte oft als das Unglück angeführt werden, das verhinderte, daß die »slawischen Untermenschen« bis zum Herbst laut Plan niedergeworfen werden konnten. Aber abgesehen davon, daß es vor der Geschichte kein »wenn« und »hätte« gibt, hätten die Weiten Rußlands in jedem Fall Überraschungen gebracht, von denen weder die Abteilung »Fremde Heere Ost« noch der größte Feldherr aller Zeiten etwas gewußt hätten. Sicher ist, daß Ende Mai und Anfang Juni 1941 ungewöhnlich schwere Regenfälle im östlichen Polen und westlichen Rußland niedergingen, die ohnehin entweder eine Verzögerung des Angriffs oder eine entsprechende Verlangsamung der Operationen motorisierter und mechanisierter Streitkräfte auf den grundlosen Wegen erfordert hätten.

Sicher ist aber auch, daß der neue Blitz-Sieg langfristige Folgen hatte, die von der politischen und militärischen Führung in der Euphorie und Überheblichkeit dieser Zeit nicht bedacht worden waren. Die Kette der niedergeworfenen Länder, die bewacht und niedergehalten werden mußten, reichte vom Nordkap bis zur Südspitze Griechenlands. Und da gab es zum Beispiel den jugoslawischen Mechaniker Josip Broz – genannt Tito. Sein Partisanenheer sollte auf dem Höhepunkt des Krieges allein 28 Divisionen binden.

Insofern nahm Churchill zu Recht für sich in Anspruch, daß die Entsendung des britischen Expeditionskorps nach Griechenland für den Ausgang des Krieges von beträchtlicher Bedeutung war – von den gut 60 000 Mann des Korps entkamen über 50 000, allerdings wieder einmal ohne schwere Waffen und Fahrzeuge. Der ostland-besessene Hitler hätte gewiß nicht in jedem Falle den Balkan besetzt; als Flankendeckung gegen die Sowjetunion genügten Ungarn, Rumänien und Bulgarien; und die Bedrängnis, in die der Diktator-Kollege Mussolini durch sein Griechenland-Abenteuer geraten war, sah er gelegentlich durchaus mit finsterem Behagen.

Das britische Expeditionskorps aber, dessen Anlandung gewiß auch die putschwilligen Militärs in Jugoslawien ermutigt hat, gab den Ausschlag: es war ausgeschlossen, die Ölquellen von Ploesti in Rumänien im Wirkungsbereich der Royal Air Force zu lassen. So war es denn auch wieder nur die halbe Wahrheit, als Hitler kurz vor dem Ende meinte, »nur die Romanen« hätten ihm immer Unglück gebracht und Mussolini allein habe den Balkan-Feldzug verursacht: Es war das Erscheinen der Insel-Germanen, und das wurde nicht nur durch die schwächlichen Vorstöße der Italiener aus Albanien, sondern zumindest in gleichem Maße durch den bedrohlichen deutschen Aufmarsch in Rumänien verursacht. Und, natürlich, durch den Kampfwillen Churchills, des alten Löwen in der Downing Street Nr. 10.*

* Auch an einem anderen Punkt traf Churchill instinktsicher Hitlers Nerv: Nach einem englischen Handstreich auf die Lofoten ließ der Führer eine wesentlich stärkere Besatzungsmacht als zunächst vorgesehen in Norwegen – weitere Schwächung für »Barbarossa«.

Die Fäden waren so verwirrt, wie der »Koalitionskrieg« Deutschlands und Italiens planlos und von Rivalität und Mißtrauen geprägt war: Ärger über den deutschen Einmarsch in Rumänien hatten Mussolini zum Überfall auf Griechenland gebracht; dorthin blickten auch die Griechen, während sie zögernd erste Flak- und Flieger-Einheiten der Engländer ins Land ließen; mit den Italienern, so schien es, würden sie schon fertig werden, gegen die Deutschen jedoch hatten sie allein keine Chance. Andererseits: würde die fürchterliche Wehrmacht sie vielleicht verschonen, wenn man Berlin nicht provozierte?

Die Flieger der Royal Air Force erhielten infolgedessen keine Genehmigung, griechisches Gebiet in Richtung Ploesti zu überfliegen, aber die Bedrohung für die Quellen, die Hitlers Kreuzzug gen Osten speisen sollten, war da. Als die Wehrmacht Brücken über die Donau schlug und durch Bulgarien heranrückte, gaben die Griechen dem Drängen der Briten nach. Aus Ägypten dampfte das Expeditionskorps heran: Zur Hilfe gegen die Deutschen, nicht gegen die Italiener.

Die Macht der Publicity

Gegen Ende des neuen Blitz-Feldzuges schrieb Rommel hoffnungsvoll an seine Frau: »Griechenland wird bald erledigt sein. Und dann wird es möglich sein, uns hier mehr Hilfe zu geben ... Die Schlacht um Ägypten und den Kanal beginnt nun im Ernst.«

Seine Ahnungslosigkeit ist offensichtlich; nur wenige Tage nach seinem März-Besuch in Deutschland hatte Hitler die Generalsversammlung in die Komplizenschaft mit seinem Regime getrickst, aber seinem Lieblings-General sagten weder der Führer noch die unmittelbaren Vorgesetzten im OKH etwas vom bevorstehenden Angriff auf Rußland.

Man kann vermuten, daß Hitler keinen Grund sah, dem stürmischen Rommel dadurch seinen Elan zu nehmen, daß er ihm frühzeitig die Degradierung seines afrikanischen Kriegsschauplatzes zu einem Theater zweiter Klasse ankündigte; Halder hingegen mochte ihn nicht leiden und hätte ihm ohnehin kaum mehr als das dienstlich Unvermeidliche mitgeteilt. Nicht einmal vom bevorstehenden Balkan-Unternehmen erfuhr der Kommandierende des Afrika-Korps;* kaum ein Ruhmesblatt für den Chef des Generalstabes, der koordinieren und integrieren sollte.

So liefen die Aktionen auf den beiden Mittelmeer-Kriegsschauplätzen nebeneinander her, der Wüstenkrieg zumeist weitgehend unbeachtet, bis die gelegentlich auftauchenden Vermerke in Halders Tagebuch immer gereizter wurden:

Rommel begann mit den ersten Angriffen auf Tobruk, als Halder hörte, daß Hitler ihm ein motorisiertes Infanteriebataillon nachschicken wollte. »Mit Rücksicht auf bevorstehende große Aufgaben« sei das nicht möglich, vermerkte er. Am nächsten Tag: »Rommel will ... gegen Suez. Reichsmarschall will Fliegerkräfte dazugeben.« Halder teilte dem OKW mit, dazu reichten die Kräfte und Nachschubmöglichkeiten sowieso nicht, womit er natürlich recht hatte – und notierte gleich darauf triumphierend: »Nun meldet er (Rommel) selbst, daß seine Kräfte nicht ausreichen, um die ›beispiellos günstige‹ Gesamtlage ausnutzen zu können. Diesen Eindruck hatten wir hier in der Ferne schon länger ...«

Und in einem später notierten Resümee: »Rommel hat durch Überschreiten des Befehls eine Lage geschaffen, welcher die Nachschubmöglichkeiten zur Zeit nicht mehr gerecht werden. Rommel ist der Sache nicht gewachsen.«

»Die Sache« war nun allerdings verfahren genug. Als die wilde Jagd zu Ende war und Rommels Truppen rund um Tobruk und an der ägyptischen Grenze zum Stehen kamen, wurde eine weitere Besonderheit des Wüstenkrieges deutlich: Alles, was man verzehren oder benutzen will, muß man sich schon mitbringen oder nachkommen lassen. Die Benutzung des Hafens Tobruk verwehrten die sturen Australier. Nur im fernen Tripolis (und ein wenig in Benghazi und Derna) wurde Nachschub angelandet. Ein monströses Fuhrunternehmen wurde nötig, Lastwagen und Küstenschiffe grummelten Tag und Nacht, um Verpflegung, Munition und Brennstoff über 1700 Kilometer nach vorn zu bringen.

* Halder-Stellvertreter Paulus machte Rommel später den Vorwurf, durch seinen vorzeitigen Angriff seien die Briten früher aus Griechenland abgezogen und dadurch entkommen. Das traf nicht zu; Wavell hielt jedoch, wie wir wissen, beträchtliche Truppentransporte zurück und ließ bereits ausgelaufene Schiffe umkehren.

Was ihre Motoren dabei an Betriebsstoff verbrannten, war nur nach Millionen Liter monatlich zu zählen.

Ein Sieg also, der zugleich ein Ärgernis war, da er beträchtliche Nachfolge-Kosten verursachte und das »Barbarossa«-Abenteuer weiter schwächte. Zugleich aber, und das steigerte Halders Ärger, war der Propaganda-Erfolg beträchtlich und der Name Rommels weltweit in allen Zeitungen. Auch in Großdeutschland ließ der sonst jedem Personenkult abholde Hitler – soweit es sich nicht um ihn selbst handelte, natürlich – eine Ausnahme zu: Rommel war in aller Munde, und er wurde so zu einem sehr frühen Beispiel für die Macht der Publicity im Zeitalter der Massenmedien: er mochte »der Sache nicht gewachsen sein«, aber für den Generalstabschef war er schlechthin unangreifbar.

Es kam hinzu, daß Hitler und Heeres-Chef von Brauchitsch sich festgelegt hatten: In den ersten Tagen der erfolgreichen Befehls-Überschreitung, als noch niemand an die Folgen dachte, hatten sie Glückwunschtelegramme an Rommel geschickt. Was auch immer für Munition Halder noch bekommen sollte: sie würde nicht treffen.

Munition gab es genug. Nach der Tragödie des MG-Bataillons 8 und dem besessenen Anrennen gegen Tobruk meldete sich warnend General Kirchheim, aber auch andere Offiziere. Halder notierte am 23. April 1941:

»Rommel hat uns alle die Tage über keinen klaren Bericht gegeben*. Ich fühle aber, daß die Sache faul ist. Aus Berichten von Offizieren, die von unten kommen und aus persönlichem Brief geht hervor, daß Rommel seiner Führungsaufgabe in keiner Weise gewachsen ist. Er rast den ganzen Tag bei den weitverstreuten Truppen herum, setzt Erkundungsvorstöße an, verzettelt seine Truppen. Kein Mensch hat einen Überblick über die Verteilung der Truppen und ihre Gefechtskraft ... Durch die Teilvorstöße schwacher Panzerkräfte sind starke Verluste eingetreten ... Der Lufttransport kann die von Rommel sinnlos gestellten Anforde-

* Später gab es noch zusätzlichen Krach, weil Halder der Ansicht war, Rommel richte Erfolgsmeldungen nur an das »Führer-Büro« OKW, während er beim OKH nur klage und Forderungen stelle. Rommel erklärte, daran könne nur der Stab Rintelen in Rom schuld sein, über den seine Meldungen liefen.

rungen nicht erfüllen, allein schon deswegen, weil der Betriebsstoff mangelt und nach Nordafrika entsandte Flugzeuge dort für den Rückflug keinen Brennstoff finden ...«

Es wurde beschlossen, Generalleutnant Paulus zur Klärung der Verhältnisse nach Afrika zu schicken. Halder vermerkte dazu, Paulus sein mit Rommel aus früherer gemeinsamer Dienstzeit bekannt und habe vielleicht als einziger die Möglichkeit, »diesen verrückt gewordenen Soldaten durch seinen persönlichen Einfluß abzufangen.«

Angriff unter Aufsicht

Es dürfte ein bitterer Tag für Rommel gewesen sein, als Paulus am 27. 4. 1941 in seinem Gefechtsstand erschien, sich Vortrag über Lage und Absichten halten ließ und dann – wie er etwas gravitätisch in seinem Bericht für das OKH schrieb – erklärte: »Als Beauftragter des ObdH zur Klärung der Lage auf dem afrikanischen Kriegsschauplatz, ausgestattet mit dem Weisungsrecht an das Deutsche Afrika-Korps, behalte ich mir die Stellungnahme zu den mir bekanntgegebenen Entschlüssen des Korps bis nach Prüfung der Lage vor ...«

Die ihm bekanntgegebenen Entschlüsse lauteten schlicht: Neuer Angriff auf Tobruk!

Die Prüfung der Lage ergab, daß dafür nun immerhin bessere Aussichten bestanden als bei den vorausgegangenen Unternehmen: Beträchtliche Teile der 15. Panzerdivision waren nun eingetroffen, Jagdflieger und Sturzkampfbomber waren auf die naheliegenden Flugplätze Gazala und Gambut nachgerückt, an Artillerie konnten 35 italienische und deutsche Batterien gegenüber der geplanten Einbruchstelle beim Ras el Madauar konzentriert werden, und das Panzerregiment 5 war, insbesondere durch die hektische Arbeit der Instandsetzungseinheiten, wieder auf 74 einsatzbereite Kampfwagen angewachsen, davon die Hälfte kräftige Panzer III und IV.

Paulus gab die Genehmigung zum Angriff. In der Ferne notierte Halder: »Ich halte das für falsch.«

Einer der Punkte, die ihn störten, wurde allerdings von Paulus ausgeräumt. Er sagte zu Rommel, der sämtliche deutschen Einheiten von der ägyptischen Grenze abziehen und beim Angriff einsetzen wollte: »Sie haben ununterbrochen betont, daß die italienischen Truppen absolut nichtsnutzig seien. Dann können sie ihnen aber nicht den Flankenschutz an der Grenze allein anvertrauen. Das ist immerhin der Schlüsselpunkt für die Aufrechterhaltung der Einschließung von Tobruk!« Rommel gab sofort Befehl, die Kampfgruppe des Obersten von Herff im Bereich Sollum-Bardia zu lassen.

Endstation Minenfeld

Die Panzersoldaten vom Regiment 5 hatten nicht viel geschlafen, als sie vor dem Sonnenaufgang des 1. Mai 1941 in ihren Bereitstellungsraum klirrten. Die ganze Nacht hindurch hatten sie aus Richtung Tobruk das Meckern der Kleinwaffen und das Rumpeln des Artilleriefeuers gehört. Zwischen den Blitzen der Einschläge sah man manchmal die böse leckenden, roten Zungen der Flammenwerfer, mit denen Infanteristen und Pioniere die Bunkerstellungen der Australier angriffen.

»Heute klappt's«, dachte Hauptfeldwebel Wilhelm Wendt, als sein Panzer III im ersten dünnen Licht auf die feindlichen Linien zuschwankte.

Das Kampffeld sah jedenfalls anders aus als an jenen unglücklichen Ostertagen. Es erinnerte schon eher an die Zeiten der schnellen Siege in Polen und Frankreich.

Ein breiter Einbruch in die erste Befestigungslinie war links und rechts durch starke Infanterieeinheiten mit Pak, Granatwerfern und Feldgeschützen gesichert. Artillerie deckte das angrenzende Gebiet ein. Hoch brummte von Westen ein erster Stuka-Verband heran.

Spieß Wendt am rechten Flügel drängte vorwärts; er hatte voraus hinter Steinwällen feindliche Feldbefestigungen gesehen, und sein Instinkt sagte ihm: ran, jetzt ist Geschwindigkeit alles und rangehen ist sogar sicherer als zögern.

Aber über Funk kam ein Anpfiff: »Fahren Sie nicht so schnell, Wendt! Bleiben Sie auf gleicher Höhe.«

Er zügelte seinen Fahrer ein bißchen, blieb aber ein paar Panzerlängen vor der Kompanie. Sie rollen zwischen merkwürdigen Steinhäufchen durch. Als sie vorbei waren, sah Wendt, daß die Häufchen auf der Feindseite mit weißer Farbe angepinselt waren.

Verdammt, dachte er, das hat was zu bedeuten, aber was? Ein scharfer Knall erschütterte den Panzer. Pak oder Ratsch-Bum, dachte Wendt. Jetzt wird es aber Zeit!

»Drück drauf!« rief er seinem Fahrer zu. Etwas ruckend beschleunigte der Wagen. Dann gab es einen zweiten, schmetternden Schlag.

»Weiter, weiter!« schrie der Hauptfeldwebel.

»Geht nicht mehr«, sagte der Fahrer.

»Ich sehe nach«, sagte Wendt und stieß das Turmluk auf. Als er seitlich heruntersprang, konnte er seinem Körper im letzten Augenblick noch eine kleine, lebensrettende Drehung geben. Was da lag, notdürftig mit Sand bedeckt, war eindeutig eine Mine. Die eine Kette lag hinter dem Panzer wie eine plattgefahrene Raupe.

Fluchend sprang Wendt wieder auf den Panzer und angelte nach dem Mikrophon. Daß er es nicht gleich erkannt hatte! Die Steinhaufen markierten natürlich ein Minenfeld.

Ehe er seine Warnung über Funk loswurde, gab es eine Serie von Explosionen. Der ganze Verein saß im Minenfeld. Von 22 Panzern hatten nur noch zwei die Ketten auf den Laufrollen. Sie ratterten vorsichtig in der eigenen Spur zurück.

Wendt rannte ihnen voraus, obwohl die feindliche Artillerie jetzt das Gebiet entdeckte: er sah Kradschützen und aufgesessene Pioniere nachkommen. Kurz vor den Markierungen brachte er sie zum Stehen.

»Sorgen Sie dafür, daß die Wagen wieder flottgemacht werden«, befahl der Kompaniechef. Aus den Stellungen hinter den Steinwällen zwitscherte jetzt Infanteriefeuer. Sie waren etwa 600 Meter entfernt. Wendt teilte zwei Panzerbesatzungen ein, mit ihren MG's und Kanonen Feuerschutz zu geben. Mit den anderen machte er sich an die Arbeit. Zum Glück hatte das Artilleriefeuer aufgehört.

Zwölf Stunden Ungewißheit

Die Verlegung des Artilleriefeuers weiter nach Süden hatte der örtliche australische Kommandeur, Oberstleutnant Spowers von der bekannten, »disziplinlosen« 20. Infanteriebrigade, befohlen: im direkten Beschuß konnten die 25-Pfünder den Panzern nicht viel mehr zufügen, als ihnen schon die Minen angetan hatten. Außerdem ließen die Einschläge immer wieder eigene Minen hochgehen, und das war überaus unerwünscht. Dieses Minenfeld, das eine sehr ernste Gefahr für die Festung abwendete, war erst nach den Angriffen Mitte April gelegt worden. Spowers hatte keine Lust, das Ergebnis mancher durchschufteten Nacht von der eigenen Artillerie zerstören zu lassen.

Der Oberstleutnant war zu dieser Zeit einigermaßen erleichtert. Zum erstenmal seit über zwölf Stunden konnte sich sein Hauptquartier ein ungefähres Bild davon machen, was eigentlich los war.

Daß es ernst wurde, hatte sich schon seit Tagen angekündigt. Seit die Stukas die umliegenden Flugfelder besetzt hatten, waren ihre Angriffe immer heftiger geworden. Zwar hatte die Royal Navy seit Beginn der Einschließung über 5000 Tonnen Nachschub in die Festung bringen können, aber inzwischen waren drei Frachter versenkt, der letzte am 29. April beim Löschen im Hafen.

Die letzten britischen Jagdflieger und Aufklärer hatten die umgewühlten Flugfelder innerhalb der Festung verlassen. Es war sinnlos, sie am Boden in Stücke bomben zu lassen.

Am Nachmittag des 30. April schlug schweres deutsches Artilleriefeuer zwischen die Stellungen am Ras el Madauar. Als die Sonne sank, stürzten auch noch Stukas mit heulenden Sirenen auf das zerpflügte Stück Wüste. Schließlich waren alle Telefonleitungen zerrissen.

In der Nacht steigerte sich das Artilleriefeuer zu solcher Wucht, daß kein Melder mehr zu den vorderen Linien durchkam. Unter dem Bersten der Granaten hörte man gelegentlich Kleinwaffenfeuer. Es war offensichtlich, daß der deutsche Angriff begonnen hatte.

Im Morgengrauen meldete die Reservekompanie, die anderthalb Kilometer hinter der vordersten Linie lag, daß deutsche Panzer und Infanterie vor ihr auftauchten. Und diesmal war der Einbruch breiter als zwei Wochen zuvor. Die deutsche Infanterie war nicht zwischen den Stützpunkten hindurchgeschlichen, sondern hatte sie überrannt, wenn auch unter schweren Verlusten.

In eine drei mal drei Kilometer große Lücke stießen nun die Panzer. General Morshead beschloß, seine winzige Tank-Streitmacht von 12 »Matildas« und 19 Kreuzern vorerst noch zurückzuhalten.

Minen und Pak sollten die Deutschen aufhalten, und natürlich die unbezahlbaren 25-Pfünder.

Wer ist denn nun gefangen?

Etwas westlich des Minenfeldes, in dem Hauptfeldwebel Wendt und seine Männer schwitzend an den schweren Ketten zerrten, gerieten die anderen Panzer in schwaches, indirektes Feuer der 25-Pfünder. Funker Joachim Saenger feuerte mit dem MG 34 auf australische Infanteristen, deren Köpfe gelegentlich aus den betonierten Unterständen auftauchten. Sie hatten offenbar nichts besseres als ihre schwächlichen Panzerbüchsen.

Ein ungeheurer Krach erschütterte den Panzer, der bockend stehen blieb.

»Das war nur ein Ari-Treffer, alles in Ordnung«, rief der Kommandant, »los weiter!«

Aber der Motor war stehengeblieben. »Er springt nicht mehr an«, sagte der Fahrer.

Aus dem steinigen Boden stiegen hier und dort die Staubwolken der Einschläge. Obwohl ihm sein Verstand sagte, daß er hier verhältnismäßig sicher sei, wurde es Saenger unheimlich in dem Stahlkasten, der sozusagen auf dem Präsentierteller stand. Er schwang sich aus seiner Luke und hängte ein privates Scherenfernrohr aus Polen, sein ganzer Stolz, am Turm ein.

Weiter vorn zogen die anderen Panzer nun die 25-Pfünder auf sich und schienen deutlich an Schwung zu verlieren. Man sah hier und da Infanterie springen, aber der gewohnte Elan war nicht drin. Weit auf der anderen Seite bewegten sich Fahrzeuge, auch ein paar Tanks waren darunter.

Der Kommandant ließ sich von Saenger Zielansprachen geben, und sie spielten mit Sprenggranaten ein wenig Artillerie. Viel Schaden richteten sie nicht an, aber das Knallen war beruhigend.

Anscheinend hatten sie aber doch die Aufmerksamkeit eines Artilleriefeuers erregt, denn plötzlich krepierten ringsum wieder Granaten.

Saenger sprang, ohne viel nachzudenken, vom Panzer und rannte seitlich ins Gelände. Er hatte das Gefühl, daß er bei dem gestrandeten Eisenkasten ohnehin nicht viel nützen konnte. Plötzlich war vor ihm ein Loch im Boden, eine ankommende Granate heulte, er sprang hinein.

Er landete in einem viel größeren Raum, als er vermutet hatte. Und die Gestalten ringsum, die ihn mit Gelassenheit betrachteten, trugen eindeutig britische Uniformen.

Ein 22jähriges Gehirn schaltet schnell, wenn auch manchmal etwas irrational.

Saenger fummelte eine Eihandgranate aus der Hosentasche und brüllte »Hands up!«

Ein riesiger, stoppelbärtiger Mann mit etwas Gold auf der Schulter sagte gemütlich und mit breitem australischen Akzent: »Tu bloß das gefährliche Ding weg!«

Es waren an die vierzig Mann in dem betonierten Unterstand, und es schien in der Tat völlig blödsinnig, ausgerechnet mit einer Handgranate den Helden zu spielen. Er steckte das Ding zögernd wieder in die Tasche. Niemand machte Anstalten, es ihm wegzunehmen.

Ein Mann mit völlig zerstörtem Gesicht lag röchelnd am Boden. Nase und Mund waren eine einzige blutige Fleischmasse.

»Er hat mit der Panzerbüchse auf Tanks geschossen und eine MG-Garbe abgekriegt«, sagte der Riese.

Mein Gott, dachte Saenger, ob ich das wohl war? Er sah zum erstenmal in seinem Leben einen Schwerverletzten. Voller Grauen und Mitleid kramte er Verbandspäckchen heraus, mit denen er vorsichtshalber die Beulen in seinen Breecheshosen ausgestopft hatte. Die Australier umwickelten das zerstörte Gesicht; Saenger war ziemlich im Zweifel, ob das die richtige Methode war, aber immerhin schien der Mann noch atmen zu können.

Der große Australier, ein Captain, bestrich ein paar Kekse mit australischer Butter.

»Du kannst dich schon mal an australisches Essen gewöhnen. Da reist du jetzt schön und sicher hin.«

»Mh-mh«, machte Saenger mit vollem Mund, »ihr seid die Gefangenen.«

Ein paar Männer lachten. Sie schienen sich völlig sicher zu fühlen. Einige schrieben ihre Adressen auf und steckten ihm die Zettel in die Taschen. Einer zeigte ihm Bilder von seiner Familie, seiner Farm, von sich selbst beim Schafscheren. »Ruf bei mir zu Hause an, wenn du nach Australien kommst. Du bist ein netter Junge, die werden sich um dich kümmern.«

Draußen quietschten Panzerketten. Die Sonne stand schon ziemlich tief am Horizont. Wenn ich hier nicht bald rauskomme, lande ich wirklich in Australien, dachte Saenger.

Er schob sich an das Loch heran, riskierte einen Blick nach oben und sah gerade noch zwei Beine in deutschen Hosen, die sich davonmachen wollten.

»Hilfe, Hilfe!« schrie Saenger.

Die Beine bremsten, ein Pionier mit Maschinenpistole sprang in das Loch. Andere erschienen oben am Rand, ihre Waffen im Anschlag.

Einen Augenblick sah es nach einem Blutbad aus, aber dann zuckte der Captain die Achseln, und die Spannung fiel in sich zusammen. Irgendwie hatte das vorangegangene Gespräch eine Atmosphäre geschaffen, die eine Schlächterei ausschloß.

Die Australier legten stumm ihre Waffen weg. Saenger half ihnen, ihre Mäntel, Verpflegung, Whisky und Zigaretten zusammenzupacken.

Zwei große Australier verschränkten ihre Arme und setzten den Verwundeten darauf. Ringsum ging deutsche Infanterie zurück, und das Artilleriefeuer wurde heftiger. Aber die beiden gingen mit ruhigem Schritt und ließen sich nur auf ein Knie nieder, wenn es zu dicht heranheulte.

Die Pioniere übergaben die Gefangenen einer italienischen Einheit, und die Bundesgenossen strahlten mit blitzenden Zähnen bei dem Gedanken, siegreich mit so vielen Gefangenen zurückzukehren. Saenger sah sie noch lange um die Gruppe breiter Khaki-Rücken herumwieseln, und über allem schwankte der weißumwickelte Kopf des Verwundeten.*

Der »Kühlwasser-Cocktail«

Inzwischen hatten Hauptfeldwebel Wendt und seine Leute bis zur völligen Erschöpfung geschuftet. Unter dem immer wieder aufflackernden Feuer litten sie weniger als unter der brüllenden Sonne, denn weiterhin standen zwei Panzer als Feuerschutz bereit.

Der Durst wurde unerträglich; während sie sich mit den schweren Ketten abschleppten, schwitzten sie ungeheuer und tranken ihre Tagesration aus.

Schließlich meldete sich ein Unteroffizier bei Wendt: »Die Leute können nicht mehr! Sie müssen etwas zu trinken bekommen.«

Die Idee hätte auch einem der Vorgesetzten oder der Troß-Krieger kommen können, aber weit und breit war kein Versorgungsfahrzeug zu sehen, nur die glühende, wabernde Luft über dem steinigen Wüstenboden. Zu allem Unglück begann ein Sandsturm.

»Wir werden es probieren«, sagte Wendt. »Laßt mal aus einem der Wagen Kühlwasser ab.«

Es schmeckte fürchterlich, aber es feuchtete doch wenigstens für ein paar Augenblicke die ausgedörrte Kehle an. Allerdings mußten nach kurzer Zeit immer mehr Männer plötzlich die Arbeit unterbrechen und Hals über Kopf mit dem Spaten davonstürzen. Es schien, als ob der »Kühlwasser-Cocktail« geradewegs durch den Magen und Darm zum natürlichen Ausgang raste.

* Die australischen Adressen hat Saenger noch lange mit sich herumgetragen, bis sie mit seinem Panzer bei El Alamein draufgingen.

Am späten Nachmittag klirrte der letzte Panzer auf notdürftig reparierten Ketten zurück zum Regiment. Wendt stand bedrückt im Turm und erinnerte sich, mit welchen Hoffnungen sie am Morgen losgefahren waren. Der Ras el Madauar war zwar genommen, aber es war offensichtlich, daß bei diesem verdammten Tobruk der alte »Blitz« nicht einschlug. Die australische Infanterie gab nicht auf, wenn die Panzer durchgerollt waren, wie man das bisher gewöhnt war.

Um diese Zeit beendeten auch die Beerdigungskommandos ihre Arbeit. Bei manchen Armeen bekommt man für diese Arbeit eine Extra-Ration Schnaps. Man kann sie gebrauchen, auch auf der glühenden Höhe 209 vor Tobruk. Wer auf kurze Entfernung von Granatsplittern oder MG-Garben zerhackt wurde, eignet sich nicht fürs Heldendenkmal.

Aber irgendwo in dieser Gegend erinnerte sich ein Kriegsberichterstatter an seine obszöne Pflicht, der deutschen Jugend den Heldentod als ästhetisches Ereignis nahezubringen. Er notierte:

»Kaum dem Knabenalter entwachsen ist der Soldat neben mir. Sein Gesicht ist braun, die Züge sind von einer tiefen inneren Ruhe beseelt, als sei er plötzlich vom Schlaf übermannt worden. Das rechte Bein ist angezogen, der Kopf aber leicht hintenübergeneigt. Die Augen sind in die Weite des Himmels gerichtet, den uns der Sandschleier noch immer verdeckt. Um den Mund liegt ein schmales Lächeln. Das Bild dieses Todes ist schön. Es ist von einer so ergreifenden Eindringlichkeit, daß ich mich losreißen muß vom Anblick des Kameraden.«

Paulus befahl jedoch auf Rommels Gefechtsstand, die weitere Produktion solcher wundervollen Anblicke für den Augenblick einzustellen.

Zwölfhundert Mann waren tot, verwundet oder gefangen. An Reserven wäre höchstens noch die Aufklärungsabteilung 33 ins Gefecht zu werfen gewesen. Es hatte keinen Sinn. Rommel vermerkte, die australischen Verteidiger seien eine ausgesprochene Elite-Truppe und seinen Soldaten im Ausbildungsstand überlegen gewesen. Ob er wirklich nicht erfahren hat, wie ausgesprochen grün die »Diggers« waren?

Oben um das Ras el Madauar richteten sich die Infanteristen

zur Verteidigung ein. Dezimierte Einheiten der 15. Panzerdivision, zum Teil praktisch vom Schiff weg in den Kampf geschickt, wühlten sich fluchend in den steinigen Boden. Wo waren die Palmen, die sie auf ihren hübschen Ärmelstreifen trugen? So hatte sich niemand Afrika vorgestellt. Statt streifender Löwen peinigten sie die viel gräßlicheren Untiere der nordafrikanischen Küste: die Fliegen.

Wasser war knapp, aber es kam wenigstens aus der ergiebigen, süßen Quelle von Derna. In der Nacht kamen die Versorgungsfahrzeuge, gestört durch Streufeuer der Artillerie. Es wird noch etwas dauern, bis hier oben Belagerer und Verteidiger eine Art modus vivendi gefunden haben.

Zunächst kam der Gegenangriff der Briten: General Morshead, dem so gut wie keine Luftaufklärung zur Verfügung stand, konnte nicht mehr als seine Reserve-Brigade und ein paar Matilda-Tanks dafür ansetzen, und auch darin lag schon ein gewisses Risiko: es bestand die Gefahr, daß plötzlich an anderer Stelle ein Großangriff losbrach.

RHA-Hauptmann Armitage war als Artillerie-Beobachter dabei. Nach der Flucht aus Mechili und der etwas verzitterten Dampferreise in die belagerte Festung hatte er sich, soweit es ging, mit Fliegen, Durst und Unbequemlichkeiten des Festungslebens eingerichtet. Und mit den Stukas.

Vom Frankreichfeldzug kannte Armitage das entnervende Geheul ihrer Sirenen, das zunächst wirkungsvoller zu sein schien als die Bomben. Nach einiger Zeit in Tobruk begann er, die Genauigkeit der deutschen Piloten zu schätzen. Sie stürzten sich so präzise auf größere, sichtbare Objekte, daß man 50 Meter davon entfernt in der Regel schon sicher war.

In ihren Batterien hatten sie schmale Splittergräben gebaut, die in dem steinigen Boden vor fast allem außer einem Volltreffer Schutz boten. So stürzten die Besatzungen in die Gräben, sobald man die geierartigen Vögel mit ihren starren, verkleideten Fahrwerken abkippen sah. In der Tat ist während der ganzen Belagerungszeit kein Soldat in Armitages Einheit in einem Splittergraben getötet worden.

Ein Unglück traf drei Nachrichtenleute, die während der vorbereitenden Stuka-Angriffe vor dem 1. Mai eines Nachmittags gerade ihren kleinen Lastwagen bestiegen, um irgendwo eine zerbombte Telefonleitung zu reparieren. Der Posten schrie Alarm, aber sie hörten es wegen des Geratters ihres ausgeleierten Vehikels nicht. Als die ersten Bomben einschlugen, rollten sie gerade am letzten Geschützstand vorbei. Die drei warfen sich hinein, aber ausgerechnet diesen Stand hatte sich einer der Piloten ausgesucht. Von den Nachrichtenmännern wurde nicht mehr viel gefunden.

Der Gegenangriff der Australier sollte gleich nach Sonnenuntergang beginnen, aber aus irgendeinem Grunde kam die Brigade zu früh. Es war die kritische Zeit: der tägliche Sandsturm hatte sich gelegt, aber die Sicht war noch gut, und seit die Deutschen den Ras el Madauar hatten, konnten auch ihre Artilleriebeobachter weit ins Land sehen.

Die Folge war ein teuflisch genau liegendes Feuer. Armitage rannte wohl oder übel über die höllische Ebene und dirigierte dabei über Funk seine Batterie. Mit dem letzten Licht erreichten sie die ersten deutschen Stellungen. Die Infanteristen darin waren tot – oder taten so, es war keine Zeit zum Nachsehen.

Das Maschinengewehrfeuer der Deutschen hatte bis dahin merkwürdigerweise viel zu hoch gelegen. Aber dann erlitten die Australier in Nahkämpfen schwere Verluste. Eine blutige Nacht brachte nur geringen Geländegewinn an der östlichen Flanke des Einbruchs.

Morgens griffen noch ein paar Matildas an. Dicht neben Armitage wurde einer der Tanks abgeschossen. Das Geschoß riß den Turm aus seinem Drehkranz, und das Rohr hing schief herunter wie der Schnabel eines traurigen, starren Vogels. Die Besatzung war offenbar sofort tot, aber die Motoren liefen weiter und grummelten ruhig im Leerlauf, 24 Stunden lang.

Paulus bremst Rommel

In seinem Bericht vermerkte Paulus mit deutlichem Mißfallen, daß schon nach einigen Tagen die Artillerie-Munition knapp wurde, obwohl ihm vorher mitgeteilt worden war, die Vorräte seien völlig ausreichend. Nachdem er Rommel schon mündlich klargemacht hatte, daß von einem ruhmreichen Vorstoß zum Suezkanal vorerst keine Rede sein könne, hinterließ er auch Weisungen für das weitere Verhalten vor Tobruk: keine größeren Angriffe mehr, höchstens kleinere Unternehmungen, »die einen schnellen Erfolg ohne nennenswerte Verluste« versprechen. Erst nach Eintreffen von Verstärkungen könne etwa an einen Vorstoß zum beherrschenden Gelände um das Fort Pilastrino gedacht werden.

Und als ob ihm auf dem Wege nach Hause noch eingefallen wäre, daß man Rommel schon eindeutig festnageln müsse, um vor unangenehmen Überraschungen sicher zu sein, funkte er aus Rom an das Deutsche Afrika-Korps:

»In Erweiterung der Ziffer 3 der Weisung Nr. 35457/4, GeKados vom 2. 5. 41 wird angeordnet, daß vor etwaiger Weiterführung des die Entscheidung suchenden Angriffs auf Tobruk auch nach Eintreffen der restlichen Teile 15. P.D. und weiterer Verstärkungen die Genehmigung des Oberkommandos des Heeres einzuholen ist.«

Paulus hatte seine Aufgabe, die »Verhältnisse in Afrika zu klären«, sehr gewissenhaft angefaßt und ausführliche Gespräche mit allen geführt, bei denen auf Informationen zu hoffen war: einzelne Kommandeure ebenso wie die Spitzen der Flieger-Führung und des Marine-Verbindungsstabes – und natürlich mit Rommel und dem italienischen Oberkommandierenden Gariboldi.

Seine Schlüsse waren kühl und standen zum Teil in scharfem Gegensatz zu Rommels Ansichten.

Angesichts der ohnehin prekären Situation der vorgeprellten deutsch-italienischen Einheiten sah er keinen Sinn darin, außer den bereits anreisenden Truppen noch irgendwelche Verstärkungen nach Afrika zu schicken, die auch nur essen, trinken, fahren und Munition verschießen wollten. Hochfliegende Hoffnungen auf Unternehmen in Richtung Kanal gehörten ins Reich der Träume; im Gegenteil, Paulus war sich durchaus nicht sicher, ob das Erreichte zu bewahren war, und er empfahl dem Korpskommandeur und seinem Ia von dem Borne dringend, sich auch Gedanken über ein eventuell notwendig werdendes Absetzen zu machen – falls nämlich Tobruk nicht zu nehmen sei und ein kräftiger britischer Stoß aus Ägypten geführt werde. Seine Skepsis sollte sich später als sehr begründet erweisen.

Aus dem Paulus-Bericht:

»Als Grundsatz für die Reihenfolge der weiteren Transporte hat zu gelten:

a) Versorgungsgut aller Art (Munition, Betriebsstoff, Verpflegung).
b) Kraftfahrzeuge zum Transport der Versorgungsgüter.
c) Erst wenn eine ausreichende Bevorratung vorhanden, Überführung weiterer Truppen und hier in erster Linie schwere Artillerie und Ersatz an panzerbrechenden Waffen.«

Eine solche Rangfolge war schon deshalb nötig, weil die Transporte über das Mittelmeer noch problematischer geworden waren als der Land-Transport in Afrika.

Aus Rommels Brief vom 23. 4. 41 an Frau und Sohn: »Wie geht es Euch beiden? Eine ganze Menge Post dürfte auf dem Grunde des Mittelmeeres liegen ...«

Da lag nicht nur Post.

»Der Seetransport Sizilien-Tripolis wird z. Zt. nur durch einzelne Geleitzüge (gewissermaßen Blockadebrecher) durchgeführt, die nur unregelmäßig einlaufen«, berichtete Paulus. »Die Ausladungen in Tripolis sind aufs höchste gefährdet durch Überlegenheit der fdl. Luft- und Seestreitkräfte, die Angriffe – auch bei Tage – jederzeit durchführen können, da die eigenen Luftstreitkräfte, sowie die Küstenverteidigung völlig unzureichend sind.«

Die Achsen-Luftwaffe war in der Tat längst überfordert, seit der Balkan-Feldzug und dann die »Barbarossa«-Vorbereitung starke deutsche Kräfte abgezogen hatte. Und in London hatte Churchill eine seiner donnernden Weisungen an die Stabschefs herausgegeben:

»... Der britischen Mittelmeerflotte unter Admiral Cunningham erwächst als vordringlichste Pflicht, jeglichen Seeverkehr zwischen Italien und Afrika ... zu unterbinden. Zur Erreichung dieses hochwertigen Zieles müssen notfalls schwere Verluste an Schlachtschiffen, Kreuzern und Zerstörern hingenommen werden... Jedes Durchkommen eines Geleitzuges hat als schweres Versagen der Marine zu gelten...«

Der Haudegen Cunningham, dessen Streitkräfte gerade den verlustreichen Abtransport des Expeditionskorps aus Griechenland bewerkstelligten und mit der laufenden Versorgung Tobruks eine nicht minder gefährliche Aufgabe erledigten, geriet durch die entsprechenden Befehle der Admiralität schon in ziemliche Wut; als der Premier dann die Navy-Bosse auch noch dazu brachte, ihm die Opferung des Schlachtschiffes »Barham« zu befehlen, das mit einer Art Kamikaze-Besatzung in die Hafeneinfahrt von Tripolis gesteuert und dort zur Blockierung versenkt werden sollte, explodierte er endgültig und empfahl seinen Vorgesetzten rundweg, ihren Befehl noch einmal zu überdenken.

Statt dessen dampfte er wutentbrannt mit seiner Hauptmacht an einen Punkt zehn Kilometer vor Tripolis und ließ den Hafen vierzig Minuten lang aus allen Rohren beschießen. Seine Meldung darüber schloß er grimmig mit der Ankündigung: »Mein Kommentar zu der Frage, ob diese Beschießung sinnvoll war, wird zu gegebener Zeit folgen.« Er folgte auch, und der Admiral teilte darin rundweg mit, wenn auch etwas höflicher verklausuliert, das Ganze sei ein rechter Blödsinn gewesen und er sei nur ohne Verluste davongekommen, weil die deutsche Luftwaffe gerade anderweitig zu tun hatte.

Die deutsche Luftwaffe sollte noch lange anderweitig zu tun haben. Das Felsennest Malta, während des Übersetzens der ersten Rommel-Truppen vom X. Fliegerkorps niedergehalten, erholte sich schnell. Zusammen mit den in Alexandria stationierten Streitkräften beherrschten seine Luft- und See-Einheiten die Nachschubrouten fast völlig.

Nur ein paar Monate zuvor hatte das OKW Hitler-inspiriert geschrieben: »Der Krieg (gegen England) kann nicht mehr verloren, er muß nur noch beendet werden.« Jetzt war man schon nicht mehr in der Lage, das Rommel-Korps ausreichend zu versorgen. Malta, Zypern, Gibraltar, der Suez-Kanal, selbst der Persische Golf und Afghanistan: das alles würde an die Reihe kommen, wenn erst die Kleinigkeit mit den »slawischen Untermenschen« erledigt war.

Und in London las ein energiesprühender alter Mann die deutschen Funksprüche über immer neue Truppenverschiebungen nach Osten, die ihm der erstaunliche »Ultra«-Dienst lieferte, und schwankte zwischen Hoffnung und Zweifel. Der britische Premier schickte an Stalin eine detaillierte Warnung, erhielt jedoch keine Antwort.

Aber Churchill las auch noch andere Meldungen, die ihm Winterbothams »Ultra«-Männer entschlüsselten: Rommels Hilferufe nach Verstärkungen und Nachschub wie – mit besonderem Vergnügen – den skeptischen Paulus-Bericht.

Das alte Schlachtroß hörte wieder die Fanfaren. Seine Telegramme an Wavell überschlugen sich. Zugleich machte er sich daran, die Stabschefs und die Admiralität für ein gewagtes Unternehmen zu gewinnen.

Churchill und die Generale

In dieser Zeit der Hochspannung war Winston Churchill in ausgesprochen rabiater Stimmung. Einen Charakter, wie er ihn besaß, macht jede Niederlage wütender und kampflustiger; dabei war es auch für seine Gefährten oft ziemlich schmerzhaft, ihm irgendwie ins Visier zu laufen.

Aus der Zeit Ende April 1941 überliefert das Tagebuch des späteren Reichsgeneralstabschefs Sir Alanbrooke* einen typischen Zwischenfall: Beim Abendessen im Premier-Landsitz Chequers geriet der Chef der Operationsabteilung, Generalmajor Sir John Kennedy, ins Dozieren über Strategie und versuchte zu seinem Unglück, dem Regierungschef ein Problem dadurch zu erläutern, daß er als Beispiel die notwendigen Aktionen nach einer völligen Räumung Ägyptens anführte.

Den erschrockenen Generalstäbler, den nichts weiter als die Lust am Theoretisieren geleitet hatte, traf des Premiers Zorn wie ein Naturereignis. Jeder Erklärungsversuch machte Churchill nur wilder, und er donnerte schließlich von »Defätisten« und »Gene-

* »The Turn of the Tide« von Arthur Bryant, nach den Tagebüchern von Feldmarschall Lord Alanbrooke.

ralen, die nur zu bereit zum Aufgeben« seien und an denen man ein Exempel statuieren müsse. Nur die vereinten Bemühungen der Tafelrunde, seine Wut auf ein ferner liegendes Objekt zu lenken, verhüteten Schlimmeres.

Nach den Schilderungen der Zeugen muß der 66jährige in dieser Zeit insbesondere zu vorgerückter Stunde eine unvergeßliche Schau geboten haben, wenn er sich in eine Art hellblauen Spielanzug kleidete, furchterregend mit seinem bajonett-bewehrten Militärkarabiner fuchtelte oder, vor dem Kamin auf und ab stampfend und zwischendurch am Whisky nippend, mal blitzgescheite Aphorismen, mal wilde Pläne oder Verwünschungen ausstieß. »Der Wavell braucht da unten nur ein paar Erschießungskommandos«, sagte er bei einer solchen Gelegenheit und genoß das schlecht verhohlene Grausen seiner Zuhörer.

Den Oberbefehlshaber in Kairo behandelte er in aller Unschuld ausgesucht schlecht. Noch in seinen Memoiren zitiert er aus seinen drängenden Weisungen im Februar-März 1941 auch die eindrucksvoll-eindeutige Stelle, den Griechen seien »die eigentlichen Kampftruppen der zur Verteidigung Ägyptens mobilisierten Armee« anzubieten, behauptet jedoch 150 Seiten weiter voller Empörung, nie habe Unklarheit darüber bestanden, daß der Verteidigung der Wüstenflanke bei El Agheila »der Vorrang vor jeder anderen Unternehmung« gebührt habe.

Schlitzohrig läßt er hier auch noch aus einer Wavell-Antwort die Stelle weg, aus der eindeutig die Schwäche der Streitkräfte am Westrand der Cyrenaika hervorging, nur um entrüstet behaupten zu können, erst nach »schlimmen Wochen« sei er darauf gekommen, daß die berühmte 7. Panzerdivision dort unten nicht mehr vorhanden war.

Das System, den »Schwarzen Peter« nach unten weiterzureichen, ist weitverbreitet und gerade imponierenden Figuren wie Churchill und Rommel nicht fremd ...

Und unbeirrt reichte der Premier nun im Mai Aufträge an Wavell weiter, die sich zwangsläufig aus der Bedrängnis Großbritanniens ergaben, die Kräfte des Nahost-Oberbefehlshabers jedoch überforderten:

- Als letztes Stück griechischen Landes hielten die Briten Kreta besetzt. Ein deutscher Angriff war zu erwarten; Hitler würde diesen Stützpunkt kaum dulden, da in seiner Bomben-Reichweite Ploesti lag.*

- Der Irak, vertraglich zur Duldung britischer Stützpunkte verpflichtet, wurde unruhig. Hier wiederum waren Großbritanniens Ölquellen in Gefahr.
- Die Vichy-französischen Truppen in Syrien, die unter anderem deutschen Kampfflugzeugen Zwischenlandung und Überflug auf dem Weg in den Irak gestatteten und selbst auf deutschen Druck Waffen an die Aufständischen lieferten, sollten zusammen mit frei-französischen Kräften angegriffen werden.
- Rommels Versorgungsschwäche, durch immer neue (und von »Ultra« entschlüsselte) Funk-Hilferufe dokumentiert, sollte zum Angriff ausgenützt werden.

Wavell protestierte heftig, insbesondere dagegen, daß er auch noch in den Kampf gegen den irakischen Aufständischen- Führer Raschid Ali eingreifen sollte. Churchill schrieb an die Stabschefs: »... er scheint an seiner östlichen Flanke ebenso überrascht worden zu sein wie an seiner Westflanke, und trotz der riesigen Truppenzahlen, die ihm zur Verfügung stehen, und der vielen ihm zukommenden Konvois scheint er an Bataillonen und Kompanien knapp zu sein. Man kann sich des Eindrucks nicht erwehren, daß er überarbeitet ist ...«

Wie zu erwarten war, wurde keine der Bürden von Wavells Schultern genommen; es scheint auch, daß Churchills ständig brodelnde Angriffslust den heimlichen Achsen-Verbündeten Raschid Ali zu verzeitigem Losschlagen brachte. Als Hitler jedenfalls am 23. 5. 1941 in seiner Weisung Nr. 30 schrieb »Die arabische Freiheitsbewegung ist im Mittleren Orient unser natürlicher Bundesgenosse gegen England« und die Verlegung einer Militärmission und einer kleinen Fliegereinheit nach Bagdad befahl, war es längst zu spät.

* Die Abteilung L (Landesverteidigung) im OKW fertigte zu dieser Zeit ein Gutachten über die Frage, ob Kreta oder Malta besetzt werden sollten. Die Offiziere der drei Wehrmachtsteile kamen (lt. Warlimont, »Im Hauptquartier der Deutschen Wehrmacht«) einhellig angesichts der Lage Rommels zu dem Schluß: Malta. Hitler entschied wegen der Gefahr für Ploesti anders. Dann schickte er seinen Adjutanten Schmundt mit der Aufforderung zur Abtl. L, keine Anmerkungen über diese Meinungsverschiedenheit im Kriegstagebuch zu machen.

Aus Indien pumpte General Sir Claude Auchinleck, noch von keinem Feind bedrängt und daher williger als Wavell, Truppen in den Stützpunkt Basra. Aus Palästina setzte Wavell murrend eine motorisierte Brigade in Marsch, die schnell die belagerte Fliegerschule Habbaniya entsetzte und schließlich Bagdad nahm. Raschid Ali floh nach Persien.

Die Probleme Syrien und Kreta blieben in der Schwebe, vorerst. Von den »riesigen Truppenzahlen«, die Wavell nach Churchills Ansicht zur Verfügung hatte, war ein Teil immer noch damit beschäftigt, die Italiener in Abessinien und Eritrea endgültig zu schlagen. Trotzdem entschloß sich Wavell, an der Küstenflanke anzugreifen.

Die Küsten-Hochebene der Cyrenaika endet bei Sollum, schon jenseits der ägyptischen Grenze mit einem für Nordafrika typischen »Djebel«, einer nach Osten steil abfallenden, bis zu 200 Meter hohen Stufe, die 80 Kilometer weit nach Südosten verläuft. Nur hoch im Norden steigen zwei befahrbare Pässe diese gewaltige Treppenstufe hinauf: der Halfaya-Paß und die Sollum-Serpentine.

Die strategische Bedeutung dieser Pässe lag auf der Hand: Wer von Ägypten aus nach Westen operieren wollte, etwa um Tobruk zu entsetzen, mußte entweder in ihrem Besitz sein, oder seinen Nachschub weit unten durch die südliche Wüste führen, ein sprit- und materialfressendes Unternehmen, das von einem energischen Gegner überdies leicht zu treffen war.

Wavell konnte keine besonders eindrucksvolle Streitmacht aufbringen, um diese Position zu nehmen: aus den Werkstätten im Nildelta ließen sich für die 7. Panzerdivision ganze 30 Kreuzer und 25 Matildas zusammenkratzen. Aber die Situation schien günstig.

Am 15. Mai stieß die kleine Panzertruppe nach der Umgehung der Höhenstufe nach Norden vor. Zugleich griffen Garde-Einheiten frontal die Pässe an.

Die Panzer nahmen Capuzzo und Sollum, wurden jedoch im Gegenstoß geworfen und zogen sich zurück. Die Garde überrumpelte die deutsche Besatzung der Pässe und setzte sich fest. Anders als die zerschossenen Nester in der Ebene waren die Stellungen am felsigen, von Wadis zerrissenen Djebelrand nicht so leicht zurückzuerobern. Wavell schien eine gute Ausgangsposition in der Hand zu haben. Denn Großes war in Vorbereitung. Es hatte mit dem Wagnis zu tun, das Churchill eingegangen war und das selbst den eisernen Premier einige schlaflose Nächte gekostet hatte.

Wavell verfügte in Ägypten über eine ganze Menge guter Panzersoldaten. Aber deren Tanks lagen zwischen El Agheila und Sollum oder in den Tälern Griechenlands.

Es genügte also, ihm Tanks ohne Mannschaften zu schicken. Der Premierminister saß, Kissen in den Rücken gestopft und bestreut mit Depeschen und Berichten, auf seinem Landsitz Chequers im Bett, als ihm die Erleuchtung kam:

Ein Konvoi schneller Schiffe, beladen mit Tanks, sollte in den nächsten Tagen auf die lange Reise um das Kap der Guten Hoffnung nach Kairo gehen. Wenn man aber diese Ladung auf dem kurzen Weg durch die Straße von Gibraltar und das Mittelmeer zu Wavell schicken könnte, würde er noch vor dem Einsetzen der schlimmsten Sommerhitze zuschlagen können!

So ungebärdig Churchill und so groß seine Machtfülle als Premier- und Verteidigungsminister in Kriegszeiten war, so sehr war der alte Politiker auch von den Spielregeln des Parlamentarismus geprägt. Nie wäre es ihm eingefallen, eine wichtige Entscheidung ohne die Zustimmung seines Kriegskabinetts, des Verteidigungsrates und der Stabschefs zu fällen. Und so sehr seine bullige Persönlichkeit auch diese Gremien dominierte — sehr oft beugte er sich knirschend dem Votum der Fachleute.*

Er machte sich also daran, die Berater-Gremien zu überzeugen. Die Stabschefs waren zunächst dagegen, aber im Verteidigungsrat überzeugten Stimmen von der Admiralität und der Luftwaffe: wir können es riskieren.

* Wie weit dieser Unterschied den Kriegsverlauf prägte, auch nach dem Eingreifen der Amerikaner und der Bildung der »Vereinigten Stabschefs«, ist meines Wissens noch nicht genau untersucht worden: Ebenso wie Hitler dilettierte Churchill brillant auf militärischem Gebiet, ließ sich im Gegensatz zu jenem jedoch überzeugen. Es scheint, daß die im Kriegsfall vielgeschmähten demokratischen Prinzipien auf lange Sicht auch hier ihre Überlegenheit bewiesen haben.

Churchill telegrafierte an Wavell: »In den letzten Tagen habe ich mich sehr für Sie eingesetzt, und Sie werden gewiß mit großer Freude erfahren, daß wir ihnen 307 unserer besten Kampfwagen durch das Mittelmeer zusenden... Wenn dieser Transport die Gefahren der Reise übersteht, was natürlich nicht garantiert werden kann, dann wendet sich das Blatt, und Ende Juni sollte sich kein einziger Deutscher mehr in der Cyrenaika befinden. Während der Vorbereitungen müssen Sie den Eindruck erwecken, als kämen sie um das Kap, denn Geheimhaltung ist wichtig; hier sind nur wenige eingeweiht worden.«

Unter den Panzern waren 180 schwere Matildas und 99 schnelle Kreuzer vom Typ Mark IV und dem neueren Mark VI, der ein etwas verbessertes Fahrwerk mit fünf statt vier Laufrollen hatte – aber immer noch weit entfernt von mechanischer Zuverlässigkeit war und auch nur die kleine Zweipfünder-»popgun« im Turm hatte.

Die Decknamen für die bevorstehenden Aktionen erfand Churchill persönlich: »Tigerwurf« für den kühnen Transport durch das Mittelmeer, wodurch die Tanks folgerichtig den Namen »Tiger-Babys« erhielten, und »Streitaxt« für die Offensive, mit der sie Rommel und seine Soldaten endgültig aus der Cyrenaika werfen sollten.

»Während der nächsten vierzehn Tage richteten sich meine schärfste Aufmerksamkeit und alle meine Ängste auf das Geschick des Unternehmens »Tiger«, schreibt Churchill in seinen Erinnerungen. Tatsächlich ging nur eines der Schiffe mit 75 Tanks durch eine Minenexplosion unter.

Aber auch bei Rommel war nun die 15. Panzerdivision ziemlich vollzählig; insbesondere ihr Panzerregiment 8 veränderte das Kräfteverhältnis bedeutsam. Hinzu kam, daß Rommel auch unter Nachschubsorgen nicht daran dachte, mit den Pässen die wichtigsten strategischen Punkte in der Hand des Feindes zu lassen. Am 27. Mai ließ er angreifen.

Teile des Panzerregiments 8 umgingen die Höhenstufe im Süden und fielen der Paß-Besatzung in den Rücken. Unterstützt durch Sturmflak und Artillerie ging ein Schützenbataillon von Westen vor. Das Panzerregiment 5 fuhr inzwischen einen Scheinangriff im Südosten.

Der Kommandeur des Schützenbataillons war ein evangelischer Pastor, der auf dem afrikanischen Kriegsschauplatz zu einer gewissen Berühmtheit wurde und später in einem kanadischen Gefangenenlager starb: Hauptmann Wilhelm Bach aus Mannheim, fast fünfzigjährig, mit einem gemütlich gerundeten Bäuchlein und dem dazu passenden badenser Dialekt.

Aber der alte Herr rannte, einen Spazierstock schwingend, bei Temperaturen von 40 bis 50 Grad den Angriff mit. Die Stellungen waren von Elite-Soldaten der Coldstream Guards besetzt. Die gefürchteten 25-Pfünder »Ratsch-Bum« zwangen die Landser immer wieder in Deckung und verursachten blutige Verluste.

Als der Angriff endgültig steckenblieb, kletterte der geistliche Hauptmann im Infanteriefeuer aus der Deckung, klemmte den Spazierstock unter den Arm und stellte mit dem Fernglas die Position der feindlichen Artillerie fest. Dann ließ er die Stellungen von allem unter Feuer nehmen, was im Mannschaftszug und auf einigen Rädern mit in das rauhe Gelände genommen werden konnte. Kurz darauf waren die Pässe zurückerobert.

Vom 5. Panzerregiment, das eigentlich nur eine Art »Demonstration« veranstalten sollte, wurde immerhin eine 25-Pfünder-Batterie von 16 Geschützen erobert.

Diese Batterie hatte die Kompanie des Hauptmanns Gierga dauernd eingedeckt, aber Anfragen beim Abteilungskommandeur, ob man nicht besser angreifen solle, waren mit immer gereizteren Worten abgewiesen worden. Schließlich hörte Hauptfeldwebel Wendt seinen Hauptmann vernehmlich ins Mikrophon murmeln: »Ihr könnt mich alle mal am Arsch lecken!«

Dann, lauter: »Wendt, Sie greifen sofort mit ihrem Zug an!«

Der »Spieß« donnerte sofort los, mit seinem üblichen Vorwärtsdrang den Fahrer antreibend, bis der über die Bordsprechanlage brüllte: »Ich fahre doch schon 43, schneller geht er nun mal nicht.«

Ohne zu merken, daß er wieder einmal seinem Zug davongerattert war, machte Wendt 800 Meter vor der Batterie einen

Schießhalt und fuhr sofort weiter. »Was macht dieser Idiot da?« brüllte der Abteilungskommandeur über Funk.

Kaum 100 Meter vom ersten Geschütz sah Wendt, wie ein Ladeschütze im Galopp eine Granate heranschleppte. Die erwischt uns, dachte er. Dann sah er das Mündungsfeuer und spürte einen mächtigen Schlag. Der Panzer rollte weiter, obwohl der Fahrer das Gasgeben vergessen hatte, und blieb mitten in der Batterie stehen.

»Ist einem was passiert?« rief Wendt. Alle saßen wie vom Donner gerührt und sagten kein Wort, schienen aber unverletzt. Wendt stieß das Turmluk auf. Die britischen Artilleristen starrten ihn völlig verstört an. Weiter hinten brüllten die Motoren der anderen Panzer, die mit Höchstfahrt aufzuholen suchten.

Das am entferntesten stehende Geschütz war inzwischen an eine Zugmaschine gehängt worden, und die Besatzung versuchte zu entkommen. Wendts Richtschütze schoß die Zugmaschine mit einer Sprenggranate in Brand.

Der Hauptfeldwebel sprang aus dem Panzer und winkte die Artilleristen heran. Sie folgten zögernd, nur einer versuchte, sich hinter einer Geschützlafette zu verstecken. Wendt zog ihn am Hosenboden hervor.

Die Spannung löste sich, als Wendts ostpreußischer Ladeschütze – allgemein »Opi« genannt, weil er schon 30 Jahre alt war – im knarrenden Dialekt seiner Heimat sagte: »Wenn der Ihnen was jetan hätte, wäre ich mit dem Masser jekommen!«

Die Granate hatte den Panzer auf den am Bug festgemachten Ersatz-Kettengliedern getroffen und nur die Lampen weggefetzt. Auch das Funkgerät hatte die Erschütterung nicht überstanden.

Pioniere sammelten die Gefangenen ein. Hauptmann Gierga sprang aus seinem Panzer und sagte: »Spieß, dich habe ich schon im Himmel gesehen.«

Und der Abteilungskommandeur sagte »Prima, prima!« und reichte den »Idioten« zum Eisernen Kreuz 1. Klasse ein.

Inzwischen wurde Kreta in einem der größten Luftlande-Unternehmen der bisherigen Kriegsgeschichte besetzt. Die Verluste dabei waren so schwer, daß Hitler fortan vom Fallschirmjäger-Einsatz im großen Stil nichts mehr wissen wollte – eine Tatsache, die vermutlich Malta gerettet hat. Nur ein paar Leute wußten, daß dabei die Entschlüsselung des deutschen Funkverkehrs durch »Ultra« eine große Rolle gespielt hatte. General Sir Bernard Freyberg, neuseeländischer Divisionskommandeur und Oberbefehlshaber auf der Insel, hatte von den Codeknackern des Geheimdienstes fast alle Einzelheiten des Angriffsplanes erhalten.

Cunninghams Marine-Streitkräfte aber hatten wieder einmal eine große Evakuierungsaktion auszuführen, diesmal unter ständigen Fliegerangriffen der Deutschen und mit schweren Verlusten. 16 500 Mann konnten nach Ägypten zurückgebracht werden. Die Verluste betrugen 15 000, immer noch erheblich mehr als auf Seiten der Angreifer.

Wieder einmal hoffte Rommel, daß die nach der Kreta-Operation freigewordenen Luftwaffenverbände nun seine Truppen und Nachschubwege schützen würden, aber die Masse ging zurück ins Reich: »Barbarossa« stand vor der Tür. Churchill glaubte, daß die Deutschen nun Syrien zu einer großen Basis ausbauen und seine ägyptischen Positionen in die Zange nehmen würden. Er drängte Wavell, zusammen mit de Gaulles frei-französischen Truppen auf Damaskus vorzugehen.

Er funkte: »Bezüglich Kretas hat ein Sturm der Kritik eingesetzt, und über viele Punkte wird Aufklärung von mir verlangt. Das soll Sie aber nicht kümmern. Halten Sie den Blick fest auf Syrien gerichtet und vor allem auf ›Streitaxt‹ . . .«

Der geplagte Oberbefehlshaber setzte am 8. Juni zwei Divisionen, darunter die glänzende 7. Australische, gegen Syrien in Bewegung. Die Kämpfe, die ganz Syrien (mit dem heutigen Libanon) in britischen Besitz brachten, sollten bis zum 12. Juli dauern und 46 000 Mann kosten.

Aber unerbittlich bestand Churchill auf »Streitaxt«, obwohl Wavell ihm am 28. Mai mitteilte, er halte die Erfolgsaussichten für zweifelhaft, insbesondere wegen der technischen Unterlegenheit der eigenen Panzerspäh- und Panzerwagen. Auch das Herrichten der inzwischen eingetroffenen rund 250 »Tiger-Babys« sei schwieriger und zeitraubender als angenommen, weil ein Teil in üblem Zustand sei.

Churchills Drängen war natürlich hauptsächlich eine Folge der Tatsache, daß er über »Ultra« Rommels Meldungen las; als er seine Memoiren diktierte, durfte er diese erst kürzlich enthüllte Tatsache nicht mitteilen und verursachte ein jahrzehntelanges Rätselraten, indem er mit der ihm eigenen Bedenkenlosigkeit schrieb: »Um jene Zeit stand einer unserer Spione in naher Beziehung zu Rommels Hauptquartier, und so erhielten wir exakte Informationen über die gewaltigen Schwierigkeiten ...«

Die Schwierigkeiten waren in der Tat gigantisch. Nicht einmal zum Wasser-Transport reichten Sprit und Fahrzeuge, und die Tagesration bei den Truppen vor Tobruk war in der Regel ein Liter, wovon die Hälfte an die Feldküche ging. Dabei war der Wasserbedarf des Körpers nicht nur wegen der Hitze, sondern auch wegen der täglichen, austrocknenden Staub- und Sandstürme höher als gewöhnlich.

Das traf besonders die Infanteristen, die tagsüber zumeist regungslos in ihren Löchern braten mußten, denn die australischen Scharfschützen gegenüber waren von unglaublicher Treffsicherheit. Die vitaminarme Kost verursachte Durchfall und Lebererkrankungen; irgendein Verpflegungsfürst war zu dem Schluß gekommen, daß neben den italienischen Lieferungen sich am besten Dauerbrot, Schlackwurst und Ölsardinen (weil anderes Fett ranzig würde!) zum Versenden nach Afrika eignete.*

Unter der brütenden Sonne lief das Fett wie Wasser aus der Dauerwurst. Ölsardinen, so angenehm sie gelegentlich in kühlerem Klima schmecken, konnte niemand mehr riechen. Die Besatzung von Joachim Saenger improvisierte aus den blauen Büchsen mit der Aufschrift »King Oscar Briesling« Hindenburglichter: Deckel durchbohrt, Docht hinein, fertig.

* General Westphal, Rommels späterer Armee-Ia, berichtete mir, das zuständige bayerische Wehrkreiskommando 7 sei auch später nicht zu einer Änderung zu bewegen gewesen; es habe auch daran festgehalten, daß Hülsenfrüchte ausgesprochen afrika-geeignete Verpflegung seien.

Die Panzerleute konnten sich ohnehin besser einrichten als die Infanteristen. Saengers Kompanie hatte in der Nähe eine unterirdische Höhle entdeckt, ein ausgewaschenes Byrrh, das sie als eine Art Kantine einrichteten. Sie wurde, da der Kompaniechef Sandrock hieß, »Adeles Ruh'« getauft. Ein kompanieeigener Künstler malte die beiden Möglichkeiten der »Heimkehr des Afrika-Kriegers« an die Wand: Entweder siegreich hoch oben auf einem Kamel, das mit den Schätzen des Orients beladen war, oder als Knochengerüst.

Außer den Fliegen, die jede Stulle unmittelbar nach der Fertigstellung wie eine schwarze Schicht bedeckten und trotz allem Wedeln oft mitverschlungen werden mußten, gab es gelegentlich auch Unannehmlichkeiten mit Schlangen. Saenger wanderte einmal mit seiner Feldflasche ahnungslos zur Kaffee-Ausgabe, wo die Küchenbullen einen Trichter in die Öffnung steckten und den heißen Kaffee eingossen. Plötzlich flog ihnen der Trichter samt Kaffee ins Gesicht und eine offensichtlich empörte Sandviper suchte das Weite.

Die alte Kommiß-Sorge, daß untätige Mannschaften übermütig und nichtsnutzig werden könnten, traf natürlich auch vor Tobruk zu. In Ruhe wurde sofort Dienst nach Kasernen-Art angesetzt, mit Waffen- und Kleider-Appell, Exerzieren und Putz- und Flickstunde. Der Regimentskommandeur kletterte in die Panzer und donnerte die Besatzungen zusammen, wenn er afrikanischen Staub fand.

Für solche Vergehen konnte man sich Strafexerzieren einfangen, das normalerweise darin bestand, daß ein Stapel Wasserkanister 50 Meter weitergetragen und wiederaufgeschichtet werden mußte. Immer im Kreis rum.

Einige, die sich noch in der Garnison Wünsdorf für irgendwelche Vergehen drei Tage »Dicken« eingehandelt hatten, wurden prompt zum »Absitzen« eingesammelt: ein Zelt diente als Arrestzelle. Ordnung muß sein.

Scharf kontrolliert, und das war sinnvoll, wurde der nächtliche Wachdienst, denn die Australier amüsierten sich in stetig steigendem Maße mit Stoßtruppunternehmen, die weit ins Hinterland führten. Sie suchten sich allerdings zumeist italienische

Stellungen aus, weil sie deren Wachdienst wohl weniger effektiv fanden, und warfen Handgranaten unter die Panzer, wo die Italiener gern schliefen. Sie brachten dabei eine Menge um. Später wurden die Panzer der »Ariete« und des 5. PR gemischt aufgestellt und das Vorfeld durch Drähte mit leeren Konservendosen gesichert. Aber das wurde bald wieder abmontiert, weil da immer mal wieder Springmäuse herumhopsten, irgendein nervöses Hemd zu ballern anfing und die ganze Gegend aufweckte und zum Mitmachen einlud.

Die Bombengeschwader der Royal Air Force kamen zu dieser Zeit regelmäßig. Im Gegensatz zu den italienischen M 13 waren die deutschen Panzer III und IV verhältnismäßig sicher; nur ein Volltreffer konnte ihnen gefährlich werden. Unter den Reihenwürfen der bejahrten »Wellingtons« verschwanden die parkenden Kampfwagen in gewaltigen Sandwolken, aber wenn der Staub sich senkte, war in der Regel nichts passiert.

Wer außerhalb des Panzers erwischt wurde, war jedoch übel dran. Aus Saengers Kompanie geriet der Gefreite Heinz Schubert, ein Fleischermeister aus dem Osten Berlins, in einen Bombenangriff. Ein Splitter riß ihm den Bauch auf, er trat im Laufen in seine eigenen Därme und starb unter fürchterlichen Schmerzen.

Mitte Juni kam eine Anweisung, die selbst unter des Führers geduldigen Soldaten des Panzerregiments 5 heftige Empörung auslöste: sie sollten eine Straße bauen.

Die Küstenstraße von Derna nach Sollum war durch Tobruk blockiert. Der Nachschub-Verkehr rollte im weiten Bogen um die Festung herum; durch sprit- und reifenfressendes Gelände. Da es so aussah, als ob die Belagerung lange dauern würde, sollte die zerfahrene Piste befestigt werden, eine schöne Aufgabe für die Panzersoldaten, die man nach altem Kommiß-Grundsatz ja ohnehin beschäftigen mußte.

Sie machen sich murrend bereit. Aber in der folgenden Nacht kamen plötzlich Sprit- und Munitionswagen, das sichere Anzeichen eines bevorstehenden Kampfes. Churchills »Tiger-Babys« schlichen sich an.

2. Acht-acht frißt »Tigerbabys«

Massaker am Halfaya-Paß

Es waren die Männer der berühmten 7. Tankdivision, die nun mit Churchills »Tiger-Babys« ausgerüstet waren. Ihr Divisionszeichen war eine Springmaus im Kreis. Da die angelsächsischen Zeitungsreporter der Rommel-Truppe den ehrenvollen Namen »die Wüstenfüchse« verordnet hatten, nannten sich die Tank-Soldaten der 7. mit einem gewissen Trotz »Wüstenratten«, ein Spitzname, der englischem Humor sehr entgegenkommt und schließlich von der ganzen 8. Armee adoptiert wurde.

Die »Streitaxt«-Offensive litt von vornherein unter verschiedenen handicaps:

- Unter Churchills Druck konnte Wavell seinen Soldaten nicht einmal ein paar Tage Zeit lassen, sich mit den neuen Kreuzer-Typen vertraut zu machen, die Besatzungen ebensowenig wie die Männer der Werkstatt-Züge, die im verschleißenden Wüstenkampf genauso wichtig waren.
- Aus zwei Gründen konnte Wavell seine Panzer-Streitmacht nicht geballt einsetzen: Zum einen mußte ein Matilda-Regiment abgezweigt werden, um die für den Fortgang der Offensive wichtigen Pässe zurückzuerobern, zum anderen bestand der Rest seiner mechanisierten Einheiten aus je zwei langsamen Matilda- und schnellen Kreuzer-Regimentern, die wegen ihrer extrem unterschiedlichen Geschwindigkeiten nicht miteinander marschieren konnten.

Hier zeigte sich der ganze Unfug der Trennung von Kreuzer- und Infanterietanks im britischen Panzer-Programm: Notgedrungen mußte Wavell die Matildas in der Kreuzer-Rolle einsetzen, obwohl dieser zu anderen Zwecken konzipierte Tank auf längeren

Gewaltmärschen in alarmierendem Maß an technischem Versagen zu verenden pflegte.

Diejenigen Matildas, die zusammen mit indischer Infanterie den Halfaya-Paß aufknacken sollten, kamen der Rolle für die sie gedacht waren, noch am nächsten. Aber sie liefen in eine fürchterliche Falle.

Rommel höchstpersönlich war in der Zeit nach der Wiedereroberung der Pässe immer wieder zu Pastor Bachs Truppe gefahren, um sich davon zu überzeugen, daß aus dieser Schlüsselstellung eine uneinnehmbare Festung gemacht wurde. Die Schützen wurden verstärkt durch Pak und Artillerie. Aber Rommels wichtigster Trumpf war eine Batterie Acht-acht-Kanonen.

In knochenbrecherischer Arbeit wurden sie so in den harten Boden gegraben, daß ihre langen Rohre so eben über die Deckung ragten. So gewaltig die Kanone war – schon aus 50 Meter Entfernung war nun nichts mehr zu sehen: in der heißen Luftschicht unmittelbar über dem Boden verkleinert sich jeder Gegenstand wie unter einem Mikroskop.

Auf diese mörderische Stellung klirrten die Matildas des 4. Königlichen Tankregiments im Morgengrauen des 15. Juni zu – schutzlos. Der Grundsatz, daß Panzer ohne Luftwaffen- oder Artillerieunterstützung gegen wohlbewehrte Infanteriestellungen hilflos sind – insbesondere, wenn sie so langsam wie die Matildas über freies Schußfeld vorrücken müssen und wie dieser seltsame »Infanterie-Tank« keine Sprenggeschosse verfeuern können –, war von der britischen Führung mit unglaublicher Lässigkeit mißachtet worden.

Zwar war eine 25-Pfünder-Batterie zum »Aufweichen« der deutschen Stellungen eingeteilt, aber es gab kein gemeinsames Oberkommando. So konnte es passieren, daß die Artilleristen im weichen Sand stecken blieben und, als sie sich endlich herausgewühlt hatten, zu einem anderen Einsatz weiterrollten. Die Zeit, die sie nach ihrem Plan für Halfaya aufwenden sollten, war beim Schippen verstrichen.

Gleich zu Beginn flogen vier Matilda-Besatzungen die Ketten um die Ohren – in einem Minenfeld, das eigentlich geräumt sein sollte. Sie gehörten zu der Truppe von fünf Tanks, die unten aus

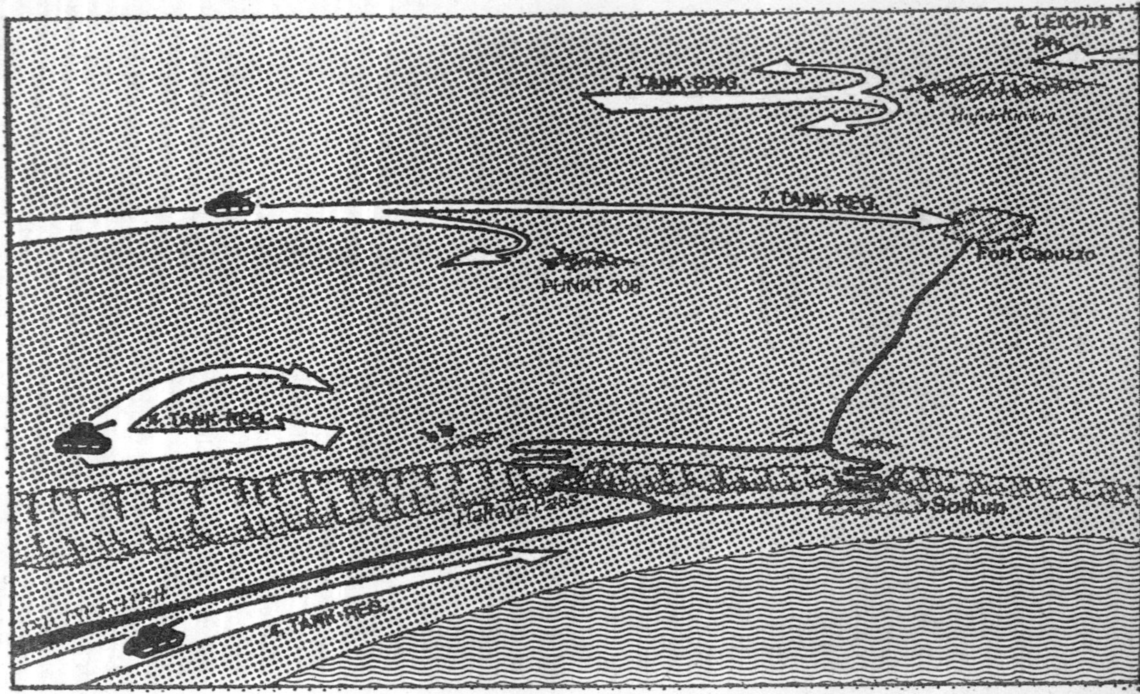
5. LEICHTE DIV.
7. TANK-BRIG.
7. TANK-REG.
Fort Capuzzo
PUNKT 206
TANK-REG.
Halfaya-Paß
Sollum
4. TANK-REG.

der Ebene mit indischer Infanterie angreifen sollte. Damit war diese Seite fast ohne Panzer-Unterstützung, während der Hauptmacht oben auf dem Plateau die Artillerie fehlte. Die Szene erinnerte an die blutigen Ostertage von Tobruk... Der gemütliche Hauptmann Bach stand, mit Spazierstock und Zigarre, in der Flakstellung. Es gibt im Krieg kaum ein entnervenderes Geräusch als das Dröhnen und Klirren anrollender Tanks. Aber Bach sagte bedächtig: »Mer hawwe noch viel Zeit.«

Aus der Ebene schoß britische Artillerie, jedoch verblüffend ungenau. Als auf Bachs Zeichen zum ersten Mal das peitschende Krachen der Acht-acht die dumpferen Explosionen der Granaten übertönte, begann auch die italienische Artillerie zu feuern.

Die Wirkung der 10-kg-Vollgeschosse der Flak war verwüstend. Matildas explodierten, blieben qualmend oder mit abgerissenen Türmen liegen. Verzweifelt versuchten die übriggebliebenen, ein paar Bodenwellen auszunutzen und sich mit ihren Kanönchen zu wehren. Einer schaffte es tatsächlich, durch einen Volltreffer einen Munitionswagen der Flakleute in die Luft zu jagen.

Vier Stunden dauerte das Gemetzel. Der Tank-Kommandeur, Major Miles, versuchte Flankenstöße und Ablenkungsmanöver. Die fast völlig unbelästigten Kanoniere an den Acht-acht schossen wie auf dem Exerzierplatz. Um zehn Uhr funkte Miles an seinen Regimentskommandeur: »Sie schießen meine Tanks in Fetzen.« Eine Stunde später war er tot. Von seinen 17 Tanks war noch einer übrig.

Nachmittags versuchte die indische Infanterie noch einen Angriff aus der Ebene. Die Besatzungen der bewegungsunfähigen Matildas im Minenfeld unterstützten sie mit ihren ärmlichen Bordwaffen. Die Inder wurden fürchterlich zusammengeschossen. Ein wichtiges Stück von Wavells Plan war schon gescheitert.

Weiter westlich sah es nicht viel besser aus.

Wavell hatte versucht, das Beste aus seinen handicaps zu machen: Die langsamen Matildas schlugen einen engen Haken um

◄ So wurde die »Streitaxt« stumpf: Infanterietanks (4. u. 7. Tankregiment) und Kreuzer (7. Brigade) liefen auf Acht-acht-Stellungen. Nur Capuzzo wurde vorübergehend genommen.

die Höhenstufe auf Capuzzo zu, das zerschossene Fort im Rücken der Pässe, wichtiger Ausgangspunkt für weitere Vorstöße Richtung Bardia und Tobruk.

Die schnelleren Kreuzer fuhren einen weiteren Bogen, um die linke Flanke der Matilda-Streitmacht zu schützen, mit der auch die Masse der Infanterie rollte, die 22. Garde-Brigade.

Zwei befestigte Stellungen lagen im Weg dieser beiden Vorstöße: Bei den Kreuzern der 7. Brigade der Hafid-Rücken, militärisch »Punkt 208« genannt, weiter östlich an der Grenze der Punkt 206, den die Matildas der 4. Brigade passieren mußten. Wieder brach das altertümliche Fronten- und Flanken-Denken der Briten durch: Statt hohnlachend an den kleinen Besatzungen vorbeizufahren und ihre volle Kampfkraft den enscheidenden Gegnern, nämlich den Panzerregimentern, zu widmen, griffen die Briten die Punkte an.

Auch am Hafid-Rücken waren Acht-acht-Kanonen eingegraben. Major J. R. »Jock«* Holden aus der Gegend von Dumfries im südlichen Schottland, Schwadronschef bei der 4. Tankbrigade, sah im Vorrollen auf Capuzzo zu seiner Linken die Kreuzer schneidig wie Kavalleristen auf die Hafid-Stellung losbrausen. Es ging ihnen auch wie den Kavalleristen des Ersten Weltkrieges, deren Kommandeure die Erfindung des Maschinengewehrs nicht zur Kenntnis nehmen wollten. Ein Tank nach dem anderen flog auseinander, zerfetzte Rümpfe, abgerissene Türme, schwarz blakend öliger Rauch. In Minuten war eine ganze Schwadron ausgelöscht.

Einer der überlebenden Offiziere geriet in Gefangenschaft. Er bestand darauf, die Kanone zu sehen, die ihnen das angetan hatte. Vor der Acht-acht ließ er seinen Blick über das lange Rohr, das mächtige Patronenlager wandern und sagte ernsthaft: »Das ist aber auch unfair, so eine große Kanone gegen so kleine Panzer.«

Matildas in Capuzzo

Aber auch Punkt 206 kostete fast eine Schwadron Matildas, obwohl dort nur ein paar schwere Spähwagen und 5-cm-Pak auf

* Nach einer britischen Armee-Marotte erhielt jeder Schotte automatisch den Spitznamen Jock, wie jeder Miller »Dusty« und jeder Clarke »Nobby« hieß.

Selbstfahrlafette stationiert waren. Die deutschen Kanoniere wehrten sich erbittert. Eine Matilda verdaute 48 Treffer, bevor ein 5-cm-Geschoß durchschlug.

Der Rest der 4. Tankbrigade, immer noch eine solide Masse von rund 80 dickhäutigen Matildas, brach wuchtig in den Bereich von Capuzzo ein.

Sergeant »Jock; McGinniley, Matilda-Kommandant und Führer eines »Troops« von drei Tanks, amüsierte sich über seine seltsam zusammengewürfelte Mannschaft: der Kanonier war zwar Schotte wie er, aber der Fahrer ein Ire und der Funker ein Londoner Jude.

Seine drei Tanks gerieten in einen wüsten Stuka-Angriff, als sie die zerschossenen Reste Capuzzos schon in Sicht hatten. Der Fahrer versuchte, mit dem langsamen Ding Haken zu schlagen, so gut es ging. Es war jedenfalls wichtig, bei der verdammten Treffsicherheit der deutschen Piloten nicht stehenzubleiben. Sie fuhren durch eine brüllende, von Blitzen und Staubwolken erfüllte Hölle. Als alles vorüber war, waren sie allein. McGinniley hat nie wieder von den beiden anderen Besatzungen gehört. Einer der Kommandanten war sein Freund, »Strod« Strodwick.

Sie klirrten durch den Soldatenfriedhof von Capuzzo in die deutschen Infanterie- und Artilleriestellungen, mit dem koaxialen* MG soviel Blei verstreuend wie möglich.

Ein einzelner Lastwagen preschte in einer Staubwolke zwischen ein paar Geschütze. McGinniley sah den Fahrer abspringen und helfen, ein Feldgeschütz anzukoppeln, während andere Soldaten dichtgedrängt auf die Ladefläche sprangen.

Sie waren kaum noch 50 Meter entfernt, als der Fahrer sich hinter das Steuerrad warf. »Der hätte eins von ihren Ritterkreuzen verdient«, dachte McGinniley flüchtig. Dann rief er »MG, Feuer!«

Nicht geschah. Er blickte hinüber zum Kanonier, der regungslos dastand, das Auge an der Optik, eine heftig zitternde Hand am Abzug. Es war etwas anderes, weit entfernten Lastwagen nachzuschießen, als auf diese deutlich erkennbaren, schreckerstarrten Gesichter.

McGinniley griff hinüber und zog den Abzug durch. Auch seine

* koaxial = gekoppelt und gleichgerichtet mit der Kanone.

Hand war nicht ruhig; statt des MG's bellte die Kanone. Das Vollgeschoß ging glatt durch den Lkw und traf den Fahrer oder den Motor. Der anrollende Wagen blieb stehen. Die Soldaten sprangen von der Ladefläche. Der Kanonier überwand seine Erstarrung und hielt mit dem MG zwischen die stürzenden, sich krümmenden Gestalten.

Im selben Augenblick wurde der Tank von Treffern erschüttert Zwei 5-cm-Geschosse trafen Turm und Fahrerfront, ohne durchzuschlagen. Dann detonierte eine schwere Artilleriegranate auf dem Heck.

Die Matilda-Panzerung hielt auch das aus, aber die Erschütterung riß einen der beiden Motoren aus seiner Verankerung. Es qualmte und flackerte im Motorenraum. Sie öffneten die Luke und sprühten Feuerlöschmittel hinein.

Der eine Motor mit seiner verbogenen Kardanwelle spielte nicht mehr mit, aber die Matilda ließ sich auch mit halber Kraft fahren, wenngleich noch langsamer. Sie hinkten hinter der Kompanie her, die sich am Nordrand Capuzzos verteilte. Auf dem Weg fingen sie noch einen Treffer ein. Der Motor blieb stehen, ließ sich aber wieder anlassen.

In Capuzzo sahen sie, daß ihr Tank von außen völlig »nackt« war: Bettenrollen, Verpflegungskisten, Lampen, Spaten und Ersatzkettenglieder – alles war weg. Dieser Tank konnte wirklich was vertragen.

Mitten in einer Kommandanten-Besprechung der Kompanie kamen wieder Stukas. Als Mc Ginniley die Nase aus dem Sand hob, waren sein Kompaniechef und zwei andere Kommandanten tot. Die Flieger kamen zurück, er rannte zu seinem Tank und kroch unter den Rumpf.

In diesem Augenblick ließ der Fahrer den Motor an, offenbar in der ganz richtigen Überlegung, daß er in der Bewegung sicherer war. Qualm aus dem zerrissenen Auspuff schlug McGinniley ins Gesicht, hustend kroch er auf das Heck und sprang in die Luke. In seiner Hast schlug er sich auch noch den Deckel auf die Finger. Die Erde bebte unter den Stuka-Bomben. Sie hatten ihr Angriffsziel erreicht, aber es schien, als ob man sie hier nicht haben wollte. Er fühlte auf einmal, daß er völlig naß war. Die Temperaturen draußen lagen bei 50 Grad Celsius. Major Holdens Fahrer Leslie Bowie hatte seinen Tank namens »Gamecock« (Kampfhahn) mitten durch das altrömische Tor gesteuert. Die Infanteristen der Garde-Brigade sammelten Gefangene ein.

Ganz in ihrer Nähe spielten 15 Deutsche Mäuschen. Der Kampfgruppenkommandant Oberstleutnant Knabe mit seinem Stab und ein paar Versprengten war ein wenig weiter nördlich in eine der Kanalröhren gekrochen, die unter der Via Balbia, der Küstenstraße, hindurchführten.

Draußen sahen sie Gardisten herumwandern, die Röhre zitterte, wenn mächtige »Matildas« über sie hinwegrollten. Der Oberstleutnant hatte das Feldtelefon an der Strippe nachgezogen; nun stopfte er ein Taschentuch um die Klingel – für den unwahrscheinlichen Fall, daß die Leitung noch intakt war und irgendwer am anderen Ende die Kurbel drehte.

Niemand hielt sich damit auf, einen Blick in die Röhre zu werfen. In der Nacht schlichen die Männer in kleinen Gruppen davon und erreichten die eigenen Linien.

Ritterkreuz für Spieß Wendt

Im letzten Licht war es auch zu den ersten Panzergefechten gekommen. Rommels geschickte Aufstellung seiner schnellen Einheiten trug Früchte: Aus dem Raum südlich Tobruk erreichte die 5. leichte Division mit ihrem Panzerregiment gerade noch rechtzeitig die Besatzung des Hafid-Rückens, die zwar von Kreuzer-Wracks umgeben war, aber inzwischen unter Munitionsmangel litt. Mit an Verrücktheit grenzender Tapferkeit waren zwei Tanks unter dem Feuer der Acht-acht in die Stellung eingebrochen. Der eine wurde auf ein paar Schritt Entfernung zerstört, der andere überrollte ein Geschütz und entkam.

Das Panzerregiment 5 traf auf einen ziemlich erschütterten Gegner. Die 7. Brigade ließ sich nach Süden abdrängen, Joachim Saenger, zum Unteroffizier befördert und kurzfristig für einen erkrankten Feldwebel eingesprungen, gab bei diesem Gefecht ein kurzes Debüt als Panzerkommandant.

Leider hatte er nie Schießen gelernt, und als der vorwärtsklirrende Keil Halt machte, die Masse der feindlichen Tanks vor den Rohren, gab es ein ziemliches Debakel.

Bei einer eingespielten Mannschaft gibt der Kommandant dem Richtschützen ein Ziel an, der richtet schnell den Seitenwinkel, inzwischen erhält der Ladeschütze seinen Befehl: Panzer- oder Sprenggranate, der Kommandant gibt dem Richtschützen die Entfernung an, was die Rohrerhöhung bestimmt ... »Feuer!« Nach dem Einschlag korrigiert der Kommandant die Entfernung, »Feuer!«

Dazu braucht man natürlich Erfahrungswerte, besonders in der Wüste, wo Kleines verkleinert und Größeres mächtig in die Höhe gereckt wird.

Saenger ließ ballern, so gut er konnte. Unglücklicherweise stand der Wagen des Abteilungskommandeurs neben ihm. Der wurde durch einen Zweipfünder-Treffer beschädigt, und der Chef übernahm Saengers Panzer.

Im Vorbeilaufen sagte Oberstleutnant Mildebrath lachend: »Mann, wo hast du denn schießen gelernt?«

»Gar nicht«, antwortete Saenger bekümmert.

Der Oberstleutnant brüllte noch vor Lachen, als er hinter sich und seinem Nachrichtenoffizier das Turmluk zuschlug.

Ein Stück südwestlich von dieser Stelle wurde um diese Zeit der Punkt 206 von Matildas genommen. So lange hatte es gedauert, bis Artillerieunterstützung heran war.

Auch in Capuzzo kam es noch zu einem wüsten Gefecht. Teile des Panzerregiments 8 griffen an. Hauptmann Johannes Kümmel brach mit drei schweren Panzern VI in den Festungsbereich ein und konnte trotz der erbärmlichen Mündungsgeschwindigkeit der kurzen 7,5-cm-Kanone acht Matildas außer Gefecht setzen. Er bekam das Ritterkreuz.

Als die Sonne eilig hinter dem westlichen Horizont verschwand, wußte Rommel dank dem freizügigen Gebrauch von unverschlüsselten Funksprüchen bei den Engländern ziemlich genau Bescheid. Schon in der Nacht zuvor hatten ihn seine Horcher recht gut unterrichten können, was da angerückt kam, und die deutsch-italienischen Truppen waren entsprechend frühzeitig alarmiert.

Im Morgengrauen des 16. Juni setzte er die 15. PD an, die Engder wieder aus Capuzzo herauszuwerfen. Aber die waren in der Nacht nicht untätig geblieben.

Sie hatten ihre Tanks eingegraben, vorhandene Mulden ausgenutzt, Felsbrocken rundum aufgeschichtet. Infolgedessen konnten sie ziemlich ungefährdet die deutschen Panzer auf eine Schußweite herankommen lassen, auf die auch der Zweipfünder Wirkung erzielte. Die Verluste auf der deutschen Seite waren beträchtlich.

Sergeant McGinniley hatte sich einen flachen Hügel ausgesucht, den er auch mit seiner einen Maschine ziemlich schnell erklettern konnte, um zu schießen und wieder zurückzurollen.

Zwischendurch kam einmal ein Sergeant Major (Hauptfeldwebel) von der Infanterie mit zwei Bahrenträgern und sagte: »Könnt ihr mal für einige Zeit aufhören zu schießen? Da unten liegt einer und schreit um Hilfe.«

Die Männer hatten eine große Rotkreuz-Flagge, und auch die deutschen Panzer stellten sofort das Feuer ein.

Die drei Männer schleppten dann einen Sergeant von McGinnileys Einheit an, der erzählte, sein Tank sei am Abend zuvor von den Panzer IV abgeschossen worden. Die Mannschaft bootete aus und wurde gefangengenommen. Da er selbst am Knie verletzt war, gaben die Deutschen ihm eine Decke und sagten: »Mit dir wird das schon in Ordnung gehen, spätestens morgen früh kommen deine Kumpels und holen dich ab.«

Gleich darauf winselten wieder die Vollgeschosse durch die Gegend, aber gegen 10.30 Uhr mußte das PR 8 das Gefecht abbrechen. »Von 80 Panzern sind nur noch 30 einsatzbereit«, funkte der Kommandeur an Rommel.

Die Entscheidung fiel weiter südlich.

Das PR 5 griff dort wieder die 7. Brigade an. Der junge Werner Fenck fühlte sich ziemlich sicher: er war als Ladeschütze bei einem älteren Feldwebel, »Zwölfender« im Kommiß-Jargon, der einen ungeheuer gelassenen Eindruck machte.

Sie fingen an zu feuern; der Ladeschütze ist der einzige, der nichts sieht, und das ist doch unangenehm. Er stieß die Patronenmunition ins Rohr, Hitze und Schweiß und der beißende Cordit-gestank, wenn die Hülse qualmend ausgestoßen wird. Plötzlich schrien die anderen: »Treffer!«

Der Motor brüllte auf. Sie hielten neben einem der neueren Kreuzer-Tanks. Die Besatzung war bis auf den Funker verschwunden, der arme Kerl war an irgendeinem verbogenen Gestänge eingeklemmt, aber kaum verletzt. Sie dachten an die fabelhafte Beute von Mechili und fingen an zu stöbern. Nichts Eß-, Trink- oder Rauchbares kam zum Vorschein; nur eine Menge Kartenmaterial in Taschen mit der Aufschrift »Major Aldridge«. Ernüchtert wandten sie sich wieder ihrem Panzer zu, um auch gleich einen mächtigen Anschiß in Empfang zu nehmen: der Feldwebel war immerhin Zugführer, und der Kompaniechef hatte minutenlang vergebens ins Mikrophon gebrüllt.

Inzwischen war Hauptfeldwebel Wendt wieder einmal nach vorn durchgebrannt, diesmal mit absolut durchschlagendem Erfolg. Sie klirrten mit Höchstfahrt auf eine Gruppe feindlicher Panzer zu, immer wieder scharf abstoppend zum Schießen. Der Richtschütze, Unteroffizier Thom, traf jedesmal einen Tank. Drüben bröckelte die Truppe ab, einige fuhren davon, andere erwiderten das Feuer.

Als sie auf ein paar hundert Meter heran waren, sah Wendt Pak in Stellung, fahrende Lastwagen, zum Teil mit angehängten Geschützen, hinter den Tanks.

»Schieß auch im Fahren!« brüllte er dem Unteroffizier zu. Der nickte. In diesem Augenblick sah Wendt, daß das Rohr in merkwürdigem Winkel nach unten hing. Ein Treffer hatte die untere Rohrwandung weggeschlagen.

Er konnte den Richtschützen, der gerade abdrücken wollte, im letzten Augenblick am Kragen zurückreißen. Dann krachte ein Zweipfünder-Vollgeschoß in ihren Panzer.

»Meine Hände, meine Beine«, stöhnte der Richtschütze. Bis auf »Opi« antworteten die Besatzungsmitglieder, ihnen sei nichts passiert. Das Geschoß lag unten im Panzer. Es war von vorn durch die senkrechte Wand geschlagen. Wendt hatte genau dahintergestanden; es mußte eine ganz merkwürdige Flugbahn gehabt haben.

Sie zogen den verletzten Richtschützen heraus. Splitter der abplatzenden Panzerwandung hatten ihn erheblich verletzt. Am Bein waren die Knochen durchschlagen.

»Opi ist tot«, sagte der Funker.

»Blödsinn«, sagte Wendt. »Opi darf nicht tot sein. Hast Du den Puls gefühlt?«

»Nein«, sagte der Funker zögernd.

Sie fanden den Ostpreußen in einer großen Blutlache. Ein abplatzender Schraubenkopf hatte ihm die Halsvene zerrissen. Neben ihnen hielt der Arztpanzer. Der Doktor wollte sich zuerst den Richtschützen vornehmen, aber der sagte: »Gehen Sie erst zu Opi. Der ist schlimmer dran als ich.«

Immerhin, sie haben beide den Krieg überstanden.

Wendt erhielt, zusammen mit seinem Kompaniechef, das Ritterkreuz. Er hatte ebenso wie sein Funker überhört, daß der Angriff abgebrochen werden sollte.

In seinen Erinnerungen schrieb Rommel, daß der Durchbruch der 5. leichten Division in Richtung Sidi Omar und Sidi Suleiman die »entscheidende Wendung der Schlacht« gebracht habe.

Es schien, als ob man dem britischen Gros den Weg nach Süden hinter die Höhenstufe verlegen könnte. Rommel befahl sofort der 15. PD, nur das Notwendigste an Truppen nördlich Capuzzo zu lassen und mit allen beweglichen Teilen ebenfalls in den Raum Sidi Suleiman vorzustoßen. Diese Bogen-Bewegung in ihren Rükken behagte den Engländern gar nicht. Rommel: »Oftmals kann man mit einer bloßen Schwerpunktverlagerung, die für den Gegner überraschend kommt, eine Schlacht entscheiden.«

So kam es auch.

». . . ging alles in die Brüche.«

Am 17. Juni war die Situation für die Briten ausgesprochen prekär. In den dauernden Kämpfen war der Kreuzer-Bestand der 7. Brigade auf 30 Fahrzeuge zusammengeschmolzen. Auch die Matildas zwischen Capuzzo und Punkt 206 hatten schwere Ausfälle, wenngleich hauptsächlich durch mechanisches Versagen. Rommels

Horchdienst berichtete, der Kommandeur der 7. Panzerdivision, General Creagh, habe den Oberbefehlshaber um einen Besuch auf seinem Gefechtsstand gebeten.

»Am 17. ging alles in die Brüche«, schreibt Churchill in seinen Memoiren. Denn inzwischen hatte General Messervy, der die indische Infanterie, die 22. Garde-Brigade und die Matilda-Brigade befehligte, von sich aus den Entschluß gefaßt, Capuzzo zu räumen und der Einschließung zu entgehen.

Es wurde in der Tat höchste Zeit. Die deutschen Panzer näherten sich von Süden, um den Sack dichtzumachen. Der Kommandierende Offizier unterstellte Major Holden 14 übriggebliebene Matildas, um den Rückzug der verletztlichen Infanteristen auf ihren Lastwagen zu decken.

Zum Glück, so schien es Holden und anderen Tank-Offizieren, hatten die deutschen Panzer-Leute von den Tagen vorher einen gesunden Respekt vor den Matildas. »Und wir benutzten jeden möglichen albernen Pfadfindertrick, um mehr zu scheinen, als wir waren«, erzählt Holden.

Nach Südwesten war die Wüste bedeckt von den übel aussehenden Panzern III und IV, die zumeist da hockten wie fette Hyänen. Hinter Holdens Rücken zog die endlose Schlange der Garde-Lastwagen nach Südwesten. So lange die nicht weg waren, würden sie aushalten müssen.

Immer wieder brachen deutsche Panzer vor, um aus nicht zu geringer Entfernung die Matildas zu bepflastern. Holdens »Gamecock« schien es ihnen besonders angetan zu haben, denn Fahrer Bowie beschwerte sich, daß seine Luke durch die dauernden Treffer verbogen sei, und daß ihm bei jedem neuen Aufschlag glühendheiße Metallsplitter in den Kragen fielen. Zu dieser Zeit war der übriggebliebene Motor von Sergeant McGinnileys Tank endgültig kaputt. Sie fummelten hinter einem Hügel gerade daran herum, als ein Freund des Sergeanten mit seinem Tank um die Ecke geklirrt kam. Ihm hatten sie das Geschützrohr unmittelbar am Turm abgeschossen. Sie beschlossen, eine Symbiose zu bilden wie der Blinde und der Lahme: einen Schleppzug, bei dem immerhin noch je einer Kraft liefern und sich mit der Kanone wehren konnte.

In diesem Gespann kämpften sie fast den ganzen Tag, krochen

den Hügel hinauf zum Schießen, rollten wieder herunter und verständigten sich über Funk. Aber schließlich waren die letzten Lastwagen davongebraust. Die beiden Kommandanten des Schleppzuges erhielten Befehl: »Ihr haut als erste ab!« Als es dunkel wurde, ging McGinniley mit einer brennenden Zigarette vor dem Motor-Panzer her, um dem Fahrer mit dem glühenden Ende den Weg zu zeigen.

Später, im ebenen Gelände, setzte er sich vorn neben der Fahrerluke auf seinen Tank. Sie waren alle total übermüdet; wenn dem Fahrer der Kopf runterhing und das Zugseil zum Vordermann immer schräger wurde, haute McGinniley ihn mechanisch und halb träumend mit der flachen Hand auf den Kopf.

Auch Major »Jock« Holden war zu dieser Zeit längst auf dem Rückzug. Die deutschen Panzer begleiteten seine verbeulte Truppe noch lange Zeit, blieben in der Regel aber außerhalb Zweipfünder-Schußweite. So unmittelbar an der Grenze dieser Reichweite konnten sie jedoch mit den 5-cm- und 7,5-cm-Kanonen noch allerlei Ärger machen, und die Besatzungen der abgeschossenen Tanks, die außenbords mitfuhren, mußten oft fluchend auf die Leeseite der Türme und Rümpfe turnen.

Schließlich spürte Fahrer Bowie einen Ruck und ein Ziehen in der Lenkung. Er stoppte und stieg aus. Ein Vollgeschoß hatte ihm eine Laufrollen-Aufhängung halb durchgeschossen. Das ganze Ding hing durch, und eine Blattfeder bohrte sich in die Kette.

Bowie sprang wieder in seinen Sitz, schaltete in den kleinsten Gang, ließ den Tank rollen, sprang mit einer Brechstange wieder herunter und hielt damit, neben dem Tank hermarschierend, die störende Feder beiseite. Nach ein paar Meilen mußte er loslassen, um den Kurs zu korrigieren, und bald brach das beschädigte Ding ganz zusammen.

Aber zu dieser Zeit war der Horizont rechts von ihnen wieder leer und weit. Die deutschen Panzer hatten kehrtgemacht. Als sie in Marsa Matruk ihre verbeulten Reste auf Eisenbahnwaggons luden, kamen ein paar Neulinge, betrachteten sie und staunten.

Einer sagte: »Ich dachte, diesen Matildas können die Deutschen überhaupt nichts antun?«

Die Tankleute brachten ein müdes Lächeln zustande.

Rommel war wütend. Er war überzeugt, seine Panzer hätten dem abrückenden Feind erfolgreich den Weg verlegen können. Sicher ist, daß die Räumung von Capuzzo, von einem Spähtrupp des MG-Bataillons 8 sehr frühzeitig gemeldet, auf höheren Etagen erst reichlich spät zur Kenntnis genommen worden ist.

Die Angaben über die Zahlen der abgeschossenen Panzer gingen, wie immer, auf beiden Seiten weit auseinander. Rommel glaubte, die Engländer hätten sicherlich 220 Tanks verloren.

Um die Abschuß-Meldungen der einzelnen Einheiten überprüfen zu können, fuhren an den Tagen nach der Schlacht Kommandos über das Schlachtfeld, um den von ihrer Truppe beanspruchten Tanks Nummern aufzumalen. So ganz perfekt war das System auch nicht; Joachim Saenger beobachtete eines dieser Kommandos, das auf einem Tank schon eine Nummer vorfand. Achselzuckend gingen die Jungs zur anderen Seite des Wracks und malten da ihre Nummer hin.

In der Tat verloren die Briten 99 Tanks, davon 64 Matildas. Churchill wiederum meinte, die Deutschen hätten 100 Panzer verloren.

Die Totalverluste auf deutscher Seite betrugen jedoch nur zwölf Panzer. Das war allerdings hauptsächlich eine Folge der Tatsache, daß das Schlachtfeld in deutscher Hand blieb und infolgedessen jedes reparaturfähig aussehende Wrack in die Werkstatt geschleppt werden konnte.

Aber diese Zahlen verloren bald ihre Bedeutung. Ein paar Tage später begann der deutsche Angriff auf die Sowjetunion. Bei der deutschen Wehrmacht begann man sich an ganz andere Größenordnungen zu gewöhnen. Die 93 Toten und 245 Vermißten von Afrika lohnte es sich kaum zu notieren.

»Ich bedaure mitteilen zu müssen, daß ›Streitaxt‹ gescheitert ist.«

Als General Wavell diesen Funkspruch an seinen Premierminister absetzte, konnte er sich die Wirkung vorstellen. In seinen Memoiren, Jahre später und etwas abgeklärt, schrieb Churchill zwar über Wavell: »Wir hatten ein williges Pferd bis zur Erschöpfung geritten.«

Aber damals sprühte er Funken. Er hielt den ganzen Plan für schlecht koordiniert, vermißte insbesondere einen »Fesselungsangriff« aus Tobruk.

Der war natürlich verabredet; er sollte aber erst stattfinden, wenn Aussicht bestand, den vorstoßenden Truppen die Hand zu reichen. Was der von Fronten- und Flanken-Denken völlig freie Rommel mit der verhaßten Tobruk-Garnison gemacht hätte, falls sich eine Chance bot, war abzusehen.

Im übrigen demonstrierte Rommel mit seiner entscheidenden, schnellen Schwerpunkt-Verlagerung nach Süden, daß mechanisierte Streitkräfte im Wüsten-Panzerkampf nicht nur anständig gepanzert und bewaffnet, sondern *auch* schnell sein mußten. Die braven, dicken Matildas hätten nicht vergleichbar reagieren können, selbst wenn Rommels Gegenspieler ein ähnlich genialer Taktiker gewesen wäre. Obendrein waren sie sowieso festgenagelt; eine weitere Sünde gegen das Lehrbuch des modernen Krieges, denn sie wurden ja als Pak mißbraucht, mußten die Infanteristen schützen, die mit ihren paar armseligen Zweipfünder-Pak nicht allein gelassen werden durften.

Aber unentwegt produzierte Englands Industrie weiterhin Zweipfünder, als Tank-Bewaffnung ebenso wie als Pak; die mächtige 3,7′-Flak richtete ihr Rohr weiter nirgends anders hin als in den Himmel, die Zweigleisigkeit im Tank-Programm erzeugte weiterhin Mißgeburten: entweder stark oder schnell, eins von beiden.

Eine peinvolle, blutige Lehrzeit mußte durchlaufen werden, obwohl doch das Lehrbeispiel nun schon in zwei Kontinenten siegend und zerstörend herumfuhr: Wie im Schiffbau war der beste Panzer das Ergebnis eines Kompromisses zwischen den drei Komponenten Bewaffnung, Panzerung und Schnelligkeit, und alles war von Übel, was eine der drei Forderungen vernachlässigte. Es gibt starke Indizien dafür, daß die ungebrochene Tradition Britanniens, sonst kaum nachteilig in militärischen Dingen, hier ein Handicap war, insbesondere im Vergleich mit Deutschland.

Es war ja nicht so lange her, daß in den feineren Londoner Clubs der Lehrsatz Allgemeingut war, daß »diese Jungs mit Öl an den Fingern« keine allzu große Rolle spielen dürften. Und die Vertreter dieser Meinung spielten, sehnsüchtig über die Schulter nach rückwärts blickend, immer noch eine bedeutende Rolle im Heer, maßlos tapfer und fabelhaft unwissend.*

Churchill hingegen donnerte zu später Stunde den Verdacht hinaus, daß »meine Generale einfach nicht kämpfen wollen«. Ein winziges Gefecht am Rande von »Streitaxt«, völlig unbedeutend für den Ausgang, machte deutlich, wie weitgehend der Kampf in der Wüste eine Sache von Kanonen und Panzerung war:

Am ersten Tag stießen Teile des wieder aufgefüllten MG-Bataillons 8 an der libysch-ägyptischen Grenze auf die Matilda-Schwadron des Majors I. A. D. Banks, die auf dem Wege zum Punkt 206 war. Die Infanteristen hatten nichts Stärkeres als das »Heeresanklopfgerät«, die 3,7-cm-Pak. Das reduzierte sie auf die Rolle der Italiener ein halbes Jahr zuvor. Auf 100 Meter Entfernung schossen die Tanks die Pak-Besatzungen zusammen, während deren Geschosse kaum Kerben auf ihrer dicken Haut hinterließen. Die letzte der Mini-Kanonen, in ihrer Leistung ähnlich wie der Zweipfünder, gab noch auf 5 Meter Entfernung einen letzten, wirkungslosen Schuß ab. Dann rollte die Matilda über sie und den blutjungen Schützen Blank hinweg. Seine zermalmten Beine wurden noch auf dem Schlachtfeld amputiert, aber er starb kurz darauf.

Es war nicht Wavells Schuld, daß bei seinen Gegnern »italienische Verhältnisse« nun nicht mehr die Regel waren, wenngleich der Oberbefehlshaber natürlich die Verantwortung trug für Taktik-

* Der für den Fortschritt notwendige Traditionsbruch mag dann mit den im Krieg notwendigen, schnellen Umschichtungen gekommen sein; als alles vorbei war, bauten die Briten jedenfalls den für viele Jahre bei weitem besten Panzer der Welt, den »Centurion«.

Fehler wie das sinnlose Anrennen gegen den Hafid-Rücken – wobei übrigens zunächst wieder einmal die Artillerie zurückgefallen war und nicht helfen konnte, kavalleristisch gesinnte Tank-Kommandeure aber trotzdem lospreschten, hinein in die Schlünde der Acht-acht.

Jedenfalls: Wavell mußte gehen, mit ihm zwei Kommandeure des Unternehmens »Streitaxt«. Er räumte seinen Schreibtisch in Kairo für General Sir Claude Auchinleck und übernahm dessen Platz als Oberbefehlshaber in Indien.

Nachdem er den ersten Oberbefehlshaber und zwei weitere hohe Offiziere geschafft hatte, wurde Rommel unter den britischen Soldaten endgültig zur legendären Figur. Gelegentlich konnte man gar den Ausruf »das ist ja rommel!« als Ausdruck höchsten Lobes hören.

Die afrikanische Sommerhitze fiel über das Land und erzwang eine Kampfpause. Auchinleck machte sich ebenso wie Rommel daran, für die kommende Schlacht Verstärkungen zu sammeln.

Schwätzchen am Zaun

Die Landser beider Seiten erlebten indessen einen »ruhigen« Sommer. Man richtete sich ein, lernte mit Sandflöhen leben, mit immer neuen Anfällen von Dysenterie (Ruhr), mit Skorpionen und dem allgegenwärtigen Sand. Und, wo es Berührungspunkte gab, auch mit dem Gegner.

Unteroffizier Claus Wernicke stülpte sich die Kopfhörer über, drehte am Kurzwellen-Funkgerät und horchte lange. Dann nahm er sein ganzes Schul-Englisch zusammen und sagte: »Wir hören euch. Wie geht's denn da drüben?«

Ein paar Sekunden Schweigen, dann kam eine frische Stimme von drüben: »Nicht übel. Was treibt ihr denn?«

Der britische Panzerspähwagen, der rund 1000 Meter weiter östlich gemächlich durch das wellige Land gerollt war, wurde langsamer, drehte dem deutschen Fahrzeug seine Nase mit den Sehschlitzen zu und blieb stehen.

Ein Schwätzchen in der Wüste ... Für die nächsten Wochen

wurde es eine feste Gewohnheit für Wernicke und seine britischen Gegenüber an der libysch-ägyptischen Grenze. Sie beschränkten sich jeweils auf ein paar unverbindliche Sätze – jeder hütete sich davor, bei dem anderen den Eindruck zu erwecken, daß er ihn aushorchen wollte. Und außerdem hatten beide Seiten den nicht unbegründeten Verdacht, daß diese unkriegerischen Kontakte den höheren Stäben besser nicht zu Ohren kamen.

Die Spähwagen der AA3 fuhren hier am Stacheldrahtzaun auf der Grenze zwischen Libyen und Ägypten Patrouille, seit »Streitaxt« gescheitert war. Eine lockere Linie von Stützpunkten zog sich an der Grenze entlang. Hier pflegte man nicht aufeinander zu schießen. Nur gelegentlich wurden kleine Kampfgruppen zur gewaltsamen Aufklärung zusammengestellt. Sie stießen manchmal bis in die Gegend von Sidi Barani vor. Aber auch dies ging zumeist ziemlich unblutig ab.

Ein paar Panzer, Spähwagen, eine aufgeprotzte Artillerie-Batterie und Infanterie auf Lastwagen pflegten in breiter Front nach Osten zu jagen. Irgendwo verlegten ihnen dann ähnlich mobile britische Einheiten den Weg, brachten ihre Artillerie in Stellung. Nach den ersten Einschlägen brausten die deutschen Fahrzeuge mit unverminderter Geschwindigkeit, aber in Schlangenlinien, weiter. Die Gefahr eines Treffers blieb so äußerst gering, bis sie sich der Reichweite direkt schießender Pak und Panzerkanonen näherten. Dann stoppte der ganze Verein in einer mächtigen Staubwolke, schwitzende Artilleristen protzten ihre Geschütze ab und begannen ihrerseits mit dem Segen.

Das veranlaßte wiederum die Engländer zum Aufprotzen und Stellungswechsel im Zick-Zack-Kurs. Wenn sie schnell genug waren, passierte auch ihnen wenig.

Manchmal allerdings mischte sich britische Schiffartillerie ein, man hörte weit in der Ferne das Grummeln schwerer Abschüsse, dann orgelten mächtige Koffer vom Kaliber 28 cm und mehr heran; für die deutschen Einheiten zumeist das Signal, den Vorstoß abzubrechen, denn bei der Splitterwirkung dieser Brummer auf dem steinharten Boden hätte man selbst bei schneller Fahrt unnötige Verluste riskiert.

Dann tigerten die Leute der Aufklärungsabteilung, die »letzten

Kavalleristen«, wieder am Zaun auf und ab, begutachteten morgens die minenfreien Durchfahrten und bremsten gelegentlich zu einem Schwätzchen mit den Kameraden von der anderen Feldpostnummer.

»Was raucht ihr denn da drüben?« wurde Unteroffizier Wernicke eines Morgens über Funk gefragt.

»R 6 heißt das Zeug. Ist noch unsere beste Marke«, antwortete er.

»Wollt ihr's mal probieren?«

Und ob die Engländer wollten! Umständlich verabredeten beide Seiten einen Austauschplatz:

»Seht ihr den Steinhaufen halblinks vor euch? Nein, den anderen, mit den Kameldornbüschen daneben! Genau, da legen wir ein paar Päckchen hin.«

Diskret entfernte sich der britische Wagen, nach den ungeschriebenen Regeln kam man sich einfach nicht zu nahe. Dann holten die Engländer sich die »R6«-Päckchen ab und hinterließen eine großzügige Menge »Players«.

Das ergab für das nächste Schwätzchen ein unverbindliches Gesprächsthema, wobei beide Seiten höflich die Produkte der anderen lobten.

Eines Tages kam ein Leutnant frisch aus der Heimat in einen der kleinen Stützpunkte, starrte über den Deckungswall und fragte verbiestert: »Was ist denn das für ein Spähwagen, der da drüben herumfährt?«

»Ein Engländer, Herr Leutnant!«

Darauf stieß der junge Mensch einen Schwall überaus kriegerische Befehle aus, und trotz des Murrens der Mannschaft mußte das Geschütz geladen, gerichtet und abgefeuert werden.

Über den Krawall und den Verstoß gegen die Spielregeln erschraken die Männer im deutschen Spähwagen mindestens genauso wie die Briten, die unbeschädigt davonstaubten. Über Funk maulten sie ein wenig, aber als Wernicke durch einen Besuch beim »schuldigen« Stützpunkt den Sachverhalt aufgeklärt hatte, gab er ihnen eine beruhigende Meldung durch: Das sei ein neuer Offizier, sie sollten nur in den nächsten Tagen ein wenig vorsichtig sein, man werde ihn sich schon erziehen.

»Na, da macht euch nicht draus, solche gibt's bei uns auch manchmal«, sagten die Engländer. Der relative Friede an der Grenze war bald wiederhergestellt, zumal auch der Leutnant es schnell leid war, vorwurfsvoll angestarrt zu werden. Es schien, als ob allein das Durchhalten in der menschenfeindlichen Umgebung, dem baumlosen Sand unter der glühenden, ausdörrenden Sonne, die Kraftreserven verzehrte, so daß für das Schlachten nichts mehr übrig blieb.

Ritterlichkeit und Abendland

Und doch, nur ein Stück weiter nördlich, ging es in aller Unerbittlichkeit und Grausamkeit weiter: am Einschließungsring von Tobruk, insbesondere dort, wo sich im Bereich der Einbruchstelle vom 1. Mai deutsche und australische Infanteristen auf Rufweite gegenüberlagen.

Beide Seiten hatten hier, wo der alte Ring der italienischen Befestigungen durchstoßen war, starke Einheiten ausgesuchter Truppen stationiert: Rommel wollte den Ras el Madauar als Ausgangspunkt für einen entscheidenden Angriff nicht hergeben, und aus dem gleichen Grunde war Morshead entschlossen, diese einzige in seinen Panzer geschlagene Beule aufs beste bewachen zu lassen.

Gebraten in ihren Löchern, von Fliegen und Sandflöhen gepeinigt, fanden die Männer immer noch die Kraft, sich gegenseitig etwas anzutun.

Gewiß, es gab einige Regeln, die stillschweigend beachtet wurden. So schwieg in der Regel das Feuer, wenn eine Seite die Rotkreuz-Flagge zeigte und Verwundete geborgen werden mußten. Einmal, als in der Nacht ein deutscher Stoßtrupp bei dem Versuch, eine schanzende Australier-Truppe zu überfallen, selbst in einen Hinterhalt gelaufen war, halfen im Morgengrauen auch Sanitäter von der anderen Seite, die zahlreichen Schwerverletzten zu bergen. Es gab auch Zeiten, in denen die MG- und Scharfschützen vor Sonnenuntergang ihre Waffen weglegten, und eine unausgesprochene Übereinkunft besagte, daß bis zu einer in die Luft gefeuerten MG-Garbe Gelegenheit war, die verkrampften Glieder zu strecken und die vom täglichen Sandsturm verdreckten Dekken auszuschütteln.

Aber die gelegentlich kolportierten Geschichten von friedlichen Fußballspielen sind reine Legenden, wie auch allgemein die Verklärung des Afrika-Krieges zu einem fairen, reinlichen »Krieg ohne Haß« einem mit Unbehagen erfüllen muß. Zwar ist es – vor dem Hintergrund der im deutschen Namen begangenen Scheußlichkeiten – schon fast des Aufatmens wert, daß auf diesem Kriegsschauplatz ohne Flüchtlingsströme und gebratene Kinder* die Regeln der Haager Landkriegsordnung (und manchmal noch mehr) eingehalten wurden. Doch man kann sich eines Schauders nicht erwehren, wenn zur Preisung dieses ach so wohlgeordneten Schlachtens schon wieder die »Kultur des Abendlandes« herhalten muß, wie im Vorwort zu »Krieg ohne Haß.«

So mag es denn kein Haß gewesen sein, aber überaus ritterlich waren die Gefühle auch nicht, die Rommel empfand, als die Festung Tobruk allen Angriffen trotzte. Hoffnungsvoll schrieb er am 6. Mai 1941 an seine Frau: »Wasser wird sehr, sehr knapp in Tobruk. Die britischen Soldaten bekommen jetzt nur einen halben Liter täglich. Mit Hilfe der Stukas hoffe ich, ihre Rationen noch mehr kürzen zu können....« Und zwei Tage später: »Wir bombardieren jetzt das Wasserwerk, das Salzwasser zu Trinkwasser verarbeitet.«

Und sein gefeierter Kriegsberichterstatter, der tote Jungs so entzückend fand, schrieb zu einem Stuka-Angriff: »Nachts lodert der Horizont im Schein explodierender Munitionsstapel. Wenn er drüben auch Munition zum Schweinemästen hat, sie wird langsam knapper. Überdies kann man sie nicht saufen, keine Waffen mit ihnen instandsetzen, keine Wunden mit ihnen verbinden, kein Wasser aus ihnen schlagen. General Wavell ist kein Moses und hat keinen Zauberstab, mag er auch für die Juden kämpfen...«**

* Auch nicht so ganz: Ein Zeuge berichtete mir, daß einige Araberjungen nicht aus einem zur Sprengung vorbereiteten Verpflegungslager in Derna zu vertreiben waren und achselzuckend mit in die Luft gejagt wurden.

** Der Mantel der Nächstenliebe sei über den Namen des Dichters gebreitet, zumal er noch lebt und produziert, natürlich jetzt voller Fairness und Ritterlichkeit gegenüber den Judenknechten.

Na schön, kein Haß.

Nichts wie Ritterlichkeit und Abendland.

Die Mehrzahl der Landser, die nur ihre Pflicht zu tun glaubten, lasen über solche beflissenen Tiraden hinweg, wenn sie die »Berliner Illustrirte« oder dergleichen überhaupt jemals zu fassen kriegten. Das war so etwas wie die Wochenschau im Soldatenheim von Benghazi, in der man die Afrika-Kämpfer unter Orangenhainen lustwandeln und Löwenbräu trinken sah. Oder das Spiegelei-Braten auf der Ketten-Abdeckung eines Panzers – unter die der begabte Kameramann vorher einen Benzinkocher gestellt hatte. Es war auch so heiß genug.

Aber unglaublich blieb, daß die da drüben in Tobruk aushielten. Da hatte man Europa so ziemlich erobert, und aus diesem winzigen Fleckchen Afrika waren die Tommies nicht zu vertreiben. Man konnte ihnen fast in den Hafen spucken, in dem die Wracks nur so herumlagen, täglich umgewühlt von Stukas und schwerer Artillerie; von Bardia und Sollum aus konnte man gelegentlich sehen, was die Luftwaffe mit ihren Schiffen machte – und sie gaben trotzdem nicht auf.

Im Gegenteil: Im Laufe des Sommers brachten Cunninghams Schiffe neben allen anderen Versorgungsgütern so viele Flakgeschütze in die Festung, daß die Verluste der Luftwaffe zu einer Reduzierung der Tagesangriffe zwangen. Desto gefährlicher wurde der Weg der Versorgungsschiffe auf der Strecke, auf der sie keinen Jäger-Schutz hatten.

Die Männer der Royal Navy konnten sich fast ausrechnen, wann ihr Schiff an der Reihe war, aber sie fuhren. Besonders übel waren die Besatzungen der kleinen Tanker dran, die mit ein paar hundert Tonnen hochexplosiven Benzins unter dem Hintern auf die gefährliche Reise gingen.

Am 24. Juni stellten Stukas und italienische Torpedoflieger den Tanker »Pass of Balmaha« und zwei Flak-Schaluppen. Die eine Schaluppe wurde versenkt, die andere schwer beschädigt, der Tanker manövrierunfähig. Schließlich kam ihnen der Zerstörer »Waterhen« zur Hilfe, der die »Pass of Balmaha« mit ihren 750 Tonnen kostbaren Benzins nach Tobruk schleppte. Der Zerstörer wurde ein paar Tage später versenkt.

Obwohl das Hafengebiet das beliebteste Ziel von Stukas und Artillerie war, übte es eine merkwürdige Anziehungskraft auf die dienstfreien australischen Landser aus. Man konnte nie wissen, ob die einlaufenden »Pommy Bastards«* nicht ein paar Flaschen Bier an Bord hatten. Es gab die tollsten Tauschgeschäfte: Beute gegen Getränke. Einem verblüfften Seemann wurde ein fahrbereiter Fiat »Topolino« für eine Flasche Gin geboten. Auch ein schneller Griff war manchmal möglich, obwohl das oft blamabel endete. Der Hafenmeister erwischte eines Nachts Australier mit merkwürdig ausgebeulten Hemden und riß ihnen die Beute vom Busen: es waren Dosen mit »medizinischem Limonadensaft«. Die »Diggers« waren weniger verärgert darüber, daß sie erwischt worden waren, als über die Tatsache, daß ihr Instinkt für ernsthafte Getränke sie in der Finsternis so völlig im Stich gelassen hatte.

Auch etwas außerhalb der Legalität, aber standesgemäßer versorgte sich das improvisierte Offizierskasino von Major Lindsays C-Schwadron der Königlichen Dragoner: dank guter Verbindungen nach Kairo – die anderen Schwadronen des Regiments waren ins Delta zurückgebracht worden – traf für sie des öfteren Whisky-Nachschub in Kisten mit der Aufschrift »Eilig! Auto-Ersatzteile« ein.

Aber auch sie fielen einmal mächtig herein, als eine dieser Kisten im Messezelt geöffnet wurde. Die dienstfreien Dragoner-Offiziere standen erwartungsvoll im Kreis, Trinkbecher in der Hand, aber aus der Verpackung schälte sich zum allgemeinen Entsetzen ein nagelneuer Ford-Kühler.

Zwischen diesen ungleichen Typen, den Angehörigen des Traditionsregiments und den rauhbeinigen, absolut unmilitärischen Australiern, entwickelte sich im Laufe der Zeit ein verblüffend herzliches Verhältnis. Das erste Abtasten fand auf hoher Ebene statt: Lindsay schickte den unerschrockenen, aber etwas tolpatschigen Leutnant Williams als Verbindungsoffizier zum Stab General Morsheads. Der Leutnant meldete sich zackig beim Festungskommandanten: »Liaison-Offizier von der KDG, Sir!«

* »Pommy« = Spitzname für Engländer in Ostasien. »Pommy Bastard« klingt härter als es gemeint ist; es ist in der Tat eher noch milder als »Saupreuß«.

Der General fragte, betont lässig-australisch: »KDG? Was ist das für eine Bande?«

Williams blickte ihn über seine Gelehrtenbrille an: »Königliche Dragoner-Garde, Sir – gegründet 1685, kurz bevor Captain Cook zum erstenmal nach Australien segelte.«

Der General war Manns genug, dies unbewegten Gesichts zu nehmen.

Ungefähr zur gleichen Zeit erlitt einer der Dragoner-Unteroffiziere den Schock seines Lebens, als er Verbindung zu einem der australischen Bataillonskommandeur aufnehmen sollte. Er fragte einen postenstehenden Landser nach dem Offizier, worauf der in ein Loch hinunterbrüllte: »Oi, Bill!«

»Komme«, sagte eine tiefe Stimme von unten. Im nächsten Augenblick erschienen ein Kopf und ein paar Schultern, auf denen der Dragoner völlig verblüfft Krone und Stern erkannte, die Rangabzeichen eines Oberstleutnants.

Die Diggers und das feine Regiment

Der damalige KDG-Schwadronschef Lindsay lebt heute als pensionierter Oberst auf dem schloßartigen Familiensitz bei Coupar Angus im schottischen Hochland; in den Hallen und Fluren die Porträts, Hellebarden, Piken und Schwerter seiner kriegerischen Vorfahren. Als ich ihn besuchte, zeigte er mir mit besonderem Behagen eine mächtige, altertümliche Falle mit Federspannung, die an der Wand hing.

»Nanu«, sagte ich, »hat es hier früher Bären gegeben?«

»Nein. Die haben meine Vorfahren für die Wilderer aufgestellt.« Wenn so ein Ding zuschnappte, war bestimmt jedesmal ein Wilderer-Bein weg.

Eine rauhe Sorte da oben; völlig unbekümmert spricht Lindsay aus, was er denkt: »Es kam ganz zwangsläufig, daß euer Rommel der Held unserer Leute da unten in der Wüste wurde: auf unserer Seite hatten wir ja keinen General, zu dem man aufblicken konnte. Naja, ein paar waren ja gut; Wavell zum Beispiel und

O'Connor. Aber bis wir die völlig Nichtsnutzigen loswerden konnten, mußten ja wohl drei Jahre vergehen. Erst mit Montgomery kamen die richtigen Profis ... Was Rommel so machte, war ja meistens nicht einmal so genial, man konnte immer darauf wetten, daß er mit einem rechten Haken unten durch die Wüste kam. Aber er machte es entschlossen und perfekt und mit Nachdruck, wie es in der Dienstvorschrift steht. Bei unseren hatte ich im Anfang manchmal das Gefühl, daß sie ihre ›Field Service Regulations‹ (Felddienst-Vorschrift) noch nie gelesen hatten ...«

Einen Mann wie Lindsay mußte es zunächst natürlich von einem unmilitärischen Haufen wie den Australiern grausen, aber er bewunderte sie doch: »Sie waren so grün wie sie tapfer waren ... Ungeheuer tapfer – und ungeheuer unordentlich. Es war ihnen ganz egal, ob neben der Stellung ein Haufen alter Konservenbüchsen vor sich hinstank. Aber dann wieder ihre Kameradschaft untereinander ... Sie würden bestimmt halbverhungert das letzte Stück Brot miteinander teilen, und sich dann noch als halbe Leichen gegen alles wenden, was sie stören könnte – der Feind oder irgendeine Autorität.«

Die KDG-Offiziere bemerkten in der ersten Belagerungszeit mit Amüsement, mit welcher Entschlossenheit die australischen Soldaten ihnen gegenüber jede militärische Ehrenbezeugung vermieden, was nur dem Verdacht entsprang, daß die »Pommy Bastards« aus diesem feinen Regiment bestimmt eine hochnäsige Bande waren und durch Männchenbauen nur darin bestärkt werden konnten.

Das änderte sich schnell, als die Dragoner in ihrer Mehrheit von ihren Marmon Harringtons stiegen und neben den Diggers als schlichte Infanteristen Feldstellungen besetzten.

In Australien – zunächst Sträflingskolonie der britischen Krone – hat die ständige Konfrontation mit einer absolut ungebärdigen Natur eine vorherrschende Mentalität geschaffen, die für das Leben in einer belagerten und von allen Seiten mit Schlägen bedachten Wüstenfestung prädestiniert. Totale Gelassenheit gegenüber Katastrophen gehört in weiten Teilen des sechsten Kontinents zum täglichen Leben. Reißt ein Fluß eine Brücke weg oder wirft ein Wirbelsturm eine Stadt um, dann baut man sie eben wieder hin. Und wenn es das x-te Mal ist. Und so ließ sich auch Tobruk beinahe ertragen.

Dem wollten die Männer aus England, die Schotten und Iren, die immerhin die Hälfte der Garnison bildeten, natürlich nicht nachstehen.

Die infanteristisch ungeübten Dragoner bezogen unter Führung von Hauptmann Tony Llewellyn Palmer, der sein Huhn inzwischen ungerührt verschlungen hatte, eine Stellung in der Nähe der Straße nach Derna. Sie richteten sich gerade so halbwegs ein, als ihnen von gegenüber allnächtliche Schanzgeräusche auffielen.

Die Nacht war stockfinster, als sich der kleine Stoßtrupp in Bewegung setzte: Zwei Offiziere und acht Mann, bewaffnet mit einer Maschinenpistole, Gewehren, Bajonetten und Handgranaten, schlichen frontal durch das flache Niemandsland auf die Schanzenden zu. Links von ihnen ging ein Offizier mit sechs Mann die Derna-Straße entlang nach Westen vor. Durch ein Wadi, das rechts auf die feindlichen Stellungen zulief, schleppten ein Sergeant und zwei Mann leichte Maschinengewehre nach vorn.

Die Hauptstreitmacht in der Mitte unter Captain Palmer wand sich geschickt durch eine Vorpostenkette. Es kam ihnen zugute, daß auch im Nachbarabschnitt irgendetwas los war und ein ziemlicher Krawall mit Artillerie und Infanteriewaffen veranstaltet wurde.

Aber als sie vor der schanzenden Truppe ankamen, war es still. In dem Bewußtsein, sich in der zweiten Linie zu befinden, benahmen die anderen sich reichlich sorglos. Sie redeten ungeniert, einige sangen sogar.

Als sie auf Wurfweite heran waren, formten sich Palmers acht Mann wie verabredet zu einer Linie. Tastend gingen sie vor, die Gewehre im Anschlag.

Dann, als auf fünf Meter Entfernung schon die Umrisse der schanzenden Männer zu ahnen waren, mußte irgendeiner von Palmers Männer doch ein Geräusch gemacht haben. Plötzlich wurde es still, die Schatten verschmolzen mit der Erde, geflüsterte Befehle waren zu hören. Der Name »Karl« wurde genannt.

Palmer zog den Hahn seiner Maschinenpistole durch. Die Männer feuerten ihre Gewehre aus der Hüfte ab und stürzten sich mit dem Bajonett auf die Gegner. Von der Flanke begannen die beiden MG's aus dem Wadi zu hämmern, die eigentlich durch ihr Ablenkungsfeuer die ganze Aktion eröffnen sollten.

Auch beim Gegner begannen links und rechts Maschinengewehre zu schießen. Aber Ihr Feuer lag ungenau. Zwei Dragoner warfen Handgranaten in die Stellungen.

Im Blitz der Explosionen sah man davonrennende Männer. Palmers Maschinenpistole bellte. Dann befahl er den Rückzug, denn ringsum war es lebendig geworden, und sie mußten noch zurück durch die erste Linie.

Ein Unteroffizier war leicht verwundet, als sie in ihre Stellung zurückkamen. Mit grimmigem Vergnügen hörten sie auf der anderen Seite noch lange Infanteriewaffen schießen. Anscheinend nahmen die verwirrten feindlichen Truppen sich gegenseitig unter Feuer. Im Morgengrauen sah man drüben Lastwagen herumfahren, die Tote und Verwundete bargen. Die nächtlichen Schanzgeräusche hörten auf.

Sie führten ein fürchterliches Leben in der Festung, aber mit der Zeit begann sich bei vielen ein undeutliches Gefühl der Zuneigung zu diesem trostlosen Platz zu regen. Es schien, als ob man kaum jemals zuvor etwas so genossen hatte wie die samtweiche afrikanische Nacht mit riesigen Sternen und einer leichten Brise vom Mittelmeer – nach einem Tag unter der unbarmherzig brütenden Sonne, gepeinigt von Fliegen, Durst und dem allgegenwärtigen Sand. Kein raffiniertes, eisgekühltes Getränk in den Bars von Kairo und Alexandria konnte entfernt an die Köstlichkeit eines Schluckes lauwarmen Biers herankommen, den man alle Jubeljahre einmal ergatterte.

Und hinzu kam der Stolz, hier zum erstenmal in diesem unglücklichen Krieg den Deutschen standgehalten zu haben – und ihnen immer noch mehr Böses zufügen zu können.

Hauptmann Charles Armitage von der Artillerie und seine Kameraden kamen durch ein paar stehengebliebene Beobachtungsstände der Italiener, einfache Pfähle mit einer Art Hochsitz obendrauf, auf eine Idee: Sie ließen sich über Nacht von den Pionieren formidable Beobachtungstürme aus einer Stahlrohr-Gitter-Konstruktion hinbauen, am ganzen Festungsgürtel entlang. Jedesmal, wenn bei Sonnenaufgang so ein Ding plötzlich im Gelände stand, reagierte die Gegenseite, wie es von ihr erwartet wurde. Irgendein Infanterist sagte: »Meine Fresse, seht euch das mal an«, und alarmierte die Artillerie.

Die donnerte dann manchmal den ganzen Tag auf dem Gelände herum, ohne viel ausrichten zu können, denn so eine luftige Gitterkonstruktion ist kaum kaputtzukriegen. Die Beschädigungen konnte man nachts leicht reparieren, und regelmäßig kam die Gegenseite nach einiger Zeit auf die Idee: das ist ja eine ganz verdammte Munitionsverschwendung!

Und von da an gehörte der Turm ganz einfach zur Landschaft und erregte kaum noch Anstoß.* Man konnte fast völlig ungefährdet vor Morgengrauen hinaufkrabbeln, im klaren Licht weit ins feindliche Hinterland sehen, mit wohlgeleitetem Artilleriefeuer viel Ärger machen und in der Mittagshitze, wenn die Luftspiegelung alles verzerrte und verschleierte, unbelästigt wieder hinunterschlüpfen.

Armitage hatte einen besonders lieben Platz, einen Turm etwa in der Mitte der Befestigungslinie, von dem er über das Hochplateau weit hinüber bis nach El Adem sehen konnte. An dieser Stelle war die »Achsenstraße«, die von den Italienern inzwischen gebaute Umgehung um den Festungsbereich, für ein kurzes Stück im Wirkungsbereich ihrer 25-Pfünder.

Man konnte die Lastwagen vom erhöhten Grund bei Belhamed herunterkriechen sehen, ihre Geschwindigkeit abschätzen und über Funk Feuerbefehl geben, wenn sie eine bestimmte Stelle erreicht hatten. Allerdings schossen die 25-Pfünder an der Grenze ihrer Reichweite nicht mehr übermäßig genau, und meistens gelang es nur, die feindlichen Lastwagenfahrer ordentlich zu erschrecken.

Einmal sah er — leider außerhalb der Reichweite seiner Geschütze —, wie auf einem Spezial-Laster ganz langsam eine gewaltige Kanone herangefahren wurde. Kurze Zeit später erhob »Bardia Bill« zum erstenmal seine dröhnende Stimme.

* Fast gleichzeitig kam Rommel höchstpersönlich auf eine ähnliche Idee, allerdings in einem anderen Abschnitt.

So nannten die Eingeschlossenen eines der mächtigen Geschütze – es waren 21-cm-Mörser–, das aus Richtung Bardia regelmäßig seine Geschosse in den Hafen knallte. Ein anderes Geschütz, das hinter dem am 1. Mai vorgetriebenen Keil um den Ras el Madauar stationiert war, hieß »Salient Sue« (Keil-Susanne). Irgendwie waren sie mit diesen familiären Namen nicht mehr so furchterregend. »Bardia Bill« und »Salient Sue« wurden in das Festungsleben integriert wie der Sand und die Stukas, die Fliegen und der Durst.

Keine Ruhe für Auchinleck

Sir Claude Auchinleck, Wavells Nachfolger, hatte kaum an seinem neuen Schreibtisch in Kairo Platz genommen, als ihm die erste telegraphische Anfrage seines Premierministers vorgelegt wurde: Wann gedenke der neue Oberbefehlshaber, Rommel aus Afrika zu vertreiben?

Winston Churchill war fest entschlossen, den Neuen sofort an die kurze Leine zu nehmen. Er mochte Auchinleck, der nach seiner Ansicht als Führer des britischen Expeditionskorps in Norwegen zu zaghaft gewesen war, nicht sehr und hatte seiner Ernennung nur knurrend zugestimmt.

Aber angetrieben hätte er jeden, wer auch immer auf dem Stuhl des OB Mittelost Platz genommen hätte. Nach seiner Ansicht erforderte die strategische Situation Handeln um jeden Preis: Die Deutschen stürmten durch das westliche Rußland, es schien ein neuer Blitz-Feldzug zu werden. Falls die Sowjets, was unwahrscheinlich schien, den vernichtenden Schlägen standhalten sollten, dann wollte er ihnen nicht die Chance geben, sagen zu können: wir haben es ganz allein geschafft. Und falls die Sowjets zusammenbrachen, war es umso wichtiger, Rommel vorher geschlagen zu haben. Man wußte, daß Hitler sich dann das Mittelmeer vornehmen würde. Er und seine Generale blickten schon weit über den unmittelbar bevorstehenden Tag hinaus, an dem die slawischen Untermenschen zu Boden geworfen sein würden: selbst über einen Angriff auf Indien über Afghanistan ließ er sich eine Studie machen.*

Der drängende Churchill jedoch mußte zu seinem Mißvergnügen entdecken, daß Auchinleck nun, da er die Verantwortung für eine Reihe von Kriegsschauplätzen und Krisengebieten trug, keineswegs ein besonders »williges Pferd« war. Zwar sah auch er sofort, daß die Offensive so früh wie nur möglich kommen mußte, schon weil der Feind nun die Masse seiner Kräfte in Rußland gebunden hatte und niemand wußte, wie lange das dauern würde. Aber er hatte angesichts der drohenden Haltung Japans schon zwei fabelhafte australische Infanterie-Divisionen in den Pazifik-Raum abgeben müssen, und er weigerte sich strikt, den »Streitaxt«-Fehler zu wiederholen und mit einer Truppe anzugreifen, die nicht zumindest in der Panzer-Zahl um das Doppelte überlegen war.

Immerhin, schon im Hochsommer hatte er wieder 500 Tanks im Nildelta. Aber die Hälfte davon bestand aus kriechenden Matildas, einer wunderbaren Waffe, um auf kurzen Anmarschwegen Löcher in Infanteriestellungen zu schlagen – wenn diese nicht mit Acht-acht bestückt waren. Aber völlig ungeeignet als taktisches Instrument des schnellen Wüstenkrieges, wie »Streitaxt« gezeigt hatte.

Den Stabchefs leuchteten seine Argumente ein. Murrend stimmte Churchill zu, eine weitere Kreuzer-Brigade aus dem Mutterland um das Kap zu schicken und die beiden schon vorhandenen Divisionen, die berühmte 7. und 2., aus der laufenden Produktion so schnell wie möglich auszurüsten.

Dabei tauchte ein neuer Tank in der Wüste auf: Der M3 »General Stuart«, von den Amerikanern im Rahmen des neuen Pacht- und Leih-Gesetzes geliefert. Der kleine, 13 Tonnen schwere und mit maximal 43 mm Stahl halbwegs anständig gepanzerte Kampf-

* Warlimont (»Im Hauptquartier der Wehrmacht«) vermerkt dazu, dies sei keineswegs ein Beweis für Größenwahn, denn es habe sich nur um einen Weisungs-»Entwurf« gehandelt; im gleichen Atemzug benutzt er das Werk aber auch, um den Vorwurf »kontinentaler Engstirnigkeit beim OKW« zurückzuweisen, eine erstaunliche Doppel-Strategie.

wagen hatte einen Pratt & Whitney-Flugzeug-Sternmotor von 220 PS Leistung, der ihn auf nahezu 60 km/h brachte. In seinem Türmchen saß eine 3,7-cm-Kanone, bei einer V^0 von 792 m/sec eher noch etwas schwächlicher als Großbritanniens Zweipfünder – und keineswegs so akkurat schießend.

Aber trotzdem hieß dieser Tank bei den britischen Panzerleuten sofort »Honey« (etwa = Schätzchen).

Als die ersten »Stuarts« in ägyptischen Häfen von den Transportschiffen gehievt wurden, standen Ingenieure der amerikanischen Lieferfirmen dabei, gespannt auf die Reaktion der kampferfahrenen Briten. Bei der ersten Erprobung nahm eine kreuzergewohnte Besatzung skeptisch in dem vergleichsweise winzigen Ding Platz.

Sie ratterten durch die Wüste, genossen die kräftige Beschleunigung und gingen vor jeder Kurve schön herunter mit der Geschwindigkeit, wie sie es von ihren Kreuzern gewohnt waren. »Ihr könnt ruhig mal mit Vollgas eine Kurve fahren«, sagten die Ingenieure.

Ungläubig stiegen die Briten wieder ein, probierten erst eine mittelschnelle, dann eine richtig durchdonnerte Kurve. Die Ketten blieben auf den Laufrollen.

Kurz darauf sah man einen kleinen Tank wie wahnsinnig durch die Wüste schießen, in gewaltigen Staubwolken aus voller Fahrt drehend und sich offensichtlich des Lebens freuen wie ein Füllen. Als die Soldaten nach dieser Fahrt wieder ausstiegen, strahlte der Kommandant über das ganze Gesicht und sagte: »She is a honey!«

Verwöhnt waren sie nun mal nicht.

Der einzige Nachteil war, daß jede »Honey«-Besatzung eigentlich einen Mann mit Armen wie ein Preisboxer gebraucht hätte. Denn wenn der Sternmotor einige Zeit gestanden hatte, bildete sich im unteren Zylinder irgend etwas Geheimnisvolles von der Kraft einer Handgranate; jedenfalls bestand die Gefahr, daß der untere Zylinderkopf in tausend Stücken in der Wüste lag, wenn man den schweren Motor nicht vor dem Anlassen siebenundzwanzigmal mit der Handkurbel rückwärts drehte.

In diesem Sommer schrieb Rommel öfter einmal nach Hause, daß ihm nicht so wohl sei; mal Ärger mit dem Magen, mal mit der Leber. Schon war er so ziemlich der einzige Mann seines Alters, der das brutale Klima vom ersten Tage an durchgestanden hatte.

Und dauernd gab es Ärger, etwa mit den Bundesgenossen: Bastico* sei auf Streit aus, und den könne er auch haben, schrieb er einmal an seine Frau. Am 31. August schien er die Nase voll zu haben: Das italienische Oberkommando sei wohl unzufrieden, weil es nicht viel zu sagen habe; vielleicht würden sie einen Zwischenfall provozieren, um die deutschen Truppen nach Hause schicken zu können. »Ich hätte sehr wenig gegen einen Wechsel des Kriegsschauplatzes einzuwenden.«

Zwei Tage später kommentierte er erfreut den raschen Vormarsch der deutschen Truppen in Rußland und setzte hinzu: »Es ist schade, daß ich nicht dort sein kann, sondern hier warten muß.«

Er war inzwischen zum General der Panzertruppe befördert, seine deutsch-italienische Truppe zur »Panzergruppe Afrika« aufgewertet worden. Sie umfaßte das Afrikakorps, bei dem die 5. Leichte Division in 21. Panzerdivision umgetauft worden war, allerdings ohne die Panzer-Streitkraft zu erhöhen; neu gebildet war die 90. Leichte Division**, hauptsächlich aus nach und nach angelandeten Einheiten; sechs italienische Divisionen unterstanden nun seinem Kommando.

Aber das konnte ihn alles nicht so recht freuen, so stolz er im ersten Augenblick auch gewesen war: Es war nun offensichtlich, daß »sein« Kriegsschauplatz bei allem Wohlwollen des Führers neben Rußland nur zweiter Klasse war; selbst ein spektakulärer Stoß nach Ägypten würde neben den ungeheuren Ereignissen auf dem russischen Kriegsschauplatz kaum Schlagzeilen machen. Und die Aussichten waren auch noch schlechter denn je.

In den Wochen nach dem Paulus-Besuch hatte sein Ia Kreuzwendedich von dem Borne auftragsgemäß in richtiger General-

* Italienischer General, Nachfolger Gariboldis als Oberbefehlshaber in Libyen.
** Damals noch Afrika-Division.

stabsmanier die Frage einer Offensive zum Suezkanal untersucht. Das Ergebnis war niederschmetternd.

Nach einer Untersuchung der Stärkeverhältnisse kam von dem Borne zu dem Schluß: »Sollte sich bis zum Herbst eine Bedrohung (der englischen Mittelost-Basis) durch deutsche Truppen aus der Türkei bzw. dem Kaukasus nicht abzeichnen, wird in jedem Fall mit einer stärkeren englischen Offensive mit dem Ziel der Wiedergewinnung der Cyrenaika gerechnet. Ein Angriff des DAK mit den bisher vorgesehenen Kräften ist in diesem Fall nicht möglich.«

Trotz dieser moderaten Erkenntnis wurde der Plan, wie alles aus Nordafrika, im OKH nicht sehr gnädig aufgenommen. Bei der Aufzählung der operativen Ziele schrieb von dem Borne, daß nach dem »Schlagen, möglichst Vernichten« der Feindkräfte im westlichen Ägypten die »Wegnahme von Marsa Matruk möglichst im Handstreich« folgen müsse. Im OKH wurde handschriftlich, vermutlich von Halder, auf den Rand geschrieben: »Wie bei Tobruk!?«

Zum erstenmal taucht in diesen Überlegungen ein Platz auf, der als eine Art Wendepunkt des Krieges in die Geschichte eingehen sollte: Ein Gelände, das sich nach operativen Gesichtspunkten noch für die Briten zum Aufbau einer Verteidigungsstellung anbiete, befinde sich »in der nur etwa 60 km breiten Enge zwischen der Kattara--Depression und der Küste 50 km ostwärts El Daba«, schrieb der Ia. Dort liegt eine Bahnstation namens El Alamein.

Kreuzwendedich von dem Borne, offenbar angetrieben vom rastlosen Rommel, beschäftigte sich mit weit dahinter liegenden Gegenden. Aber man merkt seiner Ausarbeitung an, daß er im Gegensatz zu seinem Chef nicht so recht daran glaubte, jemals dorthin zu kommen. Unter der Überschrift »Übergang über den Nil in Gegend Kairo« stellte er fest, daß eine Streitmacht von fünf Divisionen dazu fünf Tage brauchen werde, falls ihr eine unversehrte Brücke in die Hände fiele. Und setzte den bedenklichen Satz hinzu: »Bei Kampf um den Übergang fraglich.«

Der unerbittliche OKH-Kritiker schrieb, dick unterstrichen, an den Rand: »Das ist doch sicher!«

So unrecht hatte er sicherlich nicht; andererseits hatten die hohen Herren vom Generalstab auch eine Menge Illusionen. Unter der Nummer I/0971/41 (»Geheime Kommandosache! Chef-Sache! Nur durch Offizier!«) beschäftigte sich der Generalstab des Heeres mit der Versorgungsseite der DAK-Pläne. Lapidar wird (am 27. August 1941!) festgestellt, ab Anfang Oktober müßten Kraftwagen-Transportraum und Versorgungstruppen aus der Ost-Operation herausgezogen und nach Afrika gebracht werden.

»Hierzu ist Voraussetzung, daß die Operationen im Osten im wesentlichen abgeschlossen sind ... und daß im Osten 1942 nur noch Feldzüge mit zahlenmäßig beschränkten Truppen-Körpern infrage kommen.« Dann könne am 15. 3. 1942 in Afrika angegriffen werden.

Selbst abgesehen von solchen Zukunftsträumen sah der ganze Afrika-Feldzug, endlich einmal an Hand von kühlen Zahlen und Daten untersucht, stark nach Peterchens Mondfahrt aus:

- Um eine Offensive gegen Tobruk und einen sofort anschließenden Angriff Richtung Osten durchführen zu können, mußten nur für den Heeresbedarf drei Monate lang monatlich 43 000 Tonnen Nachschubgut über das Mittelmeer gebracht werden. Diese Zahl wurde im ganzen Afrika-Feldzug nur einmal erreicht: Im Januar 1943, als die Schiffe von Italien nur den kurzen Weg nach Tunis zurückzulegen hatten.
- Um den benötigten Nachschub nach vorn zu schaffen, wäre ein Kraftwagen-Transportraum von 11 000 Tonnen nötig gewesen (selbst bei einer beträchtlichen Verstärkung der Küstenschiffahrt von Tripolis in die Cyrenaika). Das entsprach etwa 3667 Fahrzeugen vom Typ 3 to Opel »Blitz«, dem bewährtesten Laster der Armee in Afrika.

An diesem Punkt ihrer Berechnungen fügten die Generalstäbler eine doppelt unterstrichene Zeile ein:

»Diese Kw. Transportraum-Forderung ist untragbar!«

Sie schenkten es sich, in dieser Stellungnahme zu untersuchen, wieviel Benzin eine solche Lkw-Flotte schlucken würde, und fügten nur die Bemerkung an: »... läßt es sich jetzt noch nicht *annähernd* übersehen, ob sich außer dem laufenden Bedarf auf den übrigen Kriegsschauplätzen der Bedarf an Kraftfahr-Ersatzteilen, Reifen und Betriebsstoff für die Operation sicherstellen läßt ...«

Indes lassen sich die Größenordnungen leicht verdeutlichen, wenn man einmal bei der theoretischen Annahme bleibt, daß die notwendige Transportleistung von einer Opel-Dreitonner-Flotte in Angriff genommen worden wäre. Für die 3400 km lange Hin- und Rückfahrt Tripolis-Tobruk-Tripolis wurden allgemein 14 Tage gerechnet. Das ergibt eine Kilometerleistung von 242 täglich. Laut Heeresdienstvorschrift war der Normverbrauch des »Blitz« 25 l/100 km. Man kann sicher sein, daß er unter afrikanischen Verhältnissen mehr als 75 Liter für die Tagesleistung von 242 km brauchte.

Daraus errechnet sich ein Monatsbedarf der gesamten 3667-Lkw-Flotte von 8 250 760 Litern oder 5776 Tonnen.

Wohlgemerkt: Nur für den Transport. Davon hätte noch kein Tank eine Kette bewegt, keine Zugmaschine ein Geschütz in Stellung gebracht, kein Halbkettenfahrzeug Infanterie befördert.

Im Monatsdurchschnitt des Jahres 1941 kamen 4884 t Kraftstoff als Heeresbedarf in Afrika an.*

Die Generalstäbler indes frisierten auch ihre Rechnung, um mit den »aus der Ost-Operation zu lösenden« und zusätzlich nach Afrika zu transportierenden 5400 Tonnen Kraftwagenraum auszukommen:

- Die Marine müsse eben noch mehr Güter an der Küste entlang transportieren, wobei die Hafenkapazität von Tobruk schon leichthin mit einkalkuliert wurde.
- Nach der Operation müsse mit dem Schiffsraum laufend der Bewegung gefolgt werden – eine fabelhafte Vereinfachung, wenn man bedenkt, daß zwischen Tobruk und Alexandria nur der Mini-Hafen Marsa Matruk lag. Und Sprengstoff für Hafenanlagen besaßen auch britische Pioniere.
- Auch der dann in Afrika rollende Großtransportraum von 8000 Tonnen (2600 Tonnen waren schon da) reichte für den Marsch zum Suezkanal noch nicht aus, aber die fehlenden 1732 Tonnen seien durch »Stützpunkt-System und Stops während der Offensive« einzusparen.

* Nur wenn man diese Größenordnungen kennt, kann man die Ereignisse des Jahres 1942 verstehen – und Rommels strategische Vorschläge beurteilen, in denen er die Ölquellen des Persischen Golfs ebenso in seiner Reichweite sah wie einen Todesstoß gegen die Sowjetunion durch den Kaukasus.

Dieses Werk unterzeichnete General Eduard Wagner, Generalquartiermeister.

Dagegen liest sich geradezu erfrischend die Stellungnahme von Hauptmann I. G. Schleusener, dem Quartiermeister des Afrika-Korps, der schon am 9. 7. 41 die Aussichten kühner Pläne kühl beurteilt hatte:

»Bei rund 1000 Tonnen Laderaum, der für die Stecke Benghazi-Tobruk zur Verfügung steht, werden täglich 200 t vorgeschafft. Das reicht noch nicht annähernd für den laufenden Bedarf an Betriebsstoff und Verpflegung, der ostwärts Benghazi wenigstens auf 370 t täglich veranschlagt werden muß. Schlußfolgerung: Nur eines ist sicher – werden die Voraussetzungen nicht erfüllt, so kann sich das Afrika-Korps nicht einmal halten, geschweige denn Tobruk nehmen oder an eine Offensive nach Osten denken.«

Der Führer und Oberste Befehlshaber der Wehrmacht hingegen, von Bedenken nicht angekränkelt, hatte schon am 11. 6. 41, als der Feldzug gegen die Sowjetunion noch gar nicht begonnen hatte, das Fell des Bären verteilt und weitergedacht:

»Nach der Zerschlagung der sowjetrussischen Wehrmacht«, so schrieb er in seiner Weisung Nr. 32, gehöre Europa Deutschland und Italien. Der neu gewonnene Ostraum müsse organisiert, gesichert und wirtschaftlich ausgenutzt werden, während in Nordafrika zunächst einmal Tobruk erledigt werden müsse, um die Voraussetzungen zu weiterem Vorstoß nach Kairo zu schaffen. Es sei aber auch daran zu denken, aus Bulgarien und durch die Türkei oder gar aus Transkaukasien über den Irak anzugreifen. Auch Gibraltar werde man den Engländern wegnehmen, um das Mittelmeer endgültig für sie zu sperren.

Vorerst schienen sie sich jedoch im Mittelmeer noch ziemlich zu Hause zu fühlen, wie die Versenkungsziffern zeigten. Grimmig nannten die Landser Mussolinis »Mare Nostrum« das »Deutsche Schwimmbad«.

Daß »italienischer Verrat« daran schuld war, ist bisher in den meisten Publikationen beschlossene Sache, nur der besonnene und wohlinformierte Enno von Rintelen schrieb, wenn im Krieg etwas schiefgehe, werde es allemal auf »Verräter« geschoben.

Abgesehen davon, daß die Funk-Entschlüsseler von »Ultra« immer perfekter wurden — wie sie schließlich exakt jeden Geleitzug melden konnten, wird noch zu berichten sein —, gehörte nicht viel dazu, die wenigen Zwangsrouten durch hochfliegende Aufklärer zu überwachen, insbesondere im wolkenlosen Mittelmeer-Sommer.*

Mitte September schließlich befahl Hitler der Seekriegsleitung, zunächst 6, dann 21 U-Boote ins Mittelmeer zu verlegen. Der Admiral Dönitz protestierte vergebens. Natürlich nahm diese Verlagerung einigen Druck von der britischen Schiffahrt im Atlantik und machte statt dessen Cunninghams kleiner Flotte zu schaffen, die obendrein schon wieder eine neue Aufgabe hatte.

Unter Rommels Nase mußten die Australier aus Tobruk abgeholt, die englische Division und eine polnische Freiwilligen-Brigade im Gegenzug hineingebracht werden.

Aussies verlassen Tobruk

Ende August besetzten britische und sowjetische Truppen Persien, das sich geweigert hatte, eine ansehnliche deutsche Militärmission vor die Tür zu setzen. Der britische Part wurde hauptsächlich von Truppen aus Indien und dem Irak, die Wavell jetzt kommandierte, getragen; aber ein knurriger Churchill schrieb an die Stabschefs, da Auchinleck in der libyschen Wüste »noch wochenlang untätig« bleiben wolle, müsse er auch größere Einheiten dazutun.

Eine weitere Belastung allerdings hatte Churchill vergebens von ihm abzuwenden versucht:

Nachdem die 15 000 Australier ein halbes Jahr in der Festung Tobruk ausgehalten hatten, verlangte die australische Regierung kategorisch ihre Ablösung. Obwohl diese Forderung in eine Zeit parlamentarischer Kämpfe fiel und drei einander ablösende Re-

* Von Anfang Juli bis Ende September wurden 43 Nachschub-Schiffe mit einer Gesamt-Tonnage von 150 000 BRT sowie 64 kleinere Fahrzeuge versenkt. Im Oktober kam weniger als die Hälfte der ausgelaufenen Schiffe an, der November brachte ein ganz besonderes Desaster.

gierungschefs beteiligt waren, blieb die Haltung der Australier hart. Churchill schickte eine Flut von Telegrammen, lockte auch mit dem unsterblichen Ruhm, den die bevorstehende Befreiung Tobruks für die Verteidiger mit sich bringen werde — aber schließlich mußte er nachgeben.

Der ärztliche Generalinspekteur der australischen Armee, General R. M. Downes, hatte den Gesundheitszustand der Diggers in Tobruk so beurteilt: »Die Männer sind keineswegs der Ansicht, daß sie erschöpft seien, aber kaum einer von ihnen könnte noch zehn Kilometer marschieren.«

Allerdings: Die ebenfalls fast 15 000 Briten in Tobruk, deren Gesundheitszustand kaum besser sein konnte, wurden nicht abgelöst, und Churchill hätte bestimmt einen Anfall bekommen, wenn ihm jemand so etwas vorgeschlagen hätte.

Als erste ablösende Einheit kamen die Polen. Die Brigade, kommandiert von General Kapanski, war Anfang 1940 im französisch besetzten Syrien aufgestellt worden. Sie bestand aus Freiwilligen, die nach der polnischen Niederlage auf den abenteuerlichsten Wegen hierher gekommen waren. Als dann auch Frankreich kapitulierte, führte Kapanski seine Männer, komplett mit französischen Waffen und Fahrzeugen, über die Grenze nach Palästina, um sich den Engländern zu unterstellen.

Britische Marine-Fachleute bezeichneten das Ablösungs-Unternehmen als eine »Unverfrorenheit, mit der man kaum davonkommen« werde. Trotzdem ging es verblüffend gut. In den mondlosen Nächten vom 17. bis 27. September und vom 16. bis 26. Oktober jagten allnächtlich Zerstörer zwischen Alexandria und Tobruk hin und her. Die besten Dienste leisteten die beiden schnellen Minenleger »Latona« und »Abdiel«, die 40 Knoten (74 km/h) liefen.

Während die Schiffe im Hafen lagen, griffen britische Jäger und Bomber die deutschen Flugfelder rund um Tobruk an, und die Festungsartillerie bepflasterte die Stellungen von »Bardia Bill« und »Salient Sue«.

Trotzdem fing am 25. Oktober, als der Austausch fast abgeschlossen war, ein Stuka-Verband die »Latona« ab und versenkte sie. Ein Begleit-Zerstörer wurde schwer beschädigt, 30 Seeleute kamen ums Leben. Da das Schiff auf dem Weg in die Festung war, wo die Polen und Briten inzwischen wohlbehalten angekommen waren, befanden sich keine Passagiere an Bord.

Auf der Reise zuvor war Tank-Major »Jock« Holden für seine Standhaftigkeit bei »Streitaxt« mit dem DSO* geschmückt, an Bord der »Latona« gewesen. Er ging nach Tobruk, um eine unabhängige Matilda-Schwadron seines Regiments zu übernehmen. Für ihn endete die Fahrt mit ein paar blauen Flecken. Im Bauch des Schiffes liefen auf Schienen ein paar Wägelchen, mit denen normalerweise die Minen über Bord geworfen wurden. In der Hast des Ausladens machte die Mannschaft wenig Unterschied zwischen Stückgut und einem alleinreisenden Major; ein paar Matrosen setzten Holden auf einen dieser Karren und schleuderten ihn, nur leicht beschädigt, in einen Leichter.

Für einen anderen »Jock« wurde die Reise nach Tobruk noch aufregender: Sergeant Harry Dick Reid aus Carlisle (Schottland) wurde mit seinem Kameraden auf einem reichlich explosiven Pulverfaß in die Festung geschafft. Sie gehörten zum 4. Königlichen Tankregiment, das an dem bevorstehenden Ausbruch während der Offensive teilnehmen sollte.

Sie wurden in Marsa Matruk auf die Panzerlandungsboote gebracht, die schon Ostern die ersten Matildas in Tobruk an Land gesetzt hatten. Jeweils drei der dicken »Infanterietanks« waren nun an Bord, die Zwischenräume vollgestopft mit Munitionskisten und Benzinkanistern, eine ziemlich gefährliche Mischung.

Die drei Fahrzeuge liefen im letzten Tageslicht des 9. Oktober aus Marsa Matruk aus. Der Sergeant sah mit Befriedigung, daß allerlei automatische Kanonen an Bord waren: 2-Zentimeter-Vierlinge des Schweizer Fabrikats Oerlikon und die äußerst wirkungsvollen Bofors-»Pom Pom«.

Sie waren die ersten britischen Einheiten, die im Mittelmeer auf ein deutsches U-Boot stießen:
Morgens um vier, querab Sidi Barrani, wurde »Jock« Reid durch eine wüste Schießerei geweckt. Steuerbord voraus sah man im Mondschein ein aufgetauchtes U-Boot, von dessen Geschütz

* DSO = Distinguished Service Order, hohe britische Tapferkeitsauszeichnung.

Granaten heranheulten. Ein Strom von Leuchtspurgeschossen aus den Kanonen des Landungsbootes flitzte herüber und schien verteufelt gut zu liegen.

Die beiden 650-PS-Motoren brüllten, mit »full speed« brauste das Landungsboot auf den Feind zu, und einige Besatzungsmitglieder begannen, die riesige vordere Laderampe herunterzulassen, weil sie sich davon einen wirksameren Rammstoß versprachen.

Aber plötzlich verstummte die wirkungsvollste Waffe an Steuerbord, die Bofors: Ladehemmung! Der junge Marineleutnant auf der Brücke mußte nach Steuerbord kurven, um die links angebrachte »Pom Pom« ins Spiel zu bringen.

Kurz darauf war alles vorbei. Das U-Boot tauchte, offenbar angewidert von der heftigen Gegenwehr.

»Daß der keine Torpedos losgelassen hat!« sagten die Seeleute. »Dann wären wir schon auf dem Weg nach oben.«

Sie schleppten sich langsam zurück nach Marsa Matruk. Die Granaten des U-Bootes hatten den außen am Bug angebrachten Minen-Abweiser weggerissen, das Schraubenlager beschädigt und unmittelbar neben dem Steuerbord-Tank (mit 8000 l hochoktanigem Benzin) ein paar Löcher in die Bordwand gerissen. Eine der ersten Granaten war außerdem am Aupuff hinter der Brücke detoniert. Ihre Splitter verletzten den jungen Navigationsoffizier schwer am Rücken.

Reid betreute den Leutnant, einen Schotten, während der sechsstündigen Rückfahrt; der aber brauchte wegen seiner Verletzung, die er verächtlich »Schramme« nannte, keinerlei Trost, ihn ärgerte weit mehr seine Armbanduhr, deren Glas beim Sturz zersplittert war.

»Hoffentlich kann man sie reparieren«, sagte er mit großen Kinderaugen, »meine Mutter hat sie mir geschenkt, als ich das Offizierspatent bekam.«

Die beiden anderen Landungsboote erreichten Tobruk, obwohl sie schwer von Stukas angegriffen wurden. In der Nacht zum 12. Oktober liefen sie wieder aus. Einige Stunden später wurde ein schwacher Funkspruch gehört: »Werde von einem U-Boot angegriffen ...«

Von den 37 Mann, die an Bord der beiden Boote waren – darunter vier australische Soldaten und zwei italienische Kriegsgefangene –, überlebte nur ein Seemann. Er wurde von einem deutschen U-Boot aufgefischt, nachdem er 48 Stunden um sein Leben geschwommen war.

Inzwischen staunte Jock Reid, was man bei der Marine so alles machen kann. Sie hatten mit ihrem maroden Schiff kaum in Marsa Matruk angelegt, als die Seeleute einen furchtbaren Krach schlugen und ultimativ eine Eskorte forderten. Deshalb dampften bei der nächsten Reise ein altes, verwittertes Kanonenflußboot und ein bewaffneter Fischdampfer mit ihnen.

Aber sie stießen wieder auf ein U-Boot, vermutlich dasselbe, und diesmal ließ es auch Torpedos los:

Reid hatte sich zusammen mit seinem Fahrer »Nobby« Clarke aus Colchester die Bettenrollen vom Tank geholt und unten neben dem Maschinenraum ein Lager aufgeschlagen; wenn dieses Pulverfaß von einem Schiff einen entscheidenden Treffer bekam flog sowieso alles in die Luft.

Das Rumpeln der schweren Motoren weckte ihn auf: Die Heizer machten Schichtwechsel und hatten die Eisentüren geöffnet. Reid setzte sich auf und steckte sich eine Zigarette an. Das Schiff stampfte stärker als auf der ersten Fahrt. Zum Anlanden von Tanks waren sie ja sehr praktisch; unter der Notwendigkeit, sie auf diesen Zweck hin zu konstruieren, hatte jedoch die Seetüchtigkeit gelitten.

Nobby wühlte sich aus seinen Decken und wollte auch eine Zigarette. Im selben Augenblick gab es unter ihnen einen harten, metallischen Schlag.

Während die beiden Tankleute sich noch fragend ansahen, polterte ein Signalgast die eiserne Treppe herunter, riß eine Schwimmweste vom Haken und verschwand wortlos wieder nach oben.

Sie stürzten hinter ihm her, nicht ohne sich ebenfalls mit Schwimmwesten zu versorgen.

Die Szene an Deck erinnerte stark an die Knallerei auf der vorigen Reise, nur daß zusätzlich aus der Luke des vorderen Laderaums wütendes Geschrei drang. Reids Leute hatten es sich dort auf der Segeltuch-Abdeckung bequem gemacht. Gleich zu Beginn des Gefechts hatten irgendwelche Geschosse des U-Boots die Befestigungen durchtrennt, und die Männer waren nacheinander auf die unten vertäuten Panzer gerieselt. Sie kamen mit ein paar Prellungen davon.

Eine schmale Mondsichel stand oder vielmehr lag am Himmel wie eine weggeschmissene Apfelsinenschale, und in ihrem Licht konnte man den Turm des U-Boots im Wasser verschwinden sehen, umzischt von Leuchtspurgeschossen.

An der Reling stand der Coxswain, ein Feldwebel, und brüllte wütend zur Brücke hinauf: »Ramm ihn, Skipper, ramm ihn!« Er war ein großer, viereckiger Kerl aus Manchester namens Bill, und er riß in seiner Wut beinahe die eiserne Reling ab, als das U-Boot ungehindert wegtauchte.

Dann sah er Reid, beruhigte sich etwas und sagte: »Du warst noch nie so nah dran, geradewegs in den Himmel zu fliegen.«

»Ich weiß«, sagte Reid.

»Du weißt gar nichts«, antwortete Bill, »geh mal rauf und sprich mit dem Skipper.«

Der Skipper, ein junger Ire, stand auf der Brücke, starrte wild hinter dem U-Boot her und schüttelte ununterbrochen den Kopf.

»Das war knapp, was?« meinte Reid.

»Knapp!« schrie der Ire, »hast du da unten nicht einen Bums verspürt?«

»Schon ...« sagte Reid zögernd.

»Das war ein Torpedo, du verfluchter Glückspilz, und der ist einen Meter unter deinem Hintern durchgerutscht!«

Der Skipper wußte sich kaum zu lassen; Jock bekam mühsam die Geschichte aus ihm heraus:

Es fing damit an, daß der Skipper plötzlich an Steuerbord eine Torpedolaufbahn sah, viel zu spät für jedes Ausweichmanöver, und der Hundesohn von einem U-Boot-Kommandanten wußte offenbar ganz genau, daß er auf ein Boot mit völlig flachem Kiel schoß, denn das Ding war so eingestellt, daß es fast an der Oberfläche langlief.

Der Skipper machte die Augen zu und wartete auf den Knall. Aber das stampfende Schiff hob gerade den Bug, in der Gegenbewegung gab es diesen metallischen Schlag, und als der Ire die

Augen wieder aufmachte, sah er den Torpedo auf der anderen Seite schnurgerade in Richtung Afrika davonziehen.

»Verstehst du, was passiert ist!« quiekte er außer sich, »dieser elende Knallkörper hatte schon die Nase mit dem Zünder unter dem Schiff durchgesteckt; als das Schiff in der Stampfbewegung wieder herunterkam, hat es ihn zwar ins Kreuz gehauen, aber wenn der Gefechtskopf nirgends anstößt, geht das Aas nun mal nicht los.«

Nobby und Jock brauchten einige Zeit, bis sie wieder einschlafen konnten. Als sie im ersten Licht in den Hafen von Tobruk liefen, erhob sich unter Gebrüll eine mächtige Wasserfontäne vor ihrem Bug.

Der übliche Willkommensgruß von »Bardia Bill«.

Anschlag auf Rommel

Ende September war für Rommel noch einmal ein vollständiger Geleitzug durchgekommen, und er berichtete das voller Freude in einem Brief an seine Frau, fügte aber hinzu: »Für den Augenblick sind wir Stiefkinder und müssen damit zufrieden sein. Andererseits sind die Fortschritte in Rußland gut. Später werden wir wieder an erster Stelle sein ...«

Die »Beförderung« seiner Truppen zur Panzergruppe hatte ihm nicht viel an Verstärkung eingebracht, aber immerhin einige sehr qualifizierte Offiziere.

Seinen Chef des Stabes, Generalmajor Alfred Gause, bekam er auf Umwegen. Der alte Feind Halder hatte da vorsichtig etwas gestrickt ... Er wollte einen deutschen Stab in Afrika haben, der Rommel nicht unterstand. Er ließ Gause kommen, damals noch Oberst, mußte ihn aber zunächst noch in Urlaub schicken, weil noch ein paar Maschen fehlten. Dann gelang es ihm, den inzwischen beförderten Generalmajor als »Verbindungsoffizier beim italienischen Oberkommando Nordafrika« loszuschicken. Schon kurze Zeit später mußte er vermerken: »Widerstand gegen die Mission Gause ... Rommel.«

Bald darauf war Gause Stabschef der Panzergruppe. Rommel hatte kategorisch erklärt, daß *alle* deutschen Truppen in Afrika ihm unterständen, und seine Verbindungen spielen lassen. Der Generalmajor machte gute Miene zum bösen Spiel, erstattete aber bald darauf in Berlin seinem Gönner Halder Bericht, was sich in dessen Notizen so liest:

»Die persönlichen Verhältnisse sind durch die Eigenart des Generals Rommel und seinen krankhaften Ehrgeiz getrübt ... Rommels charakterliche Fehler lassen ihn als eine besonders unerfreuliche Erscheinung hervortreten, mit der aber niemand gern in Konflikt geraten will wegen der brutalen Methoden und wegen seiner Stützung an oberster Stelle ...«

Naja, sie wetterten alle, wie wir noch sehen werden; auch der neue Kommandierende General des Afrika-Korps, Ludwig Crüwell, und dessen Stabschef, Oberstleutnant i. G. Fritz Bayerlein. Einer war allerdings unter den Neuen, der nicht zum Wettern neigte, gegen dessen kühle Intelligenz Rommel aber auch höchst selten seine groben Geschütze in Stellung brachte: Oberstleutnant i. G. Siegfried Westphal, als Ia der Gruppe so etwas wie das »operative Gewissen«.

Das OKH hatte inzwischen seinen Widerstand gegen Rommels Plan, so bald wie möglich den entscheidenden Angriff auf Tobruk zu führen, fallengelassen. Aber die schwierige Versorgungslage machte nun immer neue Verschiebungen notwendig.

Am 9. November traf im Mittelmeer ein besonders schwerer Schlag die Achsenmächte:

Ein Konvoi von zehn Frachtern, begleitet von italienischen Zerstörern und Kreuzern, wurde auf der Fahrt nach Nordafrika von der »Force K« gestellt, einer kleinen Flotte von Überwasser-Kriegsschiffen, die auf Churchills Drängen in Malta stationiert worden war. Keiner der Frachter kam davon, fast 40000 BRT gingen auf den Meeresgrund.

Rommel beschwerte sich in einem Funkspruch an das OKW: »Von den 60000 Tonnen Material, die die Italiener versprochen haben, sind bis Ende Oktober nur 8093 Tonnen in Benghazi eingetroffen. Von den für den Angriff auf Tobruk ursprünglich vorgesehenen Truppen werden verschiedene wichtige Nachrichteneinheiten und rund ein Drittel der Artillerie sogar erst am 20. November eintreffen . . .«

Auch dieser Funkspruch wurde von »Ultra« für Churchill entschlüsselt. Er drängte den zögernden Auchinleck, an dem für die Offensive zuletzt festgelegten Datum festzuhalten: 18. November. Der General hätte es für klüger gehalten, einen Termin abzuwarten, zu dem Rommel seine Truppen zum Angriff auf Tobruk formierte, und ihm dann in den Rücken zu fallen. Mit dem gleichen Recht hielt Churchill dagegen, daß inzwischen doch nur Verstärkungen für den Gegner eintreffen könnten — er konnte nicht wissen, wie effektiv die Royal Navy im Mittelmeer sein sollte: bis zum 14. Dezember traf kein einziges Schiff mehr in Libyen ein.

Churchill knüpfte große Hoffnungen an einen Erfolg der Offensive, die »Crusader« (Kreuzzügler) genannt worden war: Wenn es gelang, die Achsen-Streitkräfte in Nordafrika zu vernichten, mochten durchaus die angrenzenden französischen Kolonien von Vichy abfallen. Dann wollte er unverzüglich in Sizilien einfallen.

Rommel flog Mitte November nach Rom. Er sprach mit Mussolini, der ihm prompt zuredete, Tobruk so bald wie möglich anzugreifen. Und er traf sich mit seiner Frau, um am 15. November mit ihr seinen Geburtstag zu feiern.

Auf dem Rückflug nach Afrika versagte einer der beiden Motoren seiner »He 111«. Die Maschine mußte in Athen zwischenlanden. Zu dieser Zeit fanden als Auftakt zu »Crusader« mehrere Kommando-Unternehmen statt. Das spektakulärste davon galt Rommel. Die Briten versuchten, den abwesenden Oberkommandierenden zu kidnappen oder mindestens zu töten.

Bei dem Anschlag ging ungefähr alles schief, was schiefgehen konnte. Es begann mit dem Irrtum eines hervorragenden Agenten: Oberstleutnant John E. Haselden, ein perfekt die Senussi-Dialekte sprechender Arabist. Er hatte als Straußenfedern-Händler in arabischer Tracht das frühere Präfektur-Gebäude in Beda Littoria, nahe den Ruinen der alten Hannibal-Stadt Cyrene, überwacht. Das Gebäude war abgesperrt, täglich fuhren Stabswagen vor, darunter auch der Rommels.

Haselden kam zu dem Schluß: dies muß das Hauptquartier der Panzergruppe sein.

War es vorübergehend auch gewesen; aber da es für Rommels Geschmack zu weit weg von der Front lag, hatte er seinen Stab schon bald in die Gegend von Tobruk verlegt. In Beda Littoria arbeitete der Stab des inzwischen zum Major beförderten Versorgungs-Chefs Schleusener.

Auf Haseldens Meldung hin wurde das Unternehmen vorbereitet: Der Überraschungseffekt von »Crusader« mußte noch größer sein, wenn der gerissene Chef der deutsch-italienischen Armee ausgeschaltet, Chaos in seinem Stab angerichtet sein würde.

Die Nacht war stürmisch und die See rauh, als zwei U-Boote bei Cyrene 53 der besten Männer aus den britischen Kommando-Einheiten an Land setzen sollten. Nur 29 erreichten das Ufer, zwei ertranken, die anderen wurden wieder an Bord genommen. Die dezimierte Truppe erreichte das Präfektur-Gebäude in einem schweren Gewitter. So konnte eine Gruppe unbemerkt eindringen, aber dann mißlang schon der erste Schritt: den Wachposten lautlos umzubringen. Er rang mit den Angreifern und schrie um Hilfe. Aus allen Zimmern stürzten schlaftrunkene Deutsche. Die Briten feuerten ihre Maschinenpistolen ab und warfen Handgranaten.

Zwei deutsche Offiziere und zwei Soldaten wurden getötet.

Aber auch der Führer der Kommando-Einheit kam ums Leben. Sein Vertreter wurde schwer verletzt. Die Briten mußten fliehen. Bis auf zwei Mann wurden die Überlebenden eingefangen. Obwohl sie keine ordentliche Uniformen trugen und ihr Kombattanten-Status zumindest zweifelhaft war, ließ Rommel sie als normale Kriegsgefangene behandeln.

Ein weiteres Kommando-Unternehmen dieser Nacht ging auf noch dramatischere Weise schief.

Bruch in den Dünen

Das Wetter war scheußlich, Wolkenuntergrenzen weniger als 150 Meter über Grund, und die Maschine tanzte in den Turbulenzen schwerer Gewitterschauer, als Flight Sergeant West mit seiner alten »Bristol Bombay« irgendwo über der Wüste südlich Gazala herumflog. Den meisten seiner 16 Passagiere war speiübel.

Es waren zumeist Australier und Neuseeländer, hochtrainierte Sabotagespezialisten, denen es so leicht vor nichts grauste. Aber jeder von ihnen hätte viel darum gegeben, aus diesem torkelnden Flugzeug herauszukommen. Es trug auch keineswegs zu ihrer Beruhigung bei, daß man im grünlichen Licht der Instrumente den Flight Sergeant ziemlich ratlos mit Karten und Kursdreieck hantieren sah.

Die Kommando-Männer sollten zwischen Tmimi und Gazala abgesetzt werden, um auf den deutschen Flugplätzen Maschinen und Treibstofflager in die Luft zu sprengen. Aber schließlich sagte der Pilot zu ihrem Führer, Hauptmann Thompson: »Ich habe keine Ahnung mehr, wo wir sind. Wir müssen runter.« Er drehte die Maschine gegen den Wind und brachte tatsächlich das Kunststück fertig, in dem unbekannten Gelände ohne Bruch zu landen.

Als im Osten das erste fahle Licht erschien, standen Thompson und West auf der Tragfläche und spähten in die Runde. Aus nördlicher Richtung kam ein einzelner kleiner Mann auf sie zugewandert. Es war ein italienischer Soldat, der sich das Flugzeug, das da plötzlich in der Wüste stand, näher ansehen wollte.

Sie fingen ihn mühelos ein, und als er sich vom ersten Schreck erholt hatte, schien er ganz zufrieden und teilte mit, daß der Flugplatz Gazala nur ein paar hundert Meter entfernt sei. Flight Sergeant West scheuchte alles an Bord, einschließlich Italiener, und brummte mit kaum warmgelaufenen Motoren los. Aber er war eben in der Luft, als er zwei Me 109 die Sandpiste von Gazala herunterfegen sah.

Kaum eine Minute später hatte er die Jäger im Nacken. MG- und Kanonengeschosse krachten durch die Maschine. Beim zweiten Angriff ging sie in den Dünen zu Bruch.

Hauptmann Thompson kroch benommen, aber unverletzt aus den Trümmern. Auch sein Vertreter, Leutnant Bonnington, und der kleine Italiener gehörten zu den Überlebenden. Die meisten anderen Insassen waren tot oder schwer verletzt.

Vom Flugplatz Gazala kamen Leute in VW-Kübelwagen, die bei

der Bergung halfen. Thompson und Bonnington wurden von den Piloten des Jagdgeschwaders 27 freundlich aufgenommen und begutachtet. Die Flieger kamen zu den Schluß, daß sie da ein paar sehr seltene Vögel gefangen hatten. Sie verfrachteten Thompson in einen Fiseler Storch, um ihn zum Stab des Fliegerführers Afrika zu schaffen.

Das Wetter war immer noch scheußlich, auch der deutsche Pilot verfranzte sich und mußte schließlich, Benzinuhr auf Null, in der Wüste landen.

Leichtsinnigerweise ging er dann los, um Hilfe zu suchen, und ließ den knochenharten Kommando-Führer in der Obhut seines zweiten Passagiers, des Metereologen beim Stab des Fliegerführers. Natürlich wartete Thompson nur, bis der Pilot außer Sicht war, knockte den braven Wetterfrosch durch einen wohlgezielten Kinnhaken aus und marschierte Richtung Osten. Zu seinem Pech schien es in der Wüste infolge des gräßlichen Wetters von notgelandeten Fliegern zu wimmeln; er wanderte geradewegs in die Besatzung einer Ju 52, die ebenfalls auf Sprit-Suche war, und wurde wieder gefangengenommen.

So kam der Hauptmann dann doch zum Stab des Fliegerführers in Derna, wo er auch sein Opfer, den Meteorologen, wiedertraf. Er drückte ihm sein Bedauern aus und wurde eingeladen, an der wohlbestückten Bar des Fliegerführers den schmerzenden Unterkiefer durch ein paar Drinks kühlen zu helfen. Thompson zuckte die Achseln und machte mit; alles war schiefgegangen, seine kleine Truppe tot, verwundet oder gefangen. Aber so geht es im beschissenen Krieg, und es hätte ihm weit Schlimmeres passieren können, als bei diesen wohlgenährten und gutgelaunten Fliegern zu landen. Eine Chance zum Weglaufen würde es vielleicht auch noch geben.

In der Wüste ertrunken

Zu dieser Zeit bereiste der Oberarzt Dr. Fähndrich Libyen. Er sollte über den Gesundheitszustand der deutschen Truppen berichten, aber zuerst erwischte es den Doktor selbst: Ruhr mit Fieber und allen Schikanen! Er kurierte sich in vier Tagen durch »Ruhe, Wärme, Rizinus und Hungern« aus.

Aus seinem Geheimbericht läßt sich sein Erschrecken darüber erkennen, welche fatalen Folgen diese an sich kurierbare Krankheit für viele Afrika-Soldaten hatte – und wie mit ihnen umgegangen wurde. Bei der Truppe bestehe die Neigung, Kranke abzuschieben, um Verwundete bevorzugt behandeln zu können. Viele Ruhrkranke seien aber nicht transportfähig: »Ich habe leider zahlreiche Schwer- und Schwerstkranke und eine nicht unerhebliche Zahl von Todesfällen an der Ruhr gesehen, die zweifellos durch den Transport verschlimmert waren ...« In einem Feldlazarett fand er eine Reihe von Sterbenden, die in schweren Kollapszuständen aus einem Transport nach Derna herausgeholt worden waren. Die meisten waren erst seit vier Wochen in Afrika.

Auch in Derna, der schönsten Stadt der Cyrenaika, fand er unerfreuliche Zustände: wegen der ständigen Luftangriffe waren die meisten Kranken in Zelt-Lazaretten in den zahlreichen Wadis der Umgebung untergebracht. Sobald ein Flugzeug aus Athen landete und der Flugplatz dies telefonisch meldete, wurden die schwersten Fälle holterdipolter verladen, denn die Maschinen pflegten sofort nach der Entladung wieder von dem gefährdeten Platz zu starten. Sie konnten aber auch nicht über Funk von Athen angekündigt werden, weil dies immer ganze britischen Jäger-Rudel angelockt hatte.

Insgesamt fehle es der Truppe an Butter, Eiern, Milch und leichtverdaulichen Kohlehydraten, berichtete Dr. Fähndrich. Von den rund 50 000 Deutschen in Afrika seien etwa 10 Prozent chronisch krank. Neben der Ruhr sei die meistverbreitete Krankheit die infektiöse Gelbsucht. Immer wieder sehe man Leute marschieren oder auch fahren, die ihren rechten Unterarm auf die schmerzende und geschwollene Leber drücken.

Mit berechtigtem Neid berichtete der Heeres-Doktor dann über die Besichtigung eines Luftwaffenlazaretts: »Die Ausstattung ist für afrikanische Verhältnisse märchenhaft ... In der eigens erbauten geräumigen Küche mit großen, aus Europa herübergeschafften Kochkesseln und Herden – die meisten deutschen Sanitätseinrichtungen kochen in alten Benzin- bzw. Wasserkesseln – ließ sich gut wirtschaften. In den Vorratsräumen sah ich Nahrungsmittel in großen Mengen, wie ich sie bei keiner deutschen Heereseinheit auch nur in annähernder Menge antraf (z. B. Eier, Butter, Milch und so weiter) ...«

Als der große Regen kam, gab es in den Wadi-Lazaretten eine Serie von Tragödien. Fünf Jahre lang hatte es in den meisten Gebieten der libyschen Küste kaum geregnet. Deshalb sagte niemand etwas dagegen, daß die Zelte in den Wadis errichtet wurden, obwohl man sehen konnte, daß diese Furchen im Antlitz der nordafrikanischen Erde irgendwann einmal von mächtigen Wassermassen gegraben worden waren, die sich nach schweren Regenfällen zum Meer wälzten.

In dieser blitzdurchzuckten Nacht kam das Wasser wieder. Kranke und Verwundete wurden mit ihren Lagern weggerissen und ertranken. In einem der Wadi-Lazarette kam gerade der Stabsarzt an, um nach dem rechten zu sehen, als die Flutwelle das Wadi herunterdonnerte. Der Doktor konnte sich durch einen Sprung zur Bergseite retten. Sein Fahrer, der sich auf der anderen Seite zu retten versuchte, wurde von Felsmassen erschlagen, zusammen mit dem zertrümmerten Wagen ins Meer gespült und erst nach Tagen geborgen.

Aber auch kerngesunde Landser ertranken in dieser Nacht. Überall hatten sich die Wadis zur »Ansiedlung« angeboten: sie boten Deckung, Tarnung, Sonnenschutz.

Hauptmann Curt Ehle von den Kradschützen war zu dieser Zeit zum Stab der 15. PD kommandiert: er bekam eine kleine, großzügig motorisierte Truppe und sollte die Einzelheiten für den Angriff auf Tobruk erkunden und vorbereiten, der nun endgültig am 3. Dezember stattfinden sollte.

Sie lagen östlich der Festung im Gebiet Gambut. Ein schönes Sandkastenmodell der zu knackenden Südost-Ecke Tobruks war aufgebaut, Bereitstellungsräume für die einzelnen Waffen erkundet und hergerichtet.

Ehle schlief mit seinem Spieß im Zelt, zwischen ihnen ein großer Lkw-Reservereifen. Als der Hauptmann wach wurde, sah er einen mächtigen Wasserstrahl durchs Zelt fegen und den Reifen mitnehmen. Sie griffen ihre Koffer und erreichten mit Mühe und Not die Hänge. Wie bei fast allen Einheiten an der Küste war ein Teil ihrer Fahrzeuge nicht zu retten.

Noch ahnten sie nicht, was da auf tausenden von Ketten und Reifen tief im Süden durch die Wüste auf sie zukam. Denn diesmal gelang den Briten die Überraschung.

3. »Kreuzzug« mit Pannen

Tanks fangen Flugzeuge

Nach den bösen Erfahrungen von »Battleaxe« war strikte Funkstille befohlen worden, als sich die bisher größte Armada des Wüstenkrieges in ihre Bereitstellungsräume wälzte. Tagsüber standen Tanks und Fahrzeuge weit auseinandergezogen in der Wüste, getarnt durch Beduinenzelte. Die deutsche Luftaufklärung merkte nichts. Und am kritischen Tage, dem 17. November, kam schon wegen des üblen Wetters kein Aufklärer mehr in die Luft.

Rommel war am Nachmittag des 18. November kaum wieder in seinem Gefechtsstand bei Gambut eingetroffen, als klar wurde: das ist die Offensive. Eine große Streitmacht mit vielen Panzern, Spähwagen und motorisierter Infanterie hatte südlich Sidi Omar deutsche Vorposten und Teile einer Spähwagen-Einheit überrannt. Die Streitmacht war in der Tat gigantisch: Unter General Sir Alan Cunningham, der kurz zuvor den erfolgreichen Feldzug gegen die Italiener in Ostafrika abgeschlossen hatte, klirrten über 700 Tanks nach Nordwesten. Über 200 standen noch als Reserve bereit. Die in weitem Bogen nach Norden schwenkenden Einheiten waren in der Regel wieder zu Brigaden* zusammengefaßt; seltsamerweise wollten die Briten immer noch nicht von ihrem geschickten Gegenüber das Rezept übernehmen, mechanisierte Einheiten jeder Größe als geballte Faust einzusetzen. Die Folgen waren immer gleich.

* »Armoured Brigade« = Schnelle Tanks. »Tank Brigade« = Infanterietanks. Die Armoured Brigade bestand aus 3 Regimentern zu je 52 Tanks. In der Regel kam ein Regiment motorisierte Infanterie hinzu. Die Regimenter waren zusammengesetzt aus je vier Schwadronen + Hauptquartier. Jede Schwadron = 4 Troops zu je 3 Tanks + Hauptquartier (3 Tanks).

Außer den neu eingetroffenen »Honeys« aus amerikanischer Produktion waren Kreuzer-Tanks jeder Sorte vertreten: vom alten A10 mit den vier großen, scheibenförmigen Laufrädern über den A13 bis zum geduckten, elegant aussehenden »Crusader«. Dicke, kriechende Matildas schlugen den üblichen, kürzeren Haken aus der südlichen Wüste nach Norden.* Aber sonst war alles anders als bei »Streitaxt«.

- Die Masse der Kreuzer marschierte in einem schnellen Stoß nach Sidi Rezegh, auf dem Hochplateau nur knapp 15 Kilometer südlich Tobruk.
- Weder sie noch die von starken Infanterie-Kräften begleiteten Matildas ließen sich zunächst dazu verleiten, blindlings auf Acht-acht-gespickte Stützpunkte am Wege loszugehen und sich in Stücke schießen zu lassen.
- Insbesondere die wüst bestückten Pässe Halfaya und Sollum wurden einfach rechts liegengelassen, so bequem eine direkte Nachschub-Verbindung auch gewesen wäre.

So zeigte sich ein klares taktisches Konzept: Indem die 8. Britische Armee ein für Rommel lebenswichtiges Gebiet besetzte – nämlich den hoch und dicht am Einschließungsring von Tobruk liegenden Flugplatz Sidi Rezegh –, zwang sie ihn dazu, sich an diesem von ihr bestimmten Platz zum Kampf zu stellen. Zugleich unterbrachen die Matildas, die Neuseeländische Infanteriedivision unterstützend, die Via Balbis westlich von Bardia und nahmen Capuzzo von hinten.

Das hätte mit einem schnellen Sieg enden können, wenn wenigstens alle schnellen Kreuzer-Brigaden zusammengeblieben wären. Aber wieder hatten die Generalstäbler allerlei kräftesplitternde Flankenschutz-Ideen entwickelt:

Zwar ging die mittlere 7. Brigade zielbewußt und geradewegs auf Sidi Rezegh los, und das 6. Regiment fing dort sogar noch 19 startbereite Flugzeuge ein, während drei vor ihrer Nase entfleuchten. Aber die 22. Brigade schlug einen weiteren Bogen, stieß weit im Süden bei Bir el Gobi auf die italienische Panzerdivision Ariete und wurde aufgehalten. Die Italiener stellten sich mit ihren gräß-

* Insofern ist die Zahl von 700 anrückenden Tanks auch wieder irreführend: am Stoß auf Sidi Rezegh waren nur 455 Kreuzer beteiligt.

lichen »M 13« wacker zum Kampf und verloren 40 von ihren 154 Kampfwagen. Dabei gelang es ihnen sogar, 25 Kreuzer außer Gefecht zu setzen.

Die 4. Brigade als »rechter Flankenschutz« stieß bei ihrem engeren Bogen auf Teile der 21. Panzerdivision. Ein scharfes Gefecht entwickelte sich, »ein unglücklicher Auftakt« für die deutsche Seite, wie General (damals Oberstleutnant) Westphal in seinem Buch »Erinnerungen« feststellt. Offenbar wurde die Division nicht sehr begabt geführt und ließ den Armeestab völlig im dunkeln über ihre Situation, obwohl stündliche Lagemeldung verabredet worden war.

Aber auch die 4. Brigade wurde aufgehalten und dezimiert. Richtschütze Werner Fenck hatte das berühmte gespannte Gefühl um Magen und Zwerchfell, als er durch seine kleine Optik die feindlichen Kampfwagen sah.

Es war Nachmittag. Sie waren schon seit dem frühen Morgen unterwegs, hauptsächlich auf Südkurs.

Manchmal hatten sie schon in der Ferne Staubwolken gesehen, aber es schien, als ob beide Seiten zunächst einmal vorsichtig umeinander herummanövrierten wie die Kriegsschiffe. Aber plötzlich waren sie im Gefecht.

Wie immer, fühlte man sich plötzlich grenzenlos allein, tat seine Arbeit wie eine Maschine: visieren, abdrücken, korrigieren, abdrücken. Schwarzer Rauch blakte, Zielwechsel, richtig, da ist einer ... Krach, Korditgestank, Qualm und Staubwolken. Immerhin, es schien vorwärts zu gehen.

Links voraus sah Fenck plötzlich den Panzer von Unteroffizier Braun rucken und stehenbleiben. Der Fahrer Abi Neuhäuser, als fröhlicher Draufgänger bekannt, sprang aus seiner Luke und brach nach ein paar Schritten mit schlenkernden Gliedern zusammen. Der Unteroffizier hing aus dem Turm, offenbar tot. Im nächsten Augenblick wurde auch Fencks Panzer getroffen.

Es schien, daß sie in Qualm und wirbelndem Sand auf eine Pak-Front aufgelaufen waren, durch die sich die feindlichen Tanks geschickt und nach Rommel-Taktik zurückgezogen hatten. Es waren nur die kleinen Zweipfünder, aber sie schossen auf kurze Entfernung.

Es krachte und ruckte, als das Vollgeschoß tief die Fahrerfront durchschlug. »Raus!« dachte Fenck. Automatisch ließ er sich über das Heck abrollen, wie es tausendmal geübt worden war. Da hinten war die Verpflegungskiste angebracht, sie enthielt frische Pfirsiche, ein seltener Genuß in der Wüste, und die rollten auf dem staubigen Panzer herum.

Ihn packte ein merkwürdiger Drang, erst einmal die Pfirsiche aufzufressen, und er begann mit triefenden Lippen zu kauen. Ein Vollgeschoß krachte durch die blecherne Verpflegungskiste, ein winziger Splitter riß ihm die Wange auf. Dann sah er den Funker Paulik vom Panzer weglaufen und zusammenbrechen. Er robbte hin unter dem Gewinsel der Geschosse. Paulik war tot, obwohl er keine äußerlichen Verletzungen hatte.

Erst dann merkte er, wie schwer es den Fahrer Gustav Jansik erwischt hatte. Das Vollgeschoß hatte ihm ein Bein glatt abgeschlagen. Der Panzer war innen völlig zerstört. Eine Reihe von Pak-Geschossen war nach dem ersten Treffer noch verwüstend eingeschlagen.

Zusammen mit dem Kommandanten, Leutnant Söller, holte Fenck Gustav Jansik aus seinem Sitz. Es wurde schnell dunkel, das Schießen hörte auf. Mindestens zehn eigene Panzer waren außer Gefecht gesetzt. Leutnant Söller übernahm einen anderen Wagen. Ein paar Tage später war er tot.

Tieflader kamen und sammelten die Wracks ein. Sie luden auch den toten Funker auf, um ihn beim Troß in Marsa Luk zu beerdigen. Nach dem Schock fühlte Fenck sich ziemlich verwirrt, aber ein Gefühl überwog: Gottseidank, mein Panzer ist kaputt, ich bin erst mal raus aus dem Verkehr.

Alarm in Sidi Rezegh

Trotz dieser Gefechte kam es in den ersten drei Tagen nicht zum großen Zusammenprall der Panzer-Massen. Der recht energisch aussehende Vorstoß der Briten hatte Rommel vorsichtig gemacht.

»... Ich hoffe, wir werden in guter Ordnung durchkommen.

Alles wird sicherlich entschieden sein, wenn dieser Brief ankommt. Unsere Lage ist bestimmt nicht einfach«, schrieb er am 20. November an seine Frau.

Rommel beschloß, sein Hauptquartier von der östlichen auf die westliche Seite Tobruks zu verlegen. Das war kein Zeichen dafür, daß der deutsche Oberkommandierende plötzlich von der Flanken-Empfindlichkeit der Engländer angesteckt war; doch es machte deutlich, daß dies nicht nur ein bewegliches Gefecht begrenzter Panzer-Einheiten werden würde, sondern daß sich eine solide Masse von Truppen im weiten Bogen um die östliche Höhenstufe herum bis dicht vor Tobruk erstreckte. Das offensichtliche Ziel war die Vereinigung mit der Garnison der Festung. Die Notwendigkeit, zumindest auf der östlichen Seite den Belagerungsring aufzugeben, konnte schnell eintreten.

Zusammen mit der Tobruk-Besatzung verfügte die 8. Britische Armee über sieben Divisionen, gegen drei (z. T. immer noch unvollständige) deutsche und sieben (in der Mehrzahl kaum motorisierte und lächerlich bewaffnete) italienische. An Panzern befehligte Rommel 414, davon 145 italienische. Sein Trumpf blieben über 200 starke Panzer III und IV, von denen 50 weitere aus den Werkstätten zu erwarten waren.

Am bedenklichsten jedoch war die Luftlage. Der britische Luftmarschall Tedder konnte über tausend Maschinen einsetzen. Die Achsen-Luftstreitkräfte hatten nur etwas mehr als 300 — 120 deutsche und weniger als 200 italienische, bei denen noch schlimme alte Doppeldecker herumflatterten.

Die Briten beherrschten den Luftraum fast vollkommen; als Rommels Stab in der Nacht zum 22. November vor der Verlegung eine Menge Geheimpapiere verbrannte, lockte sogar das aus dem Schornstein lodernde Feuer die Bomber an, die mit wohlgezielten Würfen mehrere Offiziere töteten. Nicht zum ersten- und keineswegs zum letztenmal lag der deutsche Oberkommandierende hilflos im Staub.

»Crusader«, 1. Phase: Der Stoß nach Sidi Rezegh geht glatt durch. Die 22. Tankbrigade wird von der Ariete, die 4. Brigade von der 21. Pz.Div. gestoppt. Am Grenzzaun gehen Neuseeländer und Inder langsam mit den Matilda-Regimentern vor. ▶

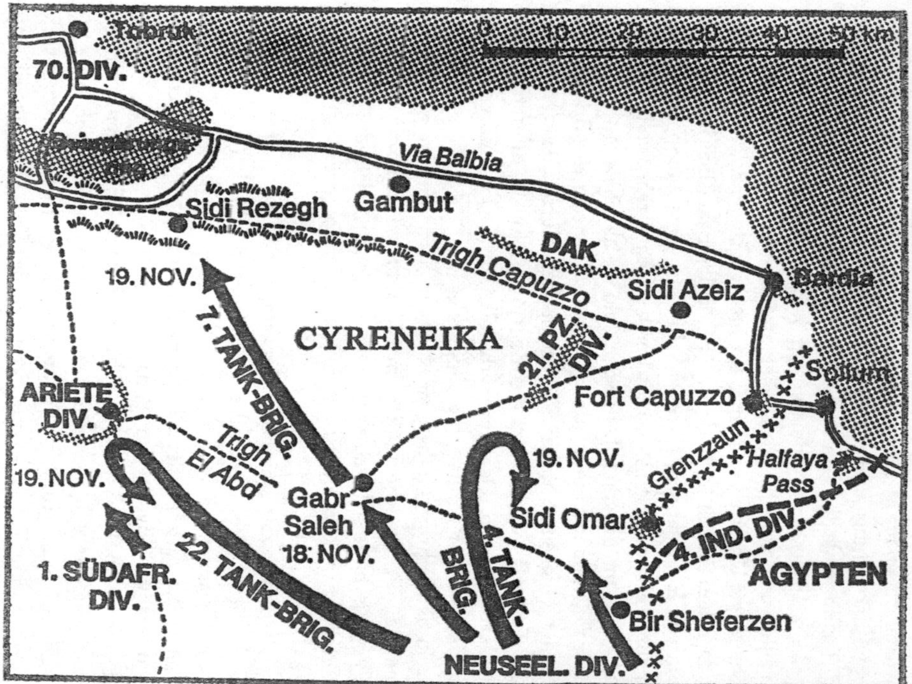

Tobruk
70. DIV.
0 10 20 30 40 50 km
Via Balbia
Gambut
Sidi Rezegh
DAK
Trigh Capuzzo
Bardia
Sidi Azeiz
19. NOV.
7. TANK-BRIG.
CYRENEIKA
21. PZ DIV.
Sollum
Fort Capuzzo
ARIETE DIV.
Trigh El Abd
19. NOV.
Grenzzaun
Halfaya Pass
19. NOV.
Gabr Saleh
18. NOV.
Sidi Omar
4. TANK-BRIG.
4. IND. DIV.
ÄGYPTEN
1. SÜDAFR. DIV.
22. TANK-BRIG.
Bir Sheferzen
NEUSEEL. DIV.

Für die deutsch-italienische Luftwaffe kam als Handicap hinzu, daß die schweren Regenfälle die meisten Flugfelder so aufgeweicht hatten, daß kein Start möglich war. Von Gazala aus war noch dem Zwischenfall mit der »Bombay« Oberleutnant Rödel wieder als erster in die Luft gekommen; er flog am 19. November eine Erkundung und sichtete auch die mächtige Kolonne der 7. Tankbrigade auf dem Weg nach Sidi Rezegh.

Sein Chef »Edu« Neumann vom Jagdgeschwader 27 hielt Rödels Schilderung von der Masse der anrückenden Fahrzeuge für eine gewaltige Übertreibung und brachte selbst seine ME 109 durch den zähen Schlick in die Luft. Was er dann sah, ließ ihn zunächst nach Luft schnappen. Dann schaltete er seine Stoppuhr ein und stellte fest, daß selbst sein schneller Vogel zehn volle Minuten brauchte, um die ganze Länge der Kolonne abzufliegen.

Inzwischen konnte man auch in Tobruk wieder das Brüllen startender Flugzeuge hören: Vier englische »Hurricanes« wurden in die Festung verlegt, um die Bodenoperationen zu unterstützen und zu schützen. Der Ausbruch sollte am 21. 11. morgens stattfinden. — Aber vorerst ging alles schief.

In den Führungsstäben der 8. Armee herrschte eine gewisse Euphorie, die Entscheidungen meist nicht gut bekommt. Bei der Planung hatte Übereinstimmung geherrscht, daß die Ziele der Offensive nur in einer bestimmten Reihenfolge zu erreichen waren:

1 Vernichten der feindlichen Panzerstreitkräfte,
2. Säuberung der Cyrenaika mit Befreiung Tobruks,
3. Eroberung Tripolitaniens.

Bei einem Gegner, der für den kühnen und entschlossenen Einsatz seiner überlegenen Panzer bekannt war, konnte Punkt 2 nicht vor Punkt 1 kommen. Aber nun, da der Stoß der 7. Brigade nach Sidi Rezegh so verblüffend problemlos verlaufen war, war auch die Verlockung groß: nur 15 Kilometer hinüber zum Befestigungsring Tobruks, zum Erreichen des Teil-Ziels, das die meisten Emotionen weckte . . .

Zur Besatzung von Tobruk wurde das Stichwort »Pop« gefunkt. Das heißt: Zum Ausbruch bereithalten!

Auf dem Plateau um den Flugplatz Rezegh machten sich starke

Teile der 7. Brigade bereit, zusammen mit ihrer Support Group (Unterstützungsgruppe = Infanterie und Artillerie) Richtung El Duda-Tobruk vorzustoßen. Die Stimmung war zuversichtlich. Seit der Besetzung des Platzes hatten sich an der nördlichen Höhenstufe nur Infanterieeinheiten des Feindes angeschlichen und Feuerüberfälle mit Pak veranstaltet.

Außer der Unterstützungsgruppe sollte nun auch weitere Infanterie, die Südafrikanische Division, auf der Spur der 7. Brigade nach Norden folgen. Auch dies sollte eigentlich angesichts des chronischen Pak-Mangels erst in Stufe 2 stattfinden.

Aber schließlich war die Masse des Deutschen Afrika-Korps nach den Ereignissen der Luftaufklärung mit den beiden Brigaden im Süden, der 4. mit ihren »Honeys« und der 22., beschäftigt. An sie erging in der Nacht Befehl, so früh wie möglich im ersten Licht des 21. November anzugreifen: »Zeigt der Gegner die Absicht zum Rückzug, ist er gnadenlos zu verfolgen.« Es galt, Rommels Panzer dort unten zu fesseln, zu schlagen und gar schon zu vernichten.

Das hieß, die Rechnung ohne Rommel zu machen, den Taktiker der schnellen Schwerpunkt-Verlagerungen.

In Sidi Rezegh war alles fertig zum Aufbruch nach Norden, als plötzlich der Funk-Befehl eintraf: Position halten. Das 7. Husaren-Regiment mit Leutnant Tim Llewellyn Palmer stand am weitesten südöstlich. Es sollte in Reserve bleiben und Flankenschutz geben.

Nun erhielt es den Befehl, sich sofort nach Südosten zu wenden und eine starke, nach Nordwesten vorstoßende Panzergruppe anzugreifen.

Sie waren wieder mit Kreuzern ausgerüstet; alle Sorten bis hin zum nagelneuen Crusader. Die B-Schwadron von Major Younger, der Tim Palmer angehörte, hatte hauptsächlich die alten, langsamen A10. So kam es, daß sie etwas später als die anderen Schwadronen ins Gefecht kamen.

Tim Palmer stemmte sich im Turm hoch und zählte, als die feindliche Armada in Sicht kam. Es waren 150 Panzer III und VI, wie immer begleitet von motorisierter Infanterie, Pak und Achtacht.

Bevor die führenden Schwadronen mit ihren Zweipfündern viel ausrichten konnten, krachten die Geschosse aus 5-cm-Pak und Panzerkanonen zwischen sie.

Es war ein schauriger Anblick. Man sah ganze Türme fliegen, Tanks explodierten oder drehten lahmgeschossen auf der Stelle. Artilleriegranaten heulten dazwischen. Der Vorstoß der beiden deutschen Panzerdivisionen war so schnell geführt, daß sie verschiedene britische Nachschubeinheiten über den Haufen rannten oder vor sich hertrieben. Eine ungeordnete Masse von Fahrzeugen aller Art rumpelte vor und zwischen den Panzern auf die Husaren zu. Deutsche Pak nutzte die Chance und raste unentdeckt zwischen den britischen Fahrzeugen mit nach vorn. Eine Reihe von Tanks wurde getroffen, ehe die Besatzungen wußten, woher das Feuer kam.

Die Husaren wehrten sich verzweifelt, sobald die Entfernung kurz genug für ihre Zweipfünder war.

Die verheizten Husaren

Unteroffizier Joachim Saenger fuhr seinen dritten Angriff mit als Panzerkommandant. Am Tage zuvor hatten sie einige Zeit ohne Sprit herumgestanden, bis die Tanker kamen. Als sie im ersten Licht nach Norden klirrten, war es im Panzer ganz still. Jeder wußte: es geht wieder los.

Vom Sitz des Kommandanten oben im Turm sahen die Männer merkwürdig aus: die Gesichter bedeckt mit ockergelbem Staub, von Schweißspuren durchzogen, die Augen scheinbar riesig aufgerissen, so blickten sie alle Augenblicke zu ihm auf.

Auf dem Marsch las Saenger ein Buch. Solange die Besatzung das sah, war sie zufrieden: keine Gefahr. Gelegentlich hockte sich einer auf das Loch in der Bodenplatte, durch das im Gefecht abgefeuerte Kartuschen rausgeworfen werden konnten. Es war merkwürdig mit der Ruhr: Auch wer in Ruhe ununterbrochen laufen mußte, wurde schon auf dem Marsch in die Bereitstellungsräume weniger geplagt. Im Gefecht war es dann ganz vorbei mit dem Drang – »als ob sich alles zusammenzöge«, meinte einer.

Saenger las etwas über Wirtschaftswissenschaften. Das etwas komplizierte Thema lenkte ihn noch am besten ab. Als er das Buch nach unten in den Panzer fallen ließ, wußten die anderen Bescheid. Kurz darauf waren sie im Gefecht.

Die durcheinanderjagenden Nachschubfahrzeuge, Transporter, Selbstfahrlafetten wirbelten noch mehr Staub auf als gewöhnlich. Selbst beim Schießhalt war es schwer, ein angesprochenes Ziel anzuvisieren. Wie meistens, brach der Funkverkehr völlig zusammen. Wortfetzen und Zurufe... Die Kompaniechefs dirigierten ihre Züge mehr mit Armfuchteln als durch Funkbefehle.

Acht-acht zog zwischen ihnen vor, feuerte mit halb ausgeschwungenen Stützen, daß die Fahrgestelle hüpften. Drüben brannte es, Explosionen durchzuckten schwarzen Qualm. Die ungepanzerten Fahrzeuge zwischen Stahlkolossen blieben reihenweise brennend stehen. Fahrer liefen um ihr Leben, stolperten und stürzten.

Die Panzer klirrten voran. Es schien bisher kaum Ausfälle zu geben. Wenn es nur so bleibt...

Auf der britischen Seite war eine schicksalsträchtige Entscheidung gefallen: der Ausfall aus Tobruk war im Gange. Es war damit zu rechnen, daß Spitzen der Garnisonstruppen bald El Duda erreichten. Man konnte sie nicht im Stich lassen. Der Angriff nach Norden war fortzusetzen. Die Husaren mußten zusehen, wie sie mit den Panzern fertig wurden.

Ein echt Rommelscher Schachzug war perfekt geglückt: Er hatte vermutet (und aus abgefangenen Funksprüchen entnommen), daß der Versuch zum Entsatz Tobruks zu diesem Zeitpunkt kommen würde. Die Lösung seiner Panzer von den britischen Brigaden im Süden war geglückt. Die Tanks der 4. und 22. Brigade schlugen sich mit einer zurückgelassenen, kräftigen Front aus Pak, Artillerie und Acht-acht herum. Und die geballte Panzer-Streitmacht konnte sich kleinere Tank-Einheiten einzeln vornehmen, wie es bisher noch immer gelungen war. Eine ungelenke Führung hatte ihm als erstes leichtes Opfer die 7. Husaren überlassen. Tapfere Manner mit unzulänglichen Waffen...

Major Youngers Schwadron kam ins Gefecht, als eine starke

Gruppe von Panzern sich von den anderen löste und offenbar eine Flankenbewegung machen sollte. Sie fuhren direkt hintereinander auf 1500 m Entfernung vorbei. Einige von Youngers Tanks schossen. Es schien nicht viel Eindruck auf die Deutschen zu machen. Aber dann drehten sie und donnerten plötzlich heran, eine tödlich entschlossene Stahlwalze. Knapp außerhalb der Zweipfünder-Reichweite machten sie den ersten Schießhalt. Youngers Tank wurde abgeschossen, bevor er selbst einen Schuß abgeben konnte. Der Wagen brannte sofort. Irgendwie kam Younger raus, ziemlich unverletzt, nur von seinen Händen hing die Haut in Fetzen. Sein Fahrer war tot. Kanonier und Funker schwer verbrannt.

Der Major übernahm den Kreuzer seines Stellvertreters Leutnant George Murray-Smith. Der junge Offizier sah erschrocken Youngers Hände an. Es schien Tage her zu sein, daß sie zuletzt miteinander gesprochen hatten, aber es war kaum eine Stunde vergangen, seit Younger gesagt hatte: »George, wir müssen sofort los. Und es wird ein übles Ding.« Worauf der Leutnant, die Bakken eingeseift, gleichmütig erwidert hatte: »Dann muß ich mich erst recht zu Ende rasieren.«

Jetzt war nichts mehr zu reden. Vollgeschosse winselten um sie herum. Younger setzte sich mit den Handballen die Kopfhörer auf.

Zu dieser Zeit hatte Leutnant Palmer einen unvergeßlichen Anblick: er sah ein Hochgeschwindigkeitsgeschoß auf sich zukommen. Er blickte zufällig zu dem Panzer hinüber, auf den sie schossen, und da war es: eine Stecknadelspitze. Dann, für einen Augenblick wie das Schnappen eines schnellen Kameraverschlusses, ein großes Ding unmittelbar vor ihm, und plötzlich war seine Mütze mitsamt Kopfhörern weg.

Er ließ seinen Fahrer vorrücken, die Entfernung war zu weit für den elenden Zweipfünder. Aber dann machte er links eine von den Riesen-Kanonen aus, die er an der ägyptischen Grenze bewundert hatte. Sie hing hinter einem Lastwagen, der gerade scharf stoppte. Männer sprangen herunter, machten sich an der Kanone zu schaffen.

»Gib's ihnen«, sagte Palmer zu seinem Kanonier. Der traf den Lastwagen mit dem ersten Schuß so gut, daß er explodierte.

Der Bulle unter den deutschen Kampfwagen, die mit Generalleutnant Erwin Rommel im März 1941 in die afrikanische Wüste kamen, war der Panzer IV (oben). Rommel (rechts) jagte die Briten, deren beste Einheiten zu dieser Zeit nach Griechenland gebracht worden waren, aus der Cyrenaika.

Die Wunderwaffe des afrikanischen Kriegsschauplatzes war die deutsche Flak vom Kaliber 8,8 cm. Auch der schwere »Matilda«-Tank mit seiner 80-mm-Panzerung wurde von der »Acht-acht« zerstört.

Die britische schwere Flak vom Kaliber 3,7 Zoll (ca. 9,4 cm) im Erdeinsatz. Das allround-Geschütz wurde auf deutscher Seite achtungsvoll »Ratschbum« genannt.

Automatische Bordkamera: Eine Transportmaschine vom Typ Ju 52 im Feuer eines Jägers, April 1941.

Der italienische Standard-Panzer »M 13«: Schlecht gepanzert und schlecht bewaffnet.

Der große Regen kam in der Nacht, in der eine britische Tank-Armada im November 1941 zum »Unternehmen Crusader« aufbrach.

Bei »Crusader« wurde zum erstenmal der amerikanische »Stuart« eingesetzt.

Ein Desaster erlebte das 40. Königliche Tankregiment, als es bei El Alamein praktisch vom Schiff weg in den Kampf geworfen wurde. Es stieß auf Günther Halms Russenpak vom Kaliber 7,62 cm. Ehe die unerfahrenen Tank-Leute seine Stellung ausmachen konnten, waren neun ihrer Kampfwagen abgeschossen.

Das Ende bei El Alamein: Völlig zerschossene Panzer-Wracks kennzeichneten die Härte des Kampfes. Die Kanoniere dieser Acht-acht sprengten das Rohr ihrer Kanone, bevor sie sich auf den Weg nach Westen machten.

Der Generalfeldmarschall packte mit an (l.). Montgomery (o.) brachte eine verunsicherte Armee wieder zu Selbstvertrauen. Zwanzig Jahre nach dem Krieg: Peter Graf Kielmannsegg (l.) und Sir John Hackett.

Kleinere Explosivgeschosse detonierten um sie herum, sie schienen von einem Panzer zu kommen. Irgend etwas traf die Maschine, es brannte, nicht sehr schlimm, aber der Tank war hinüber, denn gleich krachte eine Granate an den Turmsockel: der ließ sich nicht mehr drehen.

Palmer stieg aus, rannte hinüber zu einem der wenigen intakten Tanks. Er setzte sich vorn neben die Fahrerluke, um den Mann durch Handzeichen zu dirigieren. Eine Wahnsinnsidee, aber sie rettete sein Leben: ein schweres Vollgeschoß schlug in den Tank, fuhr darin herum und tötete die ganze Besatzung. Zu dieser Zeit ging das Regiment als kämpfende Einheit unter. Man hörte Schwadronschefs und Zugführer vergebens ihre Vertreter rufen: »Übernehmen! Ich bin getroffen!« Die meisten antworteten nicht mehr.

Das Regimentshauptquartier schoß sich auf kurze Entfernung mit drei Panzer III herum. Die beiden Tanks, in denen die Funkgeräte für die Verbindung mit Brigade und Division untergebracht waren, wurden abgeschossen. Das Brigadehauptquartier, im Kampf mitten zwischen den Tanks der Husaren, versuchte vergebens, Kontakt aufzunehmen.

Dem Chef der C-Schwadron, Major Congreve, riß ein Vollgeschoß das halbe Mikrofon aus der Hand und trug auch die Antenne davon. Ein 5-cm-Geschoß tötete den Regimentskommandeur, Oberstleutnant Frederick Byass, im Turm seines Kampfwagens. Zu dieser Zeit waren vom Regiment noch zwölf Tanks übrig. Ein Keil deutscher Panzer hatte sich zwischen die Reste des Regiments und den Flugplatz geschoben. Der stellvertretende Kommandeur, Major Fosdick, führte die zerbeulten Überreste durch ein Wadi nach Südosten. An mehreren Tanks waren die Kanonen zerstört, andere hatten ihre Munition verschossen, auf allen Decks lagen Verwundete. Artilleriefeuer verfolgte sie, aber die deutschen Panzer klirrten weiter nach Nordwesten: ihr Ziel war der Flugplatz.

Dorthin war Tim Palmer mit seinem dritten Tank, einem »Crusader«, abgedrängt worden. Ein weiteres Regiment der Brigade, das 2. Tankregiment, wurde hier gerade verheizt. Auf 1500 Meter Entfernung krachten die 5-cm-Geschosse in ihre Panzerung, während sie vergebens auf Schußentfernung heranzukommen suchten.

Während des ganzen Tages brüllten die Funker sich die Kehlen heiser. Wo blieben die beiden anderen Brigaden? Im Hauptquartier der britischen 7. Division war der Kommandeur, General »Strafer« Gott, nicht zu erreichen. Er inspizierte irgendwo Truppen. Schließlich konnte er unterrichtet werden und gab Befehl, die 4. und 22. Brigade sofort nach Norden in Marsch zu setzen. Ausgerechnet in diesem Augenblick mußten beide Verbände, die sich mit den ungeheuer geschickt operierenden Nachhuten der beiden deutschen Panzerdivisionen herumgeschlagen hatten, auftanken* und munitionieren.

Als die 4. schließlich nur noch zehn Meilen entfernt mit Nordkurs zur Hilfe kommen wollte, rannten die schnellen, aber nicht sehr kampfstarken »Honeys« auf eine deutsche Pakfront und schossen sich mit ihr herum, bis es dunkel wurde.

Die 22. dagegen wurde einmal sogar von Sidi Rezegh aus gesehen. Sie fuhr auf Nordwestkurs am Kampfplatz vorbei. Im Korps-Kriegstagebuch ist nachzulesen, daß sie irgendeinen obskuren »Punkt 4239« vom Feinde säubern sollte. Es ist möglich, daß dort vorübergehend die »Ariete« war.

So sah es aus, als Tim Palmer seinen vierten Tank verlor: Er wurde auf eine Entfernung beschossen, auf die selbst die 5-cm-Geschosse des Panzer III ziemlich matt angeflogen kamen. Aber der feindliche Panzer schoß teuflisch genau.

Palmer stand im Turm und beobachtete mit dem Funker die anrollenden, stoppenden, schießenden Panzer, als ein Geschoß mit metallischem Klirren in der Turmwandung steckenblieb. Der Funker fiel vor Schreck unten in den Wagen. Das nächste Geschoß schlug in die Fahrerfront und blieb vor der Nase des armen Kerls ebenfalls stecken. Das entsetzte den Fahrer so, daß er heraussprang und kopflos in die Wüste rannte.** Ein dritter Treffer blockierte die Kanone.

* Ein neues Problem der Organisation, die wohl allgemein nicht die Stärke der Briten ist, hatte sich durch die Einführung der »Honeys« ergeben: sie brauchten für ihre Flugzeugmotoren hochoktanigen Supersprit.

** Palmer hörte von diesem Fahrer erst wieder nach drei Wochen. Zu der Zeit wurde der Mann aus deutscher Kriegsgefangenschaft befreit und sollte wegen Fahnen-

In diesem Augenblick, beim Aussteigen, sah Palmer einen großen Stabswagen, an dem eine Fahne flatterte, quer über das Flugfeld kommen. Ein Mann stand aufrecht in dem offenen Fahrzeug: Brigadier »Jock« Campbell, der Offizier, mit dem er die Acht-acht bei Capuzzo zum erstenmal in Aktion gesehen hatte. Er kommandierte jetzt die Unterstützungsgruppe der Brigade. Er hielt geradewegs auf Palmer zu und brüllte: »Tim, halt' diese verdammten Geschütze da auf!«

Vor der stählernen Walze der deutschen Panzer kamen auf Zugmaschinen ein paar 25-Pfünder angerumpelt. Palmer griff sich einen kleinen, offenen Wagen (bei den Engländern »Scoutcar«, von den Deutschen »Flitzer« genannt) und jagte den Haubitzen nach. Die Kanoniere wollten keineswegs weglaufen; ihnen fehlte bloß ein Befehl. Der Name »Campbell«, damals schon in der Achten Armee weithin bekannt, wirkte Wunder. Sie protzten ab und holten die Vollgeschosse raus, bisher und noch für lange Zeit die einzig wirksame Panzerabwehr.

Campbell war wieder davongefahren, aber nicht für lange Zeit. Die im direkten Beschuß feuernden 25-Pfünder stoppten die deutschen Panzer, die in respektvoller Entfernung stehenblieben und begannen, sie mit Explosivgeschossen einzudecken. Das machte den Überresten des 2. Regiments, sechs »Kreuzern«, ein wenig Luft. Und dann kam Campbell mit dem letzten Aufgebot.

Vom dritten Regiment der Brigade, den 6. Husaren, waren bei dem Vorstoß nach Norden ein paar verbeulte Exemplare übriggeblieben. Diese hatte Campbell mit einem Hauptmann der Husaren, dem dienstältesten Überlebenden, schnell zu einer kleinen Kampfgruppe zusammengestellt. Nun kamen sie über das Flugfeld geklirrt, voraus der offene Stabswagen des Brigadiers, der sich unter der flatternden Fahne an einer Haltestange festhielt und mit der anderen Hand die Tanks voranwinkte wie ein Kavallerieoffizier bei der Attacke. Was reichlich überflüssig, aber sehr tapfer war. Und vielleicht genau der Anblick, den die erschöpften Männer auf dem Flugfeld für eine letzte Anstrengung brauchten.

flucht vor Gericht gestellt werden. Palmer sorgte durch seine Aussage dafür, daß kein Verfahren eröffnet wurde, denn es war offensichtlich, daß der sonst tapfere Mann im Schock gehandelt hatte.

Joachim Saenger hockte mit angezogenen Beinen im Turm. Wenn jeden Augenblick Geschosse in den Kampfraum krachen können, ist es ein ganz blödes Gefühl, sie einfach baumeln zu lassen. Außerdem bestand die Chance, sich blitzschnell herauszuschnellen, falls der Panzer brannte.

In diesem Inferno aus Qualm und Krachen, Staub und Flammen wußte man nicht viel voneinander, aber es war offensichtlich, daß eine ganze Reihe von eigenen Panzern ausgefallen war. Ganz in Saengers Nähe hatte ein Vollgeschoß der 25-Pfünder den Fahrer Hermann Bleich auf seinem Sitz durchbohrt.

Die britischen Artilleristen gingen mit dem schweren, nur quälend langsam auf- und abzuprotzenden Geschütz tollkühn um. Und mit den Vollgeschossen, die früher nur sehr selten bei ihnen benutzt worden waren, erzielten sie nun auch tödliche Treffer, wo im Anfang explodierende Granaten höchstens eine Kette von den Rollen gerissen hatten.

Saenger fuhr am linken Flügel, als vor ihnen die neue Front der 25-Pfünder aus Qualm und Sandwolken auftauchte. Der Turm war auf »10-Uhr-Stellung«* nach halblinks gedreht, weil dort so etwas wie ein »Kreuzer«-Panzer zu sehen gewesen war. Der Richtschütze war noch dabei, ihn nach vorn zu schwenken, als es ein paarmal scharf krachte. Der Panzer ruckte wie ein getroffenes Tier. Im Kampfraum klapperte es merkwürdig, Schreie und das Kreischen von berstendem Metall.

Es war doch ein Tank in Richtung 10 Uhr.

Saenger rief seine Männer an; alle antworteten und schienen nicht zu schwer verletzt. Der Turm ließ sich nicht mehr drehen,

* Zur Vereinfachung von Richtungsangaben in der Wehrmacht viel angewendet: 12 Uhr = Nord, 6 Uhr = Süd, 9 Uhr = West, 3 Uhr = Ost, Zwischenwerte entsprechend. In der Bord-Verständigung nicht geographisch, sondern bezogen auf die Richtung des Panzers: 12 Uhr = vorn usw.

»Crusader«, 2. Phase: Rommels zusammengefaßte Panzerkräfte haben die 22. und 4. Brigade abgedrängt, 15. und 21. Pz.Div. führen einen geballten Schlag gegen die 7. Brigade bei Sidi Rezegh. Der stetige Vormarsch der Neuseeländer am rechten Flügel geht weiter. In Tobruk beginnt der Ausbruchsversuch.

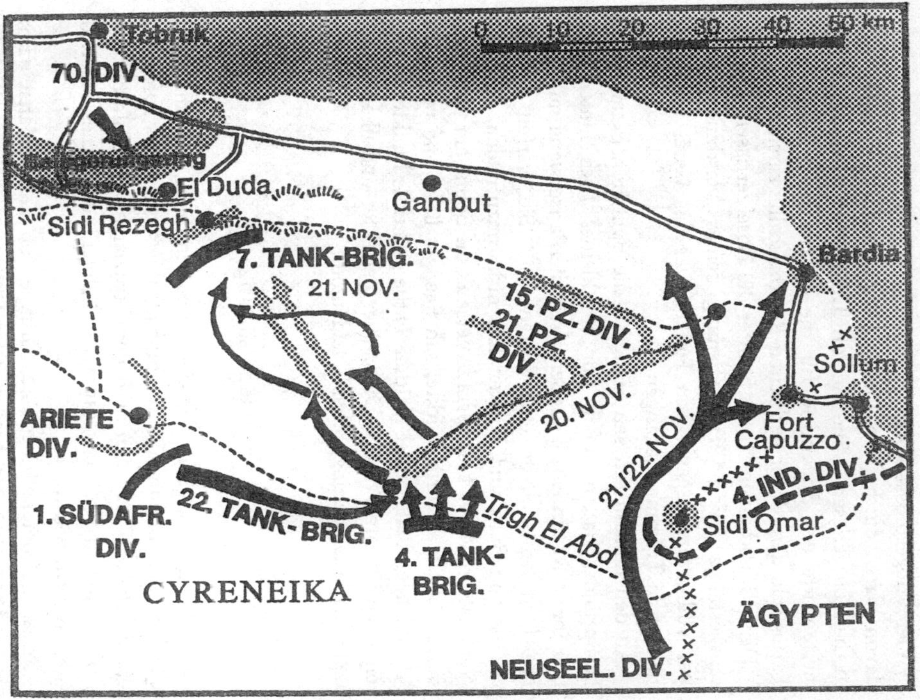

Tobruk
0 10 20 30 40 50 km
70. DIV.
El Duda
Gambut
Sidi Rezegh
7. TANK-BRIG.
21. NOV.
Bardia
15. PZ. DIV.
21. PZ. DIV.
Sollum
20. NOV.
Fort Capuzzo
ARIETE DIV.
21./22. NOV.
4. IND. DIV.
1. SÜDAFR. DIV.
22. TANK-BRIG.
Trigh El Abd
Sidi Omar
4. TANK-BRIG.
CYRENEIKA
ÄGYPTEN
NEUSEEL. DIV.

aber zum Glück lief der Motor. Er meldete sich ab und klirrte rückwärts aus der Formation.

Im Panzer sah es wüst aus. Sie starrten sich bleich an, als sie erkannten, was für ein Glück sie gehabt hatten.

Vier Vollgeschosse kollerten unten im Kampfraum herum. Drei davon waren durch Munitionskammern geschlagen, hatten Kartuschen aufgerissen, ohne sie zur Detonation zu bringen. Das vierte hatte den Schleifring für die elektrische Versorgung des Turms und den Motor der Seiten-Richtmaschine zerstört.

Dem Richtschützen hatten Splitter die Hose zerrissen. Das Abzugsgestänge für die Fußbedienung seines Maschinengewehrs war völlig zerschlagen. Dem Funker war das Gerät unter den Händen in Trümmer gegangen.

An den Einschüssen sah man, wo die Splitter herkamen: Die Zweipfünder hatten außen nur ein kleines Loch hinterlassen, aber innen war in einem großen Kreis die Panzerwand mitgegangen. Und keiner hatte eine Schramme... Sie warfen die Geschosse von Bord und klirrten los, nicht unzufrieden, Richtung Werkstatt in Marsa Luk. Gerade versank die Sonne am westlichen Horizont. Als er zurückblickte, sah Saenger links und rechts des rotglühenden Balls in der gleichen Farbe glühende Punkte. Es waren ausgebrannte Wracks, Denkmäler perfekter und überaus hygienischer Einäscherung, Scheiß-Heldentod.

»... nicht so rosig«

Zwei Kilometer weiter, auf der britischen Seite, starrten zwei Männer ebenfalls auf die rotglühenden Wracks. Die Opfer des letzten Gefechts brannten noch unter schwarzen Qualmfahnen.

»Ich sehe nur Kreuzer«, sagte Tim Palmer, »die Jerries brennen nicht so leicht wie wir.«

Brigadier Campbell sah einer Gruppe von Tanksoldaten nach, die mit zerrissenen und geschwärzten Uniformen Verwundete bargen. Bis auf leichtes Artillerie-Streufeuer war das Gefecht vorüber. Sie hatten das Gebiet um den Flugplatz noch, aber es sah nicht so aus, als ob sie es noch einen weiteren Tag halten würden.

Immerhin, auch der Korridor nach Süden war noch offen. Durch ihn hatten auch die abgedrängten Reste der 7. Husaren wieder die Brigade erreicht. Fast unbelästigt kamen die Lastwagen mit Munition, Sprit, Verpflegung. Sie nahmen die Verwundeten mit nach hinten, während sich die Mechaniker daranmachten, die nicht völlig zerstörten Tanks notdürftig herzurichten. Am Morgen zählte die ganze Brigade 28 verbeulte, aber einsatzfähige Kampfwagen.

Am Abend hatte die Brigade einen Lagebericht an General Gott im Divisionshauptquartier gefunkt. Da man wußte, daß die Deutschen einen ganz ausgezeichneten Abhördienst unterhielten, wurde ein überaus optimistischer Bericht aufgesetzt, der die verbliebenen Kräfte mächtig übertrieb.

Einige Zeit später folgte eine für Fremde völlig unverständliche Meldung: »Die Lage ist nicht so Lloyd wie vorher berichtet. Brink's boys wären sehr willkommen.«

Bei der Division wußte jedermann, was gemeint war: Der Chef der Kampfwagen-Abteilung im Stab, Lloyd, wurde von seinen Freunden nur »Rosey« genannt, was wie »rosy« ausgesprochen wird. Und das heißt rosig.

Die Lage war also nicht so rosig, und man würde Verstärkung durch die Jungs von Generalmajor G. E. Brink brauchen, dem Kommandeur der Südafrikanischen Division.

Begegnung im Wadi

Der vorzeitige Vorstoß nach Norden in Richtung Tobruk hatte auch nichts weiter eingebracht als schwere Verluste, wie durch die Zersplitterung der Kräfte zu erwarten war. Die Infanteristen der Support Group verloren 200 Mann, das begleitende Tankregiment, die 6. Husaren, alle Kampfwagen bis auf die Handvoll, die Brigadier Campbell schließlich zum Flugplatz zurückführte.

In der deutschen Abwehrfront waren sie auch auf eine Truppe gestoßen, in der das Durchschnittsalter erheblich höher lag als in den anderen deutschen Einheiten: das »Afrika-Regiment 361«. Dieses Regiment war mit allerhöchster Genehmigung aus ehemaligen Angehörigen der französischen Fremdenlegion gebildet worden, die in Afrika die Ehre haben sollten, sich von dem Makel ihres Kampfes für den Erbfeind zu reinigen. Viele dieser alten Haudegen hätten durchaus auf diese Ehre verzichten können und wären lieber »wehrunwürdig« geblieben, aber als man sie erst einmal beim Wickel hatte, machten sie mit deutscher Gründlichkeit das Beste daraus. Hinzu kam, daß Rommel und dieser Verein von Ex-Landsknechten sofort Zuneigung zueinander verspürten; Wesensverwandte als Profis des Krieges.

Die 361er hatten zum ersten Mal ungläubiges Staunen verspürt, als sie ihre Ausrüstung bekamen: die Tropenhelme und die zierlichen Klappspaten warfen sie schon bei der Überfahrt über Bord. Die langen Nachthemden behielten sie, weil man darin beim Sandsturm die Waffen einwickeln konnte.

Von den lächerlichen Klappspaten trennten sie sich um so leichter, als sie in der Bersaglieri-Kaserne in Neapel mit kundigem Blick schon eine befriedigende Anzahl kräftiger, langstieliger Spaten und Brechstangen geklaut hatten. Die Gerätekammern der Kaserne waren leer, als sie an Bord gingen. Es gab einiges Rätselraten, ob sie in Afrika tatsächlich »Kamele und Tragtiere« vorfinden würden, wie es eine Anweisung verheißen hatte.* Aber zum Glück wurden sie auf ganz normale Lastwagen verladen.

Als »Crusader« begann, lagen sie südlich Tobruk bereit, um am geplanten Angriff teilzunehmen. Störend war die Wasserversorgung: zu wenig und reichlich salzig.

Der Gefreite Karl-Ludwig Heilig beschwatzte seinen Kompaniechef, ihn mit einem alten, irgendwo unter den Nagel gerissenen Fiat-Lkw nach Derna fahren zu lassen, um eine Ladung vom berühmten Derna-Wasser zu holen. Der große Regen war schon vorbei und Auchinlecks Heeressäulen längst unterwegs, als er nachts zurückrasselte, die Ladefläche vollgepackt mit 20-Liter-Kanistern, jeder mit einem weißen Kreuz, dem Zeichen für Trinkwasser.

Von der »Achsen-Straße«, der Tobruk-Umgehung, mußte er irgendwo rechts abbiegen, traf den Punkt nicht so ganz und fand

* OKH-Beobachter General Kirchheim hatte Halder in der Tat nach seiner Rückkehr vorgeschlagen, die Transportraum-Not durch Kamele zu lindern.

sich bald in rauhem Gelände wieder. Der alte Fiat tauchte rumpelnd in ein Wadi, Heilig trat das Gaspedal durch, aber der Wadi-Grund war aufgeweicht, und bald saßen die Hinterräder bis zu den Achsen im Dreck.

Während er noch herummurkste, tauchte auf dem Wadi-Rand ein Spähwagen auf und begann, gemächlich im kleinen Gang, herabzuklettern. Erst als der Wagen neben ihm hielt, erkannte Heilig die flachen Tommy-Stahlhelme.

Die Engländer stiegen grinsend aus und begutachteten seine Ladung. Das gute Wasser war ihnen ebenso willkommen wie die Kanister, bei ihnen »jerricans« genannt und wegen ihrer Stabilität hochgeschätzt. Sie luden ein paar Kisten um und holten dann Schaufeln und ein paar gestanzte Bleche aus ihrem unergründlichen Wagen. Die Bleche konnte man ineinanderhaken und vor die Hinterräder legen. Nach kurzer Zeit war der Fiat wieder flott. Sie zerrten ihn vorsichtshalber mit dem Spähwagen aus dem Wadi.

»Und nun?« fragte Heilig.

Sie standen beieinander und rauchten höflich ausgetauschte Zigaretten. Heilig hatte jene mit Recht berüchtigte »Sondermischung« angeboten, vor der selbst nordafrikanische Fliegen manchmal flohen.

»Das ist ja ein grauenhaftes Zeug. Ihr bringt euch ja selber um, da brauchen wir kaum noch was zu machen«, sagte ein Engländer, stampfte die Zigarette mit dem Absatz in den Boden und gab Heilig eine halbe Schachtel »Player's«.

»Paß auf dich auf, Junge«, sagte ein anderer. Sie kletterten wieder in ihren Spähwagen. »Wir können mit dir nichts anfangen«, setzte der Fahrer hinzu. »Bei uns ist es schon überfüllt, und mit dem Ding da bleibst du doch wieder stecken. Also mach's gut.«

Sie dröhnten wieder den Hang hinauf. Vermutlich gehörten sie zu den 11. Husaren. Ein grauer Schimmer am östlichen Horizont kündigte den neuen Tag an. Es war der 21. November 1941. Aus Richtung Tobruk war heftiger Gefechtslärm zu hören. Dort begann der Ausbruchsversuch der Briten.

Angriff der »Tobruk-Ratten«

Die »Tobruk-Ratten«, wie sich die Männer in Anlehnung an die »Wüstenratten« nannten, waren in den ersten beiden Tagen der Offensive vor Ungeduld fast geplatzt. Insbesondere die neu hereingebrachten Männer der britischen 70. Division – die noch keine Zeit gehabt hatten, neben täglicher Hitze und nächtlicher Kälte, Sandsturm und scheußlichem Trinkwasser den eigenartigen Reiz des Platzes herauszufinden – pflegten zu sagen: »Wenn wir schon mit den Jerries kämpfen müssen, um hier rauszukommen, dann lieber heute als morgen.«

Major »Mick« Lindsays Dragoner-Schwadron hatte die alten Marmon Harringtons, die nun schon an die 10 000 Kilometer ohne Überholung heruntergerattert hatten, in Ordnung gebracht – so gut es mit den Mitteln innerhalb der Festung ging. Am Tage vor dem Ausbruch fand unter offenem Himmel ein Gottesdienst statt, in dem der dragoner-eigene Pater in seiner Unschuld die Sache mit dem Hinhalten der anderen Backe zum Thema seiner Predigt machte; Kenner des Schwadronschefs sahen an seiner Miene schon die Katastrophe heraufziehen, und kaum hatte der Priester seine Predigt beendet, da donnerte Landsay los: Bei der bevorstehenden Party möge jedermann die Worte des Paters vergessen und sich nicht sanftmütig, sondern so räudig wie möglich benehmen ... »Weggetreten!« Und stakte, immer noch fuchsteufelswild, zu seinem Auto, einen fassungslosen Pater und an unterdrücktem Gelächter fast erstickte Dragoner zurücklassend.

Das Unternehmen war sorgfältig geplant und geübt worden, insbesondere die Zusammenarbeit zwischen den fast 60 Matildas und den Infanteristen. Speerspitze der Fußtruppen war ein Bataillon der »Black Watch«, eines Traditionsregiments aus dem schottischen Hochland, von dem ein Teil im Sommer des vergangenen Jahres von Rommels 7. Panzerdivision in St. Valéry gefangengenommen worden war. Das Bataillon in Tobruk war soeben nach schweren Verlusten auf Kreta und bei der Evakuierung der Insel wieder aufgefüllt worden.

An einem Sandkastenmodell prägten die Offiziere sich die Lage der feindlichen Verteidigungsstellungen ein. Es sollte sich allerdings herausstellen, daß die Aufklärung nicht besonders gut gearbeitet hatte, insbesondere was die Lage einiger Minenfelder betraf.

Nach einer alten, etwas bedenklichen (aber gelegentlich auch in der Wehrmacht praktizierten) Übung bekamen die Jocks von der Black Watch unmittelbar vor dem Angriff einen kräftigen Schuß Rum. Sergeant Reid hockte im Turm seiner Matilda an der Startlinie und konnte auch in der Finsternis feststellen, wie die Wirkung bei den Hochländern einsetzte: sie begannen ungeniert zu schwatzen. Aus allen Tank-Türmen zischten ärgerliche Kommandanten »Psst!«, aber dann begann aus allen Rohren die Artillerievorbereitung, und es war eh wurscht. Und für die meisten schottischen Jungs war es die letzte vergnügte Viertelstunde ihres Lebens.

Trotz aller Vorbereitungen gab es am Übergang über den Panzergraben ein ziemliches Durcheinander. Die Matildas, die mit der Black Watch geradeaus in Richtung El Duda vorstoßen sollten, verspäteten sich um einige Minuten. Der erste Anstoß einer verhängnisvollen Kettenreaktion war gegeben.

Einige von Major Lindsays Männern waren als erste im Feuer: Sie waren zum Minenräumen ausgebildet worden und machten sich nun an die Sperre vor den deutsch-italienischen Stellungen. Noch war im Osten nur ein grauer Schimmer zu sehen, und Qualm und Staub des eigenen Artilleriefeuers zog über die Wüste. So lag das Abwehrfeuer noch ungenau, bis eine Gasse geräumt und durch weiße Streifen gekennzeichnet war.

Oberst George A. Rusk, Bataillonskommandeur der Black Watch, sach sich vergebens nach den Tanks um. Er stand vor einem unlösbaren Dilemma: Zur verabredeten Minute würde das Artilleriefeuer sich von der geplanten Einbruchstelle abwenden. In dem Augenblick mußten seine Jocks am Feind sein. War es besser, auf die Tanks zu warten, und dafür die wichtige Sekunde nach dem Abbrechen des Granatenhagels zu versäumen?

Er gab das Zeichen zum Vormarsch. Unter dem Krachen und Heulen der Granaten begannen die Dudelsäcke der Pfeifenmajore mit ihren schrillen, aufpeitschenden Klängen. Mit schwingenden

Tartans, die Gewehre mit den kurzen Bajonetten vorgestreckt, verschwanden die Jocks in wehenden Wolken. Endlich kam auch der kleine Mark VI des Tank-Verbindungsoffiziers in Sicht. Es krachte, und der kleine Panzer verschwand in einer Rauchwolke. Da schien noch ein unbekanntes Minenfeld zu liegen. Achselzukkend wandte Rusk sich ab und nickte seinem Fahrer zu.

Eine Art englischen Erbübels machte sich wieder einmal bemerkbar: Es gab in der vorderen Linie kein übergreifendes Kommando, die Waffengattungen arbeiteten selbständig nebeneinander.* Man hatte ja einen Plan ...

Nachdem der Sichtkontakt zwischen Tanks und Infanterie einmal verlorengegangen war, folgte in der tischflachen Wüste die nächste Panne: die Tanks wichen nach links vom Kurs ab. Artillerie-Hauptmann Armitage, der als vorgeschobener Beobachter in einem leichten Mark VI den Angriff mitfuhr, sah die bulligen Silhouetten der Matildas in östlicher Richtung verschwinden. Er zögerte eine halbe Sekunde und ließ dann seinen Tank hinter den Jocks herpreschen. Da war es zwar viel gefährlicher, denn man konnte sein dünnhäutiges Fahrzeug nicht, wie es sonst üblich war, hinter den breiten Hintern mütterlicher Matildas verstekken. Aber die Schotten würden die Hilfe seiner 25-Pfünder dringender brauchen.

Wie kam es zum Fehlkurs der Tanks? »Mick« Lindsay, von dessen positiven Taten man nie von ihm selbst, sondern immer nur durch andere Zeugen hören kann, bezichtigte sich selbst im Interview: »Das war wohl meine Schuld. Ich sah vorn rechts einen meiner Spähwagen auf eine Mine fahren. Die Tanks stoppten und wußten nicht recht, wie es weitergehen sollte. Ich sah nicht weiter auf den Kompaß, sondern schlug den neuen Kurs etwas weiter links ein, um das Minenfeld zu vermeiden. Die Tanks folgten brav ...«

Jeder Sportflieger weiß, daß man ganz genau mit Stoppuhr und Kursdreieck arbeiten muß, um von einem vorgewählten Kurs ab-

* Nur ein Stückchen weiter westlich hatte ein ähnlicher Fehler mit zu einer deutschen Katastrophe beigetragen: Als General Streich beim Angriff MG 8/Pz.Reg. 5 liegenblieb und es versäumt hatte, für diesen Fall eine vorsorgliche Befehlsregelung auszugeben. Ohne Rommels vorhergehendes »Hineinregieren« in die 5. lei. Div. wäre es jedoch kaum zu diesem Versäumnis gekommen.

weichen und ihn wieder aufnehmen zu können. In der merkmallosen Wüste geht es nicht anders. Hier kam nun noch ein Hagel von Voll- und Explosivgeschossen hinzu.

Außer dem üblichen Segen kamen ganz merkwürdige Dinger geflogen: Granaten, die entweder gar nicht losgingen und über den harten Wüstenboden hüpften oder mit ziemlichem Lärm detonierten, aber nicht viel Schaden anrichteten. Auch Artillerist Armitage sah sie mit professionellem Interesse: ihre Spitzen waren merkwürdig abgeflacht, und angesichts ihrer ärmlichen Wirkung rechnete er sie der italienischen Artillerie zu, die ganz allgemein für besonders schlechte Zerleger-Qualität bekannt war.*

In der Tat kamen sie jedoch aus deutschen Rohren. Siegfried Westphal berichtet,** daß angesichts der finsteren Nachschublage schon frühzeitig die Artilleriemunition verschiedener Kaliber knapp wurde. Aber, sagte ihm der Artillerie-General der Gruppe, da lägen noch die Hohlladungs-Geschosse in großer Zahl herum ... Es war wie üblich bei Todesstrafe von der obersten Führung verboten, vorerst diese neuartigen panzerbrechenden Granaten zu verschießen. Westphal nahm es auf seine Kappe und ließ die Artilleristen verknallen, was sie hatten.

Die treusorgende Heimat hatte übrigens noch eine ausgefallene Munition auf die lange Reise geschickt. Irgendwer hatte wohl gehört, daß die »Afrikaner« da unten eine Festung belagerten und prompt für die mächtigen 21-cm-Mörser Vollgeschosse auf den Weg gebracht: gewaltige betongefüllte Apparate, mit denen man etwa die Werke der Maginot-Linie hätten angehen können. Nur vor Tobruk war nicht viel damit anzufangen. Sie stecken dort jetzt noch tief im Wüstenboden, ohne vermutlich irgend jemand etwas zuleide getan zu haben.

* Der häßliche Sinn von Brisanzgranaten als »Anti-Personal-Waffe« ist es, sich in möglichst viele Splitter von gleichmäßiger und wirksamer Größe zu zerlegen. Deutsche Produkte galten als vorzüglich, italienische Granaten pflegten in ein paar große Stücke zu zerbersten, die natürlich selten trafen.

** »Erinnerungen« und Gespräch mit dem Autor.

Von den Tank-Leuten war vermutlich Sergeant Reid der erste, der die Kurs-Abweichung bemerkte.

Sie wußten, daß sie ungefähr eine Kompaßzahl von 200 steuern mußten, 20 Grad westlicher als Süd, aber natürlich warf kein Mensch einen Blick auf den Kompaß, der in der Matilda zwischen den Beinen des Fahrers sitzt. Sie rumpelten am linken Flügel in der Masse mit, bis auf leichtes Artillerie-Streufeuer zunächst ziemlich unbehelligt, bis plötzlich die Hölle losbrach.

Von vorn zischten Vollgeschosse durch die Reihen, MG-Garben prasselten auf die dicken Flanken ihrer Matilda. Jock Reid machte die Luke zu; er sah keinen Grund, sich wie ein Held aufzuführen. Mit dem Periskop suchte er die Gegend ab, um ein Ziel für seinen Kanonier »Tug« Wilson auszumachen. Statt dessen sah er im Zwielicht, daß links parallel zu ihrem Kurs ein Panzergraben verlief, der nach dem Plan viel weiter östlich hätte sein müssen.

Natürlich war Funkstille befohlen, aber diese Entdeckung schien ihm alarmierend genug, um eine Meldung abzusetzen.

Weiter vorn sah Major Lindsay, daß Tank-Kommandeur Oberst O'Carrol plötzlich stoppte und mitten im heftigen Abwehrfeuer zwei seiner Offiziere heranwinkte. Im richtigen Augenblick kam Black-Watch-Chef Oberst Rusk dazu, und endlich klärte sich die Verwirrung. Aber die schottischen Infanteristen waren inzwischen grausig zusammengeschossen worden.

Hinter der wandernden Feuerwalze der Artillerie hatten sie zunächst die ersten deutschen Posten auf der Vorderseite eines ganz leicht ansteigenden Hanges überrannt. Als Hauptmann Armitage mit seinem leichten Tank nach vorn rasselte, sah er die ersten Deutschen mit erhobenen Händen zurückkommen. Es waren Angehörige der 90. Leichten Division, die schon zum Angriff bereitgestellt war, sich nun aber nach zwei Seiten, Sidi Rezegh und Tobruk, zu verteidigen hatte.

Die Jocks stürmten weiter, die Dudelsäcke quietschten. Als sie die Kuppe erreichten, schlug ihnen Feuer »Wie eine solide Wand aus Blei« (Regimentsgeschichte) entgegen. Der rückwärtige Hang schien gespickt mit Maschinengewehren. Leichte Infanteriegeschütze bellten dazwischen. Armitage lenkte seine 25-Pfünder, so gut es ging, nach dem fast ununterbrochenen Blitzen der Mündungsfeuer. Über dem Heulen und Krachen, dem Schreien der Verletzten und dem weich-schleifenden Geräusch langsam fallender Granatwerfer-Geschosse verstummten die schrillen Dudelsackklänge nicht. Dem Pfeifenmajor Roy, der gerade nach einer abenteuerlichen Flucht aus deutscher Gefangenschaft in Griechenland über die Türkei zu seiner Truppe gestoßen war, wurden beide Beine zerschossen. Er spielte sitzend weiter, spielte noch auf der Trage der Sanitäter und auf dem Hauptverbandsplatz, wo ihn ein gefangener deutscher Arzt versorgte.

Oberst Rusk fuhr in seinem »Dingo«, einem kleinen, leicht gepanzerten Fahrzeug, auf eine Mine. Bevor er seinen Reservewagen besteigen konnte, wurde der samt Fahrer von einem Artillerievolltreffer zerrissen. Der Artillerie-Liaisonoffizier, Major Birkin, kam mit seinem Fahrer in einem winzigen, verbeulten Flitzer vorbei. Rusk quetschte sich hinein und jagte seinen Jocks nach.

Der Vorderhang war nun bedeckt von einem Wald von Karabinern, mit dem Bajonett in den Boden gebohrt: das Zeichen für die Sanitäter, daß dort ein Verwundeter liegt. Über die tischflache, leicht geneigte Ebene fetzten die Maschinengewehrgarben. Für die meisten Jocks kamen die Sanitäter zu spät.

Armitage sah das Fahrzeug des Artillerie-Kollegen und rasselte hinüber.

»Geben Sie über Ihr Funkgerät nach hinten durch, daß wir Schanzzeug brauchen; wir müssen uns eingraben«, sagte Rusk. Dann fuhr er los, um die Tanks zu suchen. Als sie O'Carrol und Lindsay sahen, stieg er mit Birkin aus, der gleich darauf flach auf sein Gesicht fiel.

Rusk sah ein Loch in seiner Lederjacke und gleich darunter ein Infanteriegeschoß, offenbar ein Querschläger, der den Major nur für einen Augenblick ausgeknockt hatte. Birkin steckte sich das Projektil als Souvenir ein.

Die Tanks wurden wieder auf den richtigen Kurs gebracht. Auch Reid auf dem äußersten linken Flügel klirrte wieder los. Aber nach kurzer Fahrt gab es einen mächtigen Doppelknall und der Tank blieb stehen.

»Ich sehe mal nach«, sagte Fahrer Nobby Clarke.

»Du bleibst, wo du bist«, zischte Reid. Er sah im Periskop auf knapp 30 Meter Entfernung einen schönen, im Zickzack angelegten Schützengraben, in dem hier und da deutsche Stahlhelme auftauchten.

Sie steckten im Minenfeld unmittelbar vor einer deutschen Stellung, die völlig außerhalb ihres Angriffsstreifens lag. Seitlich krachte es noch zweimal, und zwei weitere Matildas hingen mit abgeworfenen Ketten fest. Einer der Kommandanten war Eric Aines, ein guter Freund.

Die Sonne stieg schnell über den Horizont, man würde etwas tun müssen. Irgendwelche Infanteristen kamen von hinten. Aus der Stellung vor Reid und einem etwas weiter entfernten Graben schlug Maschinengewehrfeuer zwischen sie. Reid sah eine ganze Reihe zusammenbrechen.

Bis dahin hatten sie in ihrer exponierten Stellung noch keinen Schuß abgegeben, aber nun ließ Reid seinen Kanonier mit dem koaxialen MG feuern, was das Zeug hielt. Das brachte aber nicht viel, denn nach jedem Feuerstoß waren die deutschen Stahlhelme da drüben wieder zu sehen.

»Nimm den Zweipfünder«, schrie Reid.

Nach ein paar Schüssen schien die erste Stellung richtig in sich zusammenzusinken. Inzwischen war der Fahrer von Eric Aines ausgestiegen und fummelte an der Kette herum. Aus der zweiten Position wurde er beschossen, und er drehte sich wütend um und drohte mit der Faust. Reid sah ihn gleich darauf stürzen, die Faust noch geballt. Nun knallten die Zweipfünder aus allen drei Matildas in diese Stellung.

Man sah vorerst keine Bewegung mehr. Die Infanteristen ließen ihre Verwundeten von Sanitätern abholen. Es waren Northumberland-Füsiliere, die inzwischen mit der Schwadron von Major Holden eine andere Stellung am Rand des Ausbruchsgebietes genommen hatten.

In der Ferne hörte man dumpfe Artillerie-Abschüsse, sie hörten sich nach dicken Brummern an und kamen auch noch aus der falschen Richtung.

»Wir haben uns zu übel betragen. Die anderen haben Ari-Unterstützung angefordert«, sagte Reid. Im nächsten Augenblick stiegen rundum mächtige Fontänen aus dem Boden. Die Granaten kamen mit einem Geräusch wie die Londoner U-Bahn angeorgelt, was auf eine Sorte schließen ließ, die selbst eine Matilda knacken konnte.

Da er sowieso nichts tun konnte, als die Gräben voraus im Auge zu behalten, zählte Reid mechanisch die Einschläge. Nach 85 machten die anderen Schluß. Sie hatten wohl eingesehen, daß drei weit auseinander stehende Matildas doch zu klein für ihre Kaliber waren.

Der Tank war so voller Staub und Korditgestank nach den nahen Einschlägen, daß Reid den Turmdeckel aufstieß. Nur weit im Südwesten war noch Gefechtslärm zu hören. Das scharfe Bellen von Panzerkanonen hob sich deutlich vom Rumpeln und Mekkern der Artillerie und Maschinenwaffen ab.

Dort nahmen die Überreste der Black Watch, kaum 200 von 600 jungen Männern, die vor Morgengrauen angetreten waren, ihre letzten Tagesziele, nun aber mit kräftiger Tankunterstützung. Während er vorwärtsklirrte, suchte Major Holden mit dem Glas sorgfältig die feindlichen Stellungen ab. Bisher war das schwerste Pak-Kaliber, auf das sie gestoßen waren, die mittlere 5-cm-Kanone, und die Tank-Verluste waren entsprechend gering, obwohl ein paar Nahschüsse einige Matildas durchschlagen hatten.

»Wo bleibt nur meine Freundin, die Acht-acht?« dachte Holden zwischen Hoffnung und Zweifel. Aber diesmal blieb er tatsächlich vom Anblick der mächtigen Rohre verschont.*

Als die letzte Stellung überrannt war, standen noch ganze 164 Mann von der Black Watch aufrecht. An die tausend Gefangene wurden nach Tobruk eskortiert, 30 Maschinengewehre und ein Flammenwerfer erbeutet.

Dreizehn von Major Lindsays fünfzehn Marmon Harringtons wurden durch Minen oder Granaten ausgeknockt, aber die Besatzungen kamen zumeist mit Verletzungen davon. Der Major selbst war aus seinem zerstörten Wagen in einen Dingo umgestiegen.

* Die britische Gewohnheit, Entsetzen durch Scherz zu mildern, hatte inzwischen zu einem Wortspiel geführt, dessen Pfiff bei der Übersetzung verloren geht: »Eight-eight: anti-aircraft, anti-tank, anti-social.« Etwa: Acht-acht: Pak, Flak, asozial.

Der wurde außen von einer Granate getroffen, aber der Major kam mit einem geplatzten Trommelfell davon.*

Als die Arbeit getan war, hockte Lindsay sich hin und ließ sich einen Blechteller »Bully Beef« (Corned Beef) servieren. Oben von der Höhenstufe El Duda feuerte Artillerie, darunter auch die verbotenen Granaten, und man sah eines der Dinger durch die Gegend hüpfen und Lindsay den Teller aus der Hand schlagen. Er wandte sich angeekelt ab, holte einen Zeichenblock und malte seine beiden übriggebliebenen Spähwagen, um die die Fontänen der Einschläge tanzten.

Frühstück im Minenfeld

Als es dunkel wurde, hockte Sergeant Reid immer noch im Turm seines Tanks, den Revolver im Schoß, und starrte auf die deutschen Stellungen, in denen es hier und da rumorte. Die Sonne ging unter, er dachte sehnsüchtig an eine Zigarette, aber damit war es wohl nichts.

Der Mond ging auf, es war völlig still. Später sah er zwei Männer schräg auf die deutschen Stellungen zuwandern und durch den Draht hineingehen.

»Wir müssen sehen, daß wir hier wegkommen«, sagte er zu seinen Leuten.

Die murrten: »Wir wollen erst was zu trinken und zu essen.« Reid schob millimeterweise das Turmluk auf, denn das Ding pflegte zu quietschen, und jedes Geräusch trägt weit in der Wüstennacht. Er holte etwas Bully-Beef und Bisquit aus den Vorratskisten und stellte vorsichtig einen Zwei-Gallonen-Kanister mit Wasser neben den Turm.

Zu dieser Zeit dachte der Ladekanonier/Funker, Lance Corporal Hadley, daß er ihm vielleicht etwas helfen könnte, und schob seine Luke auf. Genau da stand der Kanister, der polternd und klirrend über die Seite herunterfiel.

* Ein nicht sehr begabter Doktor behandelte das Ohr später durch Spülungen. Es fing prompt an zu eitern. Lindsay kam nach Johannesburg ins Lazarett und kehrte erst zu seiner Truppe zurück, als sie über ein Jahr später in Tripolis einzog.

»Das hört man bis nach Tripolis«, dachte Reid, duckte sich hinter den Turm und wartete auf die erste Salve. Aber nichts geschah.

»So«, sagte Reid nach dem Essen, »ihr krabbelt also auf Socken über das Heck herunter, kriecht ein Ende genau in unserer Spur zurück und wartet auf mich.«

Aber Hadley meinte, dies wäre so ein Fall, in dem der Captain zuerst von Bord gehen müsse: »Wenn die Jerries dich schnappen oder eine Mine hochgeht, werden wir das schon hören und schön hierbleiben.«

Das war einleuchtend, und nachdem er dem Kanonier »Tug« eingeschärft hatte, daß er den Geschützverschluß mitbringen und dem Funkgerät ein paar leise Hiebe versetzen sollte, kroch Reid los. Kein Schuß fiel, auch die anderen kamen sauber durch die Kettenspur nachgekrochen. Als sie das Minenfeld hinter sich hatten, mußten sie noch einen großen Bogen um ein paar Fahrzeuge schlagen, die ziemlich verdächtig in der Gegend standen. Im Osten graute schon wieder der Morgen, als sie endlich vor sich englische Stimmen hörten.

Nobby Clarke sprang etwas vorwitzig auf, ein Maschinengewehr ballerte los und zog ihm fast den Scheitel.

»Laß den Quatsch! Wir sind vier hier, eine Tank-Besatzung«, rief Jock Reid. Sie mußten erst noch eine Prozedur aushandeln, denn die anderen waren mißtrauisch, aber schließlich landeten sie doch im britischen Graben.

Beim Werkstattzug trafen sie auch die beiden anderen Besatzungen wieder, die ebenfalls hinter ihrer eigenen Spur aus dem Minenfeld gekrochen waren. Nur Billy, der Fahrer von Eric Aines, lag noch draußen neben dem Tank.

»Er war ein netter Junge«, sagte Eric, »nur ganz verrückt, seit bei ›Battleaxe‹ sein Freund verbrannt ist. Er wollte unbedingt die Kette reparieren und im Gefecht bleiben.«

Billy kam am nächsten Tag in ein Massengrab mit ein paar hundert Deutschen und Schotten. Später bekamen die meisten ein individuelles Grab in Tobruk; aber zunächst einmal wurde es höchste Zeit, daß sie aus der Sonne kamen.

Dies alles, von der fast völligen Vernichtung der 7. Tankbrigade bei Sidi Rezegh über den verlustreichen Vorstoß ihrer verstärkten Support Group und die spektakuläre Rettungsaktion des Brigadiers Cambell bis zum blutigen Ausbruchsversuch aus Tobruk, geschah also am 21. November, dem bis dahin bei weitem ereignisreichsten Tag der Offensive. Die Situation hatte sich deutlich zugunsten Rommels geändert:

- Cunninghams Speerspitze bei Sidi Rezegh, die 7. Brigade, war zerknickt;
- angeschlagen, aber noch in guter Ordnung und Stärke standen die 4. und 22. Brigade weiter südlich, während eine Brigadegruppe südafrikanischer Infanterie zwischen ihnen nach Norden Richtung Sidi Rezegh vorrückte;
- der rechte Arm des Vorstoßes, neuseeländische und indische Infanterie mit einer Armee-Tankbrigade Matildas, ging langsamer im Rücken der von Sollum-Halfaya nach Südosten verlaufenden Höhenstufe vor und hatte schon die hier stationierten Truppen einschließlich der Garnison von Bardia (8000 Mann) abgeschnitten;
- die Garnison von Tobruk hatte den Belagerungsring um rund 5 km nach Südosten ausgebeult, aber nicht durchbrochen.*

Die britischen Kräfte waren immer noch geteilt; Rommel hatte seine beiden deutschen Panzerdivisionen beieinander, während die italienische im Süden Bir el Gobi hielt. Verschiedene Möglichkeiten boten sich an, eine der isolierten feindlichen Einheiten herauszupicken – einschließlich der Tobruker, die sehr unbehaglich in offenem Gelände saßen.

Aber die deutsche Seite reagierte merkwürdig zögernd. Die Divisionen trennten sich sogar; die 15. PD machte sich noch in der Nacht zum 22. November auf eine 20-km-Reise in den Raum südlich Gambut, während die 21. PD den Sidi-Rezegh-Raum nach

* In »dokumentarischen« Werken kann man lesen, die Aufklärungsabteilung 3 habe dort beim Ausbruch eingegriffen, den Gegner »mit einer bravourösen Leistung« niedergekämpft und »zurückgeschlagen«. Man nimmt der tapferen Truppe des Freiherrn von Wechmar nichts, wenn man feststellt, daß sie mit ihren Spähwagen Matildas weder »niederkämpfen« noch »zurückschlagen« konnte.

Norden umging. Die Nachschubkolonnen mit Sprit und Munition hatten Mühe, sie zu finden. (Wasser war inzwischen so knapp, daß Waschen offiziell verboten wurde.)

Gewiß, Rommel führte in diesen ersten Tagen der Schlacht nicht mehr so am kurzen Zügel wie zuvor; immerhin war ein Armeestab unter Gause installiert, mit Westphal ein kompetenter Ia; DAK-Chef Crüwell und sein Ia Fritz Bayerlein waren bewährte Panzerführer, mit denen man kaum so umspringen konnte wie mit »Papa« Streich – obwohl Rommel auch ihnen gelegentlich das Kriegsgericht versprach, ohne es zu halten.

Jedenfalls wurde für den 22. November nur »bewegliche Kampfführung« vom Oberkommandierenden befohlen, was schon sehr eigenartig war.

Westphal berichtet von einem Vorfall, der zeitlich nicht mehr genau einzuordnen ist, da er nicht aktenkundig wurde, aber nach seiner Erinnerung durchaus zur Erklärung der Aktionen des 22. November herangezogen werden könnte: Er hatte im Auftrage Rommels den DAK-Chef und die beiden PD-Kommandeure mit ihren Ia's zum Armeegefechtsstand befohlen. Der übermüdete Ia der 15. PD mißverstand und ließ den ganzen Verein anrücken. Westphal in »Erinnerungen«: Da war es notwendig, blitzschnell eine Aufgabe für die so unvermutet erscheinenden Divisionen zu finden.«*

Die 15. PD klirrte jedenfalls erst am Mittag des 22. Novembers wieder in südlicher Richtung, um die 4. Brigade mit ihren »Honeys« endgültig zu stellen und zu vernichten. Sie bekam jedoch bei Tageslicht keine ernsthafte Feindberührung mehr.

Rommel selbst fuhr nachmittags zur 21. PD und setzte sie, verstärkt durch Einheiten der 90. Leichten und Artillerie, auf den Flugplatz Sidi Rezegh an. Dorthin war inzwischen die 22. Brigade nachgerückt. »Brink's boys«, die Südafrikaner, waren mit Vortrupps eingetroffen.

Die Kreuzer der 22. Brigade wurden schwer zusammengeschossen, als das Panzerregiment 5 mit der Sonne im Rücken auf sie

* Daß dies in der Nacht zum 21. war, ist um so wahrscheinlicher, als der Armee-Gefechtsstand gleich darauf aus der Gambut-Gegend nach Westen verlegt wurde. Ein kenntnisreicher Fachmann, Oberst a. D. von Thaysen, meint allerdings, Crüwells aus Rußland stammende Gewöhnung an Weiträumigkeit sei die Ursache gewesen.

stieß. Der unverwüstliche Brigadier Campbell raste wieder im offenen Stabswagen auf dem Flugfeld herum, um Verstärkungen zusammenzuscharren. An der südlichen Höhenstufe fand er die Vorhut der 4. Brigade, zwei »Honeys« vom 3. Tankregiment. Er führte sie wieder mit flatternder Fahne, bis sie die herandröhnenden Panzer sehen konnten, was den beiden »Honey«-Kommandanten gar nicht gefiel. Aber sie schoben sich zwischen die Kreuzer-Wracks, feuerten tapfer mit ihren 3,7-cm-Kanönchen auf die Panzer und riefen vergebens über Funk nach ihrem Regimentskommandeur. Nur einer von ihnen, Troop-Leader Robert Crisp, kam davon. Nach einer wilden Jagd über das Flugfeld sah er endlich die anderen »Honeys« kommen, nahm erleichtert das Mikrofon und meldete seinem Kommandeur: »Siebzig Jerry-Panzer greifen von Westen an!« Worauf er die klassische Antwort erhielt: »Ich könnte meinen Arsch nicht von meinem Ellbogen unterscheiden, viel weniger Osten von Westen!«*

Der Tag endete in Staubwolken und Verwirrung – und mit dem Verlust des Flugfeldes für die Engländer, die sich nun mit den Südafrikanern weiter nach Süden zurückzogen und lagerten. Die Überbleibsel der 7. Brigade waren noch etwas weiter südlich und bewachten 700 Gefangene, die man »ungern verloren hätte, denn es waren fast alles Deutsche«. (Regimentsgeschichte der 7. Husaren.)

Als die Sonne verschwand, klirrte das deutsche Panzerregiment 8, die stählerne Spitze der 15. PD, immer noch auf der Suche nach der 4. Tankbrigade in der Wüste herum. In stockfinsterer Nacht, bei bedecktem Himmel, stieß die Spitzen-Abteilung unter Major Fenski auf eine Ansammlung von Fahrzeugen. Ohne zunächst genau feststellen zu können, was da eigentlich herumstand, ließ der Major die Fahrzeug-Gruppe umzingeln. Nur ein paar Schüsse fielen, als sich ein Tank davonmachen wollte – dann hatten die Panzerleute relativ unblutig fast das gesamte Hauptquartier der 4. Brigade einkassiert.**

* Robert Crisp, D.S.O. M.C., »Brazen Charriots«.

** Es nimmt wiederum dem Major Fenski, der am nächsten Tag ums Leben kam und posthum das Ritterkreuz erhielt, nichts von seinem Ruhm, wenn man feststellen muß, daß er damit keineswegs »die ganze 4. Brigade« eingefangen hatte, wie man meistens lesen kann. Auch Brigadier Gatehouse war nicht unter den Gefangenen.

Die Folge war, daß die in der Verwirrung des Vortages ohnehin ziemlich durcheinandergeratenen Honey-Regimenter am 23. November in verstreuten Gruppen herumfuhren und sich erst langsam wieder als Kampfverband zusammenfanden. Von den drei Brigaden, die mit mehr als 480 Tanks als linker Arm des Vorstoßes losgefahren waren, standen deshalb am 23. November, dem Totensonntag, zur Verfügung:

- 10 Kreuzer bei der 7. Brigade,
- 40 Kreuzer bei der 22. Brigade,
- 100 Honeys bei der 4. Brigade, aber nur zu einem geringen Teil verfügbar.

Das Feldherrenglück hatte Rommel noch nicht verlassen. Perfektion und Tüchtigkeit der Organisation kamen hinzu: Jeder Panzer, der nicht in die Luft geflogen, ausgebrannt oder völlig zerschossen war, wurde von den mobilen und stationären Werkstätten blitzschnell wieder kampfbereit gemacht, zumal das Schlachtfeld bis dahin immer in deutscher Hand geblieben war. Zwar erreichten seine beiden Panzerregimenter nicht mehr ihre volle Planstärke von je 120 Kampfwagen, aber durch das ständige Nachrücken aus den Werkstätten blieben sie zunächst stählerne Rammböcke von zumeist über 75 Panzern.*

So kam es, daß der 23. November für die Briten zu einem ziemlichen Desaster wurde. Rommel faßte seine mechanisierten Kräfte, immer begleitet von motorisierter Infanterie, Pak, Artillerie und Pionieren, zu einem Schlag gegen die südlich Sidi Rezegh übriggebliebenen Kräfte zusammen. Selbst die 100 dünnhäutigen Dinger der Ariete wurden von Bir el Gobi nach Norden zitiert.

Die deutsch-italienischen Panzerstreitkräfte waren nun beträchtlich überlegen, aber sie stießen zunächst auf eine feuerspeiende Front aus Pak und insbesondere 25-Pfündern, aus der hier und dort Honeys hervorpreschten und nach schnellen Attacken wieder das eigene Lager zu erreichen suchten – was manchem dank Geschwindigkeit und Manövrierfähigkeit gelang.

* Die beiden deutschen Panzerregimenter in Afrika bestanden aus je zwei Abteilungen mit je fünf Kompanien. Zum Vergleich das britische Tankregiment: Vier Schwadronen zu je 15 Tanks, dazu das Regimentshauptquartier; Gesamtstärke in der Regel 52 Tanks. Brigade = drei Regimenter plus Hauptquartier, in der Regel 163 Tanks. (Dazu ein Regiment motorisierter Infanterie.)

Die deutschen Panzer-Verluste waren beträchtlich, und das Panzerregiment 5 ließ sich zeitweilig von dem schweren Artilleriefeuer abdrängen.* Ein Teil des Regiments 8 durchbrach jedoch die feindliche Front: Zwischen den weit verstreut parkenden Fahrzeugen der Südafrikaner tobte, immer mehr verhüllt von Staub und dem Qualm brennender Wagen, ein erbittertes Gefecht. Die Artilleristen feuerten mit ihren 25-Pfündern oft auf ein paar Meter Entfernung. Aber bei Einbruch der Dunkelheit mußten die Südafrikaner das Lagergebiet räumen, notdürftig gedeckt von einer Handvoll Honeys und Kreuzern. Sie verloren fast 2000 Mann, von denen die Hälfte in deutsche Gefangenschaft ging.

Weiter im Süden versuchten zwölf leichte italienische Tanks einen Angriff auf die Reste der 7. Brigade. Jeder einzelne wurde abgeschossen.

Nach Einbruch der Dunkelheit war das Durcheinander komplett. Freund und Feind fuhren durcheinander, immer wieder flackerten begrenzte Schießereien auf. Aber es gab keinen Zweifel, daß Rommel noch einmal gewonnen hatte. Abends schrieb er an seine Frau: »Die Schlacht scheint ihren Höhepunkt überschritten zu haben ... Ich bin guten Mutes. Bisher 200 feindliche Panzer abgeschossen.«

Womit er, ganz im Gegensatz zu »Unternehmen Streitaxt«, die Erfolge seiner Truppen unterschätzte.

Inzwischen war jedoch eine weitere Gefahr aufgetaucht. Der Obergefreite Heinrich Frank aus Freiburg, Kradmelder beim Troß der 8. PD, war einer der ersten, die ihr begegneten: Er begleitete drei Lastwagen, die Panzermotoren aus Bardia holen sollten, als er in der Gegend von Gambut am Rande der Küstenstraße in den Dünen merkwürdige Schlapphüte auftauchen und gleich wieder verschwinden sah.

Frank machte in gekonnter Schleudertaktik mit blockierendem Hinterrad kehrt und brauste winkend auf die nachfolgenden Lastwagen zu. Die stoppten, er huschte mit der Maschine zwischen sie, dann hörte man metallische Geräusche wie vom Repetieren

* Das PR 5, hauptsächlich aus Berlin und Umgebung rekrutiert, galt allgemein als etwas bedenklicher als das eher süddeutsche Schwesterregiment 8, das zu brachialem Stürmen besser zu gebrauchen war. Das war natürlich Unfug; aber wie die meisten Irrtümer und Verallgemeinerungen nicht auszurotten.

eines MG-Schlosses. Als der Feuerzauber begann, lagen sie alle schon im Graben.

Die Lastwagen waren sofort erledigt, aus den Kühlern floß das Wasser, aus zerschossenen Reifen pfiff Luft. Das Motorrad dazwischen hatte zunächst noch nichts abgekriegt.

Frank kroch hin, tippte die Schwimmernadel, drehte den Gasgriff und riß mit der Hand den Kickstarter herunter. Die dicke BMW begann sogleich zu bullern. Er hängte sich wie ein Cowboy neben den Tank und schoß davon, unangekratzt, obwohl die MG's aus den Dünen wieder zu bellen begannen. Die Fahrer und ein »Schmalspur-Leutnant« aus der Werkstatt gingen in Gefangenschaft. Franks badisch-treuherzige Begründung für sein Motorrad-Kunststück: »Irgend jemand mußte doch Bescheid sagen, daß da welche von den anderen waren . . .«

Es war zu dieser Zeit allerdings schon ziemlich oben in der Kommandostruktur bekannt, daß die Männer mit den Schlapphüten, die Neuseeländer, da waren. Am Morgen des 23. hatten sie nämlich nur ein Stückchen weiter südlich, an der Höhenstufe von Gasr el Arid, den gesamten Korpsstab des DAK einkassiert. General Crüwell und Ia Bayerlein waren eine halbe Stunde zuvor abgefahren. Die Leitung der Schlacht war an diesem Totensonntag nie beeinträchtigt. Was angesichts des Durcheinanders nach dem Ausfall des 4.-Brigade-Hauptquartiers zeigt, welche Welten zwischen Briten und Deutschen in bezug auf Ausstattung mit modernen Nachrichtenmitteln lagen.

4. »Dieser verdammte Westphal«

Rommels Fahrt zum Zaun

Der 24. November war der Tag, an dem Rommel die Zügel wieder an sich riß, die Warnungen Westphals in den Wind schlug, Stabschef Gause und DAK-Chef Crüwell sozusagen unter den Arm klemmte und fast seine gesamten mechanisierten und motorisierten Truppen in eines der meistdiskutierten Unternehmen des Zweiten Weltkrieges führte.

Nicht wegzudiskutieren ist, daß die Sache gründlich schiefging, daß Crüwell das Afrika-Korps vorher sehr erfolgreich geführt hatte und daß der 24. November der Wendepunkt der Schlacht war.

Rommel war, wie man selbst vom vornehm-zurückhaltenden Westphal erfahren kann, nach dem Sieg am Totensonntag in reichlich euphorischer Stimmung. Er war überzeugt, durch einen Überraschungszug, durch eine blitzschnelle Schwerpunkt-Verlagerung den ganzen Feldzug auf der Stelle siegreich beenden zu können.

Mit einem weitgeschwungenen Haken durch die südliche Wüste und anschließendem Eindrehen nach Norden und Osten wollte er drei Ziele erreichen:

- Die Nachschublinien der Briten unterbrechen und zugleich, ihre oft gezeigte Überflügelungsangst ausnutzend, ihren Rückzug erzwingen;
- die gefährlich nach Norden und an der Via Balbia entlang nach Westen Richtung Tobruk stoßenden Neuseeländer mit ihrer Matilda-Brigade im Rücken fassen und vernichten;
- über die Pässe nach Ägypten einbrechen und mit nie ausgesprochenem, aber gewiß sehr weitgestecktem Ziel nach Osten preschen.

Daß der Plan nicht funktionierte, hatte verschiedene Gründe: Der wichtigste erklärt sich aus einer Tatsache, die Rommel selbst schon sehr frühzeitig erkannte und sonst konsequent berücksichtigte: daß der Wüstenkrieg sehr weitgehend einem Seegefecht glich.

Auf See sind die Verbindungen einer Flotte nicht deshalb unterbrochen, weil ein feindliches Kreuzergeschwader einmal zwischen ihr und dem Heimathafen durchgebraust ist. Wenn es eine Zwangsroute gibt – und die gab es in der Tat am südlichen Ende der Höhenstufe –, dann muß man sie schon auf Dauer blockieren. Aber dazu reichten wieder einmal Rommels Kräfte bei weitem nicht aus.

Nicht einmal die Tatsache, daß die 21. Panzerdivision bei Gabr Saleh nur ein paar Kilometer nördlich von zwei großen Nachschublagern der 8. Armee vorüberrumpelte*, ist so bedeutungsschwanger, wie meistens geschildert. Es hat schon seinen Grund, daß man in der Historie besser auf alle Sätze mit »hätte« und »wäre« verzichtet: sobald man sich eine kleine Kurve vorstellt, die so eine Geschichte hätte nehmen können, vervielfältigten sich die Möglichkeiten, wie es hätte weitergehen können. Nach der Entdeckung ausgedehnter Nachschublager folgt zum Beispiel die Notwendigkeit, sie zu erobern, zu halten oder zu zerstören, und zwar vollständig. Auch der letzte Punkt ist auf die Schnelle nicht so einfach, wie man sich das gemeinhin vorstellt.

Hinzu kommt, daß es keineswegs Rommels Absicht war, die Reste der bei Sidi Rezegh geschlagenen Brigaden zu vernichten, die in der Gabr Saleh-Gegend ihre Wunden leckten.** Er ließ sie vielmehr in voller Absicht außer acht und hoffte darauf, daß die Briten nun zum drittenmal auf eine Umfassungsbewegung mit Nervosität und Rückzug reagierten.

In der Tat war auf höchster britischer Etage schon von Rückzug

* Im kritischen Augenblick formierte Husaren-Oberleutnant Tim Palmer dort aus einem Haufen fliehender Lastwagen eine starke Kolonne und ließ sie als leckeren Köder vor der Panzerkolonne herumkreuzen, um diese von den im Süden schon sichtbaren Lagern abzulenken. Der Trick gelang, zumal Palmers Verein ungefähr in die Richtung stob, die das Panzerregiment ohnehin befehlsgemäß zu verfolgen hatte: Sidi Omar.

** Liddell Hart meint, daß in der Gegend nur die 22. Garde-Brigade zur Verteidigung der Lager aufzutreiben gewesen wäre. Das ist ein Irrtum.

die Rede gewesen, allerdings v o r der wilden Jagd zum Grenzzaun: Nach der schweren Serie von Niederlagen hatte Armeeführer Cunningham seinem Oberbefehlshaber Auchinleck am 23. November nach Kairo gefunkt, er halte es für richtiger, die Offensive abzubrechen und sich zur Reorganisation zurückzuziehen. Auchinleck flog sofort in die Wüste und befahl, ohne Rücksicht auf Verluste weiterzukämpfen. Zwei Tage später löste er den offenbar völlig entnervten Cunningham, einen Bruder des Admirals, durch seinen stellvertretenden Stabschef Ritchie ab.

Zu dieser Zeit war Rommels wichtigste Streitmacht, die beiden Panzerregimenter, schon schwer angeschlagen. Vom Aufbruch nach Süden an hatten sie ständig im Kampf gestanden, dauernd beschossen von Tanks und Artillerie, zusätzlich gejagt von den Bombern der Royal Air Force. Bei dem Versuch, Sidi Omar zu nehmen, waren sie auf eine Front 25-Pfünder und schwere Matildas gestoßen. Sidi Omar blieb in britischer Hand. Am Abend des 25. 11. hatte das PR 5 noch zwölf, das PR 8 noch 53 Panzer. Und diesmal waren die meisten Wracks nicht mehr zu bergen und zu reparieren.

In dieser Zeit jagte Rommel, der in seiner Ungeduld seinen Funkwagen davongefahren war, unerreichbar für seinen Ia zwischen seinen Einheiten hin und her. Obwohl die DAK-Kolonnen auf ihrem Marsch wie eine Bugwelle Haufen von Nachschubkolonnen und Stabswagen vor sich hergetrieben und bei den rückwärtigen Diensten – zum geheimen Vergnügen der Fronttruppen – Schreck und Entsetzen verbreitet hatten, zeigte sich allmählich, daß die Bewegung so großer Truppenkörper praktisch auf Zuruf auch auf deutscher Seite wachsende Verwirrung auslöste. Grenadiere suchten ihre Panzerregimenter, diese ihre Sprit- und Munitionsfahrzeuge, der Oberbefehlshaber alle zusammen.

In der Nacht zum 25. fand eine kontaktsuchende Patrouille des MG-Bataillons 8 zufällig Rommels Wagen in der Wüste, konnte den einsamen Oberkommandierenden über den Verbleib einiger Einheiten aufklären und wurde zum Dank einen Kübelwagen los, den Rommel beschlagnahmte. Einen Tag später fand DAK-Chef Crüwell zufällig ihn und Gause bibbernd am Grenzzaun – ihr Wagen war ausgefallen. Bald darauf fuhren die drei höchsten deutschen Generale kilometerweit durch ein Gebiet, in dem es von indischen Truppen wimmelte – zu ihrem Glück im sehr britisch aussehenden Beute-Befehlswagen.

Am meisten litt alles, was die Engländer sehr plastisch »weichhäutig« nennen, unter dem Durcheinander: motorisierte Infanterie auf ihren Transportern und, insbesondere, die zumeist nicht einmal durch Pak geschützten Nachschubkolonnen beider Seiten. Da alles durcheinanderwirbelte und sie meistens auf der Suche nach ihren kämpfenden Einheiten waren, standen ihre Chancen 50:50, irgendwo die Aufmerksamkeit feindseliger, harthäutiger, stahlspuckender Fahrzeuge zu erregen. Unzählige Lkw-Kolonnen fuhren so herum oder standen, Posten auf den Führerhäusern, wie Gruppen scheu grasender Gazellen in der Wüste herum, immer auf dem Sprung, in wilder Flucht davonzujagen.

Sobald die Sonne den Boden erwärmte und die darüberliegende Luftschicht anfing, alle Konturen grotesk zu verzerren, war es angebracht, vor jedem panzerähnlich aussehenden Ding auszureißen. Die Luftspiegelung brachte es fertig, einen zierlichen Honey in einen fetten Panzer IV zu verwandeln. Und umgekehrt. Selbst eine positive Identifizierung von Kampfwagentypen brachte keine Sicherheit, denn jede Seite benutzte Beute-Wagen der anderen.

Zu dieser Zeit führte Oberstleutnant Westphal einen Vielfrontenkrieg. Schimpfend wartete bei ihm General Bastico auf den verschwundenen Rommel, der ihn, den älteren Vorgesetzten, in sein Hauptquartier gebeten und versetzt hatte. Im gleichen Maße, in dem der Druck der Neuseeländer auf den Belagerungsring von Tobruk stärker wurde, steigerte sich das »Hosenbrummen« (Westphal) der örtlichen deutsch-italienischen Kommandeure. In seinen Meldungen an OKW und OKH mußte er die Tatsache verschleiern, daß der Oberbefehlshaber verschwunden war – was ihm, wenn Rommel nicht mehr aufgetaucht wäre, ein monumentales Kriegsgerichtsverfahren an den Hals gebracht hätte.

Meldungen und Anfragen an seinen Oberbefehlshaber mußte er blind absetzen, weil kein normaler Funkkontakt bestand und von Rommel keine Antworten, sondern unverständliche Mitteilungen ohne Ortsangaben und Absichten eintrafen. Zwei Kurierflugzeuge wurden auf der Suche nach dem Panzergruppen-Chef abgeschossen. Aufklärer, denen die Rückkehr gelang, berichteten über die Reorganisation und Auffrischung der Tankbrigaden bei Gabr Saleh. Zusätzlich stellte Brigadier »Jock« Campbell dort Kampfgruppen aus motorisierter Infanterie, Pak und 25-Pfündern zusammen*, die als selbständige Einheiten (»Jock-Kolonnen«) die Wüste bis weit im Nordwesten zur Via Balbia durchstreiften und alles außer starken Panzereinheiten vernichten konnten. Und die waren nicht da.

Am 26. schließlich brachen die »Tobruk-Ratten« durch nach El Duda und besetzten die Höhe. In der Ferne sahen sie einige Kampfwagen, von denen plötzlich drei rote Leuchtkugeln in die Luft stiegen, das verabredete Zeichen der 8. Armee.

Es war ein ziemlich bewegender Augenblick. Auf der anderen Seite saß der junge Oberleutnant Peter Phillips, der Jahrzehnte später der Schwiegervater der englischen Prinzessin Anne werden sollte, am Funkgerät des Dragoner-Regimentskommandeurs Donald McCorquodale. Er war kurz vor dem Beginn des Unternehmens »Crusader« zu den Kings Dragoon Guards gekommen, und der Oberst hatte ihn erst einmal für den Funkdienst beschlagnahmt. Die Schwadronen der KDG, die aus der Festung Tobruk nach Ägypten gebracht worden waren, begleiteten als Späher den Vorstoß der 8. Armee.

Als Phillips nun auf der Frequenz des Regiments eine Stimme wider alle Funkdisziplin rufen hörte: »Hallo Donald, hier ist Mick ... Hallo Donald, hier ist Mick«, da brauchte er einige Zeit, bis ihm einfiel, daß »Mick« wahrscheinlich Major Lindsay von der in Tobruk gebliebenen C-Schwadron war. Er rief den Oberst und konnte amüsiert mit anhören, wie die beiden Kommandeure, britischer Gepflogenheit entsprechend, ihre Rührung mit ein paar Albernheiten vertrieben.

Auf der Seite der Tobruk-Ausbrecher stieg Major Holden aus seiner Matilda und sprach mit Bill Yeo, dem jungen Adjutanten eines der anderen Infanterie-Regimenter, mit dem er befreundet war. Yeo war gerade wieder in seinen »Mark VI«-Tank gestiegen,

* Brigadier Campbell erhielt für seinen unermüdlichen Einsatz das Victoria-Kreuz. Nach »Crusader« kam er bei einem Verkehrsunfall ums Leben. Britische Offiziere sind allgemein der Ansicht, daß er der richtige Gegenspieler für Rommel geworden wäre.

als das Fahrzeug von einem schweren Vollgeschoß getroffen wurde und regelrecht auseinanderflog. Die ganze Besatzung wurde getötet.

Zu dieser Zeit bereitete der Vater des toten Adjutanten, Bill Yeo sen., ein paar Kilometer weiter den entscheidenden Vorstoß zur Vereinigung mit der Tobruk-Garnison vor. Der Oberstleutnant kommandierte das 44. Tankregiment, eine der die Neuseeländer begleitenden Matilda-Einheiten.* Der von Yeo geführte Nacht-Angriff, einer der ersten in der Geschichte der Matildas, wurde zu einem Klassiker des Panzerkrieges: Die schweren Tanks rollten ohne Artillerieunterstützung in schmaler Pfeilformation los, in ruhigem Fußgängertempo, und schmale Rücklichter zeigten den begleitenden Infanteristen den Weg. Die langsamen, brüllenden, feuerspeienden Ungetüme müssen im Mondlicht ein schauriger Anblick gewesen sein. Der Widerstand schmolz. Bei den Angreifern wurde ein Infanterist getötet.

Der Befehlshaber des 13. britischen Korps, General Godwin-Austin, funkte nach Kairo: »Korridor nach Tobruk frei und gesichert. Tobruk ist nicht halb so erlöst wie ich.«

Aber noch war die Sache keineswegs so gesichert, wie Godwin-Austin hoffte. An diesem 26. 11. riß dem Oberstleutnant Westphal, der immer noch ohne eine halbwegs verständliche Nachricht von Rommel über Lage und Absichten war, endgültig der Geduldsfaden. Er funkte an das Afrika-Korps, es habe »unter Aufhebung aller entgegenstehenden Befehle« unverzüglich nach Tobruk zurückzukehren.

Er vermutete die beiden Divisionen des Korps zu recht irgendwo im Großraum Bardia, im Rücken der Neuseeländer. In der Tat war General von Ravenstein, Kommandeur der 21. PD, in dieser Gegend gerade beim Auftanken. Rommel hatte ihm befohlen, mit seinem erschöpften und fast völlig panzerlosen Verband nach Ägypten hineinzustoßen. Ravenstein gab seinem Stab Gelegenheit, eine letzte Feldpostkarte nach Hause zu schreiben, da sie ja nun »geradewegs in die Gefangenschaft« marschieren würden.

* Zu dieser Zeit waren einige Einheiten schon mit dem neuen Infanterietank Mark III »Valentine« (AII) ausgerüstet. Der 3-Mann-Wagen (der Kommandant war gleichzeitig Ladekanonier) war kleiner, handlicher und besser für längere Fahrten geeignet als die Matilda, jedoch nur wenig schneller. Bewaffnung: Immer noch Zweipfünder. Panzerung: max. 65 mm.

Es kennzeichnete die Stimmung, daß der Nachrichtenoffizier ihm den Westphal-Befehl mit der unmilitärischen Bemerkung übergab: »Herr General, wir sind gerettet.«*

Der Weg nach Westen wurde zu einer Kette pausenloser Gefechte für die beiden zusammengeschmolzenen Divisionen. Allein beim ersten Durchbruch durch einen neuseeländischen Riegel bei Musaid kamen bei dem so oft geschundenen MG-Bataillon 8 mindestens 30 Mann ums Leben.

Als Rommel, wie üblich ohne Funkverbindung, von dem Rückzugsbefehl hörte, tobte er: »Das ist eine Falle von den Engländern! Oder dieser verdammte Westphal. Den stelle ich vors Kriegsgericht.«

Aber als er zum Hauptquartier zurückkam, blätterte er die nach Deutschland gegebenen Berichte durch, ob etwas vom verschütt gegangenen Feldherrn drinstand, sah die Lagekarte an und ging wortlos schlafen. Was jedermann beim liebreizenden Chef als Zustimmung zu werten wußte.

Das große Abenteuer war vorüber. Es hatte Rommels mobile Kräfte entscheidend geschwächt und zugleich seinen Gegnern Gelegenheit gegeben, sich zu reorganisieren und zu verstärken. Dreimal hatte er bisher mit den Briten eine große Bewegungsschlacht ausgetragen: bei der Wiedergewinnung der Cyrenaika, bei »Battleaxe« und nun bei »Crusader«. Zweimal waren sie davongelaufen, weil – tatsächlich oder scheinbar – Überflügelung drohte. Es hieß, die Briten sehr zu unterschätzen, wenn man auf das Funktionieren des Tricks auch beim drittenmal hoffte.

Gelegentlich wird das Wanken Cunninghams als Beweis dafür angeführt, daß Rommels Raid ein schwerer Schlag gewesen sei. Aber man muß das Datum beachten: Am 23. November, noch vor

* Für den Divisionskommandeur führte allerdings gerade der Weg zurück nach Tobruk in die Gefangenschaft: die Neuseeländer fingen ihn.

»Crusader«, 3. Phase: Rommel jagt mit seinen zusammengefaßten mobilen Kräften nach Südosten über den Grenzzaun. Die 21. Pz. Div. verfehlt knapp die britischen Versorgungslager. Die erschütterte 7. Tk. Div. hat Zeit, sich zu reorganisieren. Die Neuseeländer ziehen unbeirrt weiter Richtung Tobruk. Das DAK muß Richtung Westen durchbrechen. ▶

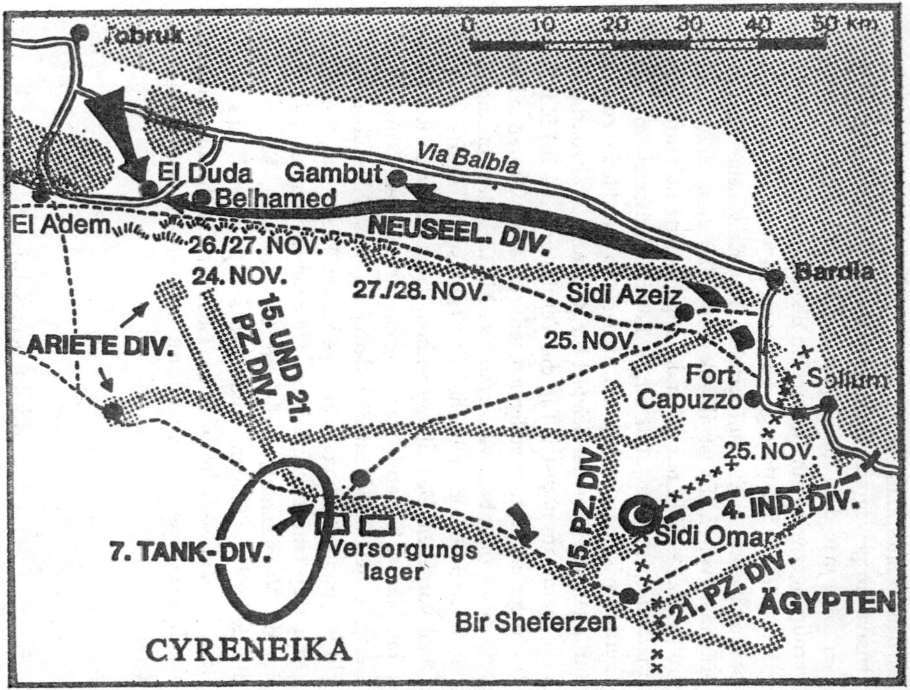
Tobruk
0 10 20 30 40 50 km
Via Balbia
El Duda
Gambut
Belhamed
El Adem
NEUSEEL. DIV.
26./27. NOV.
24. NOV.
27./28. NOV.
Bardia
Sidi Azeiz
15. UND 21.
PZ. DIV.
ARIETE DIV.
25. NOV.
Fort
Capuzzo
Sollum
25. NOV.
4. IND. DIV.
15. PZ. DIV.
Sidi Omar
7. TANK-DIV.
Versorgungs
lager
21. PZ. DIV.
ÄGYPTEN
Bir Sheferzen
CYRENEIKA

dem Aufbruch des DAK, schlug er den Rückzug vor. Zu der Zeit konnte er nicht ahnen, daß Rommel den Druck von ihm nehmen würde.
Sir Basil Liddell Hart, der ausgezeichnete Militärhistoriker, kam zu dem Schluß, daß Auchinlecks Befehl zur Fortführung der Offensive ein gewagteres Spiel gewesen sei als Rommels wilder Haken. Mag man dem für die kurze Zeitspanne noch folgen, in der vernünftigerweise ein Nachsetzen der deutsch-italienischen Streitkräfte südlich Sidi Rezegh zu erwarten war, so traf es jedoch bestimmt nicht mehr zu, nachdem Rommels neue Absichten zu erkennen waren. Es ist aktenkundig, daß diese Erkenntnis sehr früh vorlag – nicht nur durch die ungehinderte Luftaufklärung der Engländer, sondern auch durch die Entschlüsseler von »Ultra«; allerdings ist der Funkspruch, den sie in der Nacht zum 24. 11. auffingen, ein hübsches Beispiel für Rommels Schlitzohrigkeit:

Er werde am nächsten Tag die Vernichtung des bei Sidi Rezegh geschlagenen Gegners vollenden, teilte er seinen Oberen in Deutschland mit – offenbar, weil orthodoxe Militärs dies von ihm erwarten durften –, und er werde mit Teilen seiner Kräfte gegen Sidi Omar vorgehen. Das mochte reichen, damit sie ihn in Ruhe ließen.

Ein bißchen unseriös war er schon, der wackere Schwabe. Aber wer mag heute noch auseinanderhalten, was dabei übersteigerter Ehrgeiz und was Hingabe an jene hehren Werte war, deren Hohlgetön sich damals kaum jemand entziehen konnte? Pech hatten nur die Verbrannten, Zerfetzten, Durchbohrten, Verstümmelten, die den Weg säumten. Andererseits besteht auch das Resultat richtiger und wohldurchdachter Generals-Entscheidungen primär aus Leichen, wenn auch vielleicht überwiegend von der anderen Seite.

Der Trick mit dem Keilriemen

Die Übriggebliebenen schleppten sich weiter, rissen sich unglaublicherweise immer wieder zu staunenswerten Leistungen zusammen, übermüdet, durstig, überanstrengt wie sie waren. Der Honey-Kommandant Robert Crisp beobachtete durch sein Glas eine deutsche Infanterie-Truppe, die nach diesen vielen Tagen ununterbrochener Kämpfe noch einmal die Neuseeländer vom nun schon fast vertrauten, blutgetränkten Flugplatz Sidi Rezegh geworfen hatte, sah die ausgemergelten, nach der Anspannung des Kampfes wankenden Männer, nur noch von einer Art außermenschlichen Willenskraft zusammengehalten, und sagte sich: »Die mögen ja doch die Sieger sein, aber ich glaube, sie wissen es schon nicht mehr.«

Sie hatten ja ihre Atempause hinter sich, die Brigaden der fast schon vernichteten 7. Tankdivision, wenn auch ihr Leben in der von Freund und Feind durchkreuzten Wüste kein Zuckerlecken war. Aber die Panik, die gelegentlich in den oberen britischen Etagen aufgeflackert war, hatte die Frontgruppen nie erreicht. Und nun stieg ihre Gewißheit, daß auch dieser unglaubliche Feind das Ende seiner Leistungsfähigkeit erreichen könnte.

Wenn es in diesen wahnwitzigen Tagen eine tadelsfreie, vorstellbares Ausmaß überschreitende Leistung gab, dann war es diejenige der Männer, die nichts weiter zu geben hatten als Mut und Trotz und Willenskraft, auf deren Knochen die Großen sich ins Buch der Geschichte stemmen. Aber irgendwann bricht auch die stärkste Kette.

Zu dieser Zeit wurde der Feldwebel Joachim Saenger mit seinem Panzer III so eine Art Herrschaftschauffeur, und er und seine Mannschaft kamen erst mit der Zeit darauf, daß sie damit das große Los gezogen hatten.

Müde und zerschlagen, immer wieder einnickend und selbst im Sekunden-Schlaf von Bildern blitzdurchzuckten Qualms und den Schrecken der zurückliegenden Kämpfe verfolgt, waren sie unter Führung eines ziemlich grünen Leutnants hinter ihrem Regiment hergezockelt, das irgendwo in der Gegend von Sidi Rezegh im Kampf stehen mußte. Sie durchfuhren einen Stützpunkt, in dem sich italienische Artillerie und deutsche Flak eingeigelt hatten und verdächtigerweise in alle Himmelsrichtungen schossen.

Die Luft war still, als hielte selbst das Wetter den Atem an, alle Senken des welligen Landes gefüllt mit spiegelnder Luft, als ob flüssiges Glas hineingelaufen sei. Und rundum ragten aus diesem

Glas Antennen, einige mit Wimpeln, und bewegten sich schwankend wie die Fühler seltsamer Tiere.

»Na endlich«, sagte der Leutnant über Funk, »das wird das PR 8 sein. Unser Regiment muß gleich dahinter stehen.«

Saenger hatte sein Scherenfernrohr am Turm eingehängt und sah sich die Antennen an.

»Mit Wimpeln fahren nur die Engländer«, sagte er.

»Quatsch. Panzer marsch«, befahl der Leutnant.

Sie rollten los, aber über die Bordsprechanlage sagte Saengers Fahrer, Konrad Müller aus Nürnberg: »Keine Angst. Das haben wir gleich.«

Es gab einen winzigen Ruck, und kurz darauf begann der Motor zu rauchen. »Keilriemen gerissen, Kühlung funktioniert nicht mehr«, bemerkte Konrad Müller. Saenger meldete sich ohne größeres Bedauern beim Leutnant ab. Einen neuen Keilriemen kann man erst aufziehen, wenn der Motor abgekühlt ist.

»Vergiß es gleich wieder, aber es gibt einen Trick«, sagte Fahrer Konrad, »mit einer bestimmten Lenkbewegung kriege ich auf Kommando jeden Keilriemen kaputt.«

Weiter vorn ballerten Panzerkanonen. Nach ein paar Minuten kam einer der Kampfwagen zurückgerasselt, das Kanonenrohr dicht am Turm abgeschossen. Wie üblich, hatte der Kommandant im Gefecht schnell den Überblick verloren und keine Ahnung, was aus den anderen geworden war. Sie erfuhren es nie.

Während Konrad noch dalag und am Keilriemen fummelte, schob sich ein britischer Spähwagen auf die nächste Düne. Kurz darauf zeigten sich links und rechts weitere eckige Türme wie neugierige, häßliche Insekten. Saenger hielt eine Handgranate bereit, um sie notfalls in den eigenen Panzer zu werfen, aber dann krachte es scharf hinter ihnen, Staubfontänen stiegen aus den Dünen, die Spähwagen verschwanden wie ein Spuk.

Von hinten kam eine Pak auf Selbstfahrlafette, die den Feuerzauber veranstaltet hatte. Ein Offizier stieg ab und befahl ihnen, etwas weiter hinten zu sichern. Das war Hauptmann Dr. Eggert, Chef der Stabskompanie beim Korpsstab. Offenbar gab es in dem Stützpunkt allerlei wichtige Leute.

Die Sonne sank, es wurde kalt. Saenger zog sich eine Decke über den Kopf und döste vor sich hin. Es war noch stockfinster, als irgendetwas an einem Zelt in der Nähe herumkrabbelte und rief: »He, Panzersoldat! Machen Sie den Panzer klar zur Abfahrt!«

Das schmeckte ihm. »Was heißt hier schon Panzer klarmachen? Ich habe keinen Sprit. Wo ist denn hier ein Tankwagen?«

Der andere wurde nur ganz leicht unwillig: »Na hören Sie mal, da müssen Sie sich schon mal drum kümmern!«

»Bei uns kommt immer der Tankwagen. Außerdem ist der Motor kaputt. Keine Kompression mehr«, sagte Saenger vorsichtshalber.

»Wieviel Kilometer hat er denn herunter?«

»Dreitausendfünfhundert.«

»Mann«, schrie der andere aus der Dunkelheit, »bei uns in Rußland hatten die Dinger nach fünftausend Kilometern noch Kompression!«

Überdrüssig sagte Saenger: »Männeken, wenn du's noch nicht gemerkt haben solltest: hier ist Afrika.«

»Wie reden Sie mit Ihrem Kommandierenden General!« Geschrei, Weltuntergang. Am Zelt raschelte es wieder, eine dunkle Gestalt stürzte heraus, murmelte beruhigende Worte.

»Natürlich wieder das Fünfte, dieser Scheißhaufen!« brüllte Saengers Kontrahent. So lernte der Feldwebel den Generalleutnant Ludwig Crüwell aus Dortmund kennen, von dessen Existenz er bis dahin noch keine Ahnung gehabt hatte.

Nachtangriff bei El Duda

Nachdem die Neuseeländer noch einmal aus dem Gebiet Sidi Rezegh-Belhamed geworfen worden waren, wurde Tobruk wieder zur isolierten Festung. Aber die Truppen der Garnison klammerten sich an die Höhen von El Duda.

Artillerie-Hauptmann Armitage war wieder als Vorgeschobener Beobachter dabei, als englische Infanterie am Rande der Höhenstufe überrollt wurde. Die Panzer der 15. PD dröhnten unbeirrt durch das indirekte Feuer der 25-Pfünder. Neben Armitage stand eine einsame Zweipfünder-Pak, deren Kanoniere ihre Kügelchen verfeuerten. Armitage mußte sich mit seinem leichten Mark VI durch eine Geländefalte davonschleichen. Im sinkenden Licht blickte er noch einmal zurück. Ein schwerer Panzer rollte auf die Pak zu. Von seiner Bugplatte zischte ein weißglühender Abpraller in die Luft, während sich der Turm mit dem kurzen, dicken Rohr drehte. Im ersten Schuß flog die kleine Kanone regelrecht auseinander.

Armitage traf den Infanterie-Kommandeur, Oberst Nicholls. »Können Sie die Tanks raufholen, die da unten stehen?« fragte der Offizier.

Armitage fuhr zu Oberst O'Carrol, der mit zwölf übriggebliebenen Infanterietanks weiter unten stand.

»Okay, wenn Sie mir zeigen, wo die Burschen sind, können wir sicher was gegen sie tun«, sagte der Oberst. Er ließ Armitage auf die Hinterkante des Turms steigen. Sie fuhren den Hügel hinauf, etwas nach Westen versetzt, erreichten die Höhenstufe und wandten sich nach links.

Der Mond war aufgegangen. Auf 800 Meter Entfernung waren die Silhouetten der Panzer deutlich zu erkennen.

»Stop«, sagte Armitage, »da drüben stehen die Dinger.«

»Natürlich, jetzt sehe ich die Brüder auch«, antwortete O'Carrol.

Armitage fühlte sich etwas unwohl. »Nun ja, Sir, tatsächlich würde ich es für besser halten, wenn ich mich dann hier entfernen könnte ...«

»Wie? Aber natürlich, hauen Sie nur ab«, antwortete der Tank-Oberst zerstreut und klirrte gleich darauf weiter. Armitage war kaum ein paar Schritte gelaufen, als hinter ihm die Hölle losbrach. Leuchtspurgeschosse zickzackten herum, und es sah so aus, als ob ihn in der ersten Sekunde bestimmt ein harter Gegenstand von dieser Matilda gefegt hätte.

Sergeant Reid kommandierte diesmal eine der neuen »Valentines«. Sein neuer Fahrer, Freddy Dash, war geschickt und erfahren, aber im Mondlicht übersah er eine Grube mit ziemlich steilen Rändern. Die linke Seite des Tanks fiel krachend hinein, Jock hielt sich im Turm fest und hörte am Brüllen des Motors, daß

Freddy sofort herunterschaltete und durchtrat. Sie wären auch wohl herausgekommen, aber in diesem Augenblick ging die Schießerei los.

Die deutsche Seite war wohl ziemlich überrascht worden, denn es wehte eine ziemlich scharfe Brise von See, und die Panzerbesatzungen waren zu Tode erschöpft. Aber dann wehrten sie sich wütend und geschickt.

Als Reids Tank sich mit so unglücklich hochgereckter rechter Seite durch das Loch wälzte, krachte ein schweres Vollgeschoß gegen das vordere, nicht angetriebene Zahnrad und riß es glatt mit einem Ende Kette ab.

»Schalt' den Motor ab«, befahl Reid. Sie blieben auf ihren Plätzen und spielten Mäuschen. Die andere Seite hatte Besseres zu tun, als Stahl in einen abgeschossenen Tank zu pumpen. O'Carrols »Anschleichen« erwies sich als wirkungsvoll. Auf so kurze Entfernung waren auch die Zweipfünder eine wüste Waffe, und die Panzer zogen sich feuernd zurück, zwei oder drei brennende Wracks zurücklassend.

Reid und seine Mannschaft reparierten ihre Valentine notdürftig, indem sie die Ketten verkürzten und einfach ohne Zahnrad um die Laufrollen führten. Die eine Hälfte des Tanks sah so aus wie ein Halbkettenfahrzeug ohne Vorderrad, und es wollte immer Kreise nach rechts fahren, aber mit kräftigem Gegensteuern ließ sich der Tank bewegen.

So hinkten sie zurück zur Werkstatt. Obwohl die deutschen Panzer vertrieben waren, konnte die Höhe kaum als gesichert gelten: es fehlte Infanterie.

In der Festung gab es keine Reserven mehr. Allerdings: da war noch ein Bataillon der Australier, das infolge der »Latona«-Versenkung nicht mehr aus der Festung abtransportiert worden war. Es gab einen Befehl, diese Truppe nicht mehr einzusetzen. Morshead-Nachfolger Scobie fragte den Kommandeur, Oberstleutnant »Bulle« Burrows.

»Na klar«, sagte der, ein hünenhafter Bilderbuch-Aussie, »das erledigen wir ihnen noch.«

Die Australier nahmen die Höhe unter erheblichen Verlusten. Das Schicksal hatte wieder einmal nach häßlicher Kriegsart Würfel gespielt. Und es traf auch noch »Bulle« Burrows. Als er am Tag nach dem Angriff mit Oberst Nicholls in einem kleinen Wadi sprach, schlug in ihrer Nähe eine schwere Granate ein. Ein großer Splitter riß Borrows den Kopf auf. Der bis dahin kraftstrotzende Mann erholte sich nie mehr von der Verwundung.

»Chauffeur« bei General Crüwell

In den ersten Dezembertagen versiegte die Kraft der deutsch-italienischen Truppen endgültig. Vergebens versuchte Rommel noch, die eingeschlossenen Truppen am Halfayapass, in Sollum und Bardia herauszuhauen. Zu dieser Zeit hatte das Afrika-Korps noch 34 Panzer.

Als der Rückzug begann, waren Saenger und sein Kumpel mit dem abgeschossenen Rohr immer noch beim Stab des DAK. Nach dem nächtlichen Auftritt hatte ihn ein Ordonnanzoffizier darüber aufgeklärt, daß er tatsächlich zu seinem Kommandierenden General »Männeken« gesagt hatte.

»Ich dachte, Rommel ist unser General«, sagte Saenger. Der Offizier sah ihn erstaunt an. »Rommel kommandiert die Panzergruppe, sowas wie eine Armee. Aber das Deutsche Afrika-Korps kommandiert General Crüwell! Kapiert?«

»Jawohl Herr Hauptmann«, meldete Saenger beeindruckt. Und weil der Vorgesetzte so freundlich war, fragte er gleich noch mit den Augen auf einen energisch heranstapfenden Stabsoffizier deutend: »Und wem gehört der nun wieder?«

Der Hauptmann zuckte nur ganz wenig, blickte drohend und sagte schnell: »Oberstleutnant Fritz Bayerlein, Chef des Stabes beim DAK. Er wird in Ihrem Panzer mitfahren.«

So bekamen Saenger und seine Mannschaft einen Passagier. Der General stieg in den Panzer mit dem abgeschossenen Rohr, wollte wohl mit dem frechen Kerl nichts zu tun haben, der ihn »Männeken« genannt hatte.

Aber das änderte sich bald. Crüwell, den die jungen Panzersoldaten mit seinen 50 Jahren eindeutig als »alten Herrn« einstuften – was ihnen übrigens beim ungefähr gleichaltrigen Rommel nie eingefallen wäre –, entpuppte sich als sehr urbarer, freundlicher Vorgesetzter, schon ein wenig behäbig, weshalb ihm zum Einsteigen in den Panzer immer ein Stuhl aus dem mitrollenden Befehlsomnibus hingestellt wurde. Und er hatte eine deutliche Vorliebe für leibliche Genüsse.

Zur allgemeinen Verblüffung waren die Panzerleute, die in den vorangegangenen Gefechten an keinem eigenen oder feindlichen Nachschub-Lastwagen oder gar Verpflegungslager vorbeigefahren waren, ohne einen schnellen Griff zu tun, an Verpflegung erheblich besser sortiert als die zumeist nach Vorschrift belieferte Küche ihres Generals. In ihren Verpflegungskisten außenbords, aber auch in den Munitionskammern und anderen Ecken und Winkeln des Panzers fanden sich Konserven, Mehlsäckchen, Zucker und dergleichen, was sie irgendwo in Qualm und Gekrache hastig hineingeworfen hatten.

»Männeken« war bald vergessen, und oft verließ der General die magere Stabsküche und kam lächelnd zum Panzer 125: »Na, ihr Panzermänner, ihr habt doch immer was zu essen für euren alten General?«

Sie hatten natürlich längst einen fabelhaften Backofen zusammengebastelt, zusammenlegbar, mit Rosten und Kuchenblechen, hergestellt aus englischen Kanistern und Aluminium-Kochgeschirren, wahlweise zu beheizen mit Benzin oder Holzkohle. Der General war besonders hingerissen von saengerschem Streußelkuchen oder Obsttorten, garniert mit Beute-Konserven, warm serviert.

Crüwell, der während der vorangegangenen Gefechte mit einem von Rommel »geerbten«, blechdünn gepanzerten »Mammut« zwischen feuernden Panzern herumgefahren war und, wo es sinnvoll war, keine Gefahr scheute, stand im übrigen auf dem durchaus vernünftigen Standpunkt, daß es dem Afrika-Korps und dem fernen Vaterland keinerlei Nutzen bringe, wenn er sich bei irgendeiner Gelegenheit sinnlos über den Haufen schießen ließe.

Angesichts der dauernden Luftangriffe sorgte er dafür, daß die Funkstellen, die von der britischen Luftwaffe angepeilt und oft mit Bomben eingedeckt wurden, in ordentlicher Entfernung von seinem Aufenthaltsort aufgebaut wurden. Die Verbindung wurde durch Melder gehalten.

Seine Panzerbesatzung hob für ihn bei jedem längeren Aufenthalt eine Grube aus und fuhr den Panzer so darüber, daß der General bei Fliegeralarm hineinrutschen konnte. Die Prozedur mit dem Stuhl hätte meistens zu lange gedauert.

Oft kam Rommel in dieser Zeit zu Besprechungen. Dann saßen die beiden Generale mit Bayerlein im Stabsquartier, einem aus Deutschland mitgebrachten Reiseomnibus.

Einmal stießen britische Jagdflugzeuge feuernd auf Ziele in der Nähe herunter. Crüwell sauste unter den Panzer, Bayerlein hüpfte in die Luke.

Rommel sprang in sein Halbkettenfahrzeug und ballerte mit dem Maschinengewehr hinter den Maschinen her.

Als alles vorbei war, sprang er federnd wieder herunter und blickte mit einem nicht ganz fairen Lächeln auf Crüwell, der staubig unter dem Panzer hervorgekrochen kam.

»So ein Verrückter«, sagte Crüwell später zu Bayerlein, »als MG-Schützen sind wir alle doch etwas überbezahlt ...«

Der General und sein Stabschef äußerten sich überhaupt in Gegenwart der ohrenspitzenden Panzerleute überaus freimütig über ihren Oberbefehlshaber; wie Leute, in denen der Druck gelegentlich zu groß wird und sich ein Ventil sucht. Vermutlich hätten sie sich vor subalternen Offizieren zurückgehalten, wie es die Kommiß-Konvention befiehlt; die jungen Panzersoldaten standen dagegen schon so weit außerhalb ihrer höheren Stabs-Sphäre, daß es schon nicht mehr darauf ankam, wenn mal die Galle überlief.

Rommel war nach seiner Panzer-Reise zum Drahtzaun an der ägyptischen Grenze wieder anfällig für die liebe alte Gewohnheit geworden, auf dem Gefechtsfeld einzugreifen, Einheiten abzudrehen oder aufgrund veränderter Lagen neu anzusetzen, ohne sich um die herkömmliche Befehlsstruktur zu kümmern. Das hatte nie so fatale Folgen wie der Blitz-Entschluß in der Nacht zum 24. November, zumal die Größenordnung geringer war; im Gegenteil zeigte sich immer deutlicher, daß er nie besser war als in der Bewegung und in Fühlung mit dem Feind, wenn sein Schlacht-Instinkt Entwicklungen vorauswitterte und ihm schnelle Reaktionen eingab, weniger aus dem Verstand als aus dem unschuldsvollen Gespür einer edlen, aber von der Natur zum Töten bestellten Raubkatze.*

Das fanden die beiden konventionellen Generalstäbler Crüwell und Bayerlein gar nicht witzig, mochte der Oberkommandierende auch erfolgreich eingegriffen haben. Und sie sagten es ihm auch.

Oft sah man die drei im Omnibus reichlich heftig miteinander reden, und manchmal gingen sie sogar ein Stück in die Wüste hinaus, um ihre Diskussionen in völliger Sicherheit vor Lauschern auszutragen.

Gelegentlich hatte Crüwell dabei noch nicht genug Dampf abgelassen. Saenger hörte ihn zischen: »Räuberhauptmann!« oder: »Glücksritter!« Es dauerte lange, bis sein Westfalen-Zorn angefacht war. Aber dann war er ein Naturereignis.

Über Rommels Ritt zum Zaun konnten sich weder er noch Bayerlein beruhigen.**

In der Nacht zum 8. Dezember war es endgültig so weit: die erschöpften Truppen mußten die Belagerung von Tobruk aufgeben. Die 90. Leichte Division und unmotorisierte italienische Einheiten waren die Küste entlang in Richtung Gazala vorausgeschickt worden. Das Gros des Deutschen Afrika-Korps strömte nachts durch eine neue nur zwei Kilometer breite Lücke bei El Duda.

Oberstleutnant Bayerlein schien beim Aufbruch auf alles gefaßt zu sein. Er erschien mit einem gewaltigen, den Wüstenboden fegenden Fahrermantel, den Koffer mit den wichtigsten Geheimsachen in der Hand, hockte sich unten in den Panzer, schlug den Mantelkragen hoch und sagte nur: »Los!«

Die Tobruk-Ratten hörten in der Ferne das Brummen der viel-

* Rommel vermerkte einmal in seinen Notizen, Elan und Energie eines Kommandeurs seien wichtiger als seine intellektuellen Fähigkeiten. Viel später sollte sein Freund Ernst Jünger (im Vorwort zu seinem Buch »Strahlungen«) schreiben, der Ausfall Rommels durch seine Verwundung in Frankreich habe die Verschwörung des 20. Juli des einzigen Mannes beraubt, »der Naivität genug zum Widerpart der fürchterlichen Simplizität der Anzugreifenden besaß«.

** Nach dem Krieg pries Bayerlein allerdings in Publikationen Rommels Weisheit, auch in bezug auf das umstrittene Unternehmen. Aber das scheint tatsächlich eine Art Generals-Konvention geworden zu sein; so bestritt selbst der gescheite und korrekte Siegfried Westphal im Gespräch mit dem Autor, daß Rommel weitere Vorstöße als bis zum Suezkanal im Sinn gehabt habe. In »Krieg ohne Haß« wird jedoch anhand von Rommels Aufzeichnungen dargelegt, wie er über den Kaukasus steigen und leichthin die Russen erledigen wollte.

hundert Motoren und wußten, was es zu bedeuten hatte. Die Belagerung war endgültig vorüber. Charles Armitage fluchte, weil der nach Westen abfließende Strom außerhalb der Reichweite ihrer 25-Pfünder war, und weil die Tanks nicht ausrückten. Sergeant Reid lag übel zugerichtet im Lazarett. Als er am Tage nach dem Gefecht mit der Besatzung unter der verkrüppelten Valentine geschlafen hatte, waren ein paar hochfliegende He 111 vorbeigekommen und hatten ihre Bomben abgeworfen. Als Jock Reid wach wurde, lag er anders herum als beim Einschlafen. Splitter hatten ihn in Brust und Magen getroffen und umgedreht. Volldiensttauglich wurde er nie mehr.

Flucht über die Verbündeten

Auf dem Treck durch das Loch von El Duda schossen die Vortrupps der einzelnen Divisionen Leuchtzeichen, nach denen sich die Fahrer und Tankkommandanten richten sollten. Beim Korpsstab war nichts verabredet worden. Saenger fragte Oberstleutnant Bayerlein: »Nach welchen Leuchtkugeln müssen wir denn fahren?«

Es traf ihn eine Woge bayerischen Zorns: »San's verrückt? Der Kerl denkt, ich hab' nix anderes zu tun! Ja was weiß denn ich von Ihren verdammten Leuchtzeichen?«

Sie bemühten sich, im Strom der Fahrzeuge zu bleiben, immer auf westlichen Kursen. Manchmal tauchten auch die ungefügen Umrisse des »Mammuts« auf; dann bemühte sich Konrad Müller, Anschluß zu halten, aber meistens war das Ding zu schnell, bis es wieder steckenblieb.

Zu allem Überfluß begann Konrad auch noch, sich über die Bordsprechanlage zu beklagen, daß er immer einschliefe. Auch Saenger baumelte der Kopf dauernd auf der Brust.

Plötzlich schreckte er auf. Sie waren allein auf einer Ebene, die im Mondlicht ziemlich weit schien, und irgendetwas krachte rhythmisch gegen die stählernen Wände.

»Halt!« brüllte Saenger.

Aber unten aus dem Panzer, eingeengt zwischen den anderen,

schrie der Oberstleutnant: »Fahren's weiter, fahren's mich hier raus, seid's denn alle wahnsinnig?« Und umklammerte den Geheimkoffer.

Aber draußen war plötzlich ein noch wilderes Geschrei, italienische Stimmen mit »Mama mia« und »Madonna«, und irgendwelche Gestalten rannten vor dem Panzer herum.

Saenger sprang herunter. Sie standen mitten auf dem Flugplatz El Adem. Offenbar hatten sich italienische Infanteristen eingegraben und die Zeltplanen in der kalten Nacht über die Köpfe gezogen. Der 20-Tonnen-Panzer war mitten durch die armen Kerle geprescht. Zeltplanen hatten sich in die Ketten verhakt, irgendetwas hing noch mit dran, schlimmstenfalls ein bedauernswerter Verbündeter, und bumste bei jeder Umdrehung gegen die Ketten-Abdekkung, daß es sich wie Geschoßtreffer anhörte.

Aus dem Panzer drang dumpf das Obristen-Geschrei, Saenger hängte sich über die Luke: »Wir stehen hier mitten unter Italienern, eine Infanteriestellung, wir fahren sie ja alle zu Mus!«

Bayerlein brüllte noch lauter: »Fahren's! Fahrt sie alle kaputt, aber ich muß hier raus, ich habe doch den Geheimkoffer hier!«

Die Italiener hatten inzwischen unter temperamentvollem Getöse den Fremdkörper von der Kette gelöst, Konrad Müller warf krachend den Gang hinein, und sie klirrten auf Westkurs über das Flugfeld, leise hoffend, daß die anderen Verbündeten durch das »Madonna«-Geschrei ihrer Kameraden aufmerksam geworden und davongerannt waren. Hinter ihnen kam nicht mehr viel – außer den Briten. Die Italiener auf dem Flugfeld waren offensichtlich ein vergessener und verlorener Haufen.

Amerika im Krieg

Das taktische Konzept von Crüwell und Bayerlein brachte die Überreste der deutsch-italienischen Truppen in halbwegs guter Ordnung zurück hinter die Enge von Marsa el Brega. Die beiden Offiziere waren mit Recht stolz auf ihr System und verteidigten es mit Zähnen und Klauen gegen ihren Oberkommandierenden, dem es gar nicht paßte.

Es basierte auf klaren und einfachen Überlegungen: Der einzige Vorteil der zusammengeschmolzenen mechanisierten und motorisierten deutschen Verbände*, die den langsameren Rückzug der anderen Einheiten zu decken hatten, lag in der überlegenen Feuerkraft ihrer Waffen. Zugleich wurden die Briten durch ihr taktisches Konzept gezwungen, energisch nachzusetzen und zu versuchen, ihren Erfolg vom vergangenen Jahr zu wiederholen: dem zurückgehenden Feind noch vor Agedabia den Weg abzuschneiden.

Es lag also nahe, den nachrückenden Feind immer wieder auf Fronten aus Acht-acht, Pak, Artillerie und Panzern auflaufen zu lassen. Diese eher passiv-kühle Kampfesweise wurde gelegentlich von Rommel durcheinandergebracht, wenn er bei seinen häufigen Frontbesuchen Gelegenheiten sah und mit hastig zusammengerafften Kampfgruppen Gegenstöße veranstaltete. »Der gewinnt ein Gefecht und verliert die Schlacht!« donnerte Crüwell. Aber einmal setzte er resignierend hinzu: »Na egal, jede gewonnene Schlacht bringt die Amerikaner früher in den Krieg ...«

Kurz darauf waren sie drin. US-Präsident Roosevelt wurde der Entscheidung enthoben, wann und wie er von moralischer und materieller Unterstützung zu aktivem Kampf an der Seite der Briten übergehen sollte. Der fernöstliche Achsen-Partner Japan begann von sich aus die Feindseligkeiten.

Es war nun offensichtlich, wie lebensgefährlich diese »Achse« eierte. In seiner Weisung Nr. 24 hatte Hitler im März 1941 Grundlagen für die Zusammenarbeit mit Japan festgelegt. Der Kernsatz lautete: »Als gemeinsames Ziel ist herauszustellen, England rasch niederzuzwingen und USA dadurch aus dem Krieg herauszuhalten.« Im übrigen habe Deutschland in Fernost keine politischen, militärischen oder wirtschaftlichen Interessen.**

In derselben Weisung befahl er aber auch, seine Ostland-Pläne

* Auf die Mitwirkung des XX. italienischen Korps (Ariete und Trieste) war nicht zu bauen. Kommandeur Gastone Gambara war in dieser Funktion der Panzergruppe unterstellt, zugleich aber auch Generalstabschef von Bastico und damit Rommel übergeordnet. So konnte Generalstabschef Gambara einmal in kritischer Lage einen Befehl an den Korpskommandeur Gambara ohne Rückfrage bei der Gruppe außer Kraft setzen.

** Der vergebens erhofften germanischen Komplizenschaft mit England nachtrauernd, bemerkte Hitler einmal dazu, eigentlich sei es ja bedauerlich, daß er nun daran mitwirke, die Herrschaft des Weißen Mannes in Asien zu brechen.

vor den Japanern zu verheimlichen. Sie wurden durch den Überfall auf die Sowjetunion überrascht. Ihr gemäßigter Außenminister, der kurz zuvor Berlin besucht hatte, verlor Gesicht und Posten. Kaum ein halbes Jahr später schlugen japanische Kampfflieger den amerikanischen Kriegshafen Pearl Harbor in der Hawaii-Gruppe zusammen, ebenfalls ohne Konsultation der Achsen-Partner. Am 7. Dezember 1941 konnte man den Krieg mit Fug und Recht einen Weltkrieg nennen. Hitler, der zuvor auf zahlreiche Seekriegs-Provokationen der US-Navy mit atypischer Milde reagiert hatte, versuchte nun den Eindruck zu erwecken, als sei ihm die Kriegserklärung an die USA ein langgehegter Herzenswunsch gewesen. Betäubt und willig trampelte ein siegverwöhntes Volk auf seinen Spuren.

Die noch nicht verschleppten jüdischen Mitbürger waren nun durch einen großen gelben Stern als Ausgestoßene gekennzeichnet. Hinter vorgehaltener Hand wurden Berichte von Rußland-Soldaten weitergegeben, die riesige Gruben und SD-Einsatzkommandos gesehen hatten, lagenweise Männer, Frauen und Kinder zusammenschießend und verscharrend. Viele sahen oder hörten krampfhaft weg, nicht wenige reckten die Hühnerbrüste im Bewußtsein ihres Herrenmenschentums.

Ernstlich beunruhigend waren allerdings andere Nachrichten aus Rußland. Wider Erwarten waren die slawischen Untermenschen nicht zusammengebrochen. Die herrlichen Friedensvisionen des Führers waren verfrüht: Das weite russische Land durchzogen von Autobahnen, beherrscht von rassisch einwandfreien Helden, beschützt von einer Kette naturblonder Wehrbauern und bearbeitet natürlich von den Untermenschen, denen man nach Beseitigung ihrer Intelligenzschicht eine »zum Lösen einfacher Rechnungen und zum Lesen von Ortsschildern ausreichende« Schulbildung verordnen würde. Ungefähr wie den nicht eindeutschungswürdigen Polen.

Statt dessen starben nun Deutschlands Soldaten, von denen einige schon die Türme des Kremls in der Sonne hatten blitzen sehen, in Schneestürmen und im klirrenden Frost. Winterausrüstung war ja überflüssig erklärt worden. In der Heimat zogen Pimpfe mit Schlitten und Handwagen durch Städte und Dörfer und sammelten warme Kleidung. Und zum erstenmal bei solcher Aktion hörten sie barsche Worte bei des Führers treuester Gefolgschaft, den Kleinbürgern.

Aber Hitler löste Brauchitsch ab und übernahm selbst den Oberbefehl über das Heer. Die beruhigende Vermutung lag nahe, daß der Führer wieder einmal nicht alles gewußt hatte.

Die Erstarrung der russischen Front gab Hitler die Möglichkeit, eine ganze Luftflotte herauszuziehen und in den Mittelmeerraum zu verlegen. In seiner Weisung Nr. 38 entschied er am 2. 12. 41, unter Führung von Generalfeldmarschall Albert Kesselring solle diese Luftflotte die Luft- und Seeherrschaft zwischen Süditalien und Nordafrika erringen und Malta »niederhalten«, die Erdtruppen unterstützen, die englische Versorgung für Malta und, was sich schnell erübrigte, Tobruk unterbinden.

Das war auch für eine Luftflotte ein nettes Bündel von Aufgaben. Immerhin, zusammen mit den ins Mittelmeer verlegten U-Booten änderten die Flieger das Bild sehr schnell. »Die von uns genossene Schonzeit und unser Übergewicht gingen zu Ende«, schrieb Churchill in sein Tagebuch. Zwar hatte er noch im November Navy und Air Force erfolgreich antreiben können, zwei nach Benghazi laufende italienische Tanker zu versenken. Aber schon war der Flugzeugträger »Ark Royal« durch Torpedotreffer vernichtet, das Schlachtschiff »Barham« folgte, tollkühne italienische Froschmänner setzten die Schlachtschiffe »Queen Elizabeth« und »Valiant« im Hafen von Alexandria durch Haftladungen für Monate außer Gefecht, und gezielt gelegte Minen vernichteten fast die gesamte Kreuzer-Flotte von Malta, als sie gerade wieder auf Jagd nach einem Geleitzug war.

Dieser Konvoi erreichte Benghazi am 19. Dezember. Er brachte unter anderem zwei Panzerkompanien, Artillerie und beträchtliche Mengen an Nachschub. Rommels Truppen, die sich mit Hilfe eines glänzenden und beweglichen Land-Transportsystems* bei aller Knappheit durchgemogelt hatten, wurden im entscheidenden Augenblick verstärkt. Um beim immer wieder zutreffenden

* Die Leistungen der Nachschubkolonnen, zumeist im Bewegungskampf und unter ständiger Flieger-Bedrohung, wurden selbst von Auchinleck als wichtiger Grund für das Entkommen der Rommel-Truppen anerkannt.

Vergleich mit dem Seegefecht zu bleiben: Je näher man, verfolgt von einer Übermacht, dem rettenden Hafen kommt, desto begrenzter werden die eigenen Manövriermöglichkeiten.

»... das wäre wirklich eine Weihnachtsfreude, wenn es uns gelingen sollte, uns der Gefahr der Einkreisung zu entziehen und das Gros der Streitkräfte zurückzubringen«, schrieb Rommel am 23. Dezember an seine Frau. So ungebärdig er sein konnte: Als er erkannt hatte, daß die Alternative Rückzug oder ziemlich sichere Vernichtung seiner Streitkräfte hieß, ließ er sich durch nichts und niemanden von der Rettung seiner Truppen abbringen. Die italienischen Generale Bastico und Cavallero, plötzlich ziemlich kühn geworden, bedrängten ihn, unterstützt vom Alleswisser Kesselring, die Cyrenaika westlich Gazala zu halten, weil der Verlust dieses Gebietes dem Duce schaden möchte.

Rommels Verhandlungen mit seinen italienischen Vorgesetzten verliefen selten ohne Schärfe; diesmal verfiel Bastico in wütendes Geschrei, nachdem der deutsche General eine Bemerkung über die Zuverlässigkeit der italienischen Truppen gemacht hatte. Aber es ist immer ein Fehler, sich beim Duell auf eine Waffe einzulassen, die der Gegner besser beherrscht.* Rommel verließ die Walstatt als Sieger. Der Rückzug ging weiter.

Für die deutschen Soldaten war es eine neue Erfahrung, sich absetzen zu müssen, zumal es durch Sprit- und Fahrzeugmangel nicht überall wohlgeordnet lief. So mußte ein Teil des Pionierbataillons (mot) 900 laufen, obwohl die offizielle Bezeichnung eigentlich Kraftwagen-Transport verhieß.

Eine kleine Truppe stiefelte in der Nähe des Flugplatzes Gazala in ein Zelt-Vorratslager. Nach den Köstlichkeiten, die da wohlverpackt herumlagen, mußte es wohl der Luftwaffe gehört haben.

Pionier Arthur Stenschke stieß mit sicherem Instinkt auf eine große Kiste, die fabelhaft duftende Zigarren enthielt. Sie packten sich die großen Afrika-Rucksäcke voll – solche Sachen schleppt

* Monate später, nach erneuter Beförderung, sagte Rommel einmal mit bei ihm selten vorkommendem Lächeln: »Ist das nicht schön, Feldmarschall zu sein und wie ein Feldwebel reden zu können?«

man gerne: einer nahm die Zigarren, der nächste Bier, Konserven, Milch, Brot ...

Es stellte sich heraus, daß dies keine gute Idee war. Als sie im Morgengrauen schwerbepackt davonschleichen wollten, brüllte jemand »hands up!« Im Hintergrund sah Stenschke undeutlich die Umrisse von zwei Spähwagen. Mit zwei anderen machte er eine zackige Kehrtwendung und verschwand hinter einem Zelt, das gleich darauf eine MG-Garbe einfing.

Aber da waren sie schon weg, ein paarmal im Zickzack-Kurs durch die Zeltgassen, Wehmut im Herzen: das alles muß man nun dem Tommy lassen! Auch das, was die Kumpels in den Rucksäkken hatten ... In der Ferne hörte man rufen, deutsch mit englischem Akzent: »Gewehre ablegen!«

Stenschke, der die Zigarren-Ladung schleppte, fluchte besonders über den Verlust der anderen netten Sachen. Die Zelte standen in einem großen Wadi, das auf der westlichen Seite von einem ziemlich steilen Hang begrenzt war. Da kraxelten sie ächzend hinauf, es schien noch der sicherste Weg zu sein. Sie kamen auch unbelästigt über den Berg. Dahinter stand eine italienische Flakbatterie. Stenschke tauschte einen Teil seiner Zigarren bei den Verbündeten gegen eine Flasche Schnaps und eine Flasche Wein.

Unterwegs nahmen sie hier und da ein Schlückchen. Die Sonne stieg, nach der kalten Nacht wurde es brüllend heiß. Das Gemisch aus Schnaps und Wein erwies sich als ziemlich wirksam. Sie erreichten einen der Gazala-Flugplätze und hauten sich hinter ein Gebäude, wo sie einen schweren Bombenangriff restlos verschliefen. Am anderen Morgen fanden sie sogar ein Fahrzeug ihrer Einheit und reisten komfortabler weiter, feine Flieger-Zigarren rauchend.

Auch die Vorbesitzer dieser Zigarren waren zum Teil auf ungewohnte Weise unterwegs nach Westen: Der Spritmangel hatte die Luftwaffe besonders hart getroffen, während der »Crusader«-Offensive konnte immer nur ein Teil der Maschinen starten, und schließlich mußte sogar eine ganze Reihe zurückgelassen werden. Nach einer britischen Zählung fielen der vorrückenden 8. Armee bis zum 20. Dezember 458 deutsche und italienische Flugzeuge in die Hände.

Auch der Korpsstab bediente sich bei der Luftwaffe, jedenfalls Saenger und seine Leute, die mit dem sicheren Instinkt des Kriegers für nahrhafte Gegenden ein Verpflegungslager beim Flugplatz Benina ausmachten. Da war zwar noch ein Zahlmeister, der die »Selbstbedienung« nicht gut fand, aber er mußte weichen.*

Sie stopften sich den Panzer voll, auch einen Teil der Munitionskisten, die nahezu luftdicht waren und, in feuchte Tücher gehüllt, für verderbliche Lebensmittel mindestens ebenso geeignet wie für ihren üblichen, verderbenbringenden Inhalt.

Die Zweckentfremdung war gewiß im Sinne des Generals, der inzwischen schmunzelnd genehmigt hatte, daß sie sich zur Verbesserung ihres Backofens einen Feldküchenschornstein zulegten und ihn als Zeichen ihrer Friedfertigkeit außenbords am Panzer anbrachten.

»Laßt euch bloß nicht abschießen, woll«, sagte er gelegentlich, das »L» westfälisch tief im Halse rollend.

Diese Gefahr war geringer geworden, aber auch nicht ganz ausgeschaltet, denn der Korpsstab hielt sich auf dem Rückzug oft ziemlich weit hinten auf. Auch Crüwell führte nicht gern aus der Entfernung, insbesondere hinter Benghazi, wo die Gefahr am größten war, daß durch die Wüste vorstoßende britische Tanks die Einheiten abschnitten, die hier die Küstenstraße Richtung Agedabia hinunterrollten.

Es war ein trüber, regnerischer Tag, als sie dort neben der Via Balbia hielten und im Südosten schnelle Kreuzertanks und Honeys über die Bodenwellen stampfen sahen. Auf der Straße rollte verletzlicher Transport: Lkw-Kolonnen, aufgesessene Infanterie, dazwischen Artillerie und Flak.

Bayerlein sprang in Saengers Panzer, rasselte die Straße entlang und holte sich aus der Schlange, was zu gebrauchen war:

* »Zahlmöpse« sind die beliebtesten Objekte von Biertisch-Geschichten (»das Lager ist abgezählt zur Sprengung«), aber selten gibt sich jemand die Mühe, auch ihren Standpunkt zu sehen: Gerade in einem hektischen Rückzug ist die Lage oft unklar; es kann durchaus noch eine wohlgeordnete Einheit kommen und ordnungsgemäß Verpflegung fordern. Hat er dann das Lager zu früh preisgegeben, ist ein sehr unfreundlich gestimmtes Kriegsgericht sicher.

Feldhaubitzen, Selbstfahrlafetten, Flak. Der Küchenschornstein nahm sich doch etwas lächerlich aus, als sie mit dieser Streitmacht den Tanks querfeldein entgegenschaukelten. Aber der Oberstleutnant donnerte auch nicht blindlings drauflos, sondern formierte schnell und geschickt eine feuerkräftige Front aus seiner improvisierten Kampfgruppe.

Britische Kavallerie-Tradition siegte wieder über den gesunden Menschenverstand: Die Kreuzer von der inzwischen wieder halbwegs aufgefüllten, aber durch Nachschub-Schwierigkeiten und Pannen dezimierten 22. Tankbrigade, griffen frontal an. Die ersten wurden schon auf größere Entfernung mit Sprenggranaten lahmgeschossen. Dann krachten die Vollgeschosse zwischen sie, bevor ihre eigenen Kanonen wirksam werden konnten. Zwischen schwarzqualmenden Stahlsärgen brach die Attacke zusammen.

Weiter südlich hörte man das scharfe Bellen von Panzerkanonen, überdröhnt von der mächtigen Stimme der Acht-acht. Auch bei Agedabia lief der britische Angriff auf eine stahlschleudernde Front, aus der dann die Panzerregimenter über die Reste herfielen.

Rommels Weihnachtswunsch ging in Erfüllung. Das Gros seiner Truppen erreichte intakt die Enge von Marsa el Brega.

Aber weit im Osten waren die Besatzungen von Bardia und dem Halfaya-Paß zurückgeblieben. Bardia kapitulierte am 2. Januar. Die deutsch-italienische Truppe am Halfaya-Paß, kommandiert von dem italienischen General di Giorgis, hielt noch bis zum 17. Januar aus.

An Toten, Verwundeten und Gefangenen hatten die deutschen Verbände mit 15 000 Mann rund ein Drittel ihres Bestandes verloren, die Italiener fast 22 000 Mann. Die britischen Verluste betrugen knapp 20 000 Mann. Bis auf 278 völlig zerstörte Wracks konnten sie ihre abgeschossenen Panzer wieder reparieren, denn diesmal war das Schlachtfeld in ihrer Hand geblieben. Dagegen waren 220 deutsche und 120 italienische Panzer Totalverluste.

Aber die »Völlige Vernichtung« der deutsch-italienischen Truppen, von der britische Zeitungsleser einige Male durch Heeres- und Korrespondenten-Berichte erfahren konnten, war keineswegs gelungen.

Von offizieller Seite war das Verteilen von Vorschußlorbeeren ziemlich gefördert worden. Zu große Hoffnungen waren in Englands finsterster Zeit an die Offensive »Crusader« geknüpft worden. Später stellte eine britische Illustrierte etwas hämisch die damals erschienenen Schlagzeilen zusammen:

22. November: Rommel umzingelt
23. November: Ein Drittel aller Achsenpanzer vernichtet
24. November: Rommels Streitkräfte zermalmt
26. November: England gewann Nacht-Panzerschlacht
28. November: Erste Runde für die Brüder Cunningham*
30. November: Rommel wirft letzte Panzer in die Schlacht
2. Dezember: Mit Bajonetten werden die Deutschen aus dem Sidi-Rezegh-Korridor gejagt

An der Front, in der feuchtkalten und winddurchheulten Wüste vor Marsa el Brega hatten Englands Soldaten einen völlig anderen Eindruck von den Deutschen.

In der Sylvesternacht ballerten Rommels Fronttruppen Leuchtspurmunition in die Luft und sangen die Nationalhymne, priesen das Deutschland über alles, das sie in die Wüste geschickt hatte.

»Man sollte sich nicht täuschen: diese Truppe ist keineswegs gebrochen«, berichtete die beeindruckte 22. Brigade nach Kairo.

Diese ahnungsvolle Bemerkung sollte sich viel früher als erwartet als wahr erweisen. Kaum jemand ahnte etwas; aber man sah Rommel oft noch spät in der Nacht mit Ia Westphal aus dem Befehlswagen steigen.

Der mißtrauische Oberkommandierende ließ weder seine deutschen, noch seine italienischen Vorgesetzten wissen, was er da auskochte.

Allerdings – wenn die Briten Mitte Januar ein Schiff oder ein notgewassertes Flugzeug mit Post aufgebracht hätten, dann wären ihre Feindlage-Fachleute möglicherweise um einige Erkenntnisse reicher geworden. Dieser rührende Zug in Rommels Charakter, die Anhänglichkeit an seine kleine Familie, der Wunsch, sie so früh wie möglich an seinen Plänen und Hoffnungen teilhaben zu

* Zu dieser Zeit war der General Cunningham längst von Auchinleck abgelöst und durch Ritchie ersetzt worden.

lassen, ließ ihn ziemlich eklatant gegen alle Regeln nachrichtlicher Abschirmung vorstoßen:

17. 1. 1942

»Die Lage entwickelt sich zu unserem Vorteil und ich bin voll von Plänen, über die ich nicht einmal mit meiner Umgebung zu sprechen wage. Sie würden mich für verrückt halten ...«

19. 1. 1942

»Gause schrieb (nach einem Besuch im Führerhauptquartier – Anm. d. Verf.) aus Rom. Der Führer ist offensichtlich vollkommen mit meinen Handlungen einverstanden ... Die Nachschublage hat sich sehr gebessert, wie Du aus den Wehrmachtberichten der nächsten paar Tage erkennen wirst ...«

20. 1. 1942

»Wenn dieser Brief ankommt, wirst Du längst aus den Wehrmachtberichten wissen, wie die Schlacht verlaufen ist. Die Vorbereitungen nehmen meine ganze Zeit in Anspruch...«

21. 1. 1942

»Die Armee tritt in zwei Stunden zum Gegenangriff an ...«

Drittes Buch: Endstation El Alamein

1. Vorstoß in die Falle

Rommel-Lob im Unterhaus

Rommel wußte gewiß nichts von »Ultra« und den weltweit lauschenden Antennen des britischen Geheimdienstes. Und die Tatsache, daß er in seinen Funksprüchen nach Rom und Berlin seine Absichten gern verschwieg oder verschleierte, was sicherlich eher darauf zurückzuführen, daß er wußte: Halder im OKH belauerte ihn ebenso wie liebe Freunde im Commando Supremo mit größtem Mißtrauen; einer Mißgunst, die seine erfolgreichen Aktionen wahrscheinlich ebenso behindert hätte wie die weniger geglückten.

Doch dieses Knacken im Getriebe war für die Achsen-Unternehmungen auf dem nordafrikanischen Kriegsschauplatz von beträchtlichem Vorteil, was die meisten Beteiligten auf deutsch-italienischer Seite nie erfahren haben. Ebenso wie im April 1941 Wavell wurde auch Auchinleck im Januar 1942 von einer deutschen Offensive überrascht. Rommel hatte vorsichtshalber nichts mitgeteilt – und die Operation so angelegt, daß er sie jederzeit abbrechen und als unbedeutenden Aufklärungsvorstoß bezeichnen konnte.

Es gab noch mehr Parallelen zum April 1941: Auch Auchinlecks Streitkräfte wurden durch einen neuen Kriegsschauplatz geschwächt. Zwar mußte er nicht, wie Wavell, »die eigentlichen Kampftruppen« abgeben, den Churchill hoffte immer noch darauf, über Tripolitanien Kontakt zu Französisch-Nordafrika aufzunehmen und den Sprung auf das italienische Festland vorzubereiten. Aber immerhin wurden dem Oberbefehlshaber Mittelost eine weitere australische Infanteriedivision, die 70. britische und erfahrene Tank-Einheiten entzogen. Darunter die 7. Husaren mit Major Younger und Oberleutnant Llewellyn Palmer.

Sie gingen in den Fernen Osten, wo die Japaner ihren Siegeslauf begannen: nach Burma hinein und die malayische Halbinsel hinunter, über Singapur und die indonesischen Inseln bis nach Timor vor der australischen Haustür. In London wußte der seit Dezember amtierende Reichsgeneralstabschef Sir Alanbrooke nicht, was er zuerst tun sollte. Der Premier bombardierte nun ihn mit Telegrammen; Churchill war sofort nach dem Kriegseintritt der USA per Schiff über den stürmischen Atlantik zu Roosevelt gedampft, Kopf und Aktentasche voller Pläne zukünftiger gemeinsamer Kriegsführung.

Als ihn ein Mitarbeiter daran erinnerte, wie vorsichtig er bisher mit den Amerikanern umgegangen war , hatte der alte Löwe nur böse gelächelt: »Oh, das war, als wir die Dame poussierten. Nachdem wir sie jetzt im Harem haben, werden wir ganz anders mit ihr reden.«

Unter den Plänen, die er auf dem stampfenden Schiff bis in Details bearbeitete, war nicht nur das ferne Ziel, auf das europäische Festland zurückzukehren (damals »Unternehmen Sledgehammer« – Schmiedehammer), sondern auch das »Unternehmen Gymnast« (Turner): eine gemeinsame Landung von Westen her in Französisch-Nordafrika. Als »Unternehmen Torch« (Fackel) sollte es elf Monate später endgültig den Wendepunkt des Krieges im Mittelmeerraum markieren.

Aber vorerst schlug das Pendel noch einmal zur anderen Seite. Wie damals im April ... Was von der berühmten 7. Tankdivision übrig geblieben war, befand sich zur Auffrischung im Delta. Die überdehnten Nachschublinien verursachten besonders Treibstoffknappheit. Und eine völlig »grüne« Tankdivision steuerte vorsichtig ihre Kreuzer zwischen Dünen und Steinwüste herum: die 1., frisch aus England angekommen.

In gut drei Wochen eroberten Rommels Soldaten die Cyrenaika bis kurz vor Gazala zurück. Neun Tage vor Beginn dieser Offensive, am 12. Januar, hatte Auchinleck noch nach London berichtet, beim Feind mehrten sich täglich die »Anzeichen für Schwäche und Auflösung«. Es ist schleierhaft, woher er diese Überzeugung bezogen hatte.

Über das Mittelmeer, auf dem fast keine britische Flotte mehr existierte, waren die deutsch-italienischen Truppen nahezu ohne Störung aufgefrischt worden; die beiden Panzerregimenter hatten wieder insgesamt 111 Tanks und 28 in Reserve, einige davon schon die neuen Panzer III mit verstärkter Bugpanzerung und langrohriger 5-cm-Kwk. Von der Ariete hinkten 89 Blechpanzer mit.

Die bedauernswerten Neulinge von der 1. britischen Tankdivision wurden gnadenlos gejagt. Die unerfahrene Truppe bekam einen moralischen Knacks, als sie entdeckte, wie unterlegen ihre Kanönchen und ihre dünnhäutigen Kreuzer waren. Über 100 Tanks, mehr als zwei Drittel der Gesamtstärke, gingen verloren. Einige wurde unbeschädigt von den Deutschen erbeutet, zum Teil ohne Sprit, zum Teil aber auch von entmutigten Besatzungen einfach stehengelassen.

Rommel flog mit Westphal im Storch über dem Schlachtfeld herum, wobei der Ia in der zweisitzigen Maschine hinter dem Passagiersitz auf dem Boden hocken mußte. Mehrfach wurden sie beschossen, die Zelle war ziemlich durchlöchert. Und Rommel befahl unerschrocken dem entnervten Piloten, der sich mit der überlasteten Maschine schon im Normalflug reichlich plagen mußte, die Ausweichaktionen: »Links rum, rechts rum, runter ...«

Aber das unorthodoxe System Rommels, als sein eigener Aufklärer herumzufliegen und schnelle Entscheidungen zu treffen, funktionierte wieder. Er drittelte erneut seine schwachen Kräfte, jagte sie diesmal durch die Hintertür (von Südosten durch die Berge) nach Benghazi hinein, nahm Mechili, Derna und Tmimi. Wüste Regenschauer lähmten zeitweise Freund und Feind. Aber zumeist waren die Deutschen schneller wieder auf den Beinen, überholten britische Einheiten, ließen sie in Hinterhalte laufen. Ein eher erheiterndes Erlebnis hatte der inzwischen zum Major und Bataillonskommandeur beförderte Curt Ehle, der mit der Kampfgruppe des Obersten Geißler auf dem Weg von Marada nach Benghazi war:

Noch krebsten hier und dort versprengte Gruppen von Tanks der 1. Britischen Division herum; empörte Troßfahrer meldeten, daß sie weiter von hinten von ein paar britischen Kreuzern beschossen worden seien. Ehle machte mit einer Kampfgruppe, deren harter Kern aus drei 5-cm-Pak unter Leutnant Ruhf bestand, kehrt und suchte die Störer.

Aber sie schienen wie vom Erdboden verschwunden; nachtrekkende Versorgungskolonnen hatten nichts mehr von ihnen gesehen, bis die Sanitätskolonne angefahren kam.

»Jawohl, hinter uns haben sie auch hergeknallt«, sagte der Oberstabsarzt. »Sie sind dann durch eine Furt abgehauen, mitten durch den Salzsee da hinten.«

Ehle im offenen Wagen voraus, die drei Pak an ihren Zugmaschinen hinterher, so rauschten sie über die Furt. Der See verengte sich zu einem Tal, das hübsch und friedlich im afrikanischen Frühling aussah, mit blühenden Feigenbäumen und sattem Grün.

Der Friede wurde roh gestört, als oben am Hang die drei britischen Tanks auftauchten und mit Braßfahrt durch das Wasser auf die deutsche Pak zudonnerten. Die Kanoniere arbeiteten wie besessen, koppelten ab und wollten richten, aber es war zu spät. Sie konnten nur nach allen Seiten auseinanderspritzen, dann waren die Tanks da und rollten genüßlich jeder über eine Pak.

Sie kamen auf kaum 100 Meter Entfernung an Ehles Wagen vorbei, schon wieder auf Höchstfahrt, stuckernd und schwankend und mit rauschender Bugwelle. Ehle und seine Begleiter rissen die Karabiner heraus und schossen auf die Kommandanten, die aus den Türmen herüberblickten, nicht einmal die Köpfe einzogen und gelassen abwinkten: in der Tat, diese wackelnden Ziele waren nicht zu treffen. Außer dem bißchen Karabiner-Gekläffe war kein Schuß gefallen, niemand verletzt, aber Leutnant Ruhf stand bei seinen geschändeten Kanonen und weinte. Er war ein schneidiger, harter Offizier; gerade am Tag zuvor hatten seine Kanonen im Morgengrauen eine rastende britische Kolonne furchtbar zusammengeschossen, aber nun liefen ihm die Tränen über das Gesicht; da lagen seine gehätschelten Wummen, sozusagen nebenher umgebracht ohne Aufregung und Geknalle, das war zuviel für den jungen Mann.

Am 6. Februar war der fruchtbare »Balkon« der Cyrenaika, das nach Norden vorspringende Bergland mit den Häfen Benghazi und Derna, zurückerobert. Ein amerikanischer Rundfunkkommentator meinte: »Rommel, der Lausbub unter den Generalen, hat wieder ein Kaninchen aus dem Hut gezaubert.«

Er selbst, inzwischen zum Generaloberst befördert (unter gleichzeitiger »Beförderung« seiner Gruppe zur Panzerarmee Afrika), schrieb zufrieden an seine Frau: »Die Meinung der Weltpresse über mich hat sich sehr gebessert.«

Dazu trug auch Churchill bei. Er hatte es nach seiner Rückkehr aus Amerika nicht leicht, im Unterhaus zu erklären, was denn nun eigentlich in Afrika los sei; wieso dieser Rommel, der doch nach allen Verlautbarungen kaum das nackte Leben aus der Cyrenaika gerettet habe, nun wieder zuschlagen könne?

Churchills Erklärung war eine Mischung aus Größe und Schlitzohrigkeit: »Über die augenblickliche Lage in der Cyrenaika kann ich noch nicht viel sagen. Aber wir haben es mit einem äußerst kühnen und geschickten Gegner zu tun, einem großen Feldherrn, wenn ich das über die Schrecken des Krieges hinweg sagen darf.«

Das war vermutlich beim »hunnen«-schleudernden Churchill eher aus der Not geboren, aber diese beiden verwandten Seelen hätten sich wahrscheinlich wirklich gemocht, wenn sie sich je kennengelernt hätten.

Für Sir Claude Auchinleck wiederum war die Bemerkung eine deutliche Zurücksetzung, das aber hatte Churchill wahrscheinlich ebenfalls wohl bedacht. Was er sicherlich nicht vorausgesehen hatte, waren die Folgen innerhalb der 8. Armee: Bei den Soldaten, die den Erfolg der langen, blutigen Schlachten von »Crusader« unter einem einzigen, geschickten Hieb zerrinnen sahen, die ihre inferioren Waffen und steifleinige Führung verfluchten, wurde Rommel zu einer so legendären Gestalt, daß ihre Kampfkraft ernstlich beeinträchtigt wurde. Auchinleck versuchte vergebens gegenzusteuern.

Er verfaßte ein Rundschreiben an alle Kommandeure und Abteilungsleiter, in dem er vor den psychologischen Folgen der Rommel-Legende warnte; man solle nicht mehr »Rommel« sagen, wenn der Feind in der Cyrenaika gemeint sei. Durch die Personifizierung sei zu befürchten, daß die Soldaten der 8. Armee ihm übernatürliche Kräfte zuschrieben. »Ich ersuche Sie daher, mit allen zur Verfügung stehenden Mitteln, die Auffassung aus der Welt zu schaffen, daß Rommel mehr ist als ein gewöhnlicher deutscher General, und zwar ein sehr unangenehmer, wie wir aus dem Munde seiner eigenen Offiziere wissen.«* Das Schreiben schloß mit dem Postscriptum: »ich bin *nicht* eifersüchtig auf Rommel – Auchinleck.«

Wolkenkratzer mit Kanonen

Die unangemeldete, vom Protest-Gezeter der Verbündeten begleitete deutsch-italienische Offensive war bei aller Improvisation viel mehr als eine Wiederholung des kaum geordneten Vorwärtsstürmens vom April des Vorjahres. Es gab einen Plan, der in den langen Nächten mit Westphal ausgearbeitet worden war, und es gab eine geordnete Versorgung, vor allem mit Sprit, der zum Teil von Stabschef Gambara gepumpt war – einem der wenigen eingeweihten italienischen Offiziere.

Der britische Aufmarsch war so empfindlich gestört und mühsam herangebrachte Versorgungsgüter waren in solcher Menge erbeutet, daß über Monate keine neue Offensive der Briten möglich war, so sehr Churchill auch wütete. Der neue Kriegsschauplatz im Fernen Osten verschlang Menschen und Material. Nur ganz langsam konnte auch Auchinleck wieder eine gewisse Streitmacht aufbauen. Aber er hatte dem Premierminister unverblümt mitgeteilt, daß angesichts der Unterlegenheit der britischen Tanks eine Überlegenheit im Verhältnis 1:2 nötig sei, um mit Aussicht auf Erfolg angreifen zu können.

Dieses Verhältnis war nicht leicht zu erreichen, denn der Nachschub der Achse klappte jetzt. Malta wurde fast kampfunfähig gebombt; zweimotorige Maschinen vom Typ Ju 88 warfen die ersten echten Bombenteppiche des Krieges und zerstampften Flugfelder, Werften und Docks. Churchill rechnete schon fest mit dem Verlust der Felseninsel.

* Albernerweise fehlt in fast allen Publikationen, die ich gelesen habe, die Bemerkung über Rommels Beurteilung durch gefangene Offiziere. Man kann auch Denkmalspflege übertreiben.

Aber Hitler, auf den östlichen Kriegsschauplatz fixiert, war nicht zu einem Angriff zu bewegen, wozu sein Kreta-Trauma beitrug. Rommel, auch Großadmiral Reader und andere versuchten ihn vergebens umzustimmen. Er täuschte auch den Duce, mit dem er im April 1942 vereinbarte:

- Eine von Rommel vorbereitete Offensive solle Ende Mai nur bis zur Einnahme von Tobruk führen;
- dort sei anzuhalten, damit die Luftwaffe abgezogen werden und ein kombiniertes See- und Luftlande-Unternehmen gegen Malta unterstützen könne.

Immerhin wurde der Fallschirmjäger-General Student mit einigen Einheiten zur Vorbereitung nach Italien geschickt, Transportmaschinen und Lastensegler bereitgestellt. Schon ein paar Tage später ließ Hitler jedoch Göring freie Hand, der Luftstreitkräfte für Rußland aus dem Mittelmeer abziehen wollte. Nachdem er schon ein paar Tage über die Italiener räsonierte hatte, erklärte Großdeutschlands Oberster Kriegsherr dann am 21. Mai dem berichterstattenden Student rundheraus, er denke nicht daran, sich auf so etwas ausgerechnet mit den Italienern einzulassen. Selbst Jodl protestierte schwächlich, aber Hitler befahl, das Unternehmen zur Täuschung der Verbündeten »nur noch geistig« vorzubereiten.*

Das Versteckspiel ging so weit, daß auch General von Rintelen in Rom nicht eingeweiht wurde und für das »Herkules« genannte Malta-Unternehmen noch fünf Tage später, am 26. Mai, entsprechend einer nicht zurückgezogenen Hitler-Anweisung vom 21. April eine in Afrika dringend benötigte Pionier-Einheit in Italien zurückhielt. Am selben Tage begann Rommels Angriff.

Daß etwas im Busche war, wußte man zumindest bei den deutschen Truppen spätestens seit dem 14. Mai. An diesem Tage hatte Rommel ein donnerndes Rundschreiben an die Divisionskommandeure geschickt, in dem er auf die Wichtigkeit der Geheimhaltung hinwies und empört feststellte, derzeit stattfindende

* Dazu u. a. Warlimont und Kriegstagebuch Wehrmachtführungsstab. – Eine der bemerkenswertesten Geschichtsklitterungen befindet sich in einem kürzlich erschienenen Buch jenes weiland nekrophilen Kriegsberichterstatters, der schlicht behauptet: »Rom mochte und wollte nicht mehr.«

Umgruppierungen zur Abwehr eines bevorstehenden britischen Angriffs würden »besonders im rückwärtigen Gebiet« von Gerüchtemachern für Anzeichen einer bevorstehenden deutsch-italienischen Offensive gehalten.

»... möchte ich klar zum Ausdruck bringen, daß all dies Gerede und Gequatsche unmännlich und vor allem unsoldatisch ist. Ich ersuche alle Kommandeure, dieser Klatschsucht mit scharfen Strafen entgegenzutreten. In schweren Fällen hat Aburteilung durch ein Kriegsgericht zu erfolgen. (gez.) Rommel«

Das Unglück war nur, daß der Feind keineswegs auf Gerüchtemacher des rückwärtigen Gebietes angewiesen war. Er hatte über »Ultra« auf das Exakteste Kenntnis von Rommels Plänen, denn diesmal hatte er sie genau mit seinen Vorgesetzten in Rom und Berlin abzustimmen.

Aber auch das konnte später niemand ahnen. Denn es ergab sich die absolut groteske und vermutlich in der Kriegsgeschichte einmalige Situation, daß der Angegriffene, im Besitz der genauen Pläne des Angreifenden, praktisch keinen Gebrauch von diesem entscheidenden Vorteil machte:

Auchinleck in Kairo kannte die Quelle und bekam die Übersetzungen der Funksprüche im Wortlaut. Schon Armee-Chef Ritchie durfte die Quelle nicht erfahren, erhielt aber detaillierte Informationen. Auf dem weiteren Wege nach unten über das infarkt-gefährdete System der Befehlsadern blieb dies und jenes hängen, und die Frontkommandeure erfuhren nur, daß im Mai ein Angriff zu erwarten sei. Immerhin wurde noch mitgeteilt, daß der Feind »wahrscheinlich« mit einem rechten Haken im Süden durch die Wüste kommen werde, aber das hätte man sich nach den bisherigen Erfahrungen mit Rommel auch an fünf Fingern abzählen können.

In ihrer Sehnsucht nach einem ordentlichen, aufgeräumten Kampffeld mit Fronten und Flanken hatten die Briten versucht, dem weiten Wüsten-Meer feste Punkte zu geben: Von Gazala nach Süden zog sich ein Stützpunkt-System, gebildet aus verminten und verdrahteten »Boxen«, deren südlichste Bir Hacheim hieß und von der frei-französischen Brigade des Generals Pierre Koenig gehalten wurde.

Statt, wie Auchinleck geraten hatte, seine Tank-Kräfte endlich einmal massiert bereitzuhalten, hatte Ritchie sie wie üblich brigadenweise über das Hinterland gestreut.

An der wichtigen Ecke hinter der »Box« von Bir Hacheim, um die mit Sicherheit der erwartete rechte Haken kommen mußte, lag die altbekannte 4. Brigade. Sie war nicht mehr nur mit den kleinen, schnellen Honeys ausgerüstet, sondern jedes der drei Regimenter hatte nun eine Schwadron schwerer, altertümlich aussehender Ungetüme, aber frisch aus amerikanischen Fabriken: mittelschwere Tanks vom Typ »General Grant«.

Die Engländer hatten die 29-Tonnen-Stahlkästen beglückt in Empfang genommen, wenngleich einer der Tank-Offiziere nachdenklich sagte: »Die Yankees haben schon eine sehr ausgeprägte Vorliebe für Wolkenkratzer.«

Tatsächlich war der »Grant« ein reichlich hochragendes Gebilde, und dieser Nachteil wurde durch die (stark an einen alten französischen Panzer »B« erinnernde) Konstruktion noch verstärkt: Hoch obendrauf saß im Drehturm die schwächliche, aus dem Honey bekannte 3,7-cm-Kanone, während die Hauptbewaffnung tief unten angebracht war – eine recht wirksame, mittellange (L/31) Kanone vom Kaliber 7,5 cm und einer Mündungsgeschwindigkeit von 564 m/sec, die immerhin auf 1500 m Entfernung noch einen Panzer III zerstören konnte. Und zum erstenmal hatten die Briten damit eine Tankwaffe, die wahlweise panzerbrechende Vollgeschosse und Brisanzgranaten verschießen konnte.

Da ausgerechnet die schwere Waffe so tief angeordnet war, mußte jedoch der ganze übrige Wolkenkratzer hoch über jede Deckung hinausragen. Das Schlimmste war, daß die nach Cambrai-Art in einem Erker montierte 7,5er nur um ein paar Grad schwenkbar war; ein tödlicher Nachteil im schnellen Wüstengefecht. Im übrigen war der 7-Mann-Tank mit maximal 88 Millimetern gut gepanzert und durch einen 340-PS-Motor 40 km/h schnell.

In »Krieg ohne Haß« schrieb Rommel, der Grant sei eine »böse Überraschung« gewesen. Nun mag es Generale gegeben haben, die sich um verfügbare Informationen über feindliche Waffen nicht kümmerten. Rommel gehörte gewiß nicht dazu. Infolgedessen bleibt nur die Möglichkeit, daß es sich um die aus Generals-Memoiren sattsam bekannte Mitteilung handelt: Seht nur, gegen welche Schwierigkeiten ich gewonnen habe!

Denn zu den Anlagen des Angriffsbefehls vom 20. Mai 1942 gehörte eine genaue Beschreibung des Grant, und im Feindnachrichtenblatt 7/42 vom 24. 5. 1942 wird genau aufgeführt, wie viele davon bei den britischen Fronttruppen zur Verfügung standen: genau 144, verteilt auf 2., 22. und 4. Brigade. Es wird auch noch mitgeteilt, daß nach britischen Tests die 7,5-cm-Munition für den Grant mangelhaft sei.

Erste Nachrichten über den neuen Tank hatte Panzer-Feldwebel Joachim Saenger geliefert. Während seiner »Chauffeurzeit« beim Korpsstab hatte er nämlich folgende »Nebentätigkeit« ausgeübt: Wenn britische Gefangene gebracht wurden, setzte man sie einige Zeit in die Sonne – nicht so, daß sie regelrecht gequält wurden, aber doch recht dankbar waren, wenn Saenger scheinbar ohne Auftrag als Samariter mit einer Kanne Wasser angeschlendert kam.*

Er pflegte dann zu sagen: »Trinkt erst mal, nachher kommen die Burschen, die euch vernehmen wollen.«

Oft ergab sich dadurch ein Gespräch, bei dem die sonst so disziplinierten Engländer eine Menge erzählten – im offiziellen Verhör war selten mehr aus ihnen herauszukriegen als Name und Dienstgrad.

Einmal sagte ein Tank-Soldat: »Bis jetzt könnt ihr uns ja noch in Fetzen schießen, aber bald sind die mittelschweren Tanks von den Amerikanern da, dann habt ihr nicht mehr so leichtes Spiel!«

Als inzwischen schon gewiegter Vernehmer lächelte Saenger überlegen: »Unsinn! Mittelschwere bauen die nicht.«

»Du wirst schon sehen. Die haben sogar vier MG's und zwei Kanonen, und eine davon ist ein Fünfzehnpfünder! In Suez werden sie schon ausgeladen.«

Das wurde sofort weiterberichtet. Es bestätigte schon vorlie-

* Irgendein überkluger Feindnachrichten-Offizier bei der 4. britischen Tankbrigade adoptierte im Mai eine ähnliche Idee, war aber bürokratisch genug, einen Befehl zu verschicken (deutsche Gefangene vor der Vernehmung nicht schlafen, essen, trinken zu lassen), der prompt erbeutet und verbreitet wurde. Das britische Kriegsministerium ließ daraufhin im Rundfunk erklären, sofern ein solcher Befehl von untergeordneten Stellen gegeben worden sei, werde er sofort aufgehoben.

gende Berichte – aus einer Quelle, die fast so gut wie »Ultra« war und seit dem Spätherbst 1941 munter sprudelte.

Der amerikanische Militärattaché in Kairo, Oberst Frank B. Fellers, berichtete fast täglich über Funk nach Washington über Lage und Absichten der 8. Armee. Schon vor dem Kriegseintritt der Vereinigten Staaten wurde er als Quasi-Verbündeter behandelt und freigebig informiert. Fellers war ein sehr rühriger Mann, der auch Einheiten besuchte, ihre Waffen, ihre Kampfmoral und die Fähigkeiten ihrer Kommandeure begutachtete; ebenso berichtete er über die Versorgungslage, das Eintreffen von Konvois und ihre Ladung.

Er benutzte bei seinen Berichten einen als absolut sicher geltenden Code, was ein übler Irrtum war, denn der Schlüssel lag bei den Abhörstellen des deutschen und italienischen Geheimdienstes. Die Legende will wissen, daß eine hübsche Agentin namens Bianca ihn auf romantische Weise beschafft habe, aber die Wahrheit ist prosaisch: Ein italienischer Angestellter der US-Botschaft in Kairo, Experte im Öffnen verschlossener Gegenstände, holte ihn für den italienischen Geheimdienst SIM aus Fellers Safe.

So war das »Ultra«-Handicap wenigstens auf dem afrikanischen Kriegsschauplatz ausgeglichen, war auch der Grant bestens bekannt und das Gegenmittel gefunden: Es galt, ihn von vorn zu engagieren und von einem Teil der Truppe in der Seite packen zu lassen, wohin er sein schweres Geschütz nicht richten konnte; im übrigen blieb es bei dem Prinzip, daß möglichst keine Panzer geopfert werden sollten, wo auch der »lange Arm« des DAK, die Acht-acht, hinreichen konnte.

Saenger und die 25-Pfünder

Am 26. Mai ließ Rommel einen Teil seiner Panzer vor dem Zentrum der Gazala-»Boxen«-Linie demonstrieren, um den Eindruck zu erwecken, daß er dort frontal eingreifen wolle. Am Nachmittag, in einem wüsten Ghibli, der jede Luftaufklärung unmöglich machte, wälzten sich die mechanisierten und motorisierten Verbände der Panzerarmee nach Süden. Um 6 Uhr früh brachen sie aus dem Bereitstellungsraum südlich von Bir Hacheim zum Vorstoß nach Nordosten auf.

Schon in der Nacht hatten britische Spähwagen unbemerkt den Aufmarsch beobachtet. Sie bestätigten nur, was »Ultra« am 25. 5. entschlüsselt hatte: »General von Rintelen, Rom, an OKH: Laut Funkspruch der Panzerarmee Afrika R-Tag ›Theseus‹ 26. 5. 14 Uhr.«*

Die Luft war noch klar, aber kaum war Sonne über den Horizont gehüpft, als die Masse der auf Ketten und Rädern voranklirrenden Phalanx in einer dichten Staubwolke fuhr. Joachim Saenger rollte mit seinem alten Panzer 125 – dem einzigen vom ganzen Panzerregiment 5, der noch im März 1941 in Tripolis ausgeladen worden war – am linken Flügel. Die ganze Besatzung war tief bekümmert, weil sie nicht mehr für den netten General Crüwell fahren durfte. Aber beim Januar-Vormarsch war am Fahrwerk ein Torsionsstab gebrochen; die vier Männer hatten drei Tage und Nächte lang abwechselnd mit einer Handkurbel-Maschine an stählernen Bolzen herumgebohrt, aber schließlich mußten sie doch in die Werkstatt, wo die Kompanie sie, wie befürchtet, prompt beschlagnahmte.

Saenger hatte sich noch vom General verabschiedet, der auch ganz traurig war und sagte: »Keine Sorge, ich fordere euch wieder an. Ihr seid doch meine Panzermänner.« Aber bisher war nichts passiert, der Ernst des Lebens fing wieder an. Plötzlich Geballer, Geschosse winselten herum, Lastwagen mit fremden Infanteristen brausten durch die Kolonnen, einige kippten im Feuer, Männer rannten und stürzten. Irgendwo seitlich schoß eine kleine Pak, aber ein Panzer IV deckte sie ein und die Detonation einer Sprenggranate warf sie auf die Seite. Eine erste, völlig ahnungslose britische Einheit war beim morgendlichen Teekochen über den Haufen gerannt: die 3. Indische Motorbrigade.

Kein deutsches Fahrzeug hielt sich auf, der Befehl lautete: Nicht in Gefechte einlassen, Boden gewinnen!

* »Theseus« war der Deckname der Mai-Offensive. – Die Schlamperei der 8. Armee mit diesen Erkenntnissen war so beträchtlich, daß auch Ia Westphal sie für völlig überrascht hielt und im Gespräch mit dem Autor »Theseus« als Beispiel für eine jener Aktionen anführte, »die gewiß nicht verraten worden sind.«

Aber ein paar Kilometer weiter tauchte ein ernsthafter Gegner auf. Über einen sanften Hügelrücken hüpften schnelle Winzlinge vom Typ Honey, tobten im Zickzack-Kurs auf die Panzer zu, stoppten und schossen und waren im nächsten Augenblick wieder in wilder, staubwirbelnder Fahrt, kaum zu fassen und angriffslustig wie wütende Terriers.

Die Funkgeräte schwirrten von Rufen und Befehlen, im typischen Durcheinander, in Staub und Qualm schoben sich die Stahlkästen nach Norden. Auf dem rechten Flügel stieß das Panzerregiment 8 auf die ersten von den Amerikanern gebauten Grants. Hauptmann Hannes Kümmel, der »Löwe von Capuzzo«, verwickelte sie mit der 1. Abteilung frontal in ein Feuergefecht; eine unangenehme Aufgabe gegenüber den Kolossen, die ihre überlegene Reichweite ausnutzten und nicht nur die Panzer mit Vollgeschossen eindeckten, sondern auch noch die weiter hinten anrückende Divisionsartillerie mit Sprenggranaten durcheinander brachten.

Inzwischen führte Oberstleutnant Teege die zweite Abteilung in die rechte Flanke der Grants, die ziemlich ungeschickt und dicht gedrängt in einer Senke standen. Als die Briten die Gefahr erkannten, mit den 3,7-cm-Kanonen Stahlkügelchen spuckten und schwerfällig zu rangieren begannen, krachten schon die 5-cm-Geschosse der Panzer III in ihre Flanken. Von den zwei Grant-Schwadronen wurden 16 Tanks zerstört. Der Rest dröhnte nach Norden davon, umschwirrt von den kleinen Honeys. Im breiten Keil der nachdrängenden Panzer klirrte Saengers Nr. 125, erfüllt vom vertrauten Mischgestank aus Schweiß und Kordit.

Sie stoppten, schossen und fuhren, automatisch und ohne viel nachzudenken. Im wirbelnden Staub sah Saenger plötzlich, kaum fünfzig Meter vor sich eine Haubitze mit einem mächtigen Rohr, in das Kanoniere mit Tellerhelmen gerade eine Granate wuchteten: 25-Pfünder!

In solchen Augenblicken werden übungsmäßige Zielansprachen überflüssig; »Feuer! Feuer! Feuer«, brüllte Saenger und wartete auf den Krach und den vertrauten Ruck.

Nichts geschah. Er warf einen schnellen Blick hinunter und sah den Richtschützen mit dem Staubwischer seiner Optik herumhantieren, dann einen irren Blick um sich werfen, das Turmluk aufreißen und aus dem Panzer hüpfen.

Saenger blickte hinunter in den Schlund des Geschützes, zog den Kopf ein, hörte es krachen und wunderte sich, daß er noch lebte. Ein schneller Blick ergab, daß die britischen Kanoniere, genauso nervös wie ihre Gegenüber, dicht neben seinem Panzer eine ihrer eigenen kleinen Karretten zerschossen hatten. »Fahr drauf!« brüllte er. Vom Nachbarpanzer sprühten MG-Geschosse in die Geschützstellung. Konrad Müller ließ den Panzer mit brüllendem Motor vorschnellen und warf das Geschütz um. Weiter rechts brannten Panzer, aber andere wälzten sich ebenfalls feuerspuckend über Haubitzen. Ein paar Männer in Tellerhelmen hoben die Hände, andere verschwanden im Staub und Dunst.

Saenger sah sich nach seinem Richtschützen um. Nichts zu sehen; aber da standen ein paar Kameldornbüsche, und er schoß probeweise mit der Pistole dicht daneben. Der Junge kroch hinter den Büschen vor und stieg mit hängendem Kopf wieder ein. Er hatte das Geschütz nur undeutlich gesehen, weil sich Staub auf seine Optik gesetzt hatte; als Saenger losbrüllte, hatte er in seinem Entsetzen den Staubwischer-Hebel abgebrochen, worauf der Wischer vor der Optik stehenblieb und er überhaupt nichts mehr sah. Sie vergaßen den kleinen Anfall von Panik, bis sie sich viele Jahre nach dem Krieg auf dem Hamburger Gerhart-Hauptmann-Platz in die Arme liefen und vergangene Nöte zufrieden genossen.

Panne mit der »Blenheim«-Stellung

Dieser erste Zusammenprall hinter dem Wüstenfort Bir Hacheim hatte die 4. britische Tankbrigade ebenfalls auf dem falschen Bein erwischt.

Dabei hatten sie sich wochenlang auf diese Stunde vorbereitet. Es war der im Krieg so seltene Glücksfall, daß sie sich in aller Ruhe den Platz für das Gefecht aussuchen konnten, der ihnen am besten gefiel, denn der Kurs der feindlichen Verbände um Bir Hacheim herum war vorauszusehen. Es wurden also günstige Stellunlungen vorbereitet und vermessen, Geschützstände ausgehoben,

Bodenwellen für die Plazierung der Tanks bestimmt, und jeder Geschützführer der Brigade-Artillerie hatte ebenso wie jeder Tank-Kommandant durch sorgfältiges Probeschießen ermittelt, mit welchen Werten bestimmte Stellen im Gelände punktgenau zu treffen waren.

Die Stellung wurde hoffnungsvoll »Blenheim« genannt, in Erinnerung an den englischen Sieg zwischen Blindheim (engl. = Blenheim) und Höchstädt im Jahre 1704 über die Franzosen und Bayern.

Natürlich wurde die vorbereitete Stellung nicht dauernd besetzt, um der feindlichen Luftaufklärung keine Gelegenheit zu unerwünschten Rückschlüssen zu geben. Die drei Tank-Regimenter, ihre Infanterie und die unterstellte RHA-Artillerie lagerten vielmehr demonstrativ 10 km weiter nördlich. Es war ja offensichtlich, daß man angesichts des langen Anmarschweges der Feinde Zeit genug finden würde, um »Blenheim« in Ruhe zu besetzen.

Major John »Shan« Hackett* kommandierte die Honey-Schwadron der 8. Husaren, gedacht als Schleier stechender, schneller Wespen vor den beiden Schwadronen großmächtiger Grants. Am Nachmittag des 26. Mai wurde eine gewisse Bereitschaft befohlen: starke Bewegungen auf der anderen Seite deuteten auf einen möglicherweise bevorstehenden Angriff hin.

Abends wurde die Alarmstufe noch etwas erhöht. Sie stellten die Tanks marschbereit auf und schickten alle ungepanzerten Fahrzeuge zurück. Merkwürdigerweise verlief die Nacht ungestört, und erst kurz vor Morgengrauen wurde mitgeteilt, das Regiment müsse zu sofortigen Abmarsch in die »Blenheim«-Position bereit sein. Unmittelbar darauf, im ersten Licht, folgte der Befehl: »Sofort abmarschieren!«

Hackett alarmierte seine Schwadron und zog sie etwas vor, um den Grants Raum zum Manövrieren zu geben. Mit kaum warmgelaufenen Motoren preschten sie einen sanften Hang hinauf, der

* Sir John (nach dem Kriege für seine Verdienste geadelt) kommandierte 1944 beim Arnheim-Unternehmen eine Fallschirmjäger-Brigade, entkam schwer verwundet mit Hilfe holländischer Widerstandskämpfer der Gefangenschaft, wurde General, Kommandeur der Britischen Rheinarmee und hoher NATO-Befehlshaber, begann nach seiner Pensionierung noch eine Universitätskarriere und beendete sie als Principal der London University. Heute beschäftigt er sich auf seiner romantischen alten Mühle in Gloucester mit schriftstellerischen Arbeiten, britischer Literatur und seinem Fachgebiet Geschichte.

eine Meile weiter südlich einen sanften Rücken bildete. Auf dem Wege dorthin sagte der Regimentskommandeur über Funk: »Wir haben eine neue Meldung erhalten. Danach könnte es sein, daß der Feind schon über unsere Blenheim-Position hinaus vorgerückt ist.«

Dazu konnte man höchstens ein häßliches Wort sagen, ohne den Mikrofonknopf zu drücken. Sie rasselten weiter, und dann knackte es wieder in den Kopfhörern: »Es könnte sein, daß wir den Feind noch viel früher als erwartet sehen. Melden Sie sofort, wenn sie Kontakt haben.«

In diesem Augenblick klirrten sie über die Hügelkuppe. Voraus in der weiten, flachen Wüste rollte unter einer mächtigen Staubwolke etwas, was aussah »wie die ganzen verdammten Schlachtschiff-Flotten dieser Welt«. Voraus die Keil-Formationen der beiden Panzerregimenter, dahinter im Dunst die aufgesessene Infanterie, Artillerie und Pak.

Der Major sagte nur über Funk: »Ich greife an!« (»Am engaging now.«) Dann zog er an seiner kleinen Antenne den schwarzen Wimpel hoch, der nach alter Kavallerie- und Marine-Tradition »Angriff« bedeutete.

Die Honey-Fahrer gaben Vollgas. Sie hatten ein System entwikkelt, mit dem sie die Geschwindigkeit und Manövrierfähigkeit der Honeys optimal zu einem unregelmäßigen Zick-Zack-Kurs ausnutzen konnten: Der Fahrer trat das Gaspedal bis zum Anschlag durch, zog den rechten Hebel und zählte bis fünf, dann den linken Hebel bis drei, und wieder rechtsherum bis zu irgendeiner krummen Zahl. Das ergab, zusammen mit der Kraft der Pratt & Whitney-Maschine, einen so blödsinnigen Kurs, daß höchstens ein Meisterschütze einen Treffer landen konnte. Oder, natürlich, eine solche Zahl von Panzern, daß die Luft eisenhaltig wurde ...

Und das war es, was Hackett passierte. In der Aufregung hatte er vergessen, den Wimpel wieder einzuziehen, was die Aufmerksamkeit der Panzerschützen immer anregte. Bei einem Schießhalt krachte denn auch ein Vollgeschoß durch die Fahrerfront. Sie sprangen heraus und holten den schwerverletzten Fahrer von seinem Sitz, wobei das Ding auch noch zu brennen anfing und Hackett etwas ansengte.

Ein Honey seiner Schwadron kam vorbei, er sprang auf die Motorabdeckung und klemmte sich hinter den Turm, eine Hand im Haar des Panzerkommandanten: Für Zurufe war das Getöse der Schlacht rundum viel zu groß, und so drehte er den Kopf des Bedauernswerten, eines sehr wackeren Sergeanten namens Joel, auf das jeweils nächstliegende Ziel.

Später sagte der Sergeant zu ihm: »Viel Zweck hat das nicht gehabt, Sir. Das tat so weh, wie Sie an meinen Haaren gerissen haben, daß meine Augen immer voller Tränen standen und ich die Ziele gar nicht richtig sehen konnte.«

Über Funk kam der Befehl, die Deutschen wenigstens so lange hinzuhalten, bis die Grants mit warmgelaufenen Motoren in Kampfposition waren. Aber es war zu spät. Diese geballte Panzer-Streitmacht feuerte so viel Stahl in die Gegend, daß auch die schnellen Honeys einer nach dem anderen zerschlagen und der Rest zurückgestoßen wurde. Die meisten Grants wurden vom Flankengriff des Oberleutnants Teege gefaßt, bevor sie überhaupt manövrierfähig waren.

Artillerie-Hauptmann Armitage, dessen Einheit der 4. Tankbrigade unterstellt war, wurde vom Befehl zum sofortigen Abmarsch in die Blenheim-Position überrascht, als er gerade den ersten Becher Tee schlürfen wollte. Seine Batterie sollte mit dem Infanterieregiment der Brigade zusammenarbeiten, und er fuhr deshalb zu dem Infanterie-Oberst hinüber. Sie verabredeten, in zehn Minuten loszufahren.

Auf dem Rückweg hörte Armitage irgendwo eine Granate detonieren. Ahnungsvoll sagte er zu seinem Fahrer: »Treten Sie mal drauf, irgendwas stimmt hier nicht.«

Bei einem zufälligen Blick nach hinten sah er drei oder vier große deutsche Panzer, die mit Braßfahrt hinter seinem kleinen Scoutcar hertobten. Sie erreichten die Batterie mit Mühe und Not, Armitage gab Feuerbefehl, und vor der mächtigen Stimme der 25-Pfünder machten die Panzer einen achtungsvollen Bogen, bevor sie unbeirrt nach Norden weiterklirrten. Hinter ihnen folgte eine mächtige Kavalkade von Lastwagen mit aufgesessener Infanterie, Spähwagen und Pak. Der Infanterie-Oberst fuhr dieser Kolonne in den Weg und wurde prompt gefangengenommen.

Im Durcheinander der Schlacht konnte Armitage seine Batterie ziemlich beieinander halten. Andere wurden überrollt. Der Vormarsch der Deutschen schien unaufhaltsam. Bei aller Hektik des Kampfes kam den Offizieren der 4. Brigade immer wieder die Wut auf die eigene Führung hoch: Warum zum Teufel waren wir nicht in der »Blenheim«-Stellung? Es war doch unmöglich, daß diese gewaltige Streitmacht von rund 10 000 Fahrzeugen völlig unbemerkt um die Bir-Hacheim-Ecke herumgestampft war. Vielleicht, dachten die Männer bitter, hätten diese wüsten Panzer-Burschen uns auch da herausgeworfen. Aber danach hätten sie übel ausgesehen.

Es ist heute schwer zu ermitteln, wie diese im Zeitalter moderner Nachrichtenübermittlung schwer glaubliche Panne zustandekam. Denn das Hauptquartier der 7. Tankdivision, in dem vermutlich sowohl die nachrichtendienstlichen Erkenntnisse als auch die Meldungen der Spähwagen-Einheiten versandet sind, wurde bei Rommels erstem Stoß überrannt, und von den Akten dieser Zeit finden sich nur noch Bruchstücke in den Archiven. General Messervy, der Divisionskommandeur der berühmten »Original-Wüstenratten«, wurde gefangengenommen, entkam jedoch wieder zu den eigenen Linien. Die Erkenntnis drängt sich auf, daß dies bei aller persönlichen Tapferkeit ein ziemliches Unglück für die 8. Armee war.

Hackett erregt Mißfallen

Die Wucht des ersten Stoßes jagte die Regimenter der 4. Brigade hinauf bis in Sichtweite der von den Novemberkämpfen blutgetränkten Höhen südlich Tobruk. Nachmittags hatte Major Hackett nur noch sieben Honeys. Wie die anderen Schwadronschefs mußte er wohl oder übel auf die wilde Zickzack-Angriffstechnik verzichten und statt dessen aus guter Deckung hinter Hügeln und Dünen den feindlichen Vormarsch so lange wie möglich aufhalten, um mit Höchstfahrt hinter den nächsten Höhenzug zu rasen. Wo die Nachschubkolonnen waren, mochten die Götter wissen. Aber das Problem wurde dringend, denn das Benzin wurde knapp.

Im richtigen Augenblick sah Hackett weit im Norden Zelte, ein richtig ordentliches Lager, in dem bestimmt Sprit zu haben war. Er klirrte hinein und entdeckte, in einer wüsten Staubwolke bremsend, ein paar weit aufgerissene Augen, die ihn mit einem Gemisch aus abgrundtiefem Abscheu und Mißtrauen musterten.

Sie gehörten einem Offizier, der in einer sauber geplätteten Uniform auf dem Lagerplatz stand. Das erinnerte Hackett daran, daß er selbst in der Tat widerlich aussah.

Sein zweiter Tank war an den verschiedensten Stellen getroffen, was draußen herumhing, war abgerissen oder zerfetzt, seine Uniform war vom ersten Abschuß versengt, sein Gesicht pechschwarz und verschmiert.

Unmittelbar zuvor hatten die Sicherheitsoffiziere der 8. Armee zur Vorbeugung von Sabotageakten in Rundschreiben dazu aufgefordert, die Identität von Fremden grundsätzlich zu prüfen. Der gepflegte Offizier stieg vorsichtig auf den Tank und sagte, Hacketts barsche Forderung nach Benzin überhörend: »Dürfte ich einmal die Ausweispapiere sehen?«

Die anderen sechs Honeys preschten zwischen die Zelte, keineswegs vertrauenserweckender aussehend, und Hackett sagte: »Kumpel, wenn du mir nicht ganz schnell Benzin gibst, wirst du dich bald für ganz was anderes als Ausweispapiere interessieren müssen. Der Jerry ist hinter der Hügelkette da hinten und kommt mit ziemlicher Geschwindigkeit genau in diese Richtung.«

»Das ist genau das Gerede, vor dem wir kürzlich nachdrücklich gewarnt worden sind.«

Der Major wurde der Antwort enthoben, denn ein paar leichte Panzer rumpelten über die Hügelkette und knallten zwischen die Zelte. Mit verblüffender Geschwindigkeit wurden 4-Gallonen-Kanister* angeschleppt und in die Tanks geschüttet. Ganze Stapel

* 4 Gallonen = ca. 18 Liter. – Auch diese Kanister gehörten zu den Handicaps der britischen Armee: sie waren so dünn, daß sie dauernd rissen und Benzin-Transporter in rauhem Gelände eine explosive Tröpfel-Spur hinter sich herzogen. Obwohl dies allgemein bekannt war, gelang es nie, stabilere Behälter etwa nach Art der 20-l-»Jerricans« einzuführen, die man sogar gefahrlos von den Lastwagen herunterwerfen konnte. Die Transport-Verluste lagen teilweise bei 40%.

lagen noch in den Zelten. Die traurige Vermutung lag nahe, daß sie bald dem »Jerry« gehören würden.

Zunächst allerdings verschwanden die leichten Panzer II wie der Blitz, als die sieben Honeys aus dem Lager geprescht kamen, denn mit ihren 2-cm-Kanonen waren sie eindeutig unterlegen. Als Hakkett eine weiter südlich liegende Anhöhe erreichte, konnte er nur noch zusehen, wie das Hauptquartier der 7. Tankdivision »in den Sack getan« wurde. Das Lager war schon von Panzern eingekreist. Die Sache ging offenbar schon zu Ende.

Neben ihm bremste ein offener Stabswagen.

»Wo ist das Hauptquartier der Siebenten?« fragte General Willoughby-Norrie, der Korps-Kommandeur.

»Da unten, General«, sagte Hackett. Bevor er fortfahren konnte, trat der Fahrer aufs Gas, und der Stabswagen schoß davon. »Hinterher!« brüllte Hackett seinem Fahrer zu.

Der General war zunächst etwas indigniert, als ihm der Honey mit dem verschmierten und angesengten Offizier den Weg abschnitt, aber dann doch recht dankbar.

Zur gleichen Zeit betrachtete unten im eroberten Hauptquartier ein deutscher Dolmetscher nachdenklich einen älteren Engländer, der mürrisch zwischen den Gefangenen stand. »Sind Sie nicht schon etwas zu alt für einen einfachen Soldaten?« fragte er.

»Ganz richtig«, sagte der Mann, »es ist auch eine große Sauerei, daß sie mich noch eingezogen haben.«

Das war General Messervy, der seine Rangabzeichen von der Uniform abgetrennt hatte. In der folgenden Nacht gelang ihm die Flucht.

Erste Schüsse mit der Russenpak

Wie üblich, blieben auf der Vormarschlinie der Panzerarmee allerlei Fahrzeuge liegen.

Südlich von Bir Hacheim standen vier Panzerjäger und ein Unteroffizier ziemlich ratlos um einen Lastwagen herum, hinter dem eine in der Wüste neue Kanone hing: eine von den Russen erbeutete

Pak vom Kaliber 7,62 cm, nach der Acht-acht die damals beste Panzer-Abwehrwaffe der Welt.

Einer der Soldaten war der 19jährige Günther Halm aus Hildesheim. Er war erst seit August 1941 dabei, aber schon perfekt ausgebildet; nicht nur als Pak-Richtschütze, sondern auch am Maschinengewehr.*

Nur mit der Russenpak wußte niemand etwas anzufangen. Die Kanone war ihnen erst unmittelbar vor dem Aufbruch zugeteilt worden.

Dann blieb auch noch ihr Auto stehen. Irgendwo schien die Benzinzufuhr unterbrochen. Sie nahmen den Luftfilter ab, einer setzte sich auf den Kotflügel und träufelte Sprit in den Ansaugstutzen, bis eine Stichflamme aus dem Vergaser schlug. Sie löschten fluchend den Vergaserbrand und sahen sich um. Ein Stückchen weiter stand verlassen ein englischer Scoutcar, daneben ein großes Benzinfaß.

Aus lauter Langeweile machten sie Zielschießen mit Pistolen auf das Faß. Nach den ersten drei Schüssen erhob sich dahinter eine lange Gestalt und kam mit erhobenen Händen angewandert: ein Inder von der 3. Motorbrigade, ein Sikh mit Turban und Bart.

Sein kleines Auto hatte einen Platten. Sie bauten die Benzinpumpe aus, aber natürlich paßte sie nicht auf ihren Lkw-Motor. Während sie noch fummelten, staubte 500 Meter entfernt eine große englische Kolonne von mindestens 150 Fahrzeugen vorbei. Sie stürzten sich auf ihre Kanone – statt vernünftigerweise in Dekkung zu gehen –, bekamen mit Mühe und Not den Verschluß auf und eine Granate ins Rohr, aber losgehen wollte das Biest nicht.

Endlich fanden sie noch eine Sicherung. Die Kanone ging mit gewaltigem Krach los, aber nach dem dritten Schuß saß sie unter dem Lastwagen: sie hatte einen so starken Rückstoß, daß man auf dem steinigen Wüstenboden immer die Holme eingraben mußte.

Die englische Kolonne fuhr weiter, nur zwei Panzerspähwagen

* Das ging auf eine besondere Anordnung von Rommel zurück: Panzerjäger sollten auch MG's, Grenadiere auch Pak bedienen können. Vor dem Mai-Angriff kontrollierte er diese Ausbildung selbst. Bei Major Ehles Einheit gab es dabei einen Zwischenfall: Mitten im Geschützexerzieren zog ein Grenadier eine Kamera und knipste den Oberkommandierenden. Normale Kommiß-Reaktion: Gebrüll, Weltuntergang. Nicht so Rommel: Selbst begeisterter Foto-Amateur, setzte er sein Fotografier-Gesicht auf und war sichtlich zufrieden.

schienen feindselige Absichten zu haben. Die Panzerjäger hängten ihren Lastwagen hinter das kleine Auto des Inders und brachten den Schleppzug tatsächlich ächzend in Gang. Der Unteroffizier stieg auf den Sitz, um den Feind mit dem Fernglas zu betrachten, und fiel prompt in die Wüste. Bei der Vollbremsung krachte ihnen natürlich der Lastwagen hinten rein. Drei Mann rannten nach hinten und richteten die Kanone, was die Spähwagen zum Glück verscheuchte. Sie hätten sich kaum zu fürchten brauchen, denn die Rücklaufbahn der Kanone war so versandet, daß das Rohr hinten festhing.

Mit einiger Mühe fanden sie wieder Anschluß. Der Anfang war nicht besonders glücklich, aber über ihre Kanone hatten sie immerhin eine Menge gelernt.

Zweckentfremdeter Sonderverband

Leutnant Hans-Günter Buchholz war so unglücklich, wie es nur ein 21jähriger sein kann, als sein Lastwagen unmittelbar nach Beginn des Vormarsches stehenblieb. Dem hochbeinigen Citroën – einem von 1500 Lastwagen, die durch besondere Regierungsvereinbarung von den Franzosen in Tunesien geliefert worden waren – hatte irgend etwas die Ölwanne zerschlagen.

Sein erster Einsatz in Afrika, sein erster Einsatz als Offizier ... Er gab seinen Leuten ein paar Anweisungen und rannte los, irgend etwas Fahrbares zu finden, das ihn dorthin mitnehmen konnte, wo der Krieg war.

Sie gehörten zum Sonderverband 288, nach dem Kommandeur auch »Kampfgruppe Menton« genannt, der in der Zeit der Ostland-Euphorie mit großen Hoffnungen aufgestellt worden war: Sobald die Untermenschen am Boden lagen, sollte ja ein Vorstoß über den Kaukasus und Persien die Ölquellen am Golf für Großdeutschland sichern; von dort schien auch Indien in der Planungsphantasie nicht mehr fern, wo man schließlich den japanischen Waffenbrüdern die Hand reichen konnte.

Als Kerntruppe für solche Aufgaben bestand der Sonderverband 288, in Stärke einer knappen Brigade, aus Elite-Einheiten aller

Heeres-Waffengattungen: Infanterie, Panzerjäger, Gebirgsjäger, Pioniere, sogar drei der neuen Sturmgeschütze* und eine Kompanie »Brandenburger«** waren dabei, und natürlich Flak und Artillerie. Das Wichtigste jedoch war ein Dolmetscherzug mit Druckereitrupp, Kenner aller Sprachen zwischen dem Kaukasus und Indien, von arabischen und persischen Dialekten bis hin zu Hindu, Urdu und Sanskrit. Auch eine Gruppe hochspezialisierter Chemiker und Techniker war angeschlossen, die sich sofort über die Ölquellen hermachen und sie, auch nach Zerstörungen, wieder zum Sprudeln bringen sollten.

Als es sich herausstellte, daß diese Pläne zumindest noch ein wenig warten mußten, zugleich Rommels Truppen schwer dezimiert wurden, schickte man die 288er (ohne Dolmetscher und Wissenschaftler) nach Afrika. Beim Verladen in Piräus fiel eins von den Sturmgeschützen in den Hafen. Ein weiteres wagte sich noch vor Beginn der Mai-Offensive zu weit vor und wurde zum allgemeinen Entsetzen von den Engländern kassiert.

Buchholz gehörte zur Infanterie. Weil die Zahl der Fahrzeuge nicht für alle reichte, knobelten die Zugführer aus, wer beim Troß bleiben mußte. Buchholz gewann und durfte fahren. Sie überluden ihren Dreitonner Citroën mit Benzin und Munition, die Leute saßen oben auf dieser explosiven Mischung. Hinten dran hing noch zusätzlich eine Pak.

In der Nacht fuhren sie am rechten Flügel des riesigen Heerzuges, hustend und fluchend in der alles einhüllenden Staubwolke, die noch einen weiteren Nachteil hatte: Leuchtzeichen waren verboten ebenso wie Funkverkehr; als Orientierungshilfe bombardierte die Luftwaffe Bir Hacheim mit Brandbomben und setzte Leuchtzeichen über dem Stützpunkt, was unverdächtig schien. Aber nur in der Spitzengruppe und am linken Flügel erhaschte man hier und da einen Blick auf dieses Feuerwerk durch den wirbelnden Staub. Alles

* Kurze 7,5-cm-Kwk auf Panzer-Fahrgestell mit kräftigem Panzerschutz. Unterschied zum normalen Kampfwagen: Kein Drehturm.

** Lehrregiment Brandenburg ZbV 800, nach Art der »Rangers« oder »Commandos« für Einsätze hinter den feindlichen Linien ausgebildete Spezialisten.

Mai-Offensive 1942: Nach kräftigen Vorstößen bis südlich El Adem und fast bis zur Via Balbia müssen sich Rommels Kräfte in einen Kessel östlich Got el Ualev zurückziehen. Die Lage ist unangenehm, aber Ritchie zögert, bis die Panzerarmee sich ein Loch nach rückwärts durch die Gazala-Linie schlagen kann und ihre Bewegungsfreiheit zurückgewinnt. ▶

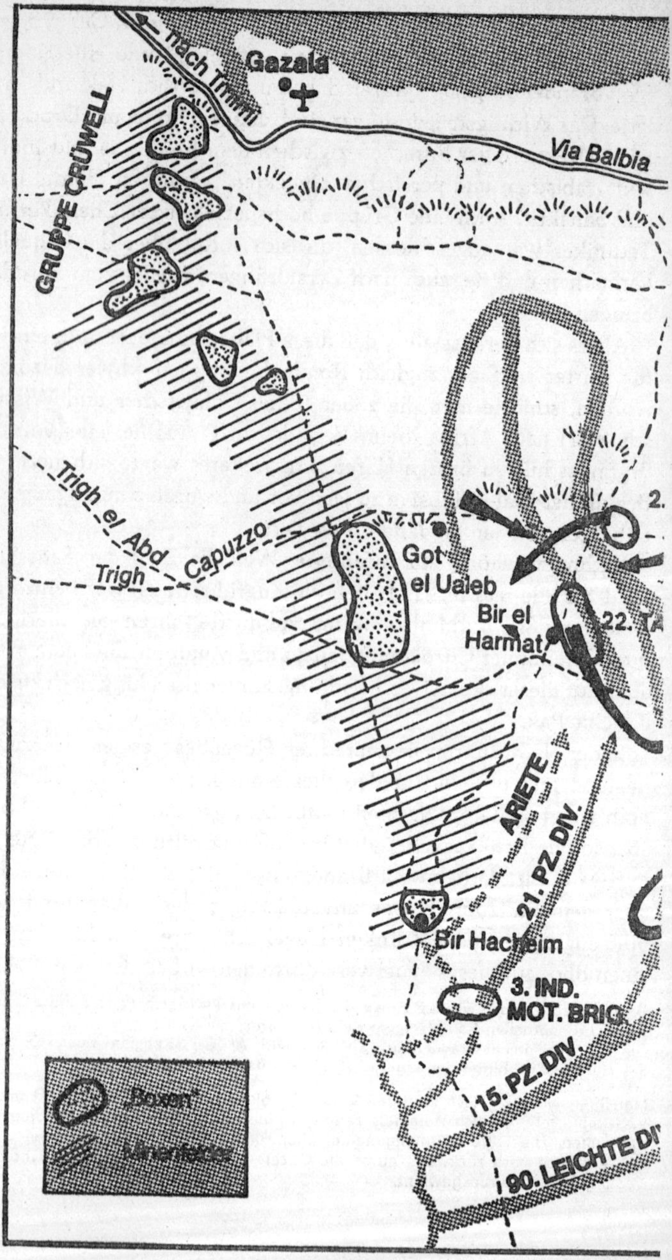
Gazala
Via Balbia
GRUPPE CRÜWELL
Trigh el Abd
Trigh Capuzzo
Got el Ualeb
Bir el Harmat
ARIETE
21. PZ. DIV.
Bir Hacheim
3. IND. MOT. BRIG.
15. PZ. DIV.
90. LEICHTE DI
„Boxen"

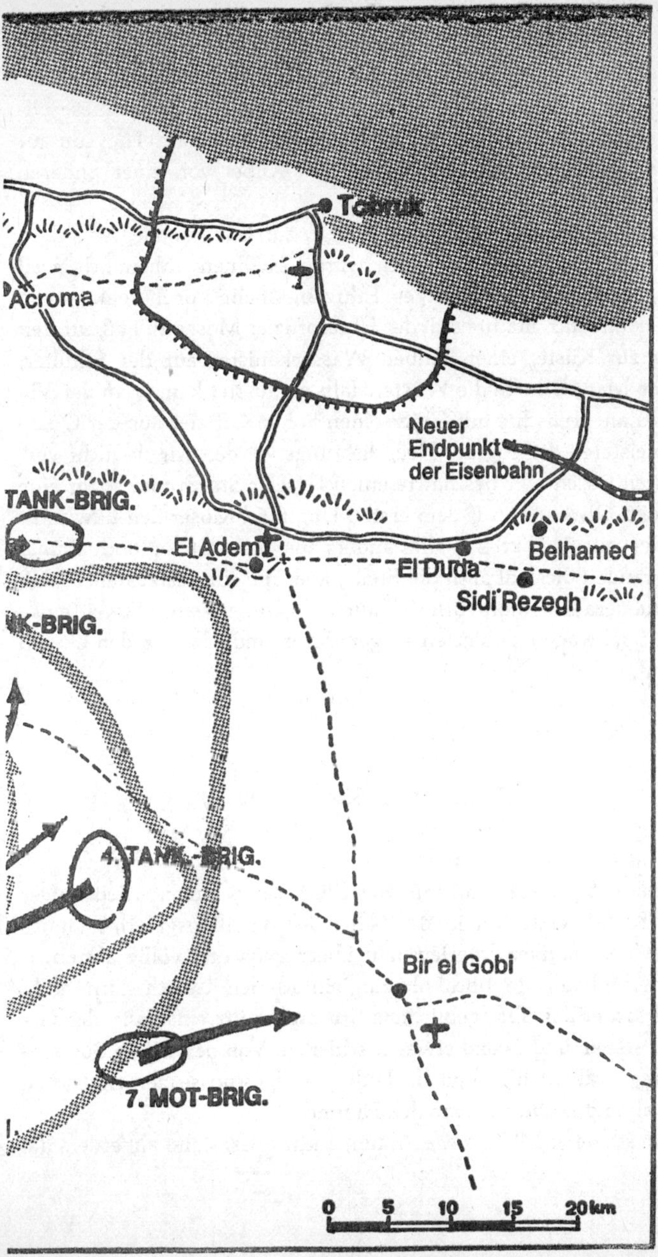

Tobruk
Acroma
Neuer Endpunkt der Eisenbahn
TANK-BRIG.
El Adem
El Duda
Belhamed
Sidi Rezegh
K-BRIG.
4. TANK-BRIG.
Bir el Gobi
7. MOT-BRIG.
0 5 10 15 20 km

andere wälzte sich eben im großen Strom mit, was dann doch verblüffend gut funktionierte.

Dann ging also ihre Ölwanne kaputt. Buchholz sagte: »Ihr habt vorerst Wasser und Verpflegung genug. Seht zu, daß ihr diese Ölwanne kriegt«, und hüpfte mit Unteroffizier Gerhard Theyson auf einen schon mächtig überladenen VW-Kübel von einer anderen Einheit.

Die Gestrandeten waren zuerst ganz zufrieden und legten sich in den Schatten. Am dritten Tag wurde es ihnen unheimlich, weil die ganze Zeit kein einziges Fahrzeug mehr vorübergekommen war. Schließlich machte sich der Unteroffizier Moser zu Fuß auf den Weg zur Küste, einen halben Wasserkanister auf der Schulter, 60 km Marsch durch die Wüste. Halb verdurstet kam er an der Via Balbia an, erwischte mit Glück einen hohen Offizier aus der Quartiermeisterei, der sagte: »Nee, die Jungs werden wir da nicht verdursten lassen.« Er beschaffte einen Fieseler Storch und sogar eine Citroën-Ölwanne. Auf dem ersten Flug fand Moser den Lkw nicht wieder; aus der Luft sah alles anders aus. Sie starteten noch einmal und fanden diesmal auch die Stelle, aber nur um festzustellen, daß die Kameraden schon vorm Verdursten gerettet waren: Zwei feindliche Spähwagen kassierten sie gerade ein und schossen den Lkw in Brand.

Ein einsames Sturmgeschütz

Leutnant Buchholz fand mit viel Glück seine Einheit wieder. Der VW-Kübel setzte ihn in der Nähe des Bataillonsgefechtsstandes ab, wo ein aktiver Oberleutnant übernervös und völlig ahnungslos herumhampelte. Buchholz ging einfach dem Gefechtslärm nach. Bald sah er das übriggebliebene Sturmgeschütz einsam in der Gegend stehen und irgend etwas beschießen. Von der dicken Bugpanzerung prallten hier und da leichte Vollgeschosse der englischen Pak ab und zischten steil in den Himmel.

Ein schweres MG mit drei Mann, auch 288er, stand außerdem da.

Buchholz sammelte unterwegs noch ein paar Pioniere ein, denen offenbar niemand sagte, was sie machen sollten. Er krabbelte auf das Sturmgeschütz, in dem ein sehr fröhlicher und gelassener Oberfeldwebel kommandierte, besah sich die Gegend und übernahm die Feuerleitung.

Die Sicht war noch gut, das Hitzegeflimmer hatte noch nicht eingesetzt. Hinter einer Bodenwelle voraus schlichen feindliche Spähwagen herum, aber man konnte mit dem Glas auch die Oberteile von ein paar Transportern erkennen. Mit den Sprenggranaten des Sturmgeschützes wurden die Transporter schnell in Brand geschossen, und Buchholz konnte ein Ende vorrücken.

Aber in dem Spähwagen hatten sie nun wohl gemerkt, daß dieses fremdartige Ungetüm nur vorne heraus schießen konnte.

»Paß auf, links von dem brennenden Lkw schleichen sich zwei Spähwagen rum«, sagte Buchholz. Der Motor brüllte auf, diese Sturmgeschütz-Besatzung war wahrhaftig tüchtig: Mit kreischenden Ketten drehte das Ding und stand sofort richtig; »Panzergranate«, sagte der Oberfeldwebel. Der erste Schuß stoppte einen der Spähwagen mit einem deutlich sichtbaren Ruck. Der andere versuchte zu fliehen und wurde mindestens auch noch angekratzt. Sie klirrten ein Stück hinterher, walzten etwas Stacheldraht nieder und standen plötzlich in einer Stellung. Aus ihren Löchern warfen ein paar Infanteristen Handgranaten, die wirkungslos irgendwo krepierten, dann waren die Pioniere da und die Männer mit den Tellerhelmen hohen die Hände.

Buchholz sammelte die Gefangenen hinter dem Sturmgeschütz, auf dessen dicke Haut immer noch Infanteriefeuer kleckerte. Aber dann fing ein feindlicher Granatwerfer unangenehm genau an zu schießen. Den Gefangenen, an die 30 Mann, gefiel das ebensowenig. Buchholz scheuchte sie in ein großes Loch, das halbwegs Deckung bot, und ließ drei Pioniere zur Bewachung da. Die Männer mit dem schweren MG kamen nachgekeucht. Es wurde Zeit, sich um diesen Granatwerfer zu kümmern.

Buchholz stieg wieder auf das Sturmgeschütz. Aus der Gefangenengruppe warf ihnen irgendwer noch eine Eihandgranate nach, die aber ebenfalls keinen Schaden anrichtete.

Das Sturmgeschütz mit dem dicken, kurzen Rohr mußte von

vorn wohl einen niederschmetternden Eindruck machen. Das Granatwerfer-Feuer hörte auf, man sah Leute aufspringen und zu Fahrzeugen rennen. Das MG bellte, »Sprenggranate«, sagte der gelassene Oberfeldwebel und schoß einen Lkw nach dem anderen in Brand.

Sie sahen sich um: ein gar nicht so kleiner Stützpunkt war erobert, ohne daß sie etwas Derartiges vorgehabt hatten. Der in einer Senke stationierte Bataillonsgefechtsstand hatte nichts davon mitbekommen. Buchholz bekam von dem zappeligen Oberleutnant einen mächtigen Anschiß, weil er auf eigene Faust losgestiefelt war.

Acht-acht-Front stoppt Grants

Im Laufe dieses ersten Tages zeigte es sich, daß die Panzerarmee trotz ihrer Anfangserfolge in der Lage war, die stark nach einem Desaster aussah. Zwar war die feindliche 3. Motorbrigade in alle Winde zersprengt, die 4. Tankbrigade schwer angeschlagen, und standen die Spitzen der beiden Panzerdivisionen und der 90. Leichten schon knapp südlich der Küstenstraße. Aber es war schwer zu entscheiden, wer nun eigentlich eingeschlossen war: die britischen Truppen in der Gazala-Linie, die sich nun zwischen den unmotorisierten Teilen der deutsch-italienischen Armee und Rommels Angriffskeil befanden, oder eben dieser Keil der mobilen Verbände, der links von sich die Gazala-Linie und rechts von sich die motorisierten und mechanisierten britischen Kräfte hatte.

Sicher war, daß die Versorgungslage der gut bevorrateten Briten in den »Boxen« der Gazala-Linie besser war als die der deutschen Angriffstruppen. Denn schon am ersten Tag begannen britische Kampfgruppen, unterhalb von Bir Hacheim gnadenlos Jagd auf die Nachschubkolonnen zu machen. Die mit einer deutschen Brigadegruppe als »Korsettstange« verstärkten italienischen Fußtruppen, die unter dem Kommando von General Crüwell* Entla-

* Das Afrika-Korps führte Generalleutnant Walther K. Nehring.

stungsangriffe auf den oberen Teil der Gazala-Linie führten, hatten ohnehin die übelste Aufgabe und brachten keine Entlastung: Frontangriffe auf britische Infanteristen in gut ausgebauten Stellungen, unterstützt von 25-Pfündern und Matildas, gehören nicht zu den erfreulichen Tätigkeiten.

Im vorbereitenden Armee-Befehl vom 28. 5. 42 waren die möglichen Reaktionen der Briten untersucht worden. Es bestünde die Möglichkeit, hieß es darin, daß die feindlichen Tank-Verbände sich (beim Vorstoß der deutsch-italienischen Truppen nach Norden) seitlich in östlicher oder südöstlicher Richtung absetzten, um einen Flankenstoß zu führen. Aber dieser Möglichkeit wurde keine große Wahrscheinlichkeit beigemessen: »Letzterer Entschluß fordert von der britischen Führung viel Verantwortungsfreudigkeit und eine große Wendigkeit in der Durchführung. Nach den bisher gemachten Erfahrungen neigt der Gegner nicht zu solchen Entschlüssen ...«

Aber genau diesen Entschluß faßte er. Zwar gelang es der britischen Führung wieder nicht, ihre Tank-Kräfte zu einem einzigen, geballten Stoß zusammenzufassen. Aber immerhin, die in der Tat entweder noch Osten ausgewichenen oder dort schon bereitgestellten Brigaden der 7. und 1. Tankdivision stießen in die lange Flanke von Rommels Panzerarmee. Am Nachmittag des 27. Mai war die Hölle los:

Hitzeflimmernde Luft verzerrte die Konturen ins Groteske, als sie, mächtige Staubwolken hinter sich herziehend, herangeprescht kamen: schnelle Honeys und Kreuzer voraus, dahinter wie schwankende Türme die großen Grants.

Nachschubtransporter, Funkstellen, Halbkettenfahrzeuge mit Infanterie, Artillerie-Schlepper – alles stob in wilder Flucht davon. Rommel selbst geriet ins Gedränge und mußte wutschnaubend fliehen, während sich seine Begleitgruppe, die Kampfstaffel Kiehl, mit Acht-acht und Pak wehrte und acht angreifende Kreuzer abschoß.

Aber die Flanke des deutschen Heerwurms war 10 000 Fahrzeuge lang. Die britischen Tanks brachen an mehreren Stellen ein und wüteten mit Kanonen und MG's. Panik brach aus. General Nehring und der Flak-Regimentskommandeur Oberst Wolz jagten im offenen Wagen herum und pickten Acht-acht-Kanonen aus dem vorüberwirbelnden Strom der Fahrzeuge.

Rommel, offenbar mit derselben Idee unterwegs, kam angestaubt und fand noch die Zeit, dem Flak-Mann ein paar donnernde Worte zu sagen.

»Ich schüttelte mich ein wenig und stürzte auf die Geschütze zu«, berichtete Wolz später. Nach kurzer Zeit schmetterten 16 Acht-acht ihre 10 kg schweren Vollgeschosse den Tanks entgegen. Oberleutnant Heinrich Dammann aus Eimke in der Lüneburger Heide hatte seine Batterie schon frühzeitig abprotzen lassen. Seine Kanoniere schossen eine Reihe britischer Tanks ab, handelten sich aber auch die Aufmerksamkeit der übriggebliebenen ein.

Schweißüberströmt schufteten die Männer, K 2's (Richtkanoniere) kurbelten, muskelbepackte K 3's (Ladekanoniere) stießen die schweren Granaten ins Rohr. Immer dichter vor der Batterie blieben schwarzblakende britische Tankwracks liegen, taten Sterbende ihren Kameraden noch einen letzten Gefallen: der ölige Qualm ihrer brennenden Fahrzeuge bot Deckung.

Feuernd brach ein Kreuzer in die Stellung ein. Die Männer warfen sich hin. Der Tank rammte ein Geschütz, rollte über die Holme, was der soliden Kanone nicht viel ausmachte. Ein Kanonier lag eng an einen dieser Holme gepreßt, selbst im Getöse der Schlacht hörte man seinen Schrei, als die quietschende Kette über ihn hinwegging.

Der Gefreite Emil Berner, ein zierliches, blutjunges Bürschchen aus Stetten am Hohentwiel, sprang an die Kanone, kurbelte das Rohr herum und donnerte auf 40 Meter Entfernung ein Vollgeschoß in den Kreuzer. Der Turm flog weg, von der Besatzung rührte sich niemand mehr.

Der Mann am Holm aber, über den der Tank weggerollt war, stand zögernd und etwas steifbeinig wieder auf. Der Holm hatte ihn geschützt und er hatte nur ein paar oberflächliche Quetschungen davongetragen.

Auch die dicke Russenpak mit Günther Halm sprach ein Wort mit, von Rommel persönlich angefeuert. Als die ungefügten Silhouetten der Tanks im wabernden Dunst auftauchten, kam der

Oberbefehlshaber im offenen Halbkettenfahrzeug von hinten und fuhr ihnen ein Stück entgegen, das Glas an den Augen. Eine Sprenggranate, offenbar von einem Grant, detonierte vor seinem Wagen. Der fuhr ein wenig zur Seite, blieb wieder stehen: Rommel beobachtete weiter.

Erst als sie ihm zu dicht auf den Pelz rückten, kam er zurückgerasselt, hielt kurz neben der Pak und sagte: »Paßt auf, Jungs, da hinten kommen sie, laßt keinen vorbei!«

Fünfzig Meter weiter hinten blieb Rommel in einer Senke stehen. Die ersten Schüsse auf Panzer unter den Augen des Oberbefehlshabers ... Gut, daß die Jungs schon in der Wüste geübt hatten. Sie schossen zwei britische Grants ab, die Einheit drehte ab, Rommel fuhr vorbei und rief: »Jungs, das habt ihr fein gemacht!« Und rollte hinter den Tanks her.

Die Wüste lag voller qualmender Wracks, als die Brigaden endgültig abdrehten. Eine unbewegliche britische Führung hatte sie wieder einmal auf überlegene deutsche Abwehrgeschütze rennen lassen, ohne den Einsatz der Waffengattungen rechtzeitig zu koordinieren: die Artillerie kam wieder einmal zu spät.

Bevor die Sonne sank, wanderte Halm mit einem anderen Kanonier die 1800 Meter hinüber zu den beiden ausgebrannten Wracks. Voller Grauen sahen sie in einem schneeweiße Skelette. Aber 19jährige vergessen schnell, und der Feind half ihnen dabei: Plötzlich waren zwei englische Spähwagen da und jagten sie mit MG-Garben um die Wracks, bis endlich der Rest der deutschen Geschützbedienung aufmerksam wurde und ein Geschoß herüberballerte, das die Spähwagen verscheuchte.

Rommel war längst weitergefahren, rastlos und wie getrieben die Kolonnen hinauf und hinunter; immer mißtrauisch, daß sich jemand drückte, insbesondere Panzerbesatzungen:

»Was machen Sie mit dem Panzer, wenn Sie fertig sind?«

Auf die Frage des Oberkommandierenden erstarrte die Mannschaft, zu der Werner Fenck als Richtschütze gehörte, in vorschriftsmäßiger Grundhaltung. Nach einem langen Tag dauernder Kämpfe hatte es ihnen zu guter Letzt doch noch die Kette heruntergefetzt. Nun fummelten sie herum, flickten notdürftig die Reserve-Kettenglieder ein:

»Der Panzer muß dann zur Werkstatt, Herr General«, sagte der Kommandant, ein Leutnant.

»Wer hat das befohlen?«

»Der Hauptwerkmeister, Herr General.«

Rommel sah das Rohr an, es war eines von den neuen, langen; mindestens so viel wert wie drei von den Kreuzern, die da auf der anderen Seite herumwackelten.

»Bestellt eurem Hauptwerkmeister, daß er ein großes Arschloch ist.«

Aber dann fuhr er weiter, hatte wohl selbst das Gefühl, daß er schlecht darauf bestehen konnte, den Panzer mit der Schlacker-Kette wieder in den Kampf zu schicken. – Im Regiment ging nach der »Crusader«-Schlacht die Mär, daß er einen Feldwebel, der mit einem allerdings nur geringfügig beschädigten Panzer unterwegs nach hinten war, in den Hintern getreten und mit Pistolengefuchtel wieder nach vorn gejagt habe.

General Lumsdens Wutanfall

Rommels Sorgen waren an diesem ersten Tag von »Theseus« nicht geringer als damals, Ende November. Ein Drittel seiner Panzer war außer Gefecht gesetzt. Die feindlichen mechanisierten Streitkräfte aber waren trotz aller Verluste noch intakt. Die »Boxen« wurden weit energischer verteidigt als angenommen, und ihre Minenfelder waren größer als vermutet.

Der damalige DAK-Kommandierende Walther Nehring, heute in Düsseldorf lebend, beim Interview 84 Jahre alt (und für dieses Alter als aktiver Jäger und Autofahrer eher jünglingshaft wirkend), läßt sogar milde Rommel-Kritik anklingen: »Darin erinnerte Rommel fast ein wenig an Hitler, dessen Wirken ich ja aus Rußland kannte – er machte sich einen Plan, baute seine Truppen auf und ging ran, in der festen Überzeugung, so müsse es gehen und der Gegner müsse eben auch parieren! Dieses künstliche Boxen-Gebilde, das die Engländer sich da in die Wüste gebaut hatten, würde unter einem energischen Stoß zusammenbrechen, meinte er. Aber stur und tapfer waren sie ja, die Engländer, und da sahen wir erst einmal ziemlich dumm aus ... Sicher, Rommel war schon ein doller Löwe, und wie er es dann doch wieder geschafft hat, das war bewundernswert.«

Allerdings: Es gehörte auch ein Gegner dazu, der ihm Luft zum Atemholen und Umgruppieren ließ. Die Briten taten es. Und das hing mit der gelungenen Flucht des Divisionskommandeurs Messervy zusammen.

Als am Nachmittag des 27. Mai bekanntgeworden war, daß die Deutschen das Hauptquartier der 7. Tankdivision mitsamt General Messervy eingesackt hatten, unterstellte Ritchie die Brigaden der 7. dem Kommandeur der 1. Tankdivision, Herbert Lumsden. Zusammen mit einem Teil der Armee-Tankbrigaden im Norden (Matildas und Valentines) kam so unter einheitlichem Kommando eine formidable mechanisierte Streitmacht zusammen, und Lumsden war entschlossen, sie endlich einmal geballt zu benutzen.

Aber Messervy entkam in der Nacht und teilte sofort mit, daß er sein Gärtchen wieder allein bestellen wollte. Insbesondere werde er keine Einheit für einen Angriff zur Verfügung stellen, bevor der ganze Verein reorganisiert und aufgefrischt sei. Er wartete zunächst auf ein Infanterie- und ein Tankregiment, die frisch aus dem Delta kamen und gerade am neuen Endpunkt der nach Libyen hinein verlängerten Eisenbahnlinie, bei Belhamed südöstlich Tobruk, ausgeladen wurden.

General Lumsden bekam die Nachricht, daß er alle Einheiten der 7. wieder abgeben müsse, über sein Tank-Funkgerät, als er sich auf den Angriff vorbereitete. Außer dem Verlust an Tanks war besonders schmerzlich, daß er fast die gesamte verfügbare Artillerie wieder los wurde.

Lumsden riß sein Tank-Corps-Barett vom Kopf, schmiß es in die Wüste, trampelte darauf herum und benutzte Ausdrücke, die eines britischen Generals absolut unwürdig waren. Dann fuhr er den Angriff mit seinem reduzierten Verband und ohne Artillerie alleine. Jet Ladenberg, der Liaison-Offizier von den 8. Husaren, der den General in dieser Stimmung trotz der veränderten Unterstellungsverhältnisse nicht allein lassen wollte, berichtete später beeindruckt, Lumsden habe sich wie ein Berserker betragen, mitten im Feuer oben auf dem Tank herumgetobt und überhaupt den Eindruck erweckt, daß er am liebsten den Kopf weggeblasen bekommen hätte.

Natürlich nützt blindwütige Tapferkeit nichts gegen überlegene und wohlgeführte Waffen. Die 1. Tankdivision erlitt erneut schwere Verluste.

Als an diesem 28. Mai wieder kein konzentrierter Angriff die weit auseinandergezogenen deutschen Verbände traf – die 90. Division war hoch im Norden bei El Adem zeitweise isoliert, die Panzerdivisionen teilweise durch Sprit- und Munitionsmangel unfähig zur Hilfeleistung –, konnte sich Rommel ein vorsichtiges Aufatmen gestatten. Nach und nach zog er die Verbände östlich der Gazala-Linie am Wüstenpfad Trigh el Abd zusammen. Sie saßen zwar in der Falle, aber es schien, als ob der Bügel nicht zuschlagen wolle. Und sie begannen sofort, nach hinten ein Loch zu bohren.

Pioniere begannen, einen Weg nach Westen durch das Minenfeld zu bahnen. Schon vorher hatten Italiener von der anderen Seite der Gazala-Linie einen Schleichpfad gefunden, der aber zur Versorgung ungeeignet war.

Es begann ein Wettlauf mit der Zeit. Mehrere Tage lang hätte ein britischer Großangriff eine nicht an Sprit- und Munitionsmangel leidende, sondern auch verunsicherte Truppe getroffen. Jeder erkannte, wie unheimlich die Situation war. Gelegentlich konnte man aus allen Himmelsrichtungen Gefechtslärm hören. Wasser war knapp, das Waschen längst wieder verboten, Durst zerrte zusätzlich an den Nerven. Schwerverwundete, Verbrannte, Verstümmelte lagen stöhnend und schreiend auf den Verbandsplätzen und konnten nicht nach hinten gebracht werden. Gerüchte schwirrten, in denen nacheinander Rommel, Crüwell und Nehring als tot oder gefangen bezeichnet wurden.

Für einen von ihnen traf das mildere Schicksal von beiden in der Tat zu: General Crüwell war gefangen.

Oft hatte Saenger ihn sagen hören: »Ich mag diese Blechdinger nicht, diese Fieseler Störche . . .«

Damit hatte er recht. Am Morgen des 29. Mai wollte er sich per Storch zur Front fliegen lassen, um einen neuen Angriff von Westen auf die Gazala-Linie zu leiten. Es war verabredet, daß bei Annäherung der Maschine Leuchtzeichen geschossen wurden. Irgend etwas funktionierte nicht, das kleine Flugzeug schien über den britischen Linien. Infanteriewaffen durchlöcherten die Kabine. Der Pilot sackte tot zusammen. Zu Crüwells Glück blieb der Steuerknüppel in neutraler Stellung, so daß die Maschine ausschwebte und mit nur geringfügigem Bruch landete, wenn auch mitten in einer »Box«.

Ein freundlicher britischer Koch briet dem gefangenen General ein mächtiges Steak. Dann wurde er nach Kairo gebracht. Saenger hörte erst nach langer Zeit von dem herben Verlust der insbesondere ihn und seine Mannschaft betraf: mit Chauffeurdienst beim Korpsstab war es aus. Den Feldküchenschornstein hatten sie unter den finsteren Blicken des Kompaniechefs schon gleich nach ihrer Rückkehr zum Haufen weggeschmissen.

Die düstere Stimmung machte auch vor den oberen Rängen nicht halt. Die beiden Stabschefs, Gause und Bayerlein, machten Rommel in aller Unschuld einen Vorschlag: Wie, wenn man sich wieder nach Westen durchschlüge und der Welt einfach mitteilte, es habe sich um einen Aufklärungsvorstoß gehandelt, der absolut planmäßig verlaufen sei?

Vermutlich haben sie damit dem vorher sichtlich schwankenden Rommel im entscheidenden Augenblick den Rücken gestärkt. Denn Bedenklichkeiten dieser Art mochte er überhaupt nicht, donnerte die beiden zusammen und war seiner Sache wieder sicher: Schon schlimm genug, daß man vorübergehend zur Verteidigung übergehen muß, aber nach rückwärts führt kein Weg, und Entscheidungen dieser Art träfe immer noch er.

»Der Mann ist mit seiner Aufgabe enorm gewachsen«, sagte Siegfried Westphal im Interview. Er berührte damit einen Punkt, der für jede Art von Geschichtsschreibung wichtig ist und allzu oft vernächlässigt wird: die Ereignisse schnitzen an jedem Menschen; am Material entscheidet sich, was unter diesen Einwirkungen übrig bleibt. Rommels persönliche Geschichte zeigt auch und besonders nach dem Afrika-Feldzug, daß er nicht aus dem schlechtesten Material war. Im Kessel am Trigh el Abd bewies er, daß er nicht mehr der wilde Angreifer von 1941 war. Er stand wie ein angeschlagener, aber immer noch souveräner Boxer hinter der Doppeldeckung und blinzelte um den Handschuh herum: Was macht der andere?

Ritchie ist oft dafür getadelt worden, daß er Rommel nun ziemlich unbehelligt tagelang in seinem Kessel sitzen ließ. Sicher ist nur, daß die große Chance am Morgen des zweiten Tages mit der Rückkehr Messervys vertan wurde. Da war die Panzerarmee auseinandergezogen, zum Teil schon zerniert und aus dem Tritt geraten. Wahrscheinlich hätte auch in den Tagen danach ein energischer Stoß aller britischen Kräfte, insbesondere mit der Speerspitze zweier frischer, dickhäutiger Brigaden von Infanterietanks im Norden, den Afrika-Feldzug beenden können. Aber mit jedem Tag verbesserte sich die starke, nun mit rommelschem Geschick aufgebaute Abwehrfront schwerer Waffen; es hätte gewiß ein schauriges Gemetzel gegeben.

Wobei man wiederum bedenken muß, daß es das später ohnehin gab, allerdings mit den Briten in der Defensive ...

General a. D. Nehring ist überdies nicht ganz sicher, ob Rommel sich nicht in Gedanken doch noch die Möglichkeit offenhielt, nach hinten zu entweichen, während allnächtlich in größter Eile an der Minengasse nach Westen gearbeitet wurde. Erstaunlicherweise – entweder war die Luftaufklärung nicht gut oder es gab bei der Planung der Gasse einen Navigationsfehler – landete dieser Weg genau vor einer der britischen Boxen, besetzt von der 50. Brigade und einem Regiment Infanterie-Tanks.

Ahnungslos setzte sich das DAK in der Nacht zum 30. Mai nach Westen in Bewegung. General Nehring fuhr mit Bayerlein im Spähwagen in der Spitzengruppe. Im ersten Licht erreichten sie eine Anhöhe.

Sie blieben stehen und staunten. Wie von einem Logenplatz sahen sie unter sich ein unerwartetes Kriegsspiel: Leute mit Tellerhelmen rannten hin und her, da waren Drahtverhaue, Tanks, Artillerie – und die schoß munter nach Westen auf die Italiener.

Rommel kam mit dem üblichen Tempo angestaubt, gestattete sich nur kurzes Staunen und entschied: »Wir greifen an.« Sie brauchten 72 Stunden, um die »Box« aus dem Wege zu räumen. Die Panzerregimenter fuhren sich in Minengürteln fest, 25-Pfünder donnerten im direkten Beschuß zwischen sie – und eine neue Pak: die »Sechspfünder«-Kanone.* Es war tatsächlich zum erstenmal gelungen, etwas Durchschlagkräftiges zu konstruieren, zu bauen und an die Front zu schaffen, wenn auch noch in sehr begrenzter Zahl.

Major Curt Ehles Schützenbatatillon trug die Hauptlast des Infanteriekampfes – allerdings ohne den Kommandeur.

Bei der Einweisung stand Ehle mit General Nehring in der Flak-Batterie von Oberstleutnant Dammann, als plötzlich ein Jagdbomber aus der Sonne herunterstieß. Alles warf sich in den Dreck, aber ein Geschoß durchschlug Ehles rechte Hand und zerriß die Schlagader. In Sekundenschnelle war alles vorbei, man stand wieder auf, Ehle salutierte zackig und wollte sich beim General als verwundet abmelden, aber der machte erschrocken einen Satz zurück: aus der durchschossenen Schlagader spritzte ihm Ehles Blut ins Gesicht.

Von den Flak-Leuten notdürftig verarztet, wurde Ehle nachts über den Schleichweg ins Lazarett von Derna gefahren. Er kam in ein Zimmer mit General Gause und Oberstleutnant Westphal.

Gause hatte eine Gehirnerschütterung: ein Granateinschlag hatte ihn mit dem Kopf gegen die harte Wand eines Spähwagens geschleudert. Westphal hatte einen großen Granatsplitter im Oberschenkel, den er sich eher aus Trotz eingehandelt hatte.

Der Ia war mit Rommel im Spähwagen vorgefahren zur Box von Got el Ualeb, um zu überprüfen, ob die Abstimmung mit den Stukas klappte: Kurz zuvor hatten sie irrtümlich eine Acht-acht-Batterie übel zugerichtet.

Sie gerieten in Artillerie- und Granatwerferfeuer. Rommel zog sich unter den überpanzerten Teil des Wagens zurück und rief: »Kommen Sie, Westphal!«

Aber sie hatten sich vorher gestritten, Westphal war trotzig und blieb draußen. Kurz darauf spürte er einen Schlag am Bein und flog aus dem Fahrzeug. Der große Achtrad-Spähwagen fuhr

* Die »Sechspfünder«-Kanone (Kal. 57 mm) war schon bei Kriegsanfang als Prototyp gebaut. Nach dem Verlust des gesamten Materials bei Dünkirchen fiel jedoch die verhängnisvolle Entscheidung, keine Experimente zu machen, sondern die »bewährten« Zweipfünder in großer Stückzahl herzustellen.

sofort in Deckung. Zu Westphals Glück kümmerten sich zwei Offiziere um ihn, die den Spähwagen im offenen Kübel begleitet hatten, schleppten ihn aus dem Feuer und brachten ihn zum Armeegefechtsstand, wo Rommel inzwischen schon verbreitet hatte, Westphal sei vermutlich tot.

Auch Westphal brachte nachts ein Auto über den Schleichpfad nach Westen; er hatte sich strikt geweigert, Crüwells Schicksal bedenkend, im Sanitäts-Storch ausgeflogen zu werden: »Was heißt schon Sanitätsstorch? Wer sieht denn gegen die grelle Sonne das Rote Kreuz?«

Die Fahrt über den Schleichpfad wurde zu einer Tortur, die kein Verwundeter mit Kopf- oder inneren Verletzungen ausgehalten hätte, denn der Weg lag dauernd unter heftigem Artilleriefeuer, und die Fahrer jagten mit Vollgas hindurch. Doch die zumeist so flach aussehende Wüste ist keine Rennpiste; vor den zähen Wurzeln der Kameldornbüsche sammelt sich der Flugsand zu harten Buckeln, Fahrzeuge springen und schlingern krachend durch die Gegend. Westphals Ordonnanz und ein Sanitäter knieten abwechselnd auf ihm.

Er kam in einem solchen Zustand an, daß die Sanis in Derna ihn nach einem flüchtigen Blick in die Totenkammer schoben, wo sie ihn ebenso ungerührt (»der scheint nicht tot zu sein«) wieder abholten, als er zu sich kam und rief. Man legte ihn neben einen jungen Soldaten, dem der rechte Arm amputiert worden war und der im Fieber immer rief: »Alles wegen Tobruk!« »Das ging mir nahe«, schreibt Westphal in seinem Buch »Erinnerungen«.

In das Zimmer, in dem schließlich Gause, Westphal und Ehle zusammenlagen, platzte geschaftlhuberisch wie immer der Feldmarschall Kesselring, hielt den Verwundeten einen großen Vortrag über Rommels Gewohnheiten, sich bei den Fronttruppen herumzutreiben und führte die Fehlwürfe seiner Stukas darauf zurück, daß durch diese Eigenart des Oberbefehlshabers immer wieder die Funkverbindung ausfiele.

Major Ehle ertrug das in mildem Dusel mühelos, denn ihn hatte vorher die Führerreserve seines Bataillons mit ein paar Flaschen Sekt besucht.

2. Keine Chance für Tobruk

Stuka-Gemetzel über Bir Hacheim

Hinten in der Wüste wurde weiter gelitten und gestorben, hatte die merkwürdige Logik des Krieges diesen elenden Sandfleck Got el Ualeb zu einem so wichtigen Platz ernannt, daß er plötzlich Ströme von Blut wert zu sein schien.

Die deutschen Infanteristen und Pioniere arbeiteten sich durch Draht und Minenfelder vor, unter beträchtlichen Verlusten. Aber auch auf der anderen Seite waren erschöpfte, ausgeblutete Truppen. Am 1. Juni waren nur noch acht Matildas von der 1. Heerestankbrigade einsatzbereit. Panzer- und Artillerie-Munition wurde knapp.

Heinrich Dammanns Acht-acht-Batterie legte Sprenggranaten bereit; wenn man hauptsächlich gegen Tanks eingesetzt ist, hat man davon meist noch reichlich. Sie sollten den Einbruch unterstützen; der Oberleutnant ließ bei jeder Kanone 40 Granaten stapeln und befahl, sie ohne einzelne Feuerbefehle herauszuknallen, so schnell es geht. So etwas läuft bei der schnellen Acht-acht immer auf einen Wettbewerb der K 3's (oder Ladekanoniere) heraus, die sich gegenseitig übertreffen wollen. So brachten sie einen mächtigen Haufen Eisen hinüber auf die andere Seite, und das Panzerregiment 8 kam durch die Minengasse.

Rommel selbst war bei der Infanterie, getreu seinem Grundsatz, daß die Truppe immer und überall mit dem Besuch vom Oberbefehlshaber rechnen müsse. Noch einmal zerstampften die Stukas die Stellungen der Engländer. Die Artillerie schoß hochgezogene Sprengpunkte, um MG-Nester und Pak-Stellungen niederzuhalten. Am Nachmittag ergaben sich die Reste der Brigade.

Der Weg nach Westen war frei. Ritchie hatte keinen Versuch

unternommen, von Osten einzugreifen. Eine neue Chance für die britische 8. Armee war dahin. Nun zögerte Rommel nicht mehr. Das Loch, daß in die Gazala-Linie geschlagen war, sollte kein Rückzugsweg sein, sondern den Nachschub rollen lassen, endlich wieder. Er brauchte die inzwischen neu eingetroffenen Panzer ebenso wie die reparierten, wie Munition und Treibstoff. Denn nun sah er die Chance, das von den Engländern künstlich hingebaute statische Element ganz zu beseitigen, die Wüste wieder zu der Art Kampffeld zu machen, das ihm besonders lag: zum weiten, freien Raum für mobile Einheiten.

Daß Ritchie nicht angriff und die Chance des Augenblicks nicht nutzte, in dem bedeutende Kräfte der deutsch-italienischen Armee mit Front nach Westen beschäftigt waren, daß er ziemlich tatenlos zusah, wie seine 150. Brigade mitsamt den Infanterie-Panzern aufgerieben wurde, lag an einer totalen Fehleinschätzung der Lage. Rommel mache sich offenbar davon, hatte er Auchinleck mitgeteilt, und der Oberbefehlshaber funkte erfreut aus Kairo zurück: »Bravo, Achte Armee! Weiter so!« Das Erwachen war schrecklich.

Man darf wohl vermuten, daß der Rommel von 1941 nun sofort losgestürmt wäre Richtung Tobruk; diese für ihn typische, unkonventionelle »Verlagerung des Schwerpunktes« hätte auch ziemlich sicher die Reste der Gazala-Linie zum Einsturz gebracht. Aber der Schock der letzten Maitage saß tief; sein nächster Zug kam mit rommelscher Geschwindigkeit, aber ganz nach dem Lehrbuch: Kaum war Got el Ualeb genommen, stieg er mit (dem für Westphal als Armee-Ia eingesprungenen) Bayerlein in den Kübel und staubte voran nach Bir Hacheim, dem südlichen Pfeiler der Gazala-Linie, gegen den die Ariete ebenso wie italienische Infanterie bisher vergebens angerannt waren.

Die 4000 Frei-Franzosen* hielten einen gut ausgebauten Stützpunkt mit betonierten Kampfständen und tiefen, nahezu bombensicheren Unterständen. Aber nun ließ Rommel schwere Artillerie heranschaffen, und Kesselrings Stukas zerstampften den Festungsbereich.

* Verstärkt durch einige weitere Einheiten, darunter britische schwere Flak, jedoch kein »jüdisches Bataillon«, wie immer wieder berichtet wird.

Die schwerfälligen und im Sturz besonders gefährdeten Ju 87 fielen jedoch in alarmierender Zahl der Flak und den britischen Jägern zum Opfer. Diese Flieger – vom »Fußvolk« zumeist beneidet, weil sie nach dem Einsatz eine Bar bevölkerten, Hermann Görings feine Verpflegung aßen und zumeist in richtigen Betten schliefen* – leisteten Unglaubliches, stiegen immer wieder in ihre lahmen Vögel und spielten Zielscheibe, ohne Aussicht auf Glanz und Glorie der erfolgreichen Jagdflieger, bestimmt zu nicht immer schnellen, aber in jedem Fall häßlichen Tod.

Bei Bir Hacheim verminderten sich ihre Chancen um einen weiteren, entscheidenden Punkt: Wer tagelang unter gnadenlosem Bombardement liegt, entwickelt einen atavistischen Haß gegen die Männer in diesen Donnervögeln. Dies traf in besonderem Maße auf die Eingeborenen-Truppen aus den französischen Kolonien zu.** Von den ausgestiegenen Stuka-Fliegern kam kaum einer lebend am Boden an. Die deutschen Truppen rundum sahen immer wieder die Leuchtspurgeschosse von Maschinengewehrgarben, die auf die hilflos am Fallschirm pendelnden Körper zielten.

Am 3. Juni schossen südafrikanische Jagdflieger neun Stukas aus einer Formation über Bir Hacheim heraus, obwohl diese von deutschen Jägern begleitet war, darunter der berühmte Jochen Marseille, höchstdekorierter Jagdpilot der deutschen Luftwaffe. Er schoß sechs Südafrikaner innerhalb von elf Minuten ab, obwohl seine Bordkanone nach zehn Schüssen klemmte und er nur noch seine Maschinengewehre benutzen konnte.

Jochen Marseille hatte eine unnachahmliche Taktik im Luftkampf: Soweit man dies nach den Schilderungen der Zeugen rekonstruieren kann, ließ er sich möglichst nicht auf Kurbeleien ein, bei denen die schnelle BF 109 den langsamen, aber wendigen britischen Maschinen nicht überlegen war, sondern ging mit Überfahrt von oben in den Pulk und zog knapp unterhalb des heraus-

* Beliebter Wehrmacht-Scherz: Ein Flieger ist wie Jakob, denn »er trug einen feinen Rock und dünkte sich besser als seine Brüder«.

** Diese Bemerkung wird mir vermutlich den Vorwurf des Rassismus eintragen, so albern dieser auch ist: Wer aus vorindustrieller Gesellschaft in Uniform gesteckt und dieser Art gnadenlosen Krieges ausgesetzt wird, reagiert anders – wenn man so will: »natürlicher« – als der Durchschnittseuropäer.

gepickten Gegners die Maschine mit gedrosseltem Motor scharf hoch. Der Trick bestand darin, daß sein Visier genau in dem Augenblick über Motor und Cockpit der feindlichen Maschine wanderte, in dem sein Flugzeug völlig überzogen, praktisch flugunfähig und nahezu bewegungslos in der Luft hing. Sobald die entscheidenden – und beim scharfäugigen Marseille fast immer treffenden – Feuerstöße heraus waren, stürzte seine Maschine dann regelrecht ab, eine Bewegung, der kein Feind folgen konnte und die natürlich hoch genug stattfand, um abfangen und zu neuem Angriff steigen zu können.

Einige Monate nach Bir Hacheim, am 30. September 1942, kam Hauptmann Marseille durch einen Unfall ums Leben: Bei einem Feindflug über ägyptischem Gebiet fing der neue, anscheinend nicht ausreichend erprobte Motor seiner BF 109 G Feuer. Zu dieser Zeit war die Frontlinie bei El Alamein zum Stellungskrieg erstarrt; keine Chance für ausgestiegene Flieger, zur eigenen Seite zurückzuschleichen. Deshalb versuchte Marseille, mit völlig verqualmtem Cockpit die Front Richtung Westen zu überfliegen. Er schaffte es noch, muß jedoch schon halb bewußtlos gewesen sein, als er ausstieg: er drehte die Maschine ganz richtig auf den Rücken, warf das Cockpitdach ab und ließ sich herausfallen. Bei dieser (vor der Einführung des Schleudersitzes notwendigen) Prozedur muß man im Rückenflug drücken, damit die Nase der Maschine hochkommt und die Fahrt geringer wird. Bei Marseille sahen die begleitenden Kameraden jedoch mit Entsetzen, daß sein Flugzeug im Rückenflug steil nach unten wegging und Fahrt aufnahm. Infolgedessen schlug der Pilot beim Aussteigen gegen die Seitenruder-Flosse, wurde ohnmächtig und stürzte zu Boden, ohne den Fallschirm zu ziehen. Hauptmann Marseille wurde nur 22 Jahre alt.

Nach einer Untersuchung britischer und deutscher Jagdflieger nach dem Kriege*, die Kriegstagebücher und Verlustmeldungen beider Seiten zu Rate zogen, ist die Zahl von 158 Abschüssen, die dem Brillanten-Träger Marseille bestätigt wurden, mit größter Wahrscheinlichkeit übertrieben. Das ist auch leicht erklärlich:

* Christopher Charles und Hans Ring: »Fighters Over the Desert«.

Marseille meldete seine Abschüsse in der Regel nicht mehr selber, sondern überließ das seinen Flügelmännern, die eigentlich den weiteren Weg einer beschossenen und abkippenden oder qualmend wegziehenden Maschine verfolgen sollten. Die Erregung des Luftkampfes und der Eindruck der Unfehlbarkeit beim Star der afrikanischen Jagd kamen zusammen: mancher Gegner, der abfangen und sich flügellahm nach Hause schleppen konnte, wurde als abgeschossen gemeldet. Auch die objektive Untersuchung kam jedoch zu dem Schluß, daß Marseille mit weit über hundert Abschüssen immer noch das As der Jagdflieger war.

Ein Dolch im Sandsack

Bei Bir Hacheim passierte es Rommel noch einmal, daß er seinen Gegner unterschätzte. Nach blutigen und fruchtlosen Angriffen kleinerer Einheiten mußte Kesselring, der voller Entsetzen über die Verluste seiner Flieger angeflogen kam, Rommel zum »Klotzen statt Kleckern« ermahnen.

Neben infanteristischen Teilen der beiden Panzerdivisionen wurden zusammen mit einem Teil der 90. Leichten Division auch der Sonderverband 288 nach Bir Hacheim beordert. Leutnant Buchholz führte nun wieder einen Zug und hatte auch ein Beute-Auto, einen Chevrolet-Lastwagen, an dem die 5-cm-Pak hing. Bei der Fahrt durch die Minengasse nördlich von Bir Hacheim wurden sie zugleich von Tieffliegern und Artillerie beschossen.

Auf der Ladefläche saßen 15 Mann – wieder gefährlich auf Munition und Treibstoff thronend. Einem Soldaten fuhr ein handlanger Splitter zwischen den Beinen durch. Der Mann saß auf einem 200-Liter-Faß Benzin. Das kostbare und brennbare Zeug sprudelte heraus, entzündete sich aber glücklicherweise nicht. Derselbe Splitter fuhr auch noch durch ihr Wasserfaß, was den ganzen Zug am meisten betrübte.

Man konnte sehen, daß die Ariete keineswegs halbherzig anzugreifen versucht hatte: ein ganzer Pulk abgeschossener italienischer Panzer stand herum. Einige Soldaten tranken das Kühlwasser dieser Wracks, was auch bei ihnen üblen Durchfall verursachte.*

Das Gelände war mit Minen gespickt. Bei nächtlichen Bewegungen gab es Verluste. Zu den Verletzten gehörte der andere Zugführer, Leutnant Eberhard Grußendorf aus Buchholz in Niedersachsen; sein Auto wurde zerstört. Aber er kam mit einer Gehirnerschütterung davon und war bald wieder da.

Seinen Zug übernahm Unteroffizier Gerhard Theyson. Die Angriffe gegen konzentriertes Feuer aus Infanteriewaffen und haargenau auf einzelne Leute schießende Feldgeschütze waren ein einziger Alptraum. Gleich zu Anfang erhielt Theyson beim Sprung einen Bauchschuß, er starb am nächsten Tag. Ganze 800 Meter konnten sich die beiden Züge in acht Tagen vorwärts bewegen. In den Nächten streiften Späh- und Stoßtrupps der Garnison zwischen den Stellungen.

Buchholz hatte bei der Gruppe der abgeschossenen Panzer, die als Deckung auszunutzen waren, einen kleinen Gefechtsstand gebaut, umgeben von Sandsäcken. Eines Nachts hörten sie ein schwirrendes Geräusch – dann einen leisen Aufschlag. Gerade war der Bataillonskommandeur in der Stellung, um Buchholz das Eiserne Kreuz 2. Klasse zu überreichen. Morgens steckte ein mächtiger Eingeborenen-Dolch in einem der Sandsäcke. Er hängt jetzt bei Hans-Günter Buchholz, Archäologie-Professor an der Universität Gießen, über dem Schreibtisch.

Inzwischen hielten die beiden deutschen Panzerdivisionen und die Ariete weiter im Norden Ritchies mobile Kräfte in Schach. Am 5. Juni fuhr die 22. Tankbrigade zusammen mit einem Regiment Matildas einen Angriff, bei dem die Koordinierung mit Infanterie und Artillerie selbst für die damaligen Verhältnisse in der 8. Armee erstaunlich schlecht war. Die Tanks konnten die Ariete ein wenig zurückdrücken, liefen dann aber ohne Unterstützung durch andere Waffen in eine Front aus Acht-acht und Pak. Sechzig

* Fahrzeug-Inhaber auf beiden Seiten, vom Panzer bis zum Lastwagen, machten es vernünftigerweise umgekehrt, wie Peter Phillips anschaulich berichtete: Sie tranken das zur Kühlung bestimmte Wasser vor dem Einfüllen – und pinkelten in den Kühler, was die Wirkung kaum beeinträchtigte, allerdings etwas roch . . .

Tanks gingen verloren, und zwar unwiderbringlich, denn das Kampffeld blieb in der Hand der Achse.

Unmittelbar darauf fand die letzte Matilda-Attacke der Kriegsgeschichte statt:

Unter dem Kommando von Oberst Michael Foote stampften zwei Regimenter Matildas, verstärkt durch eine Schwadron Valentines, im Schutz eines vorausgeschossenen Rauchschleiers voran. Eine Reihe von Acht-acht-Kanonen, von der Aufklärung nicht entdeckt, von anderen Waffen nicht belästigt, faßte sie in der Flanke. In der ergreifenden Mischung aus Tapferkeit und Unvermögen, die immer noch die britischen Aktionen kennzeichnete, gingen die Regimenter unter: Oberst Footes Tank wurde abgeschossen, beim Umsteigen in den zweiten Tank wurde er am Hals verletzt, verlor auch diesen Kampfwagen und lief zu Fuß auf dem Kampffeld herum, ein einsamer, ungeschützter Mann zwischen stählernen Ungetümen und herumschwirrendem Stahl. Er dirigierte seine zusammenschmelzende Truppe mit Handzeichen, fuhr stehend auf den Tanks mit und mußte sich doch mit den Resten zurückziehen, mit zwölf von 82 in den Kampf gezogenen Kampfwagen. Vor der Donnerstimme der Acht-acht endete die Geschichte des Infanterietanks Matilda. Im selben Jahr wurde die Produktion eingestellt.

In dieser Zeit amüsierte sich der deutsche Funk-Horchdienst über die wachsende Neigung der britischen Kommandeure, in ihrer Ratlosigkeit unverschlüsselt miteinander zu diskutieren. Es wurde offensichtlich, daß hier ein Organismus in Auflösung war. Disziplin- und Hilflosigkeit boten ungewöhnliche Chancen: So gelang es im DAK-Stab einem weltbefahrenen Flensburger Reeder-Sproß, der den lässigen Ton britischer Offiziere perfekt nachmachen konnte, ganze Einheiten bis hin zur Divisionsebene mit falschen Marschbefehlen in die Irre zu schicken.

»Man fühlte, daß etwas nicht in Ordnung war.« Artillerist Armitage war mit seiner Batterie dabei, als die Reste zweier Tank-Regimenter der 4. Brigade einen halbherzigen Versuch unternahmen, die bedrängten Franzosen in Bir Hacheim zu entlasten. In Sichtweite der Festung blieben sie stehen, sahen die Stukas zum letzten Angriff herunterstoßen. Diesmal wurden die Ju 87 kaum von Jägern belästigt, denn die hatten bei den Panzerschlachten im Norden zu tun – mit geringem Erfolg.*

In der Nacht zum 11. Juni brach General Koenig mit den Resten der Garnison nach Süden aus. 2000 Mann entkamen, zum Teil nach blutigen Nahkämpfen. Dichter Bodennebel lag morgens über der Wüste. Die Truppen, die im Norden den entscheidenden Stoß führen sollten, tasteten sich vorwärts – ins Leere. Nur 500 Mann, verwundet oder sitzengelassen, waren noch im Festungsbereich. Sie leisteten kaum Widerstand. Unter ihnen waren auch deutschstämmige Fremdenlegionäre.

Verbrannte Führerbefehle

Der tapfere Kampf der Frei-Franzosen (damals nach General Charles de Gaulle allgemein »Gaullisten« genannt) in Bir Hacheim hatte die gesamte Weltpresse beschäftigt. Das hatte nicht nur militärische Gründe; der Status dieser von der Vichy-Regierung abgefallenen Einheiten als reguläre Truppen war ziemlich wackelig. Immerhin hieß es im deutsch-französischen Waffenstillstandsvertrag vom 22. Juni 1940:

»Die französische Regierung verpflichtet sich, mit keinem Teil der ihr verbliebenen Wehrmacht und in keiner Weise weiterhin feindselige Handlungen gegen das Deutsche Reich zu unternehmen. Ebenso wird die französische Regierung verhindern, daß Angehörige der französischen Wehrmacht außer Landes gehen ... Die französische Regierung wird französischen Staatsangehörigen verbieten, im Dienst von Staaten, mit denen sich das Deutsche Reich noch im Kriege befindet, gegen dieses zu kämpfen. Französische Staatsangehörige, die dem zuwiderhandeln, werden von den deutschen Truppen als Freischärler behandelt werden.«

* Den Fliegern der RAF war bei Beginn der Schlacht mitgeteilt worden, sie müßten die deutsche Luftüberlegenheit (die weniger in Zahlen, als in Kampfkraft und Leistungsfähigkeit der Maschinen bestand) einfach »ignorieren« und sich der Bekämpfung von Bodenzielen widmen. In der Praxis ist natürlich niemand so schwachsinnig, sich um einen im eigenen Nacken sitzenden Jäger nicht zu kümmern.

Freischärler: Das bedeutete Erschießung. In Berlin, wo beflissene Lakaien mit schönen Titeln durch besonders blutrünstiges Gehabe ihre Führertreue zu beweisen suchten, tönte der Pressesprecher des Auswärtigen Amtes, durch diese Klausel des Waffenstillstandsvertrages sei die Sache ja klar und brauche nicht weiter erläutert zu werden, weil »die Hanswurste uns nicht wichtig genug sind, die an der Spitze von Senegalnegern stehen, von den Engländern irgendwo hingestellt wurden und nun in unsere Hände gefallen sind.«*

Aber damit nicht genug; auch der Oberste Kriegsherr hielt ununterbrochen Ausschau, ob am Rande des ringsum stattfindenden Schlachtens nicht noch ein paar nette Morde zusätzlich zu begehen waren. So wies er die Panzerarmee Afrika über OKW/Wehrmachtführungsstab an, die angeblich bei den Frei-Franzosen kämpfenden politischen Flüchtlinge umzubringen, und der Original-Befehl ist wieder voller Paraphen ganz feiner Offiziere, obgleich eine Stelle von unbekannter Hand geschwärzt wurde.

Offenbar wurde noch ein weiterer Mordbefehl an die Panzerarmee gegeben, denn Oberstleutnant Westphal lag beim Eintreffen dieses am 9. Juni ausgefertigten Befehls mit Sicherheit schon verwundet im Lazarett, berichtete mir jedoch im Interview: »Im Mai 1942 ist auch ein Befehl gekommen, und zwar als Funkspruch, an dessen Text ich mich nur sinngemäß erinnere. Jedenfalls sollten wir jüdische Soldaten, die uns in die Hände fielen, sofort niedermachen und nicht als Gefangene behandeln. Ich habe dann gleich zu Rommel gesagt, ich hielte es für besser, das sofort zu verbrennen. So ist es auch geschehen.«

Im Gegensatz zu dem Befehl vom 9. Juni konnte ich diesen Funkspruch in der Tat nicht unter den erhaltenen Akten der Panzerarmee Afrika finden. Zwar gab es in der Truppe Gerüchte, daß in Bir Hacheim Gefangene erschossen worden seien. Offensichtlich sind diese jedoch auf das Geschrei von Schreibtisch-Helden wie dem Pressesprecher des Auswärtigen Amtes zurückzuführen. Recherchen bei französischen und israelischen Dienststellen ergaben, daß nichts über Erschießungen bekannt ist. Schließlich fand

* »Neue Zürcher Zeitung« vom 15. Juni 1942.

ich einen überlebenden deutschstämmigen Fremdenlegoinär, der zu den Verteidigern von Bir Hacheim gehört hatte und am 11. Juni 1942 in Gefangenschaft geraten ist: Hermann Eckstein, hochdekorierter Feldwebelleutnant der Legion, der heute als Pensionär in Baden-Baden lebt.

Er berichtete, daß er und seine Kameraden von den deutschen Truppen fair und anständig behandelt worden seien. Es habe auch keine Erschießungen gegeben, denn davon hätte er mit Sicherheit erfahren. (Nur die Behandlung durch die Italiener, die laut Vertrag alle Gefangenen übernahmen, sei reichlich übel gewesen, berichtete Eckstein.)

General a. D. Westphal spielte die Sache herunter: »Im Gegensatz zu den Kommandeuren an allen anderen Fronten konnten wir uns das leisten, so etwas einfach nicht zu machen — wir waren ja weit genug weg von Berlin. Es war auch nicht nur reiner Edelmut, obwohl man das als Soldat schon sehr empfindet: Es ist einfach unanständig, einen umzubringen, der gekämpft und aufgegeben hat. Aber da war nun auch das Interesse der eigenen Truppen: Wenn man so etwas mitmacht, führt das sofort zur Radikalisierung der Kampfesweise. Deshalb haben wir auch später diesen ›Commando-Befehl‹* nicht ausgeführt.

Diese Haltung ist gerade wegen der Prise unterkühlter Vernunft besonders eindrucksvoll; man muß das vor dem Hintergrund eines Berufsstandes sehen, aus dem bedeutende Vertreter ganze Breitseiten pathetischer und hohler Phrasen zu verfeuern verstehen. Insbesondere dann, wenn ihre Komplizenschaft mit dem (nach Tische einhellig verdammten) Diktator schon sehr bedenklich war.

Gleich vier Gruppen hätten die Herren in Berlin gern umgebracht gesehen: Gaullisten, politische Flüchtlinge, Juden und Commando-Soldaten. Sie wurden in Afrika, zum Teil befehlswidrig, verschont. Auch in dieser Entfernung vom Diktator gehörte Courage dazu; gewiß wäre es bequemer gewesen, nach dem Muster der oberen Etagen eine Paraphe aufs Papier zu malen und den Dingen ihren Lauf zu lassen. Anständige Geschichtsschreibung

* Ebenfalls von Hitler (Weisung Nr. 46a v. 18. 10. 42): Angehörige von Commando-Einheiten, die hinter der Front Unternehmen durchführten, sollten ermordet werden, auch wenn sie durch normale Uniform als Soldaten zu erkennen waren.

wird die nicht getanen Taten mindestens ebenso groß vermerken müssen wie die Daten, die im Lesebuch stehen.

Ein Kanonier im Pyjama

Leutnant Buchholz hatte sich im Nebel mit seinen letzten Männern durch den Stacheldraht getastet. Plötzlich standen sie in der ersten ausgebauten Stellung. Sie war fast völlig verlassen; nur zwei schwarze Soldaten hoben verängstigt die Hände. Man hörte das Brummen anfliegender Stuka-Verbände. Buchholz schoß Leuchtkugeln durch den Nebel nach oben. Auch von anderen Stellen des Festungsbereichs sah man sie steigen. Ein paar Frühwürfe krachten, dann drehten die Stukas ab.

In dieser Zeit mußte man schon sehr schnell zugreifen, wenn man noch etwas Beute erwischen wollte. Durch Befehl der Panzerarmee war nämlich das »Erfassen« bestens geregelt: Beute-Kommandos kamen unmittelbar nach der kämpfenden Truppe und malten mit Hilfe von Schablonen überall »DEUTSCHES HEERESGUT« auf – und, ganz groß: »TEDESCO« (= deutsch); als Warnung für die lieben Verbündeten, gefälligst die Finger davon zu lassen.

Buchholz und seine Leute flitzten also durch die zerschossenen Gemäuer und schleppten Verpflegung beiseite. Sie entdeckten schnell, daß überall im Festungsbereich 4-Gallonen-Kanister mit Benzin vergraben waren und stocherten mit Stangen und Bajonetten im lockeren Sand, aber ganz vorsichtig: denn diese englischen Kanister bekamen fast schon ein Leck, wenn man sie scharf ansah. Leutnant Buchholz konnte ganz schnell Benzin für 1000 Kilometer auf seinem Chevrolet verstauen.

Sein neuer Pak-Schütze, ein besonders flinker und treffsicherer Kanonier, entdeckte irgendeinen Offizierskoffer und fand einen hellblauen Pyjama mit weißen Streifen so fabelhaft, daß er ihn sofort überzog und mit dieser Bekleidung auf der Suche nach weiterer Beute im Festungsbereich herumrannte.

Plötzlich großes Geschrei: »Sonderverband 288! Sofort sammeln! Abmarsch!«

Der Pak-Schütze fand in der Eile seine Uniform nicht wieder, die irgendwo neben dem Koffer lag. Für die nächste Zeit führte er Krieg im hellblauen Pyjama mit weißen Streifen, bis frisch aus der Heimat ein neuer Bataillonskommandeur kam, bei seinem Anblick einen mittleren Anfall erlitt und ihn zu »drei Tagen Dicken« wegen unvorschriftsmäßiger Bekleidung verdonnerte.

Der hastige Aufbruch war vom Oberbefehlshaber persönlich angeordnet worden: er warf sofort alle mobilen Truppen nach Norden, um die Besatzungen der oberen »Boxen« abzuschneiden und dann Tobruk zu nehmen.

Um diese Zeit war auf englischer Seite deutlich zu erkennen, daß die Sache schief ging, und Resignation breitete sich aus. Die Tank-Brigaden waren mit insgesamt 650 Kampfwagen in die Schlacht gegangen. Mindestens so viele Grants, Kreuzer, Honeys und Matildas bedeckten als Wracks die Wüste, denn am 12. Juni waren noch 285 Tanks einsatzbereit, aber mindestens 300 waren im Verlauf der Schlacht als Verstärkung nachgerückt.

In einer vorsichtigen Zwischenbilanz teilte Auchinleck dem Premierminister mit, die 8. Armee habe bis zum 7. Juni 10000 Mann verloren, »von denen 8000 in Gefangenschaft geraten sein mögen«. Beunruhigt schloß Churchill aus der großen Zahl von Gefangenen, »daß etwas sehr Unangenehmes vorgefallen sein muß«.

Auchinleck flog am 12. Juni in Ritchies Hauptquartier bei Gambut und befahl, in beweglicher Verteidigung eine Linie Acroma-El Adem-Bir el Gobi zu halten. Offenbar hoffte er nur noch halben Herzens, den Feind von Tobruk fernhalten zu können. Es bestand kein Zweifel, daß Tobruk verloren war, wenn diese Linie durchbrochen wurde. Auchinleck wußte, daß die Festung nicht noch einmal durch eine längere Belagerung gehalten werden konnte. Wichtigster Punkt: Admiral Cunningham hatte erklärt, daß nicht die geringste Aussicht bestände, mit seiner fast auf Null dezimierten Flotte noch einmal, wie im Jahr zuvor, die Versorgung über See sicherzustellen.

Der ewig driftende Sand füllte wieder Panzergraben und Gefechtsstände. Stacheldraht verrostet schnell in diesem Klima. Zum

Ausbau der Gazalla-Stellung waren Zigtausende von Minen aus dem Verteidigungsgürtel gehoben worden. Niemand wußte mehr genau, wo nun eigentlich intakte Minenfelder lagen. Die schweren Flakbatterien waren abgebaut und nach Alexandria gebracht worden.

Im Lazarett von Tobruk lag immer noch, von dauernden Schmerzen gequält, Tank-Sergeant Jock Reid. Eines Morgens kam der Chefarzt zu ihm und sah ihn prüfend an.

»Meinen Sie, daß Sie einen Transport aushalten könnten?«

»Wenn Sie auch meinen, was ich meine, dann laufe ich zu Fuß nach Alexandria«, antwortete Reid mühsam.

Am nächsten Tag wurde er an Bord eines Lazarettschiffes gebracht. Ein einzelnes Geschütz beschoß in großen Abständen von weither Stadt und Hafen Tobruk. Reid pendelte auf seiner Bahre am Kranhaken zwischen Schiff und geborstenen Kai, als brüllend ein Geschoß ins Hafenbecken schlug und eine riesige Fontäne aufwarf.

»Das wäre ein unwürdiger Abschluß, wenn der Jerry den beschissenen Kran gerade in diesem Augenblick umschmisse«, dachte Reid.

Aber er kam heil an Bord und nach England.

»Das Kabinett hört mit Befriedigung ...«

»Bewegliche Verteidigung« hatte Auchinleck befohlen. Ahnte er nicht, daß genau sie bei der altertümlichen Befehlsstruktur der 8. Armee in den Graben gehen mußte – bei einem Gegner, der ganz richtig wie ein Admiral beim Seegefecht nicht im Hafen blieb, sondern seine Entscheidungen vorn traf, auf jede Lage schnell reagierend? Auchinleck glaubte, wegen seiner zahlreichen Verpflichtungen als Mittelost-Oberbefehlshaber in Kairo unabkömmlich zu sein und lenkte Ritchie mit taktischen Anweisungen. Aber selbst der Armee-Kommandeur in Gambut konnte nicht ausreichend und früh genug informiert sein, um auf die schnell wechselnden Situationen im Kampf mobiler Streitkräfte reagieren zu können.

Es war ein Teufelskreis: auch die Kommandeure unterhalb des Armee-Oberkommandos bis zur Division- und Brigade-Ebene lagen an einer viel kürzeren Befehlskette, als dies z. B. normalerweise im deutschen Heer üblich war. Solcherart weisungsgebunden, mußten sie immer wieder feststellen, daß die über den schwerfälligen Apparat zu ihnen durchdringenden Weisungen nicht mehr viel mit der Realität zu tun hatten. Infolgedessen wurden sie wütend, ungeduldig, sie resignierten und begannen, eingegangene Befehle mit den vorgesetzten Dienststellen zu diskutieren. Gerade der Versuch, von hinten straff zu führen, lockerte die Leinen. Entscheidende Stunden verrannen in Kommandeur-Besprechungen.

Zwangsläufig übertrug sich das Gefühl der Rat- und Hilflosigkeit auf die Kampftruppen. Hatte nicht sogar Churchill Rommel einen »großen Feldherrn« genannt? Gegen den war also offenbar nichts zu machen. Sie verloren zwar nichts von ihrer üblichen Tapferkeit. Aber es war kein Pfeffer mehr drin.

In seinem Telegrammwechsel mit Auchinleck forderte Churchill immer wieder eine bindende Zusicherung, daß Tobruk unter allen Umständen gehalten werde. Der Oberbefehlshaber Mittelost antwortete ausweichend: es dürfe gar nicht erst zu einer Einschließung kommen. Schließlich interpretierte Churchill in eines seiner Telegramme hinein, was er nicht mitgeteilt hatte, und schrieb: ». . . auch vernahm das Kabinett mit Befriedigung, daß Sie Tobruk um jeden Preis zu halten beabsichtigen.« Auchinleck, offenbar mürbe geklopft, widersprach nicht. Der Premierminister fuhr zu einem neuen Treffen mit Präsident Roosevelt. Die Hiobsbotschaften aus Afrika sollten ihn bald einholen.

Die Panzerdivisionen, die 90. Leichte und die motorisierte Division Trieste mahlten nach Norden. Natürlich waren auch Rommels Panzer-Streitkräfte dezimiert: Von den 320 deutschen Kampfwagen, die am 26. Mai um die Wüsten-Ecke von Bir Hacheim gerollt waren, standen noch 124 zur Verfügung, viele davon wieder instandgesetzt. Es wurde ohnehin nun, da wieder volle Bewegungsfreiheit gegeben war, mit Nachdruck geborgen und repariert. Auch der Nachschub rollte noch gut, darunter der neue Panzer IV mit langem Rohr.*

Nach zwei Wochen ununterbrochenen Kampfes waren die Besatzungen müde und erschöpft bis zur Apathie. General Nehring: »Wir lagerten in der Nacht alle durcheinander in der Wüste, Freund und Feind, fuhren oft aneinander vorbei und jeder war froh, wenn der andere ihm nichts tat.«

Feldwebel Saengers Kompanie stieß auf eine Gruppe Grants; die Dinger waren zu gefährlich, um grußlos vorbeizufahren. Die Panzer preschten auf Schußweite heran, ein Teil fuhr im Bogen in die Flanke der »Wolkenkratzer«, die Panzerkanonen bellten. Ehe die Deutschen merkten, daß die anderen sich nicht wehrten, war der ganze Pulk abgeschossen. Einige brannten schwarzqualmend. Saenger fuhr hinüber, um den Verletzten zu helfen, aber die Engländer hatten mächtiges Glück gehabt: es gab nur ein paar leichte Verbrennungen.

Und die Panzer waren nagelneu; Überzüge über den Rohren, die Verschlüsse innen dick mit Staufferfett bestrichen und mit Spezialpapier verpackt, so wie sie von den amerikanischen Frachtern gerollt waren.

Aufgesessene Infanterie nahm die Gefangenen mit. Saenger gab jedem noch einen ordentlichen Schluck Whisky – aus ihrem eigenen Vorrat, der sich in einem der Grants fand. Alles übrige verstauten sie sorgfältig im guten alten Panzer 125. Als Konrad Müller aufdrehte, um die Einheit wieder einzuholen, machte plötzlich der Motor Sperenzchen.

Was los war, sah man auf den ersten Blick: die Mechaniker einer mobilen Werkstatt hatten bei einer kleineren Reparatur am Anlasser-Ritzel vergessen, die Spezial-Ölfilter, die in Afrika noch über den Luftreinigern saßen, wieder aufzusetzen. Die Zylinder mußten einen ziemlichen Schluck Sand genommen haben. Ein weiteres Stück Fahrt hätte den Motor völlig ruiniert.

Sie sahen sich um. Eben noch war die Wüste erfüllt gewesen

* Dieser Panzer sollte, obwohl noch stärkere Typen (»Tiger«, »Panther«) gebaut wurden, bis Kriegsende allen Typen der Westalliierten überlegen bleiben. Die wichtigsten Daten: Panzerung max. 90 mm, 300 PS, 38 km/h, 25 t. Hauptwaffe: 7,5-cm-Kwk L/48, V° 790 m/sec, das 6,8-kg-Geschoß durchschlug 100 mm Stahl auf 1500 m Entfernung.

vom Brüllen der Motoren und dem Krachen der Kanonen, kurvenden Fahrzeugen im wirbelnden Sand. Jetzt dehnte sie sich still und weit von Horizont zu Horizont, dazwischen nur die leise qualmende Gruppe der Grants. In einiger Entfernung stand noch ein verlassener VW-Kübel.

Irgendwie brachten sie das kleine Ding wieder in Gang und fuhren nach Norden, um Hilfe zu suchen. In einer welligen Dünenlandschaft sprang plötzlich eine Gruppe von Engländern vor ihren Wagen, Karabiner im Anschlag: »Hands up!«

Nach einer Sekunde der Unschlüssigkeit trat der Fahrer auf die Bremse: »Was sollen wir uns durchlöchern lassen ...«

Sie hoben die Hände. Es stellte sich heraus, daß die zwölf Engländer eher aus Angst mit ihren Flinten gefuchtelt hatten. Ihre Einheit war am Tage zuvor frisch aus Alexandria in der Wüste angekommen. Ein Stuka-Angriff jagte ihre Kolonne auseinander. Was noch fahren konnte, raste in alle Himmelsrichtungen davon. Sie blieben übrig, hatten nur schwache Vorstellungen von den Himmelsrichtungen und keine Ahnung, wie sie wieder Anschluß finden sollten.

»Wir tun euch nichts, gehen sogar mit in Gefangenschaft, wenn wir nur aus dieser verdammten Wüste rauskommen!«

In der Ferne sah man die Fahrzeuge aus ihrer Kolonne, die von den Stukas zerstört worden waren. Die zwölf kletterten mit auf den VW-Kübel, der auch prompt auf dem Weg zu den Lastwagen zusammenbrach.

Auf den Fahrzeugen fanden sie Wasser und Verpflegung. Einer der Engländer, der vor dem Kriege Mechaniker bei Ford in Köln gewesen war, bastelte in 24stündiger Arbeit aus den Wracks einen brauchbaren Untersatz zusammen. Damit ratterten sie weiter nach Norden und fanden tatsächlich das Panzerregiment 5 wieder. Der Abschied von den Engländern fiel ihnen richtig schwer.

Schwarzer Riese in der Wüste

Im Norden war es Rommel inzwischen wieder gelungen, die britischen Brigaden einzeln zu fassen und zu schlagen. Beide Panzerregimenter, sichernd hinter ihnen die 60 übriggebliebenen Blechsärge der Ariete, fielen über die aufgefrischte 4. Tankbrigade her. Als die 22. Brigade, durch offene Funksprüche zur Hilfe gerufen, nach Süden klirrte, prallte sie natürlich auf eine Flak-Pak-Front und wurde furchtbar zusammengeschossen.

Am Mittag des 13. Juni waren 138 weitere britische Kampfwagen zerstört. Das Afrika-Korps überflügelte eine der letzten »Boxen« vor der Küste, von den Engländern »Knightsbridge« genannt. Links, am nördlichen Ende der Gazala-Linie, drohte der 50. Britischen und der südafrikanischen Division Einkreisung. Mit dem Stichwort »Freeborn« gab Ritchie ihnen Genehmigung zum Ausbruch. Die beiden englischen Brigaden brausten nach Westen durch die überraschte italienische Infanterie, wandten sich dann nach Süden und Osten und fand ziemlich ungeschoren wieder Anschluß. Die Südafrikaner zogen sich an der Küste entlang nach Tobruk zurück. Mit den letzten Einheiten von Infanterietanks deckte wieder Oberst Foote ihren Marsch nach Osten.

Weittragende Acht-acht schoß seine Einheiten vor der Höhenstufe zusammen. Major »Jock« Holden, inzwischen Brigade-Major (entspricht Ia auf Brigade-Ebene) geworden, fuhr mit einem schnellen Kreuzer zum Kampfplatz. Zwischen qualmenden Wracks, in einem Hagel von Spreng- und Panzergranaten, rannte der Oberst wieder zu Fuß herum, die letzten Tanks dirigierend.

»Verdammt«, dachte Holden, »wenn der draußen rumläuft, muß ich auch aussteigen.«

»Was hier los ist? Die Hölle«, polterte der Oberst. Später erhob sich ein wüster Sandsturm, der jede Sicht nahm. Die Südafrikaner erreichten Tobruk. Oberst Foote wurde als zweiter Mann des Tank-Korps mit dem Victoria-Kreuz dekoriert. Es wurde im Zweiten Weltkrieg nur 120mal vergeben.

Der Sperriegel vor Tobruk splitterte, so verzweifelt die Briten sich auch wehrten. In zwei Tagen waren die letzten, aber stärksten Pfeiler der Gazala-Linie zusammengebrochen. Was an britischen Einheiten noch so weit westlich stand, erhielt den Rückzugsbefehl.

Auch die Kings Dragoon Guards machten sich wieder einmal auf den Weg nach Ägypten.

In der Nacht zuvor war eine starke deutsche Einheit mit Panzern und Spähwagen mitten durch ihr Lager geklirrt. Jedermann erstarrte. Peter Phillips mit einem Bein in seinem Wagen. In einem Panzerturm sah er ein ihm zugewandtes Gesicht. Aber auch die Deutschen hatten offenbar keine Lust auf einen Kampf und fuhren weiter nach Norden.

Am nächsten Tag sah Phillips, der nun einen Troop von drei Spähwagen führte, auf dem Marsch nach Osten eine riesige, einsame Gestalt durch die Wüste wandern.

Es war ein pechschwarzer Mann in französischer Uniform, erheblich länger als zwei Meter. Er sprach kein Wort englisch, aber aus seiner Zeichensprache wurde klar, daß er in Bir Hacheim aus der Gefangenschaft ausgebrochen war, indem er einem Posten irgendeinen Gegenstand auf den Helm geschmettert hatte. Der Riese schien ziemlich hungrig zu sein; sie gaben ihm einen Whisky und stellten mit auffordernden Gesten einen Sieben-Pfund-Eimer Marmelade hin. Er benutzte das Whisky-Glas als Löffel und schaufelte unter ihren staunenden und etwas wehmütigen Augen die ganze Portion in sich hinein, die eigentlich für zwölf Leute in drei Spähwagen etwa zwei Wochen reichen sollte.

Für einige Tage konnte die Royal Air Force zu dieser Zeit ziemlich ungehindert angreifen, weil starke deutsch-italienische Luftstreitkräfte mit Malta-Geleitzügen beschäftigt waren.* Inzwischen waren einige britische Jäger zu Jagdbombern mit einer Bombe unter dem Rumpf umgerüstet worden. Andere hatten als »fliegende Panzerknacker« automatische 4-cm-»Pompoms« eingebaut. Die US-produzierten Bomber vom Typ »Boston« griffen nun in Pulks von 18 an und verdienten sich bei den deutschen Landsern durch ihre totale Mißachtung von Flakfeuer den Namen »Sture 18«.

Auf dem Marsch nach Norden jagte Batteriechef Dammann wie ein Schäferhund an seiner Kolonne auf und ab, um die Fahrzeuge weit auseinander zu halten; aus einer fliegerischen Grundausbildung wußte er, wie verlockend eine dichte Gruppe von oben aus-

* Der Versuch, aus Alexandria und dem Atlantik Nachschub auf die Felseninsel zu bringen, wurde für die Briten zu einem Desaster. Die Geleitzüge wurden zerschlagen, auch zahlreiche Kriegsschiffe gingen unter. Auf Malta wurden die Verpflegungssätze unter das Existenzminimum gekürzt.

sah. Ein Verband »Sture 18« flog sie an; alles spritzte weg von den Fahrzeugen und in die Wüste. Kurz vor dem Ausklinken flog der Verband eine leichte Schiebekurve. Entsetzt sah Dammann, daß in dieser Richtung eine andere Acht-acht-Batterie dicht aufgeschlossen marschierte, und deren »Luki-Luki-Leute« (Luftraumbeobachter) hatten offenbar die »Bostons« nicht entdeckt.

Der Bombenteppich traf die Kolonne beim Bremsen. Sie verschwand in einer gewaltigen Staubwolke, aus der Trümmer, Menschen und ganze VW-Kübel flogen. Die ganze Batterie fiel als kämpfende Einheit aus. Von dieser wichtigsten Waffe der Panzerarmee waren zu dieser Zeit nur 48 Rohre verfügbar. Eine Reihe Gräber mehr, ein paar Kreuze mehr im Bestattungsplan des zuständigen Offiziers. Weiter wälzte sich der Heerwurm nach Norden.

Die 90. Leichte schob sich wieder von Süden an El Adem heran. Der rastlose Rommel erschien im Divisionshauptquartier und erklärte die weitere Taktik: auf breiter Front vorgehen, nur dort durchstoßen, wo sich kein Feindwiderstand zeigt. Die Stärke der Division liege in ihrer Abwehrkraft; sie solle sich zwischen feindlichen Widerstandsnestern durchschieben und dann einigeln.

Der Sonderverband 288, meistens der 90. Leichten unterstellt, wurde mit einer italienischen Einheit zusammengespannt.* Leutnant Buchholz fand das nicht so übel: er hatte Italiener beim Sturm auf Bir Hacheim gesehen; einige mit blanken Hintern vom Stacheldraht, aber mit Schneid drauflosgehend. Allerdings waren ihre Verluste scheußlich und man hätte ihnen eine deutsche Infanterie-Ausbildung gegönnt, mit systematischen Sprüngen verteilt und unter gegenseitigem Feuerschutz.

Die Division kam infolge der befohlenen Taktik schnell ins Gedränge und mußte sich nach Westen absetzen. Am 13. 6. verzeichnete das Kriegstagebuch:

Aufklärungsvorstoß von Menton nach Westen stößt auf Feind mit Panzern und Spähwagen. Trotzdem fordert O. B. in einem

* Dabei ergab sich ein Beispiel rommelschen Orientierungssinns: Oberst Menton konnte die Italiener nicht finden und setzte einen entsprechenden Funkspruch ab. Rommel kam sofort, witterte in die Gegend, fuhr in eine bestimmte Richtung und hatte sofort den italienischen Stab beim Wickel. Buchholz sah ihn noch auf eine Mine fahren und, nur leicht verärgert, einen neuen Wagen bestellen.

dritten Spruch sofortiges Absetzen nach Westen. Im selben Augenblick Meldung von Oberst Menton, daß der Stützpunkt Kirchner von Panzer und Spähwagen überrollt wird. 12.30 Uhr erneuter Spruch von O. B.: »Lage sehr günstig, sofort absetzen.« Befehl schwer durchzuführen, denn der Division fehlt es an allem (Munition, Wasser, Verpflegung).

Im Stützpunkt Kirchner, benannt nach einem älteren Reserve-Major, waren zwar keine Panzer, aber immerhin Spähwagen und schnelle, MG-bestückte und gepanzerte Zweimann-Karretten aufgetaucht. Buchholz und der Pyjama-Mann rissen die Pak herum. »Schieß möglichst unsere eigenen Autos nicht kaputt«, sagte Buchholz, denn peinlicherweise trieben sich die feindlichen Kampfwagen feuernd dazwischen herum.

Der Kanonier im Schlafanzug schoß sofort eine der Karetten in Brand. Auch die MG's begannen zu bellen. Das stoppte die Britten vorerst. Unglücklicherweise war der Major ins Kreuzfeuer geraten und mit seinem Stabswagen nach Süden abgebraust. Noch ärgerlicher aber: die Munition lag bei den Lastwagen, und die Pak war schnell verschossen. Ohne besondere Freude entschloß Buchholz sich, den Engländern Munition unter der Nase wegzuholen. Auf dem Weg zu den Lastwagen stolperte er über eine Figur in einem Deckungsloch: sein spezieller Freund, der zappelige Oberleutnant.

Der schielte über den Deckungsrand, sah die Karette brennen und donnerte erstmal den Funker an, der sich gleich ihm möglichst flach gemacht hatte. Dann setzte er einen offenen Funkspruch an Rommel ab: »Major Kirchner geflohen, ich übernehme das Kommando!« und stand fortan als Kriegsheld da. Der Major landete beim Troß.

Die Engländer gingen ein wenig auf Abstand, legten aber heftiges Artilleriefeuer auf den Stützpunkt, durch den schließlich die ganze Division nach Westen abzog.

Die Lage ist ernst. Es gibt zwei Möglichkeiten: 1. Aussteigen und in Deckung gehen, 2. in größtmöglicher Fahrt diese Feuerzone zu durchrasen. Der Divisionsstab und die nachfolgenden Teile entschließen sich für das Letztere ...

Buchholz fuhr Flankensicherung nach Süden, in einem Eineinhalbtonner-Beute-Morris, dessen Spurstange Auflösungserscheinungen zeigte: das linke Vorderrad flatterte wie eine Taube. Im Norden, auf der anderen Seite der langen Kolonne, flammte Kampflärm auf. Vollgeschosse zischten durch die Gegend. Anscheinend griffen auch Panzer an.

Die Kolonne umfloß gerade eine Acht-acht-Batterie, die mitten in ihrem Weg ganz friedlich Geschützreinigen machte. Die Fahrzeuge erhöhten ihr Tempo, man fühlte richtig die steigende Nervosität. Aus schneller Fahrt wurde Flucht und Panik. Der zitterige Morris, hinter dem auch noch die 5-cm-Pak des Pyjama-Richtschützen hoppelte, konnte nicht Schritt halten. Brennende Lastwagen blieben liegen. Die wilde Jagd ging einen leichten Hang hinauf. Die Staubwolke erreichte die Kuppe mit atemberaubender Geschwindigkeit, der Buchholz-Zug auf dem Morris als Einzelgänger hinterher.

Die Flakbatterie rettete sie: zurückblickend sah Buchholz, daß die Kanoniere eine ihrer Kanonen wieder gefechtsbereit gemacht hatten, aber die englischen Panzer fielen von allen Seiten über die Batterie her und schossen sie grausig zusammen.

Oben am Hang stand ein Oberst mit den roten Streifen des Generalstäblers und donnerte etwas von Fahnenflucht.

»Ich fahre doch nur hinter den anderen her«, sagte Buchholz, »die waren nur zu schnell für mein kaputtes Auto«.

»Das ist alles Fahnenflucht!« schrie der Oberst. »Wie heißen Sie? Welcher Verband? Ich werde Sie zur Rechenschaft ziehen. Jetzt buddeln Sie Ihre Kanone hier ein und sichern nach Osten.«

»Jawohl Herr Oberst.«

Der Pyjama-Krieger hatte die Zieloptik auf der Kanone gelassen, um schnell feuerbereit zu sein. Beim Gestucker war sie natürlich heruntergeflogen. Kein hübscher Gedanke, über das Rohr zielend mit Panzern anzubinden. Aber dann kam noch ein Lastwagen mit Pak den Hang hinaufgezockelt: Leutnant Grußendorf, der nach Norden gesichert hatte. Mit anderthalb Kanonen fühlte man sich schon sicherer.

Als es dunkel wurde, kam der zappelige Oberleutnant zurück: »Wo treiben Sie sich denn nun schon wieder herum?«

Fenck verliert einen Finger

An diesem Tag ging etwas weiter nördlich der Krieg des Richtschützen Werner Fenck vorerst zu Ende. Ein schweres Vollgeschoß, vermutlich von einem 25-Pfünder, krachte vorn tief in den Panzer, daß er merklich in die Knie ging.

»Aussteigen!« schrie Fahrer Bernhard Krause.

Schweres indirektes Artilleriefeuer mit Sprenggranaten pflügte den Boden um, aber zum Glück standen sie mitten in einer verlassenen englischen Stellung mit tiefen Schützenlöchern. Die Einschläge warfen ihnen kübelweise Sand auf den Rücken, aber niemand wurde verletzt.

In der Abenddämmerung kroch Fenck wieder in den Panzer, um den Verschluß der Kanone mit zurückzunehmen. Er hatte das schwere, scharfkantige Stück Stahl gerade in der Hand, als eine Granate auf dem Wagen detonierte. Es rutschte ihm weg und schlug ihm glatt einen Finger ab. Heute, im Kontor seiner Handelsfirma im Hamburger Hafen, lächelt Fenck genüßlich: »Merkwürdiger Gedanke, daß da vielleicht noch so ein rostiges Wrack in der Wüste herumsteht, mit meinen kleinen Knöchelchen drin . . .«

Weil er schon über 15 Monate in der Wüste war und Fleischwunden dann besonders schlecht heilen, wurde er nach Hause geschickt.

In Brindisi hörte er, daß Tobruk genommen war. Italiener luden die verwundeten Krieger zu einem geräuschvollen Volksfest ein. Natürlich nur diejenigen, die es aushalten konnten. Es waren viele dabei, denen Tobruk völlig piepe war.

Rommel fängt Saenger

Feldwebel Saenger hatte seinen Panzer 125 aus der Wüste geholt und zottelte mit einem anderen Krüppel auf Weisung des Werkmeisters im Schrittempo zur Werkstatt.

Auf der Via Balbia kam ihnen ein Stabswagen entgegen, einer mit Schirmmütze und hochgeschobener Schutzbrille stützte sich auf die Frontscheibe: Rommel.

»Halt! Wo wollen Sie hin?«

»Die Panzer sind auf dem Weg zur Werkstatt.«

»Verrückt geworden! Das kommt überhaupt nicht in Frage. In so einem Augenblick schickt man doch keine Panzer in die Werkstatt! Sofort zur Einheit zurück!«

»Ach ja, gut!« sagte Rommel. »Sie bleiben hier stehen, Front nach Osten. Von da kommt ein englischer Panzerangriff, den haben Sie hier zum Stehen zu bringen. Und ich schieße Sie mit meiner eigenen Pistole tot, wenn Sie nur einen Schritt breit weichen.«

Sie fuhren ihre Panzer in große Tank-Deckungslöcher, die offenbar kurz zuvor von englischen Einheiten ausgehoben worden waren. Auch englische Tarnnetze lagen herum, die zogen sie über ihre Wagen, vermaßen die Gegend ein wenig und warteten ohne jede Vorfreude auf den Feind. In Richtung Tobruk grummelte schwerer Gefechtslärm, zuckten ununterbrochen die Blitze von Explosionen. Saenger erinnerte sich, vor Ur-Zeiten (in der Tat war es kaum sieben Monate her) auf der anderen Seite Tobruks mit zerschossener Seiten-Richtmaschine als Sicherung gestanden zu haben. Damals schlichen die Maoris von der Neuseeländischen Division in der Gegend herum, man erzählte sich Wunderdinge von der Geschwindigkeit, mit der sie ganze Köpfe abschneiden konnten wie unsereins eine Stulle, und sie horchten ängstlich und vergebens in die Wüstennacht.

Auch diesmal kam der Feind nicht, sie standen noch am anderen Morgen unschlüssig herum: Galt das immer noch mit der Pistole des Oberbefehlshabers? Schließlich schoben sie doch ab zur Werkstatt, ohne dem Grimmen noch einmal zu begegnen.

Karetten jagen Buchholz

Der donnernde Oberst mit den Hosenstreifen hatte tatsächlich über Buchholz Meldung gemacht. Der Leutnant wurde zum Regimentsadjutanten Hauptmann Borchardt bestellt. Der betrachtete ihn mit eigenartigen Blicken, eher amüsiert als wütend, und sagte: »Na schön, Sie können das wieder gutmachen. Bei dieser etwas wilden Fahrt sind doch eine Menge Fahrzeuge stehengeblieben. Ein Teil davon ist mit Sicherheit zu reparieren. Ich gebe Ihnen ein paar Schlosser mit, Sie fahren los und bergen mir die Fahrzeuge, klar?«

Was soll schon unklar sein in der Situation? Nicht einmal etwas kräftigere Waffen konnte er mitnehmen, denn, sagte der Hauptmann, »Sie sollen ja kein Gefecht liefern, sondern Autos bergen.«

Mit einem Lkw ratterte Buchholz los, die Ladefläche voller Schlosser, die als schwerste Waffe Kreuzschlüssel und Montiereisen trugen.

Ungefähr da, wo der grimmige Oberst ihn abgefangen hatte, stand ein Spähwagen, kommandiert von einem skeptischen Feldwebel mit Ritterkreuz, der sehr bezweifelte, daß die Engländer weiter unten eine lange Montiererei zulassen würden. Buchholz sah sich den Hang an und fluchte: eine Menge Fahrzeuge stand ganz richtig da, aber so weit auseinandergezogen hatte er sie nicht in Erinnerung gehabt. Das bedeutete, daß er seine Schraubenschlüssel-Künstler ebenfalls weit verteilen mußte, sehr nachteilig für einen hastigen Aufbruch.

Sie fuhren den halben Hang hinunter, und die Schlosser verteilten sich mit ihren Werkzeugkästen. Ein Kübel vom Fremdenlegionärs-Regiment 361 kam angefahren, ein bärtiger Unteroffizier mit Fahrer, die sich auch für Autos interessierten, aber nur fahrbereite und mit guten Sachen beladene.

Buchholz ging mit ihnen und einem Melder den jenseitigen Hang hinauf. Sie waren auf halber Höhe, als auf dem Rücken eine Gruppe von MG-Karretten auftauchte und sofort zu feuern begann.

Sie galoppierten mit wehenden Mänteln den Hang hinunter.

Buchholz schmiß seinen Schal weg, als ob er dann besser rennen könnte. Drüben sah man von allen Seiten die Schlosser auf den Wagen zurennen, ihr Werkzeug im Stich lassend.

Der Unteroffizier und sein Ex-Legionär kamen nicht ganz mit. Über die Schulter sah Buchholz, daß sie von einer Karrette einkassiert wurden. Das gab etwas Aufenthalt, und er sauste mit seinem Melder im Zickzack durch die Fahrzeuge, so weit wie möglich die Deckung ausnutzend. Aber schon zwitscherten unangenehm nah wieder MG-Garben vorbei, der Melder warf sich vernünftigerweise aufs Gesicht.

Buchholz keuchte weiter, die Karretten wurden wieder mit dem Aufsammeln des Melders aufgehalten, aber allmählich ging ihm die Puste aus. Wie soll ich vor Karretten davonlaufen, die sind ja doch schneller als ein Fußgänger, aber dann fiel ihm das Datum ein: 14. Juni, Geburtstag seiner Mutter. Sollte er ihr die Schande machen, ausgerechnet an diesem Tage als Fußgänger in der Wüste eingefangen zu werden? Die Schlosser saßen schon auf dem Lastwagen und schrien herüber, der Motor lief. Mit letzter Kraft erreichte er die Seitenplanke, kräftige Hände packten ihn, der Wagen fuhr los, er baumelte noch ein Ende hinterher und wurde dann glücklich an Bord gezogen. Der Fahrer machte in ein paar großen Kurven Staub, und unter der Wolke kamen sie ungeschrammt davon.

Ziemlich bedrückt meldete Buchholz sich beim Hauptmann zurück; ein Melder und zwei Mann von einem anderen Verein und das ganze Werkzeug futsch, aber die Wege des Militärs sind wundersam: nun war der Vorgesetzte wieder ganz zufrieden mit ihm und setzte einen Funkspruch an Rommel ab; Spähtrupp Sonderverband 288 habe Kampfgelände vom Vortage aufgeklärt und rege feindliche Tätigkeit mit Karretten festgestellt usw. Bei der Armee war man von der Initiative sehr beeindruckt, und Buchholz wurde vom Hauptmann freundlich verabschiedet. Nur der zappelige Oberleutnant wollte wissen, wo zum Teufel er denn nun schon wieder gesteckt habe.

Churchill hatte zwar vor seiner Abreise in einem ermutigenden Telegramm nach Kairo mitgeteilt, »es« sei nicht nur eine Sache der Panzer, sondern der Willenskraft, aber solcher Trost hat noch immer mit ziemlicher Gewißheit Niederlagen eingeläutet. Nicht einmal die gewaltigste Willenskraft konnte zum Beispiel dem Brigademajor Holden helfen, der in der Festung Tobruk vergebens nach Karten der Minenfelder herumfragte, keine Willenskraft war in der Lage, die Ketten seiner Tanks auf den Laufrollen zu halten, wenn sie dahineingerieten, und niemand konnte ohne Flak die Stukas vom Himmel hypnotisieren. Im Gegenteil: jede Willenskraft schwindet, wenn man fühlt, daß das Handwerkszeug nicht ausreicht und der Wurm im Gefüge tickt. Tobruk war verloren, ehe der erste deutsche Panzer über den Panzergraben klirrte.

Rommel führte die beiden Panzerregimenter westlich Acroma zum Stoß zur Via Balbia, zur See. Herbert Lumsdens 1. Tankdivision, nun auch schon an Zahl erheblich unterlegen, versuchte sie aufzuhalten und wurde schwer zusammengeschlagen. Ein paar übriggebliebene Tanks wurden der 4. Tankbrigade unterstellt, der letzten Kampfwagen-Einheit. Sie verfügte damit noch über ein Sammelsurium von 60 Grants, Honeys und Kreuzern aller Sorten. Die Männer, die sich darin noch zum Kampf stellen sollten, brauchten mehr als nur Willenskraft.

Zu den letzten Hindernissen vor Tobruk gehörten befestigte »Boxen« auf dem erhöhten Grund im Bereich El Adem-Sidi Rezegh, verteidigt von indischen Truppen.

Hauptmann Borchardt, der Regimentsadjudant beim Sonderverband 288, fand einen Schleichweg durch ein Wadi zum Flugplatz mitten zwischen den »Boxen«. In einem ungeheuren Gewirr aus Hallen- und Flugzeugtrümmern setzte die kleine Truppe sich fest, von wüstem Artilleriefeuer, das allerdings hauptsächlich die Flugzeugtrümmer umschichtete, an weiteren Aktionen gehindert. Aber die Tatsache, daß die unglaublichen Jerries schon wieder mitten unter ihnen waren, riß an den Nerven der Verteidiger. Einem Angriff mit Panzerunterstützung hielten sie nicht mehr stand.

Rommel setzte das Gros der 90. Leichten in Richtung ägyptische Grenze an, um die Verteidiger von Tobruk zu täuschen. General Nehrings Afrika-Korps sammelte sich in stockfinsterer Nacht auf dem Flugplatz Gambut. Die Verwirrung unter den völlig erschöpften Truppen war schauerlich. Als Nehring ankam, trat unmittelbar neben ihm ein Hauptmann und Ritterkreuzträger vom 5. Panzerregiment auf eine Mine, und der General hatte noch lange den bösen, rotglühenden Tannenbaum auf der Netzhaut.

An der Via Balbia flackerte immer wieder Kleinwaffenfeuer auf, wenn britische Trupps sich nach Osten durchzuschlagen versuchten. Der DAK-Stab tastete herum, versuchte Einheiten zu identifizieren, zu entwirren, in Marsch zu setzen. Zu allem Überfluß erschien Rommel und brüllte furchtbar: »Wer führt denn hier Kommando?«

In dieser Nacht besetzte Leutnant Buchholz mit seinem Zug einen der eroberten indischen Stützpunkte. Die Männer freuten sich über die Abwechslung in der Beute-Verpflegung: hier gab es große Mengen Reis.

Mitten in der Stellung stand ein abgeschossener britischer Spähwagen mit der toten Besatzung. »Schaffen Sie den Wagen morgen weg«, sagte Buchholz zu einem Feldwebel.

In der Nacht schlief er mit ein paar Leuten in einem Unterstand. Er rappelte sich fluchend hoch, als draußen das Feldtelefon läutete. Bestimmt wieder der zappelige Oberleutnant. Aber der Anrufer, wer immer es war, rettete ihn: denn plötzlich ratterten Maschinenwaffen, dumpfes Krachen von Handgranaten, Schreie und Stöhnen. Dann Rufe auf Italienisch, deutsche Flüche.

Langsam klärte sich die Verwirrung: Rommel hatte italienische Einheiten auf die östliche Seite von Tobruk befohlen, um den bevorstehenden Angriff zu decken. Es war den Verbündeten gesagt worden, sie müßten an der Via Balbia entlang durch teilweise feindbesetztes Gebiet marschieren. Als einige von ihnen rechts im Gelände die Zigarette eines Postens glühen sahen, schlichen sie sich an. Es gab zwischen den Verbündeten verabredete Losungsworte, zumeist Städtenamen; und die Italiener riefen: »Bologna«. Der total übermüdete Posten dachte nur: »Quatschköppe«. Sie eröffneten das Feuer, der Posten verschwand verdutzt, zu allem

Unglück entdeckten die Verbündeten den Unterstand, den Buchholz gerade verlassen hatte, und warfen ohne jeden weiteren Anruf eine Handgranate hinein.

Die fünf Schlafenden wurden erheblich verletzt. Buchholz und seine Männer waren noch mit ihnen beschäftigt, als im ersten Licht des Tages ein prächtiger italienischer Stabswagen in die Stellung surrte. Es erschien ein veritabler General mit Adjutant und Ordonnanzoffizieren, um sich für den Fehlgriff seiner Truppen offziell zu entschuldigen.

Der Dolmetscher hatte die ersten Sätze gemurmelt, als ihnen eine mächtige Druckwelle um die Ohren schlug, eine schwere Explosion den Boden erschütterte und Metallteile durch die Gegend pfiffen. Der nette General verschwand mit einem Satz.

Der Feldwebel hatte den Spähwagen einfach mit Unmengen herumliegender Minen vollgepackt und in die Luft gesprengt.

Nach ziemlich kalter Verabschiedung blieb in Buchholz das Gefühl zurück, daß der General befremdet war.

Acht-acht über Tobruks Hafen

Der Sturm auf Tobruk begann im Morgengrauen des 20. Juni. Er verlief nach dem Plan, den Rommel im Herbst des vergangenen Jahres gemacht hatte. Artillerie-Batterien konnten in die damals ausgehobenen Stellungen rücken und fanden sogar noch die vorbereiteten Munitionsstapel wieder.

Bei aller Hast und aller Besessenheit, die Scharte der monatelangen, fruchtlosen Belagerung auszugleichen, glich der Angriff in nichts mehr dem fatalen, improvisierten Opfergang des MG 8 und PR 5 vom Vorjahr. Obwohl aus der Sorge, den Überraschungseffekt zu verlieren, die Artillerie zum Teil erst spät nachgezogen wurde, wurde das »Aufweichen« der britischen Stellungen mit bis dahin nicht bekannter Präzision betrieben: Kesselrings »Artillerie der Luft«, die Stukas, fielen zusammen mit Horizontalbombern und Zerstörern auf den umliegenden Flugfeldern ein, zusammen mit den Staffeln der »Regia Aeronautica«.

Sie hatten nur ein paar Minuten Flug, um ihre Bomben loszuwerden, wieder zu landen und neu zu tanken und zu munitionieren. Der Erfolg war schaurig. Zusammen mit den südöstlichen Befestigungswerken flog ein Teil des Minengürtels in die Luft. In die Gasse stürmten Infanterie und Pioniere, gefolgt von Panzern. Sandgefüllte Benzinfässer rollten in den Panzergraben, bildeten improvisierte Brücken. An den Flanken und den Angriffsspitzen qualmten Rauchzeichen für die Flieger. Auch ohne direkte Funkverbindung klappte das Zusammenspiel zwischen Luftwaffe und Bodentruppe perfekt. Richtungsschüsse mit Markierungsgranaten auf feindliche Stellungen signalisierten den Fliegern: Schafft mir die vom Halse ...

Zwischen den Straßen nach Bardia und El Adem lag die 11. indische Brigade, kommandiert vom schottischen Brigadier Anderson. Er hatte den Festungskommandanten, den südafrikanischen General Klopper, gewarnt: Hier sei das logische Einfalltor nach Tobruk, nämlich von der Vereinigung der beiden Straßen über die beiden Höhenstufen hinab zu Stadt und Hafen. Eine Brigade sei hier reichlich wenig – und stellenweise sei der Panzergraben nicht einmal geeignet, eine Gartenwalze aufzuhalten. Aber Klopper, von Ritchie bestärkt, glaubte merkwürdigerweise an einen Angriff von Westen.

Als Panzer, Feldartillerie und Acht-acht die erste Höhenstufe erreicht hatten, war die Festung fast verloren. Von der Front zurückkehrende englische Offiziere vermerkten mit Verblüffung, daß Klopper zu dieser Zeit noch keine Ahnung von der Entwicklung hatte. Nachmittags erschienen deutsche Panzer vor seinem Gefechtsstand im Fort Pilastrino. Der Stab verbrannte daraufhin sämtliche Funkcodes und zerstörte alle Nachrichtenmittel bis auf zwei fahrbare Funkstellen. Aber die deutschen Panzerbesatzungen hatten Befehl, sich nicht mit Kleinigkeiten aufzuhalten und rollten weiter.

Eine einzelne britische 3,7-Zoll-Flak unterhalb des Forts hielt sie für kurze Zeit auf. Die Kanoniere, die bis dahin ebenfalls völlig ahnungslos gewesen waren, schossen ihren Deckungswall mit Vollgeschossen weg und zerstörten vier der deutschen Panzer, bis jeder einzelne Kanonier tot oder verwundet war.

Von den 54 Valentines der Heerestankbrigade waren zu dieser

Zeit noch acht übrig. Klopper zog sich mit seinem Stab in den Westteil der Festung zurück und funkte, mangels Code-Unterlagen unverschlüsselt, an Ritchie: »Situation nicht unter Kontrolle. Gegenangriff mit Infanterie-Bataillon heute abend. Alle Tanks verloren.«

Ritchie empfahl einen Ausbruch Richtung El Adem und erinnerte daran, wie wichtig es sei, vor allem die Benzinlager zu zerstören. In der Nacht versammelte Klopper die erreichbaren Kommandeure. Halbherzig beschloß man, wenigstens die westliche Hälfte der Festung Tobruk zu verteidigen. In den frühen Morgenstunden wurde gemeldet, 150 deutsche Panzer versammelten sich auf der Höhe 209 vor dem Ras el Madauar. Die Meldung war ebenso falsch wie eindrucksvoll: sie überzeugte den General, daß weder Ausbruch noch längere Verteidigung sinnvoll seien. Er überließ seinen Stabswagen und einen Kompaß sechs jungen Südafrikanern, die um jeden Preis ausbrechen wollten, und sagte mit traurigem Lächeln: »Ich wünschte, ich könnte mit euch kommen.«

Unten im Hafen hatten die Marine-Offiziere Smith und Harris im indirekten Feuer schwerer Artillerie bis zuletzt das Ausladen von Munition überwacht. Niemand gab ihnen einen Lagebericht, aber sie hatten schon am Nachmittag des 20. Juni deutsche Panzer auf der Höhenstufe gesehen. Gegen Abend ging Harris zu den riesigen Benzinlagern, um die Stifte der 90-Minuten-Zeitzünder abzubrechen. Zu seinem Entsetzen stand schon ein riesiger deutscher Panzer neben dem Haupttank. Der Kommandant winkte freundlich mit der Hand. Harris winkte zurück, machte einen Bogen und kroch von der anderen Seite auf den Tank. Die Stifte waren schon zerbrochen. Er ging zurück zum Hafen, wo das Marine-Personal mit allen möglichen Booten über See nach Marsa Matruk ausbrechen wollte. Die Offiziere stiegen auf einen langen, flachen Leichter, der nicht mehr als 15 km/h machte. Oben vom Djebelrand feuerten Geschütze aller Art im direkten Beschuß. Mehrere der vorausgefahrenen Boote sanken schon. Mit dem langsamen Leichter konnte es nicht gutgehen.

Die Batterie von Oberleutnant Dammann erreichte um diese Zeit die letzte Höhenstufe. Den ganzen Tag über hatten sie abwechselnd indirekt als Artillerie Sprenggranaten geschossen und im Vorgehen mit den Panzern die Rolle der Sturmpak gespielt. Leichtere Geschütze standen nun schon oben auf dem Abhang und feuerten in den Hafen. Es war zweifelhaft, ob man mit den scheunentorgroßen Acht-acht etwas anfangen konnte, zumal das Rohr nicht tiefer als 3 Grad unter die Waagerechte gekurbelt werden konnte.

Aber der Oberbefehlshaber selbst zerstreute alle Zweifel; »Erwin kommt!« schrien die Landser. Dammann stieß den Spaten in den Boden, mit dem er gerade an einem Deckungsloch buddelte, lief hinüber zum Spähwagen des O. B. und wollte Meldung machen, aber der winkte ab und rief, wie immer in Erregung schwäbelnd:

»Los Dammann, schieße, schieße, könne ihm ja bald in den Hafen spucke!«

Sie schoben die Kanonen mit den Zugmaschinen so weit auf den abfallenden Grund, daß die Rohre tief genug hingen. »Sprenggranaten!« riefen die Geschützführer.

Unten im Hafen begann der letzte Akt der Tragödie.

Zuerst explodierten einige Acht-acht-Granaten im Kielwasser des großen Leichters. Der Maschinenraum brannte schon. Dann detonierte eine Granate auf der Brücke. Alle Offiziere wurden verletzt. Das Schiff trieb manövrierunfähig langsam an Land zurück. Mit schweren Verbrennungen lagen die Männer des Maschinenpersonals an Deck. Captain Smith wurde ein Arm zerschmettert. Er starb in der folgenden Nacht.

Am Morgen des 21. Juni war jedermann in Tobruk klar, was kommen mußte. 17 Offiziere und 183 Mann von den Coldstream Guards fuhren in hellem Tageslicht zum Ras el Madauar, um auszubrechen. An ihren Lastwagen hingen sechs der neuen Sechspfünder-Pak. Andere Einheiten schlossen sich an. Der Konvoi wuchs auf dem Weg zur Befestigungslinie auf 60 Fahrzeuge an. Sie gerieten in heftiges Artilleriefeuer, entkamen aber im Schutz ihrer eigenen Staubwolke mit geringen Verlusten.

Im Hauptquartier der Heerestankbrigade steckten die Offiziere ihre Geheimpapiere an. Brigadier Willison sagte: »Von nun an ist jeder für sich selbst verantwortlich.«

Major Holden ging mit dem schottischen Arzt Dr. Silla vom

Hauptquartier, das unterhalb der zweiten Höhenstufe an der Straße nach Derna lag, hinunter zur Küste. Der Doktor war schon in Frankreich aus der Gefangenschaft entkommen und nach England zurückgekehrt. Sie wußten da unten eine versteckt liegende Höhle, die vielleicht eine Chance bot.

Alles war friedlich; sie nahmen erst mal ein Bad. Als sie wieder an Land stiegen, stand da ein sehr langer, selbst in verstaubter Uniform schick aussehender Deutscher mit einer Maschinenpistole. Er winkte mit seiner freien Hand und sagte freundlich: »Komm, komm.«

Ein paar Stunden später, bei Einbruch der Dunkelheit, gelang es Dr. Silla und einem anderen Offizier, bei einem kurzen Stopp von einem Lastwagen zu springen und in der Dunkelheit zu verschwinden. Die beiden kamen heil nach Ägypten.

»Nur einmal Duce ...«

Der Gefreite Karl-Ludwig Heilig von den 361ern döste auf einem Lastwagen vor sich hin, der oberhalb Tobruks auf der Hauptstraße stand. Nur hier und da hörte man noch manchmal das Auflakkern von Kleinwaffenfeuer. Sie waren seit 24 Stunden fast ununterbrochen im Einsatz. Am ersten Tag hatten die Stukas sie trotz der Rauchzeichen noch erwischt und eine ganze Reihe Ex-Legionäre getötet oder verwundet.

Nun schien alles vorbei zu sein. Links und rechts der Straße lagen Südafrikaner, Inder und Briten zu Tausenden, die noch nicht in die improvisierten, umzäunten Gefangenenlager gebracht worden waren.

Plötzlich ging ein Ruf durch die Menge, pflanzte sich blitzschnell fort nach allen Richtungen, Männer mit wehenden Mänteln rannten in dicken Trauben zur Straße. Heilig fuhr auf, die werden doch nicht ... Sie stürzten von beiden Seiten auf die haltenden Lastwagen zu, er sprang zum vorn aufmontierten MG, riß es herum.

»Sind Sie wahnsinnig Mann, sehen Sie sich doch mal um!« Ein

Offizier drückte ihm den Lauf hoch. »Die wollen doch nur Rommel sehen ...«

Tatsächlich – ein offener Stabswagen, Rommel auf die Windschutzscheibe gestützt, und die Tausende der geschlagenen Armee drängten vor zum Straßenrand, forschten in dem verschlossenen Gesicht ...

Rommel war zornig. Den ganzen Morgen schon hatte er die dicken schwarzen Rauchwolken über dem Hafen gesehen: da brannte sein Benzin, das er für den Marsch zum Kanal brauchte.

Klopper übergab die Festung offiziell um 9.40 Uhr. Laut britischen Berichten fauchte Rommel ihn an, auf die brennenden Tanks deutend: »Dafür werden sie bis nach Tripolis laufen, laufen, laufen ...«

Das war nicht die Art des feinen Mannes gegenüber einem geschlagenen Gegner, aber andererseits auch nur so etwas wie die Versprechungen vom Kriegsgericht, die er gelegentlich seinen Mitarbeitern machte. Die 30 000 Gefangenen von Tobruk mußten jedenfalls nicht nach Tripolis laufen.

Die Landser hasteten los, um noch etwas von der Beute zu ergattern, bevor die »Erfasser« und die »Kettenhunde«* ihre Hände drauflegten. Die 361er nahmen einen ganzen Tankwagen voll Wasser mit und wuschen sich sogar die Füße mit Süßwasser, was etwa dem Gefühl entsprach, sich mit einem Hundertmarkschein die Pfeife anzustecken. Ein Pakfahrer vom MG-Bataillon 8 kam mit einer Kiste angekeucht und schrie: »Bier, Kumpels! Haufenweise!« In einem Unterstand waren Kisten gestapelt, die Flaschen darin aufs feinste in Strohhüllen. Auf den Etiketten stand »Münchner Löwenbräu«. Aus Aufklebern war zu erkennen, daß das edle Getränk über Portugal zu den Briten gekommen war.

Zu Oberleutnant Dammann kam der Spieß: »Wir sollen melden, wie lange wir uns selbst verpflegen können.«

»Was meinen Sie denn?«

Der Spieß, der mit tief in den Federn hängenden Lastwagen aus der Stadt zurückgekommen war, grinste: »Vier Wochen. Wenn wir ehrlich sind, sogar sechs Wochen.«

* Feldgendarme; so genannt wegen des an einer Kette hängenden Brustschildes.

General Nehring fuhr mit Chef Bayerlein zum Baden. Sie waren kaum im Wasser, als vom Funkwagen geschrien wurde: »Der O. B., Herr General!«

Er wurde zu einer Art Gipfeltreffen in einem Straßenwärterhäuschen an der Via Balbia gerufen. Die Spitzen des italienischen Libyen-Kommandos waren da, Rommels de-jure-Vorgesetzter Bastico und Generalfeldmarschall Kesselring, der ganz besonders strahlte. Als Nehring sich entschuldigte und hinter das Haus ging, um etwas Dringendes zu erledigen, kam Kesselring ihm nach und stellte sich dazu:

»Da sehen Sie, es geht. Immer hat der Rommel gesagt, er kann nicht. Ich habe ihn immer treten müssen.«

Nehring murmelte Nichtssagendes und staunte. Jetzt will er sich *den* Bonbon auch noch ans Hemd kleben.

Es war bekannt, daß Kesselring hinterher immer alles vorher gewußt hatte. Aber das war selbst für seine Verhältnisse etwas stark.

Das änderte nichts daran, daß der Feldmarschall in der anschließenden, gelegentlich sehr hitzigen Debatte ausnahmsweise völlig Recht hatte. Rommel erklärte, er werde nun sofort in die Tiefe Ägyptens stoßen. Er sah wieder einmal nicht nur Kairo, sondern auch den Persischen Golf in seiner Reichweite. Kesselring widersprach heftig und erinnerte an die Vereinbarung zwischen Führer und Duce: Nach der Eroberung Tobruks sei zuerst Malta zu nehmen, die Panzerarmee dürfe nicht weiter vorrücken als bis zur ägyptischen Grenze.

Rommel glaubte, er dürfe der angeschlagenen 8. Armee nun keine Gelegenheit geben, sich irgendwo festzusetzen und wieder zu verstärken. In Tobruk habe er genug Versorgungsgüter erbeutet. Außerdem stehe der Hafen jetzt zur Verfügung.*

Gewiß ist im Nachhinein die Feststellung leicht, der alte Rommel-Traum vom Nil sei nur Phantasterei gewesen, geschweige denn der vom Persischen Golf. Aber es gab auch damals schon seit

* Die an anderer Stelle erwähnte Schwierigkeit, große Benzinlager auf die Schnelle völlig zu zerstören, traf auch in Tobruk zu. Außerdem waren weitere Sprit-Lager bei El Adem und Belhamed erobert worden. – Der kleine Hafen mit seiner Kapazität von ca. 500 t täglich nützte indes nicht viel, zumal er für die Entladung großer Schiffe nicht eingerichtet war.

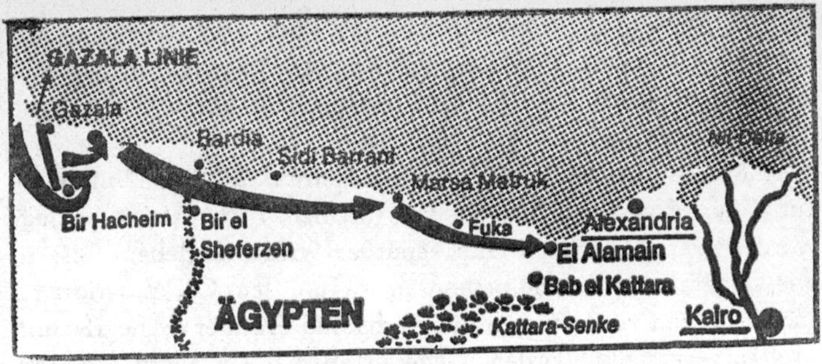

Der Weg nach Osten: Als die Gazala-Linie und Tobruk gefallen waren, schien der Weg zum Nil frei. Die Endstation hieß El Alamein.

mehr als einem Jahr die exakten Berechnungen, die im Auftrage von Paulus angefertigt worden waren. Aus seinen Aufzeichnungen in »Krieg ohne Haß« geht hervor, daß Rommel der Ansicht war, man müsse von diesen ewig bedenklichen Nachschub-Heinis nur das Unmögliche fordern, um es zu bekommen. Ebenso wie von der kämpfenden Truppe.

Das erinnert stark an die Überzeugungen seines Obersten Kriegsherrn – allerdings auch an Churchills »Willenskraft«-Telegramm. Aber bei dem Ober-Nationalsozialisten und seinen Trabanten gehörte das Irrationale zur Grundhaltung, während der Briten-Premier dergleichen gelegentlich und wohldosiert als Mittel zum Zweck einsetzte.

In der nüchternen Welt der Tatsachen blieb, daß schon Alexandria, der nächste Hafen mit zählbarer Kapazität, 600 Kilometer hinter Sollum, hinter der ägyptischen Grenze lag. Aber auch das Erreichen dieses Zieles war von zweifelhaftem Wert, wenn nicht mit einem einzigen, gewaltigen Stoß die gesamte britische Basis im mittleren Osten zusammen mit dem langen, aber vergleichsweise sicheren Nachschubweg um das Kap der Guten Hoffnung zerschlagen werden würde.

Denn mit jedem Kilometer Richtung Osten näherte man sich natürlich den glänzend ausgebauten und wohlversorgten Basen der britischen Luftwaffe im Delta. Und ähnlich wie Malta lag im östlichen Mittelmeerbecken die Insel Zypern im Bereich der möglichen Nachschubrouten über See. Da bestanden noch Probleme, die auch bei ungehindertem Nachschub nach Tripolis und in die Häfen der Cyrenaika schwer lösbar gewesen waren.* Mit Malta im Rücken jedoch war der Stoß nach Osten voraussehbar eine neue Vergeudung von Blut und Schweiß.

Schon die Tatsache, daß Achsen-Luftstreitkräfte zur Unterstützung der Rommel-Offensive von Sizilien nach Afrika verlegt worden waren, hatten Malta »spürbar wieder aufleben« lassen, wie General von Rintelen schon am 5. Juni dem OKW berichtete. In den Tagen zuvor waren die Nachschub-Frachter »Allegri« und »Juliani« versenkt worden. Generalstabschef Cavallero erinnerte Rintelen in jedem Gespräch daran, daß die Eroberung von Malta »unbedingt erforderlich« sei.**

Was beim Vorstoß nach Ägypten nun berechenbar eintreten mußte, ging über den auf beiden Seiten schon mehrfach eingetretenen »Gummiband-Effekt« (das Zurückschnellen von vorgeschobenen Positionen infolge überdehnter Nachschublinien) weit hinaus. Die Achsen-Luftwaffe war noch bei den Kämpfen in der Gazala-Gegend in der Lage gewesen, von der Aufgabe, die Bodentruppen zu unterstützen, schnell umzuschalten auf die Bekämpfung von Seezielen um Malta. Das wurde nun unmöglich, jetzt hieß es: entweder oder. Heraus kam eine Verzettelung der Kräfte, und es reichte an keinem Ende mehr.

Kesselring wußte, wovon er sprach: Auf direkte Intervention von Churchill bei Roosevelt hatten die Amerikaner ihren Flugzeugträger »Wasp« zur Verfügung gestellt, um wieder Jagdflugzeuge nach Malta zu bringen. Sofort versteifte sich die Abwehr der Briten. In drei Tagen, vom 10. bis 12 Mai, gingen mehr deutsche Flugzeuge verloren als bei 11 500 Einsätzen im Frühjahr. Von Luftherrschaft war keine Rede mehr. Selbst nachts lauerten britische Jäger über den sizilianischen Flugplätzen auf heimkehrende Bomber.

Während des Streitgesprächs im Straßenwärterhäuschen bei To-

* Die oft geäußerte Ansicht, nach der Wegnahme von Malta wäre Englands Position im Mittleren Osten unhaltbar geworden, grenzt an eine »afrikanische Dolchstoßlegende«, braucht aber hier nicht weiter untersucht zu werden.

** Er ließ Rintelen aber auch daran erinnern, daß die italienische Kriegsflotte über die (sehr mageren) Anteile am rumänischen Öl hinaus für die Unterstützung des Unternehmens 40 000 Tonnen Heizöl brauche.

bruk bohrten britische Bomber und Torpedoflieger den deutschen Dampfer »Reichenfels« in den Grund des Mittelmeeres.

Rommel brach die Diskussion ab und nahm Nehring beiseite:

»Sie mit Ihrem Korps durch die Wüste, die 90. Leichte über die Via Balbia! Los!« Das DAK brach sofort auf.

Zu dieser Zeit berichtete General von Rintelen dem OKW, der Duce sei der Ansicht, die Weisungen vom 7. 5. bedürften keiner Änderung: Operationen nur bis zur ägyptischen Grenze, dann Malta. Erst am nächsten Tag um 21.12 Uhr ging ein Fernschreiben von Rommel bei ihm ein, das er sofort an OKW und OKH weiterleitete: Mit der Eroberung Tobruks sei das erste Ziel der Panzerarmee erreicht, schrieb Rommel. Er beabsichtigte nun, »den Weg in das Innere Ägyptens zu öffnen«. Die Versorgungslage sei durch die Beutebestände gut, der Feind schwach. »Bitte daher beim Duce zu erwirken, daß die bisherige Begrenzung der Bewegungsfreiheit aufgehoben . . . wird.«

Rintelen setzte von sich aus eine Erinnerung an die am Vortag gemeldete Ansicht des Duce hinzu.

Aber schon hatte Hitler mächtig in die Leier gegriffen und einen Brief an den Duce geschrieben, in dem es hieß: »Nur einmal Duce, streift einen der Lorbeer des Sieges. Eine einmal nicht genutzte Gelegenheit kommt nicht wieder . . .«*

Solchen Fanfarentönen konnte Mussolini nicht widerstehen. Am 24. 6. berichtete Rintelen, der Duce stimmte mit dem Führer voll und ganz überein, »daß zur Zeit der historische Augenblick gegeben sei, Ägypten zu erobern«. Immerhin erinnerte Mussolini auch daran, durch das »Wiederaufleben Maltas« sei die Versorgungslage für die Panzerarmee wieder kritisch geworden, und bat dringend um Luftwaffen-Verstärkungen.

Hitler vergaß es. Er hatte Wichtigeres zu tun. In Rußland sollte bald die große Sommeroffensive beginnen. Er gedachte, die Untermenschen damit endgültig zu erledigen. Ein mächtiger Stoß zielte auf den Kaukasus und eine Stadt an der Wolga namens Stalingrad.

* Nach einer anderen Fassung schrieb er von der »Göttin des Schlachtenglücks«, die man festhalten müsse, wenn sie sich einmal nähere. – Der Wehrmachtführungsstab/OKW, in Eigendarstellungen immer der Hort der Nüchternheit neben dem Phantasten Hitler, empfahl übrigens in einer Stellungnahme ebenfalls, das Ägypten-Abenteuer der Malta-Eroberung vorzuziehen.

3. Zum Kaffeetrinken nach Kairo

»Befreier vom englischen Joch«

Vor ihren Völkern und der Weltöffentlichkeit standen die Diktatoren Arm in Arm, die Helden-Profile waren selbst auf Briefmarken vereint.

Aber während ihre Soldaten kämpften und starben, schwelten zwischen den Führern untergründige Rivalitäten und Eifersüchteleien. Am Vormittag des 21. Juni hatte Mussolini in einer Sondermeldung verbreiten lassen, die Briten hätten dem Kommandierenden General des XXI. italienischen Armeekorps die Übergabe Tobruks angeboten. Daraufhin ließ Hitler lautstark bekanntgeben, daß Rommel zum Generalfeldmarschall befördert worden sei.*

Danach eskalierte der unedle Wettstreit in eher burleske Bereiche: Der Duce beförderte Cavallero und Bastico ebenfalls zu Felmarschällen, was, wie Graf Ciano in seinem Tagebuch vermerkte, »die Leute bei Bastico belustigte und bei Cavallero empörte.«

In Erwartung eines baldigen triumphalen Einzuges in Kairo flog Mussolini mit großem Gefolge nach Derna, wo bei einer Bruchlandung sein Hofstaat um Koch und Barbier dezimiert wurde. Nach ein paar Wochen sollte er wieder abreisen, bleich vor Wut und Enttäuschung – und sehr angewidert von Rommel, der ihm nicht einmal seine Aufwartung gemacht hatte. Er sprach fortan auch in offiziellen Dokumenten nur noch von der »italienisch-deutschen Armee«, während es bei den Deutschen natürlich weiterhin »deutsch-italienische« hieß.

* Rommel kam längere Zeit nicht dazu, sich die neuen Rangabzeichen annähen zu lassen und sagte später zu seiner Frau: »Eine Division wäre mir lieber gewesen.«

Große Rosinen wuchsen indes allenthalben in den Köpfen; während der Duce schon Weisungen herausgab, daß man der ägyptischen Bevölkerung jedenfalls freundschaftlich gegenüberzutreten habe – den Behörden aber nur, wenn sie sich dessen würdig erwiesen –, erhielt die straff gelenkte deutsche Presse den Befehl, »die gemeinsame Erklärung der Achsenmächte über die Unabhängigkeit Ägyptens gut hervorzuheben und nach den gegebenen Gesichtspunkten zu kommentieren.« Einigkeit bestand darüber, daß Rommel Militärgouverneur, ein früherer italinischer Botschafter Zivilresident werden sollte.

Auch die Abteilung Ic der Panzerarmee legte eine dicke Akte an, die unter anderem folgenden Aufsatz eines Unteroffiziers (früher Leiter einer deutschen Bank-Filiale in Kairo) enthielt: »Die Wirtschaft Ägyptens und die Maßnahmen zu ihrer Erfassung.« Ein anderer Ägypten-Kenner berichtete, wo man z. B. Baumaterial (nicht viel zu holen; am besten alle Telefonmasten umsägen) beschaffen könne.

Flugblätter und Radio-Aufrufe wurden vorbereitet: »Rommel kommt als Befreier vom englischen Joch!« Den König Faruk, fand die Abteilung Ic, könne man durchaus behalten, zumal seine Schwester Kaiserin von Persien sei. »Zu überlegen ist nur, ob man den jetzigen Ministerpräsidenten Nahas Pascha mit seinen zum Teil englandhörigen Ministern vorläufig beläßt oder zuläßt, daß er vom König sofort herausgeworfen wird.«

Der eingespielte Verwaltungsapparat müsse jedenfalls erhalten werden, hieß es, und dann:

»Alle Maßregelungen wegen Maßnahmen gegen Deutschland später!«

Hinterhalt bei Marsa Matruk

Churchill erhielt die Nachricht vom Fall Tobruks in Washington. Während einer Konferenz wurde dem Präsidenten Roosevelt ein Telegramm überreicht, das er wortlos an seinen Gast weitergab.

Churchill: »Das war einer der schwersten Schläge, die mir aus dem ganzen Krieg in Erinnerung geblieben sind ... Ich versuchte gar nicht erst, mein Entsetzen vor dem Präsidenten zu verbergen. Der Augenblick war zu bitter.«

Dankbar erinnerte Churchill sich später, daß Roosevelt sofort fragte: »Was können wir tun, um euch zu helfen?«

Der Premier erwiderte ohne Zögern: »Geben Sie uns so viele Sherman-Tanks, wie Sie entbehren können, und schicken Sie sie schnellstens in den Nahen Osten.«

Kurze Zeit später waren dreihundert »Shermans« und hundert Sturmgeschütze auf dem Weg über den Atlantik. Als ein Schiff mit Tankmotoren unterwegs von einem deutschen U-Boot versenkt wurde, ließ der Präsident sofort einen Schnelldampfer mit Ersatzmotoren beladen und hinter dem Konvoi herjagen. Mit dem »General Sherman« sollte zum erstenmal ein den deutschen Panzern halbwegs gewachsener Tank auf dem afrikanischen Kriegsschauplatz erscheinen.*

Aber vorerst stoben die Reste der britischen Tank-Einheiten vor der Panzerarmee davon oder wurden zusammengeschossen. Auchinleck löste Ritchie ab und übernahm selbst die Führung der 8. Armee. Er beschloß, hinhaltenden Widerstand leisten zu lassen und inzwischen die einzige Stelle zwischen dem Halfaya-Paß und dem Nil-Delta, die nicht im Süden umgangen werden konnte, ausbauen zu lassen: die knapp 60 km breite Enge zwischen der Katarra-Senke und dem Meer beim winzigen Wüsten-Bahnhof El Alamein. Aber daraus wurde zunächst nicht viel: die Panzerarmee war zu schnell da.

Für Auchinleck bot es sich an, zunächst einmal in Marsa Matruk die Absätze in den Boden zu stemmen. Die Stadt verfügte über einige Befestigungen, zum Teil noch zur Zeit des italienischen Angriffs angelegt, und im Westen gab es einen lückenhaften Minengürtel, der sich noch 20 km an der Piste zur Oase Siwa nach

* Der »Sherman«, fortan Standard-Tank der Westalliierten, hatte zwar auch eine reichlich hohe Silhouette und nicht die gewaltigste Kanone (7,5 cm, L/40,18; V^{0} nur 619 m/sec; Geschoß 6,79 kg; durchschlägt 76 mm Stahl auf 1500 m), war aber gut gepanzert (max. Turmfront 85 mm) und mit 400 (später 450) PS 39 km/h schnell. Bei den ersten Serien waren die Benzintanks schlecht geschützt und brannten oft schon durch Splitter (Spitzname: »Tommykocher«.) Spätere Shermans hatten Dieselmotoren. Wichtigster Vorzug: absolute Verläßlichkeit und große Stückzahlen ...

Süden entlangzog. Aber natürlich war das Ganze leicht im Süden zu umgehen; das hätten nur starke Tank-Streitkräfte in beweglicher Kampfführung verhindern können.

Rommels Panzerregimenter zählten noch zusammen 86 Kampfwagen,* für die das übriggebliebene Sammelsurium der 1. Tankdivision kein Gegner war. Die 90. Leichte brach durch den Minengürtel, während die Panzer weiter südlich vorstießen, die 1. Tankdivision beiseite fegend. Ein beträchtliches Durcheinander entstand; nicht nur innerhalb Marsa Matruks, sondern auch weiter südlich im Bereich der beiden Höhenstufen waren starke Infanterie-Einheiten abgeschnitten, während von Osten die neuseeländische Division unter General Freyberg heranrollte.

Hans-Günter Buchholz, inzwischen zum Oberleutnant befördert, hörte in stockfinsterer Nacht an der Siwa-Piste ein paar Lastwagen mit anhängenden Geschützen mitten durch seine Truppe nach Süden brummen. »Das waren Engländer«, sagten ein paar Soldaten, denen die Fahrzeuge fast über die Zehen gerollt waren. Als der nächste Pulk durchkam, fingen sie an zu schießen. Weiter südlich geriet einer der Lastwagen in Brand.

Oberst Menton kam angefahren und sagte streng: »Unglaublich! Sie können doch nicht einfach losknallen bei dem Durcheinander! Da muß man sich doch erst einmal vergewissern, wen man vor sich hat!«

Ein Unteroffizier meldete sich freiwillig, den nächsten Verein zu befragen. Vier große Kastenwagen kamen langsam angerollt, jeder mit einem Munitionskarren und dahinter hängendem Geschütz, richtige Schleppzüge mit mächtigen Silhouetten, die selbst in der Dunkelheit zu erkennen waren.

Der erste hielt. Der Unteroffizier fragte: »Wer seid Ihr?«

»Damned Germans«, sagte der Fahrer und gab Gas.

Der Unteroffizier schoß eine Leuchtkugel und steckte die Nase in den Sand. Die deutschen Infanteristen feuerten mit allem, was sie hatten, aber in der Finsternis schien die Wirkung nicht groß zu sein.

* 200 weitere waren noch aus den Werkstätten zu erwarten.

Trotzdem fand die Batterie ein grausiges Ende: Die Fahrer wichen von der Siwa-Piste ab. Nach kurzer Fahrt stürzten alle vier Schleppzüge in ein Wadi mit steilen Rändern und explodierten. Da waren keine Gefangenen mehr zu machen.

Oberst Menton kam und fragte streng: »Was war hier wieder los?«

»Melde Herrn Oberst: Diesmal haben wir vorher gefragt!«

Hinter ihnen gingen schwere 21-cm-Mörser in Stellung und feuerten nach Marsa Matruk. Teile der 90. Leichten hatten im Norden schon die See und die Küstenstraße erreicht, unter schweren Bombenangriffen der Royal Air Force.

Auch Freyberg und seine Neuseeländer wurden sofort zwischen der 21. und der 15. Panzerdivision eingezwängt, als sie sich in die für intakt gehaltene Frontlinie schoben. Der General, ein x-mal verwundeter Haudegen aus dem Ersten Weltkrieg, erlitt erneut eine schwere Kopfverletzung.

In der Nacht brach die Division nach Osten aus. Das Zentrum ihres Stoßes traf einen Teil des MG-Bataillons 8 und einen Truppenverbandsplatz. Vor den Lastwagen der Neuseeländer kam, schweigend und im Laufschritt, eine dichtgedrängte Masse Elite-Soldaten mit aufgepflanztem Bajonett, Beutel mit Handgranaten vor der Brust. Die Soldaten des MG 8 erwachten aus dem Schlaf der Erschöpfung, als ihre Posten Alarm gaben. Die meisten kamen nicht mehr dazu, zur Waffe zu greifen. Im gnadenlosen Nahkampf waren die Maschinengewehre nicht zu gebrauchen. In der Finsternis stachen die Neuseeländer alles nieder, was ihnen in die Quere kam, auch das Sanitätspersonal und den Stabsarzt Dr. Tanzer. Munitionswagen flogen in die Luft, aber auch die Sanitätskraftwagen waren in der Dunkelheit nicht von anderen Fahrzeugen zu unterscheiden ... In ihnen verbrannten zahlreiche Verwundete.

Der überraschende und wuchtige Stoß brachte deutsche Einheiten auf breiter Front aus dem Gleichgewicht. Selbst Rommel mußte mit seinem Stab fliehen. Die Pak-Besatzung, zu der Günther Halm gehörte, stand etwas seitlich als Sicherung. Sie halfen am anderen Morgen bei der Bergung der Verletzten und Toten. Ein schauriger Brandgeruch lag über dem Wadi. Allein das MG-

Bataillon 8 zählte über 100 Tote und ebensoviele Verletzte. Die Neuseeländer erreichten mit geringen Verlusten die Verteidigungslinie bei El Alamein.

Auch für die Einschließung Marsa Matruks waren die deutsch-italienischen Verbände zu schwach. Die Masse der britischen Truppen entkam, wenn auch unter schweren Verlusten.

Unter den Einheiten der 90. Leichten, die östlich von Marsa Matruk auf dem Djebelrand über der Küstenstraße lagen, waren auch die 361er. Bei ihnen stand eine Acht-acht, einziges übriggebliebenes Geschütz einer Batterie.

Pulks von Lastwagen, vollgestopft mit Infanteristen, versuchten auf der kaum 500 Meter entfernten Straße zu entkommen. Es wurde ein gräßliches Gemetzel. Die Acht-acht, Feldgeschütze, Maschinengewehre jagten ihre Geschosse hinunter. Der erste Lastwagen schleuderte, kippte um. Andere krachten hinein. Die Wagen stauten sich, versuchten die Wracks zu umfahren.

Schließlich sagte der Offizier von der Flak: »Hört auf!« Er sah aus, als ob ihm schlecht würde. Da unten brannte schwarzqualmend eine solide Masse von Fahrzeugen und Menschen. Einer nach dem anderen setzte das MG ab. Unten rannten Überlebende nach Osten, kleine Flitzer schlängelten sich durchs Gelände. Oberst Marcks kam: »Ihr wollt wohl nicht mehr?«

»Sehen Sie sich das an, Herr Oberst«, sagte Heilig. Marcks warf einen langen Blick hinunter, sagte »Naja« und ging.

Etwas weiter westlich, wo der Djebel nicht so steil anstieg und im kleinen Gang befahrbar war, wichen britische Kolonnen von der Straße ab und versuchten, durch das Gelände zu entkommen. Sie stießen auf den Sonderverband 288.

Schon in der Nacht hatte es heftige Gefechte mit ausbrechenden Einheiten gegeben. Sie rannten fast den Regimentsgefechtsstand über den Haufen, wo Oberst Menton selbst mit der Pistole um sich knallte. Auf der Anhöhe lag Oberleutnant Buchholz mit seiner Truppe. Die Stellung war schon ein paarmal von Fahrzeugen mit wild feuernden Besatzungen durchrollt worden, und in einer kleinen Senke lagen einige Verwundete. Dazu gehörte ein Gefreiter, der in die Backe getroffen worden war, als er gerade dem Oberleutnant meldete: glatt hindurch, kein Zahn beschädigt, Zunge unverletzt, nur zwei harmlose Löchlein blieben im dünnen Wangen-Fleisch.

Auf dem Hang lag schon eine Reihe brennender Fahrzeuge. Als der nächste Pulk kam, waren alle Waffen bereit, darunter eine 2-cm-Flak und die Pak des nun wieder ordentlich gekleideten Pyjama-Soldaten, der einen Berg Sprenggranaten neben sich aufgetürmt hatte.

Sie hörten die Wagen schon von weitem im kleinen Gang heulen. Aber sie waren blitzschnell in der Stellung, weil die am Hang qualmenden Fahrzeuge die Sicht nahmen.

Voraus ein Stabswagen, der Fahrt aufnahm und zwischen der Flak und einem MG durchbrauste, so daß beide nicht zu schießen wagten. Als die Flak zu bellen begann, fuhr der Pkw gerade über die Verwundeten hinweg, die der Fahrer in ihrer Senke offenbar nicht sehen konnte. Gleich darauf detonierte eines der kleinen Flak-Sprenggeschosse im Wagen. Buchholz riß die Tür auf: ein Fahrer, ein Hauptmann und ein Brigadier, dessen rechtes Bein ziemlich zerschossen war.

Sie zogen ihn heraus und versuchten, mit Verbandspäckchen die Blutung zu stillen. Der ältere Herr war sehr bedrückt wegen der stöhnenden und schreienden Verwundeten, über die sein Wagen auch noch gerollt war. Vor lauter Kummer merkte er nicht viel von seiner eigenen Verletzung.

Von der verstopften Straße brachen Infanteristen in kleinen und großen Gruppen zu Fuß durch. Als es ruhiger wurde, suchten sich die deutschen Einheiten aus den stehengebliebenen Fahrzeugen die besten aus. Über Marsa Matruk stand die große, schwarze Wolke brennenden Benzins.

Panik bei der 90. Leichten

Rommel wußte, daß in der Enge zwischen Katarra-Senke und Meer geschanzt wurde. Er trieb die zu Tode erschöpften Soldaten zur Eile an. In der Hoffnung, doch noch das Traumziel zu erreichen, das scheinbar zum Greifen nah war, quälten sie sich weiter. Wenn alles aus Spritmangel liegenzubleiben drohte, fand sich immer mal wieder was, auch das Lager in Marsa Matruk brannte nicht ganz aus, und westlich davon wurden noch einmal 80 Kubikmeter entdeckt.

Rommel setzte eine zusammengekratzte Kampfgruppe unter dem Heeresflak-Hauptmann Briel an: »Sie fahren mit Ihrem Haufen nach Alexandria. Die Tommys sind sowieso weg. Morgen gehen wir dann in Kairo Kaffeetrinken.«

Aber der Bogen war endgültig überspannt. Briel kam bis in die Gegend von El Daba. Dann brachen die Männer regelrecht zusammen, eher bewußtlos als schlafend. Batteriechef Dammann, inzwischen Hauptmann, erinnerte sich später, daß es irgendwo einen Halt gab und sein Kübel stehenblieb. Dann krachte irgendetwas, sie fuhren erwachend hoch und sahen sich an: Chef, Fahrer und z. b. V.-Unteroffizier. Die Gegend kam ihnen total fremd vor. Sie jagten hinter der Batterie her.

Im Bahnhof El Daba stand ein Zug unter Dampf. Oberleutnant Schmidt zerstörte die Lokomotive mit einem Acht-acht-Schuß. Auf einem kleinen Flugfeld daneben versuchte eine Willington zu starten, überschlug sich im Feuer und explodierte.

In El Alamein war Endstation. Intakte Verbände wie etwa die neuseeländische Division leisteten verbissen Widerstand, ebenso wie zusammengekratzte Einheiten aus dem Delta oder aus den zurückflutenden Divisionen zusammengestellt. Auchinleck, der keine feste Front mehr zusammengebracht hatte, verblüffte Rommel durch Meisterschaft auf seinem eigenen Gebiet: Beweglicher Kampfführung.

Die »drei M« der 90. Leichten Division, die Kampfgruppen Marcks, Menny und Menton, sollten zwischen den Befestigungen um El Alamein und dem Hügelzug »Ruweisat-Rücken« vordringen und nach Norden einschwenken, um einen Teil der Briten abzuschneiden.

Sie fuhren nach Kompaß durch einen Staubsturm, in dem man so gerade den Kühler des eigenen Wagens sah. Immerhin, es hielt die Royal Air Force fern. Kurz zuvor hatten die Bomber und Jäger Rommel und seinen Stab aus El Daba verjagt. Ein Verband »Sture 18« hatte die Bereitstellung der Kampfgruppen erwischt und schwere Verluste und Verwirrung angerichtet.

Der Gefreite Heilig fuhr den Kübel von Oberst Marcks. Nach den wochenlangen Kämpfen bei dauernder Wasserknappheit waren sie alle völlig verkommen, und Heilig sah mit Interesse, was für fette Läuse dem Oberst über den Kragen krochen.

Der Staubsturm endete abrupt. Im selben Augenblick ging ein wüstes Artilleriefeuer los. Sie warfen sich in den Dreck, und in halber Höhe spürte Heilig einen Schlag gegen die Hand. Als er flachlag, konnte er sie sich näher ansehen. Sie sah übel aus. Ein Splitter hatte Knochen und Sehnen zerrissen. Das Artilleriefeuer lag genau und fiel hageldicht. Links sah man Infanterie mit Tellerhelmen springen.

»Wir müssen hier weg«, sagte Marcks, »können Sie fahren?«

»Geht schon mit der einen Pfote«, sagte Heilig. Zwei Tage später war er schon in Athen im Lazarett.

Oberleutnant Buchholz sah den Kübel mit seinem kleinen Antennenwimpel davonstauben. Er fuhr am linken Flügel und hatte außer zwei deutschen 5-cm-Pak noch zwei auf Lastwagen montierte englische Zweipfünder aus der Beute von Marsa Matruk. Sie sahen, wie der Funkwagen von Marcks einkassiert wurde: er hatte sich offenbar noch im Sandsturm in einem Drahtverhau festgefahren.

Als der Kübel von Marcks zurückkam, machten auch die Lastwagen mit der aufgesessenen Infanterie kehrt. Es gab in dem rauhen Gelände ein gewisses Gedränge mit den nachrückenden Truppen. Das erkannten die britischen Artilleriebeobachter sofort und konzentrierten ihr Feuer darauf, mit verheerender Wirkung.

Die Masse der Kampfgruppen verschwand in einer jener schnell aufflackernden, panikartigen Zustände, die manchmal bei erschöpften Truppen vorkamen. Buchholz und sein kleiner Verein, angesichts der lohnenden Ziele für die Engländer vorerst uninteressant, buddelten sich ein. In einiger Entfernung sah er die rechte Flankensicherung, die sich ebenfalls aus dem Gedränge herausgehalten hatte, dasselbe machen.

Sie blieben zwei Tage und zwei Nächte hocken, dauernd belästigt von der Artillerie, aber es zeigte sich wieder, daß gut eingegrabene Infanterie schwer zu treffen ist. Nur die Fahrzeuge wurden Stück für Stück zerlegt.

Dann brachte ein zurückgeschickter Melder eine Warnung vor

einem Tank-Angriff aus Südosten mit. Buchholz tat sich mit dem Führer der anderen kleinen Truppe, einem Major mit Ritterkreuz, zusammen.

Tatsächlich kamen etwa 20 Valentines angefahren. Buchholz ließ erst einmal einen der übriggebliebenen Zweipfünder schießen, um die Stellungen der deutschen Pak nicht zu früh zu verraten. Das akkurate Kanönchen traf fünfmal, und jedesmal stieg das Geschoß abprallend wie eine Leuchtkugel zum Himmel. Die Tanks hielten feuernd auf das Geschütz zu, die Bedienung brachte sich in Sicherheit, und ausgerechnet in diesem Augenblick kamen zwei Lkw mit angehängter Russenpak als Verstärkung aus einem Wadi, landeten in dem zerrissenen Gelände unmittelbar vor den beiden führenden Valentines.

Alles hielt den Atem an, die eine Bedienung brachte mit irrer Geschwindigkeit ihre dicke Kanone herum und drückte los, offenbar ohne groß zu zielen. Die beiden Tanks fuhren etwas seitlich versetzt. Das Pakgeschoß durchschlug beide – beide brannten sofort; keine Luke öffnete sich mehr.

Die anderen Tank-Besatzungen konnten nur die beiden Rauchsäulen sehen und drehten ab, offenbar in der Annahme, auf eine wüste Pakfront gestoßen zu sein. Am Nachmittag schob sich von hinten Verstärkung ein. Der öde »Ari-Zunder« begann wieder.

»Dich kriegen wir wieder hin«

Zur gleichen Zeit waren die beiden Panzerregimenter mit insgesamt 55 verbliebenen Kampfwagen beiderseits der in der Mitte der Enge liegenden Ruweisat-Rückens vorgegangen. Auf der südlichen Seite drängte das Panzerregiment 8 die 1. Tankdivision zurück, aber dann stießen beide Kolonnen auf eine Front aus 25-Pfündern und der neuen mittleren Pak.

Batteriechef Armitage hatte auch einen Troop dieser durchschlagkräftigen Sechspfünder bei sich, eine kleine Beruhigung, denn was da vorn angeklirrt kam, hatte unangenehm lange Rohre.

Im Getöse des Gefechts lief Armitage zu einer seiner Kanonen. Ein Vollgeschoß durchschlug den Schutzschild und durchbohrte den Kanonier und den Ladeschützen, die zufällig hintereinander standen. Armitage sprang sofort ein, obwohl es ein uangenehmes Gefühl war, auf den nächsten Schuß zu warten, der mit größter Wahrscheinlichkeit ebenfalls treffen würde. Das Geschoß traf die unter dem Rohr liegende Rohrrücklaufbremse und blieb darin stekken. Sie feuerten im nächsten Augenblick – das Rohr blieb natürlich hinten hängen. Mehrere Panzer brannten, die anderen drehten ab.

Armitage ging zu seinem Wagen, um ausnahmsweise einen Schluck Whisky zu nehmen. Auf dem Rückweg zur Batteriestellung sah er rechts hinter dem Ruweisat-Rücken langsam eine Antenne hochkommen. »Paßt auf! Rechts!« brüllte er zu seinen Kanonen hinüber. Im selben Augenblick schlug unmittelbar vor seinen Füßen ein Explosivgeschoß ein. Ein Splitter zerschlug seine Kinnlade und blieb im Hals stecken. Das wirkte wie ein k.o.-Schlag. Alles weitere schien in einem wattigen Nebel stattzufinden. Er vermerkte nur, daß ihn ein netter Doktor betrachtete und sagte: »Dich kriegen wir schon wieder hin.« Armitage blieb jedoch mehrere Wochen stumm, weil der Splitter seine Stimmbänder beschädigt hatte. Das konnte völlig geheilt werden.

Armitage, der heute als pensionierter Brigadier auf seiner Farm in Wiltshire lebt, sagte nach einem langen Gespräch zu mir. »Vor dreißig Jahren hätte ich nie geglaubt, daß ich jemals mit einem von euch so freundschaftlich reden könnte. Das gibt einem doch wenigstens etwas Hoffnung, nicht wahr?«

Beute von den Verbündeten

Noch am 2. Juli berichtete General von Rintelen nach Berlin, die Panzerarmee wolle Alexandria durch das italienische XXI. Korps absperren lassen und selbst auf Kairo vorgehen. Zwei Tage später teilte er mit, Feldmarschall Rommel gehe vorübergehend zur Verteidigung über. Am 6. Juli übermittelte er einen Lagebericht des aus dem Lazarett zurückgekehrten Generals Gause, nach dem die

Durchschnittsstärken der deutschen Divisionen auf 1200 Mann, die Zahl der Panzer insgesamt auf 40 zusammengeschmolzen war.

Der Mangel an Lastwagen war so übel, daß die gesamte italienische Infanterie zu Fuß lief, zugleich aber der Transportraum für die Vorverlegung der Luftwaffen-Installationen fehlte. Es schien, als ob es manchmal doch etwas für sich hätte, die Berechnungen der Logistiker anzusehen, so störend ihre exakten Zahlen auch für hochfliegende Feldherren-Pläne erschienen.

Alle Malta-Pläne waren notgedrungen und stillschweigend aufgegeben worden. Die dafür vorgesehenen Truppen wurden dringend in Afrika gebraucht: ohne Fahrzeuge und im Lufttransport trafen nach und nach eine italienische Fallschirmjäger-Division und die Deutsche Brigade Ramcke ein.

Aufatmend las Churchill die entsprechenden, von »Ultra« entschlüsselten Befehle und erkannte: mit Tobruk war ein Bauer verloren und eine Dame gerettet worden; der Fall der Festung hatte Rommel und seine Vorgesetzten in das kostspielige Ägypten-Abenteuer gelockt. Sie hatten schon wieder mehr abgebissen, als sie kauen konnten.

Rommel sah sich plötzlich in einer grotesken Situation: ausgerechnet er mußte sich vor benzinfressenden und panzerverschleißenden Bewegungsgefechten hüten. Und wie ein Boxer, der immer wieder auf die geplatzte Augenbraue haut, setzte Auchinleck Eliteverbände wie die neuseeländische Division und die aus Syrien herbeigeschaffte, altbekannte 9. australische Division zusammen mit der wieder 100 Tanks zählenden 1. Division auf die schlecht bewaffneten und völlig immobilen Italiener an. Das zwang Rommel in eine Rolle, in der auch seine Gegenspieler so oft schlecht ausgesehen hatten: er mußte das Angriffsinstrument Panzer als mobile Pak und Feuerwehr mißbrauchen.

Als das 5. Panzerregiment an einem dieser Tage vorrollte, machten Feldwebel Saenger und seine Mannschaft zur Abwechslung Beute anderer Art: sie fanden eine verlassene italienische Lkw-Kolonne, die offenbar zu irgendeinem Stab gehört hatte. In so etwas wirft man vorsichtshalber immer einen schnellen Blick, und ihnen gingen die Augen über. Die Wagen waren vollgestopft mit fabelhafter Verpflegung, von Fruchtkonserven bis zu Fleischbüchsen, an denen man erst erkennen konnte, was für ein Abfall das Zeug in den »Alter Mann«-Dosen war. Sie stopften sich den Panzer voll. Einer stieß auch noch auf eine Kiste mit Lire-Scheinen, ein anderer auf Berge von Zigaretten. Als sie hastig hinter der Kompanie herdonnerten, baumelten außenbords zwei Säcke, einer mit Zigaretten, der andere mit Geld: das Leben in Kairo sollte, wie man hörte, ziemlich teuer sein.

Aber auch ihr Traum vom Nil war bald ausgeträumt: der weitere Angriff stieß auf eine Front von Pak und 25-Pfündern. Unter einem Treffer ging der gute alte Panzer 125 in die Knie. Nun hatte auch der letzte Veteran von El Agheila seinen Teil.

Sie booteten aus, vermutlich etwas voreilig, denn es brannte nichts.

In der Aufregung vergaß Saenger, was einem auf dem Kasernenhof eingebleut wird: Hacken runter! Er spürte nur einen Schlag und achtete nicht weiter drauf, aber dann sagte der Richtschütze: »Sie bluten ja.«

Ein Splitter steckte im Sprunggelenk. Der Richtschütze jammerte: »So eine Gemeinheit! Jetzt haben Sie Ihren Heimatschuß, und ich muß hierbleiben!«

Dabei hielt er seinen Kopf etwas zu hoch. Dann jammerte er richtig, denn plötzlich rieselte ihm Blut über das Gesicht. Er wischte immer auf der Stirn herum und war sofort völlig blutverschmiert. Saenger kroch näher heran und sah, daß es nur ein kleiner Riß war, vermutlich von einem Stein.

»Hast Pech gehabt, das reicht nicht für die Heimat«, sagte er. Die Besatzung robbte etwas zurück, da waren alte italienische Schützenlöcher. Auf einmal schrie der Richtschütze noch einmal auf. Diesmal hatte er einen Splitter in der Wade. Aber zu allem Unglück saß das Ding nur ganz leicht in der Haut und fiel bei der ersten Bewegung raus.

»Komm her«, sagte Saenger, wickelte ihm den Splitter mit einem Verbandspäckchen schön fest ans Bein und goß aus seinem Schuh, der voller Blut war, eine ordentliche Ladung über das ganze. Damit kam der »Verletzte« ganz richtig bis nach Athen; bei der ersten Behandlung dort wurde es allerdings kritisch, denn das kleine Loch unter dem Verband war inzwischen verheilt. Zum Glück war unter den Doktoren ein Landsmann aus der Nauener Gegend, der ein Auge zudrückte.

Auch für Saenger war der Krieg vorerst vorbei. Er arbeitet heute als Redakteur bei der Deutschen Presse-Agentur. Nach dem Krieg war er aus politischen Gründen mehrere Jahre im DDR-Zuchthaus Bautzen. Bis dahin hatte er oft quälende Träume von Panzerangriffen. Wenn ihn heute ein Alptraum plagt, spielt er sich im Zuchthaus ab.

»Die Party letzte Nacht ging schief«

Churchill las in London die von »Ultra« entschlüsselten Meldungen Rommels, in denen er immer wütender über seinen Mangel an Nachschubgütern und die geringen Verstärkungen klagte.

»Ultra«-Chef Winterbotham kannte jedoch seine »Kunden« inzwischen sehr gut und wußte, daß Rommel in der Regel übertrieb, und zwar nur dann zum Positiven, wenn er seine Vorgesetzten von den Aussichten eines Vorstoßes überzeugen wollte.

Er warnte den Premier entsprechend, aber Churchill brauchte in diesen Zeiten weltweiten Desasters aus politischen Gründen einen augenfälligen Sieg: eine Konferenz mit Stalin, der auf die Errichtung einer entlastenden zweiten Front drängte, stand bevor. Außerdem wollte er den US-Präsidenten Roosevelt davon überzeugen, daß als nächstes eine gemeinsame Landung in Französisch-Nordafrika notwendig und aussichtsreich sei. Deshalb bombardierte er Auchinleck erneut mit Aufforderungen zum Angriff. Daraus entstand ein sinnloser Opfergang, eine der monströsesten Fehlinvestitionen von Schweiß und Blut.

Über hundert Tankmotoren brüllten, Staubwolken filterten die schrägen Strahlen der Morgensonne des 22. Juli 1942. Hundertvier Geschützrohre drohend nach Westen gerichtet, klirrte die 23. Armee-Tankbrigade über die Startlinie knapp südlich des Ruweisat-Rückens.

Mechaniker-Sergeant Cyril Rogers war erschöpft, als er den 50 Valentines und 2 Matildas des 40. Königlichen Tankregiments nachblickte. Zusammen mit den anderen »Fitters« hatte er viele

Tages- und Nachtstunden auf diesen Augenblick hingearbeitet, Motoren und Fahrwerke behorcht, beklopft, bemuttert, und nun fühlte er einen unbändigen Stolz, weil aus jedem Auspuff urgesundes Röhren drang, jeder Stahlkasten unbeirrt dem Feind entgegenschwankte, zum ersten Einsatz.

Leutnant Lewis Wiard, Zugführer in der C-Schwadron des 40. Tankregiments und im Zivilberuf nüchtern rechnender Kaufmann in Liverpool, spürte nur ganz weit im Hinterkopf einen leisen Zweifel, als er seine Länge von 1,85 m gegen die Schwankungen des Kampfwagens in die Turmöffnung stemmte und seinen Blick über das Gelände wandern ließ. Rechts lag der felsige, in Ost-West-Richtung langgezogene Ruweisat-Rücken, links die weite felsige Ebene, in der die Panzer des 46. Bruder-Regiments voranstaubten. C-Schwadron hielt die Spitze, danach kam der Regimentsstab, danach B- und A-Schwadron.

Hier und da stiegen braune Wolken auf, durchzuckt von grellen Blitzen, und ein Einschlag unmittelbar neben seinem Tank überschüttete Wiard mit Sand und Steinbrocken. Er duckte sich und grinste beruhigend zu seinem Funker-Kanonier hinunter, einem kleinen, eckigen Schotten, der die Schulter in den gummigepolsterten Stutzen stemmte, mit dem er den Höhenwinkel der Zweipfünder-Kanone zu richten hatte.

Sie passierten das Minenfeld, und Lewis Wiard stellte befriedigt fest, daß wenigstens das geklappt hatte: Pioniere hatten offenbar verabredungsgemäß eine Gasse geräumt.* Die kleine Beunruhigung, die er spürte, rührte von einer hingeworfenen Bemerkung des Regimentskommandeurs Oberst Dunbar her ...

Sie waren erst seit 6. Juli in Ägypten. Als Einheit der territorialen Armee aus dem Raum Liverpool, organisiert etwa nach dem Muster der Schweizer Miliz, waren sie erst 1938 von der Fußtruppe zur Panzereinheit befördert und am 1. 9. 1939 mobilisiert worden; ehe verstörte Zuschauer bis dahin, als die geschlagenen Verbände des Vereinigten Königreiches über Dünkirchen zurückfluteten und be-

* Es ist unklar geblieben, ob das 40. Regiment zufällig eine Lücke fand; das 46. Regiment im Süden und das dritte Regiment der Brigade, das 50., das nördlich des Ruweisat-Rückens angriff, hatten erhebliche Ausfälle durch Minen, wo Lücken geräumt sein sollten.

unruhigende Nachrichten aus allen Teilen der Welt kamen, übten sie auf der ersten, watschelnden Matilda, stiegen um auf die geduckte, schnellere Valentine und liefen nun hier ihren ersten Angriff, wohl ausgebildet im Schießen und Fahren, aber ohne jede Gefechtserfahrung und völlig ahnungslos im Wüstenkrieg.

In der Tat vermuteten britische Fachleute,* daß die völlig »grüne« Brigade mit zynischem Vorbedacht Hals über Kopf und ohne Zeit zum Akklimatisieren in dieses Unternehmen geworfen wurde, weil die alterfahrenen Einheiten inzwischen einen gesunden Respekt vor den langrohrigen Panzern und der Acht-acht entwickelt hatten.

Infanterie, so war ihnen gesagt worden, würde in der Nacht zuvor zumindest die ersten fünf Kilometer ihres Angriffsgebietes von Achsentruppen säubern, damit sie den klassischen »Blitz« der Deutschen nachahmen könnten: durchbrechen, ausfächern, vernichten.

Nur, und das war die Bemerkung, die Leutnant Wiard ein gewisses Unbehagen bereitete, bei der Besprechung der Schwadronchefs und Zugführer am Morgen hatte Oberst Dunbar kurz mitgeteilt: »Die Party letzte Nacht ist übrigens schiefgegangen, aber wir gehen trotzdem ran.«

Die »Party letzte Nacht« war südlich des Ruweisat-Rückens total schiefgegangen: indische Infanterie von der 161. Brigade, so »grün« wie die Tankleute aus Liverpool, war sofort zurückgeschlagen worden. Nördlich des Höhenzuges waren die Neuseeländer zwar ein Stück vorgestoßen, mußten sich aber dann auch zurückziehen, weil die versprochene Unterstützung durch die 22. Tankbrigade ausblieb. Die Inder hatten ihren Mißerfolg pflichtgemäß um 3.00 Uhr früh an das XIII. Korps des Generals Gott gemeldet. Daß die Tankregimenter trotzdem losgelassen wurden, war der reine Mord: winzige Panzerchen ohne Infanterie und ohne Brisanzgeschosse in die Mäuler von Pak und Acht-acht. Das Ende war vorauszusehen und steht im Lehrbuch des Panzerkrieges.

* Bryan Perrett, »The Valentine in North Africa«.

Bombentreffer auf Chiantiflasche

Ein wenig unterhalb der Hügelkette saß die Pak-Bedienung mit dem Richtschützen Günther Halm. Sie hatten sich am Tage zuvor mit der Spitzhacke in den steinigen Boden gewühlt, um ihren 14-Zentner-Brummer, der sonst ein ziemliches Scheunentor darstellte, ein wenig tiefer zu bringen. Die Knochen taten ihnen weh, aber nun war das eine feine Stellung, Rohr nach Osten. Als die Sonne sank, war noch italienische Infanterie von der Division »Pavia«da, aber in der Nacht gab es einigen Ärger: Die Pak-Leute hörten einen stärkeren Stoßtrupp von der anderen Seite etwas weiter unten vorbeikrabbeln, da spielten sie Mäuschen. Später kamen sieben oder acht Inder ziemlich direkt auf sie zu, da räucherten sie mit dem Maschinengewehr in die Gegend, bis Ruhe war; als es hell wurde, waren allerdings auch die Italiener verschwunden.

So hatte »die Party letzte Nacht« doch einen gewissen Erfolg gehabt. Noch ein Stückchen weiter nach Westen hatte der Hauptmann und Batteriechef Heinrich Dammann in dieser Nacht gelegentlich die Stirn gerunzelt, wenn da drüben die Maschinengewehre meckerten. Aber dann sagte z.b.V.-Unteroffizier Clemens »Prost!« – oder Fahrer Struntz, denn sie hatten zu dritt eine Flasche Chiantiwein und ließen es sich wohlergehen in der samtweichen Nacht.

Als die Flasche halb geleert war, stellten sie den Rest in den VW-Kübelwagen des Batteriechefs: Chianti war ein seltener Genuß in der Wüste, da muß man schon mal aufhören können, so schwer es auch war.

Unteroffizier Clemens meldete sich mit leichtem Grinsen ab, eine der Acht-acht-Bedienungen zu besuchen, die schön verteilt in der Wüste standen; der will noch ein Gläschen schnorren, laß ihn, dachte Dammann und haute sich in den Kübel. Seine Nachtruhe wurde roh gestört von der Royal Air Force. Als er wach wurde, war es taghell, ein »Christbaum« stand genau über ihm, der Motor einer tief anfliegenden Maschine brüllte. Druckwellen klatschten ihm wie Ohrfeigen ins Gesicht, als er in sein Deckungsloch hechtete.

Fluchend schüttelte er den Dreck von der Uniform, dann hörte er

Struntz schreien, in echter Not: »Herr Hauptmann, der Clemens ...«

Das Deckungsloch des Unteroffiziers war verschwunden unter Sand und Gesteinsbrocken, ein mächtiger Trichter unmittelbar daneben. Sie buddelten wie besessen mit Spaten, dann mit den bloßen Händen, irgendwann müssen sie doch auf den Körper stoßen — es ist bestimmt schon zu spät.

Da kam einer pfeifend durch die wieder totenstill gewordene Wüste, grinsend und chiantiduftend meldete er auch noch vorschriftsmäßig: »Unteroffizier Clemens zurück!«

Struntz hielt ihm anklagend seine blutigen Fingernägel hin und sagte: »Du Hund«, aber es klang beinahe zärtlich.

Dann kriegten sie alle drei doch noch einen mächtigen Schock, als sie den Kübel ansahen: Löcher im Blech, drei Reifen platt, na schön, das läßt sich reparieren — aber die Chiantiflasche, die hatte es auch zerschlagen. »Das nächstemal saufen wir alles aus«, sagte Dammann und machte sich knurrend wieder lang, diesmal gleich im Deckungsloch.

Am nächsten Morgen ging der Hauptmann von Kanone zu Kanone und horchte dabei nach Osten, wo das Artilleriefeuer immer heftiger wurde und zwischendurch ein leises, aber sonores Brummen verdächtig nach einem größeren Panzerverein klang. Er ließ die Kanonen mit heruntergeklappten Stützen hinter den Zugmaschinen stehen, damit feuer- und fahrbereit zugleich, ging ein wenig schneller zum Kübel zurück und dachte: Ob sie mir wohl Zeit lassen zum Rasieren?

Zu dieser Zeit hatte der Untergang der 23. Armee-Tankbrigade am Ruweisat-Rücken begonnen.

Der Untergang des 40. Regiments

Leutnant Wiard hatte inzwischen das Turmluk dichtgemacht. Das hatte eher praktische Gründe, denn das feindliche Artilleriefeuer war nicht so doll, während die eigenen Batterien eine recht befriedigende Feuerwalze vor den Spitzentanks herrollen ließen. Aber nun, da sie eindeutig im feindlichen Gebiet waren, war es besser, sich näher am Geschützverschluß bereitzuhalten, denn in der kleinen Valentine mit ihrer Drei-Mann-Besatzung mußte der Kommandant zugleich den Ladeschützen machen, und jeden Augenblick konnte vor ihnen aus der Staubwolke, aufgewirbelt von der Königlichen Artillerie, die gefürchteten Panzer III und IV des Afrika-Korps mit ihren mächtigen Kanonen auftauchen.

Die Staubwolke gab zumindest für den Augenblick Schutz, aber der Leutnant war nun ernstlich beunruhigt.

Über Funk hatte er gehört, daß Oberst Dunbars Tank getroffen und der Regimentskommandeur außer Gefecht gesetzt war: Kurz darauf auch John Russel, Chef der A-Schwadron. Und Wiard dachte: Was schießt auf die? Die sind doch Meilen hinter mir. Er dachte kurz ans Kehrtmachen, aber wer kehrt schon um in seinem ersten Gefecht; auch die militärische Vernunft kommt erst mit der Erfahrung, zunächst denkt man nur an die Lästerzungen, die sagen könnten: Wiard ist schon weggerannt, bevor er überhaupt seinen ersten Deutschen gesehen hat.

So rumpelte er weiter, der Funkkontakt wurde schwächer, aber aus Wortfetzen und erregten Stimmen konnte er erkennen, daß da hinten der Teufel los war.

Und das war hauptsächlich Günther Halms Werk.

Die sechs Mann an der schweren Russenpak steckten vernünftigerweise erstmal die Nasen in den Sand, als die Feuerwalze der britischen Artillerie auf sie zurollte. Dann sprangen sie an die Kanone, aber im wirbelnden Staub war nichts zu erkennen – und so konnte Leutnant Wiard mit seinem Zug von drei Tanks unbehelligt an der Stellung vorbeirollen.

Schwere Motoren röhrten unmittelbar vor ihnen, quälend langsam senkten sich die Staubwolken, plötzlich konnten sie die ganze Ebene nach Osten und Süden überblicken – und den Anblick vergaß Günther Halm nie:

Überall vorwärtsrollende britische Panzer, das Gros war schon querab ihrer Stellung im Süden, die nächsten kaum hundert Meter entfernt. Sie mußten das Geschütz herumreißen, nichts nützte der schöne Deckungswall mehr, der so viel Schweiß gekostet hatte, auch die Holme waren nun nicht mehr fest eingestemmt, egal, Halm kurbelte mit fliegenden Händen. »Feuer!« brüllte der Unteroffizier.

Sie waren alle ziemlich nervös, wie denn auch nicht, nur wenige Panzerjäger haben einen solchen Anblick überlebt. Der Ladeschütze zog ab, ehe Halm sein linkes Bein von dem mächtigen, gummibereiften Rad wegziehen konnte, und dank den locker liegenden Holmen sprang die 14-Zentner-Kanone noch mehr als gewöhnlich.

So fing das Bein des Richtschützen den bockenden Stahlkoloß ab, 19jährige Knochen sind elastisch. Es wurde später als leicht geprellt begutachtet, vorerst spürte er ohnehin nichts. Der erste Schuß hatte gesessen, schwarz blakte es aus dem Tank, ein flüchtiger Blick, und schon kurbelte er wieder. »Feuer!«

Kaum eine Minute war vergangen, da lagen vier qualmende Panzerwracks vor ihrer Stellung, die vordersten waren ausgeschaltet. Halm kurbelte weiter, die Ebene war voller Ziele, und das rund sieben Kilo schwere Geschoß der Russenpak durchschlug noch auf 2000 Meter den 90 mm dicken Turm einer Matilda.

Doch mit jedem Schuß wurde die eigene Situation peinlicher. Da sie nach Süden feuerten, sprang die Kanone hügelaufwärts, schon standen sie ohne Deckung am Hang, ein Ziel wie ein Scheunentor. Vollgeschosse aus Panzerkanonen winselten um sie herum, eins fuhr Halm zwischen den gespreizten Beinen hindurch, ein anderes riß einem Ladeschützen ein faustgroßes Stück aus der Wade. Aber noch konnte der Grenadier Halm schießen, er sah die herüberschwenkenden Geschützrohre, kurbelte, Krachen und Pfeifen rundum und Sand zwischen den Zähnen. »Feuer!«

Das 40. Königliche Tankregiment hatte in wenigen Minuten seine wichtigsten Offiziere verloren. Eines der ersten Pakgeschosse zerriß den Fahrer des Kommandeurs, Sergeant Watts, und verwundete den Colonel so schwer, daß er am nächsten Morgen starb. Die Schwadronchefs Russel und McBlaren wurden verwundet. Major F. G. Pinnington, Führer der B-Schwadron, wurde zweimal abgeschossen: seinen ersten Tank traf ein Pakgeschoß vorn und verwundete den Fahrer schwer. Der lange Major rannte zu einer anderen Valentine, die in Nähe vorüberfuhr, setzte den Kommandanten an die Luft und versuchte noch, den gefährlichen Feind ausfindig zu machen, als ein Geschoß in den Turm krachte. Diesmal zerschlugen Splitter seinen Arm. Auch Fahrer und Funker wurden schwer verwundet.

Feldwebel Harold J. Sowden, wegen seines mächtigen Brustkastens allgemein »Chesty« genannt, fuhr ziemlich am linken Flügel der B-Schwadron. Als das Funkgerät von Hiobsbotschaften schwirrte, wurde ihm schnell klar, daß das vernichtende Feuer von der Flanke des Ruweisat-Rückens kommen mußte. Wie alle anderen begann er, auf der Stelle zu treten, ließ seinen Fahrer vor und zurück manövrieren, um kein leichtes Ziel zu bieten und um eine Position zu finden, in der er diese verdammte Kanone ausfindig machen konnte.

Aber der schwarze Qualm von immer mehr abgeschossenen Tanks zog über das Gefechtsfeld, und nun feuerte offenbar die feindliche Artillerie mit allen Rohren. In Staub und Rauch ließ er seinen Kanonier einfach irgendwohin auf die Hügelkette schießen, schob mit der linken Hand die lächerlichen Granatchen in den Zweipfünder? »Feuer!«

Genausogut kann man mit der Pistole Tauben schießen: zu den vielen Handicaps der unerfahrenen Panzerleute aus Liverpool kam das alte, noch immer nicht behobene Leiden der britischen Tanks: Das Kanönchen verfeuerte immer noch keine Sprenggranaten, und ausgerechnet solche Tanks ließ man ohne Infanterie angreifen an diesem 22. Juli.

Die ranghöchsten Offiziere waren nun die Captains Phelps und Lumby, sie gaben über Funk an die übriggebliebenen Tankkommandanten durch: »Laßt die Kanonen! MG-Feuer auf die Hügelflanke!«

Das war nun immer noch besser als Zweipfünder-Vollgeschosse, aber die Garben der koaxialen »Besas« trafen nur noch eine verlassene Pakstellung.

In dem heulenden, winselnden, krachenden Inferno hatte Günther Halm, der Junge mit den mädchenhaft sanften Wangen und den verträumten Augen, neun Tanks abgeschossen. Nach jedem Schuß mußte das hüpfende Geschütz wieder zurechtgerückt werden, mehr als vierzehn Schüsse kriegten sie nicht heraus, da fetzte ein Vollgeschoß die Visiereinrichtung weg. Mit der Kanone war vorerst nicht mehr viel anzufangen. Sie banden dem blutenden Ladeschützen das Bein ab, aber er starb auf dem Weg zum Lazarett. Die anderen kamen mit Schrammen davon, setzten sich auf der nördlichen Seite des Hügelrückens ab zum Regimentsgefechtsstand.

Der Kommandeur des Panzergrenadierregiments 104, Oberst Ewerth, hatte die Panzer-Armada anrücken sehen und den Divisionsgefechtsstand der 21. PD. alarmiert. Der Aufenthalt und die Verwirrung, die das eine Abwehrgeschütz an der Hügelflanke verursacht hatte, genügten. Verstärkung staubte heran, mehr Pak, mächtige 8,8-cm-Kanonen, Panzer. Der Rückzugsbefehl erreichte noch elf intakte Kampfwagen beider Regimenter. 104 waren ausgerückt. Unter den wenigen, die heil zurückkamen, war Sergeant »Chesty« Sowden.

Inzwischen fuhr Leutnant Wiard weiter, böse Ahnungen im Herzen, aber entschlossen, seine Haut so teuer wie möglich zu verkaufen. Von seinem Zug rollte nur noch ein zweiter Panzer hinter ihm her; er hatte keine Ahnung, wo der dritte geblieben war. Das erste 8,8-cm-Geschoß durchschlug sein Geschützrohr kurz hinter der Mündung; die Spitze hing traurig herab wie ein geknickter Spargel. Der nächste Schuß traf den Motor. Aus dem zerrissenen Kühlungssystem zischte Wasserdampf in den Kampfraum. »Raus hier!« schrie Wiard über die Bordsprechanlage. Hinter ihnen flog der andere Tank in die Luft. Nur der Fahrer überlebte.

Wiard und seine beiden Leute gingen hinter dem Panzer in Dekkung. Vier weitere 10-Kilo-Geschosse krachten in ihren Kampfwagen. »Die gehen aber auf Nummer Sicher«, knurrte Wiard.

Kurz darauf bremste ein deutscher Kübelwagen neben ihnen. Ein Leutnant stieg aus. Die Lage war so eindeutig, daß selbst das Hochheben der Hände eine leere Geste war.

»Ich möchte meine Wasserflasche aus dem Turm holen«, sagte Wiard.

»In Ordnung«, nickte der Leutnant.

Die Wasserflasche war weg. Die Geschosse hatten alles kurz und klein geschlagen.

Sie stiegen in den Kübel. »Wir dürfen von euch natürlich keine Souvenirs annehmen«, sagte der deutsche Leutnant höflich, »aber wenn einer vielleicht eine Uhr übrig hätte ... meine ist kaputtgegangen.«

Wiards Funker überreichte ihm bereitwillig eine Taschenuhr. Der Leutnant war glücklich und bedankte sich überschwenglich. Wiard staunte. Der kleine Funker war Schotte, und sein Eigentumssinn war so ausgeprägt wie in den üblichen Schottenwitzen.

Sie wurden zum Divisionsgefechtstand der 21. PD. gebracht, der nur knapp 1000 Meter entfernt lag, was Wiard eine etwas irrationale Genugtuung gab.

»Die Uhr wollte ich schon immer wegschmeißen«, sagte der kleine Schotte. »Sie ging noch nie.«

Weiter südlich begann eine wüste Ballerei.

Auch vom 46. Königlichen Tankregiment war eine Spitzengruppe durchgebrochen, sechs Panzer sogar, aber sie stießen auf die Geschützstellung von Hauptmann Dammann.

Der saß gerade in seinem Kübel und rasierte sich, eine Backe noch weiß, blickte zufällig nach Südosten und sah in knapp 500 Meter Entfernung schwankende Panzertürme aus einer Geländefalte auftauchen.

»Alarm!« brüllte er zum nächsten Geschütz hinüber.

»Können wir nicht erst den Reifenwechsel fertigmachen?« kam es etwas mürrisch zurück.

Dammann stieß einen wütenden Schrei aus, und als ob sie auf das Signal gewartet hätten, begannen die Tanks zu feuern. Vollgeschosse flitzten mit dem typischen Winseln von Hochgeschwindigkeitsprojektilen durch die Gegend, niemand dachte mehr an Reifenwechseln.

Jetzt hieß es zuerst: Bewegung, Staub fahren, dann im überschlagenden Einsatz abwechselnd feuern, das war bei diesen alten Kriegern schon Routine. Auch sie wären nicht so ungeschoren davon gekommen, hätten die Tanks Sprenggranaten verschießen können, aber so klappte es wieder einmal: die ersten Kampfwagen brannten, da war auch ein Zug Pak, helleres Bellen neben dem schmetternden Krach der Acht-acht ...

Von den Tanks kam keiner davon. Den letzten traf ein Flakgeschoß genau am Turmansatz, riß die Kuppel ab, schleuderte das zentnerschwere Stahlgehäuse ein paar Meter weg vom Rumpf. Mit dem Oberteil des Kommandanten.

Drüben auf der anderen Seite sammelten die Überreste der Brigade. Die Liste der Toten wurde aufgestellt, »Chesty« Sowden beim 40. Regiment hörte vertraute Namen, Cliff Church, Albert Jenkins, Jerry Watson ... es waren ja nicht nur Regimentskameraden, sie kamen doch alle aus einer Gegend – von vielen kannte er Mütter, Frauen, Kinder.

Ein Teil der Besatzungen war immerhin noch zu Fuß zurückgekommen, viele verwundet, aber wenigstens lebend und frei. Gefangen, tot oder schwer verletzt war rund die Hälfte des Mannschaftsbestandes.

Wiedersehen in Liverpool

Die Schlacht vom Ruweisat-Rücken hat eine Nach-Geschichte:

Nicht nur, daß Rommel Günther Halm das Ritterkreuz umlegte und ihn damit zum jüngsten Soldaten und ersten Grenadier mit dieser hohen Auszeichnung machte und daß sein Jungengesicht auf Titelblättern sanft lächelte. Ein Bericht in der Zeitung seiner Heimatstadt Hildesheim: »Die ganze Stadt steht sozusagen auf dem Kopf vor Freude! Der Gesprächsstoff ist gewissermaßen einheitlich ausgerichtet... Vater Halm kommt aus dem festlichen schwarzen Anzug gar nicht mehr heraus.«

Nach-Geschichte besonders deshalb, weil die Offiziere des 40. Königlichen Tankregiments fast 20 Jahre nach dem Kriege erfuhren*, daß der schneidige Kanonier von der Flanke des Ruweisat-Rückens den Krieg überlebt hatte und in Bad Münder einen Brennstoffhandel betreibt. 1963 luden sie ihn zum Regimentsessen ein. Die örtliche Zeitung schrieb: »Auf der raucherfüllten Bühne der westlichen Wüste vor El Alamein erschien ein Panzergrenadier, dessen Name eingetragen ist in das Buch des Ruhmes ...«

Seitdem besitzt der damalige Schwadronschef F. G. Pinnington, heute ein pensionierter Oberst, ein signiertes Foto des 19jähri-

* Durch Paul Carells Buch »Die Wüstenfüchse«.

gen Halm mit Ritterkreuz, das er in seinen Mußestunden gern einmal betrachtet.

Und wenn die Freunde von Lewis Wiard, der nach der Befreiung aus der Gefangenschaft wieder ins Kontor seiner seriösen Handelsgesellschaft zog, ihn zu sehr aufziehen: »Lewis, erzähl doch mal, wie du in Afrika vom Schiff gerannt bist und dich dem nächsten Italiener für eine Handvoll Spaghetti ergeben hast«, dann sagt er höchstens: »Ihr hättet mal diesen wüsten Deutschen sehen sollen, dem ich einfach unterm Geschützrohr durchgehuscht bin, ein richtiger Menschenfressertyp, seht mal«, und er zeigt das Foto vom schüchtern lächelnden, mädchenhaften Günther Halm.

Nur »Chesty« Sowden hat den Ex-Feind nie gesehen, das Essen war nur für Offiziere. Nach fast 30 Jahren Dienst in der Armee Ihrer Majestät ist er jetzt Inspektor bei der Städtischen Busgesellschaft, immer noch ganz Brustkorb und mächtige Arme, korrekt und königstreu und stolz auf die Rolle, die ihm die Gesellschaft zugewiesen hat. Er wohnt im Bezirk Liverpool 9, nicht gerade die schönste Gegend des nicht gerade schönen Liverpool, endlose zweistöckige Häuserzeilen, das Klo über den Hof.

Man erzählt auch von ihm, daß er einmal einem Gewerkschaftsfunktionär den Schock seines Lebens versetzt hat, als der, neu in der Gegend, zum Abschluß einer Versammlung die »Internationale« singen lassen wollte. »Chesty« habe sich erhoben und gemessen gesagt: »Wir pflegen hier zum Abschluß unserer Versammlungen ›God Save The Queen‹ zu singen, und wer hier etwas anderes singt, wird von mir durch das Fenster da befördert.«

Die Versammlung fand im dritten Stock statt.

Und die Offiziere sagten: »Ja, unser Chesty, solche Leute gibt es leider nicht mehr.«

Sie warnten mich auch, als ich zum Interview zu ihm ging: »Chesty ist sehr nationalbewußt, und, hm, freimütig ... ob das wohl gut geht mit euch beiden?«

Aber als ich mich nach dreistündigem Gespräch von ihm verabschiedete, bot er mir als Souvenir seine alte Staubbrille an. Er hatte sie auf dem langen Weg von El Alamein bis Tunis und über Sizilien den italienischen Stiefel hinauf in seinem kleinen Valentine-Tank getragen.

Der Opfergang vom Ruweisat-Rücken, in seiner militärischen Sinnlosigkeit durchaus mit dem traurigen Blödsinn von Langemarck im 1. Weltkrieg vergleichbar, war Höhe- und Schlußpunkt zugleich in einer Kette von Fehlhandlungen, die aus der 8. Britischen Armee einen Haufen immer noch tapferer und kampfentschlossener, aber zugleich tief verunsicherter Männer gemacht hatte. Das Versagen der höheren Führung, die mit Blut bezahlte Konzeptlosigkeit, passen als abschreckendes Beispiel in ein Lehrbuch des Panzerkrieges.

Außer Churchills Drängen hatte es keinen Grund dafür gegeben, eine völlig unerfahrene Truppe sozusagen vom Schiff hinunter in den Kampf gegen knochenharte Elite-Einheiten zu werfen. Noch schlimmer war, daß von Koordinierung der Waffen praktisch keine Rede gewesen sein konnte. Nur die Artillerie hatte funktioniert, wie fast immer bei den Briten. Die Royal Air Force, obwohl im Besitz der Luftherrschaft und sonst von grausiger Aktivität, hatte im Angriffs-Abschnitt kaum größere Taten als das Zerschlagen der Chianti-Flasche des Hauptmanns Dammann verrichtet, war aber offenbar von der Führung auch nicht zu mehr aufgefordert worden. Endgültig vorprogrammiert war das Gemetzel, als die Tanks auf Pak und Flak losgelassen wurden, die praktisch ohne Belästigung durch Infanterie schießen konnten.

Zu oft war Ähnliches geschehen, Mißtrauen untereinander hatte die Moral der Armee vergiftet. Tankleute, Infanteristen und Flieger gifteten sich an: »Wenn man euch braucht, seid ihr sowieso nicht da.« Eine ratlose, zerstrittene, ungeführte Armee, die sich fragte: Wer macht denn bloß all diesen Bockmist?

Für die Ruweisat-Tragödie wurde wieder einmal ein Sündenbock auf den unteren Etagen gefunden: der Kommandeur der 23. Armee-Tankbrigade, Brigadier Lawrence Misa, wurde abgelöst und auf einen Etappen-Posten versetzt. Korps-Kommandeur »Strafer« Gott hingegen war für höhere Weihen vorgesehen.

In diesem Juli mußte Winston Churchill an vielen Fronten kämpfen: Neben allen anderen Problemen mußte er sich mit seiner Allparteien-Regierung im Unterhaus einem Mißtrauensantrag stellen, der wegen der Serie militärischer Katastrophen von einer Parlamentarier-Gruppe eingebracht worden war. Zwar wurde der Antrag mit 475 zu 25 Stimmen abgeschmettert, aber selbst der alte Löwe war angeschlagen, als der sehr ehrenwerte Sir John Wardlaw-Milne über den Skandal in der Waffenproduktion sprach.

Obwohl schon seit dem Frankreich-Feldzug klar gewesen sein mußte, daß kein anständiges Industrieland zum Beispiel seine Panzersoldaten mit einer Waffe wie der Zweipfünder-»popgun« in den Kampf schicken durfte, hatte die britische Kriegsindustrie fleißig und unbeirrt weiter diese Kanönchen gebaut. Im Juli 1942 lagen 20 000 Stück davon »auf Halde«, eine selbst für Kriegszeiten monumentale Verschwendung. Der gerade erst ernannte Produktionsminister Oliver Lyttelton wurde im Parlament ausgepfiffen, als er die Taten seiner Vorgänger damit entschuldigen wollte, daß die Umstellung der Produktion auf stärkere Kanonen vorübergehend den Ausstoß verringert hätte.

Nun wurde langsam auf Sechspfünder umgestellt; kein ungeheurer Brummer, wenn man die verstrichene Zeit und die im deutschen Geschützbau erreichten Verbesserungen bedenkt. In Afrika kamen die »Churchill«-Tanks mit dieser Bewaffnung ohnehin erst in der Schlußphase zum Einsatz.

Aber jenseits des Atlantik kam eine gewaltige Maschinerie immer mehr auf Touren. Von den Stückzahlen der Sherman-Produktion konnten europäische Länder nur träumen. Aber das war nicht alles: mächtige Langstreckenbomber kamen hinzu, ebenso Jagd- und Schlachtflugzeuge.

Und Großdeutschlands Luft- und Reichsmarschall Hermann Göring, der der amerikanischen Industrie nur gewisse Meriten auf dem Gebiet der Rasierklingen-Produktion zugestehen wollte, sollte noch ins Grübeln kommen.

Auch die britische Wüstenarmee gewann von dem nächsten gro-

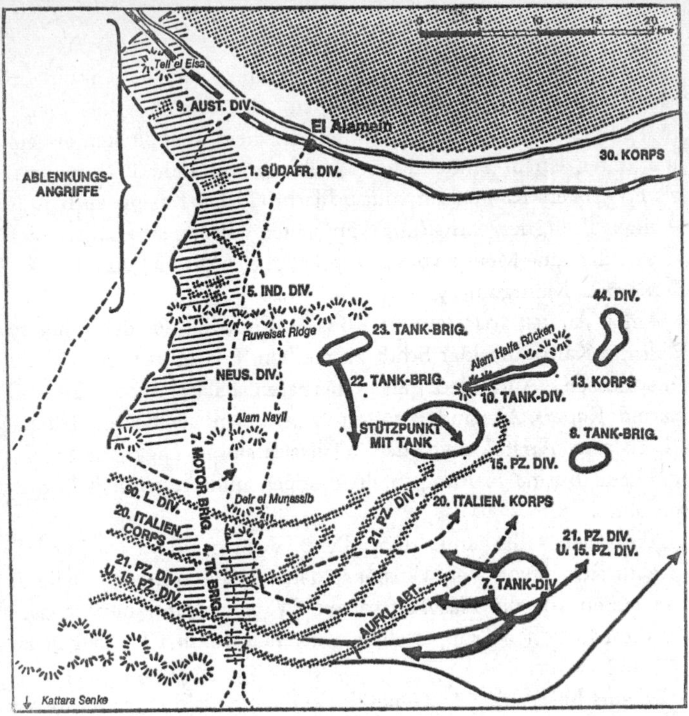

Der letzte Angriff: Die Situation erinnert an die Umgehung der Gazala-Linie, aber hier liegt ein waffenstarrender Mini-Hügel im Weg: der Alam-Halfa-Rücken. Die Kräfte reichen nicht zum Durchbruch. Nach sechs Tagen ist alles zu Ende.

ßen Waffengang das Vertrauen auf ihre Führung zurück. Wieder einmal griff Churchill ein.

Ironischerweise waren es die wohlgezielten Schüsse eines deutschen Unteroffiziers und Jägerpiloten, die schließlich den Mann an die Spitze der 8. Armee brachten, der diese Truppe zum erstenmal unter einem einheitlichen Willen zusammenfaßte, nonchalante Offiziers-Kameradie vom Schlachtfeld ins Kasino verbannte – einen Profi, der nachsichtig von seinen Vorgängern sagte: »Sie verstanden eine Menge vom Kämpfen, aber nicht viel vom Krieg«: Bernard L. Montgomery.

Am 4. August 1942 landete Winston Churchill auf dem Flug zu Stalin in Kairo, um klar Schiff zu machen. Er war von vornherein entschlossen, Auchinleck als Oberbefehlshaber durch General Harold Rupert Alexander zu ersetzen, einen gescheiten, leidenschaftslosen Aristokraten, der in aussichtslosen Lagen in Frankreich und Burma Haltung, Stehvermögen und Augenmaß bewiesen hatte.

Aber wer sollte unter ihm die 8. Armee führen? Churchill scheute sich davor, den Wüstensoldaten einen weiteren General von außen vor die Nase zu setzen. Wäre es dann nicht besser für die Moral der Truppe, einen wüstenerfahrenen Haudegen zu wählen?

Er entschied sich für General Gott, einen sicherlich tapferen Mann, jedoch von den Niederlagen der letzen Zeit gezeichnet. Und einen taktisch-strategischen Genius würde ihn auch nicht sein bester Freund genannt haben.

Zwei Tage später nun kam es zu dem Flugzeug-Abschuß, der vermutlich die Weltgeschichte beeinflußte:

Am 7. August 1942 flog der britische Pilot-Sergeant James einen zum Passagiertransport umgebauten »Bombay«-Bomber vom kleinen Flugplatz Burg el Arab, etwa 60 Kilometer östlich von El Alamein, in Richtung Kairo. Kurz nach dem Start stieg die Öltemperatur an einem der beiden Motoren bedenklich an.

Normalerweise flog man schwerfällige Maschinen wie die »Bombay« in Frontnähe dicht über den Boden, wo man vor Entdeckung durch vagabundierende feindliche Jäger ziemlich sicher war. Sergeant James entschloß sich jedoch, auf 150 Meter zu steigen, um bei einem möglichen Motor-Ausfall die Möglichkeit zu haben, sich einen Notlandeplatz auszusuchen.

Die Maschine wurde sofort von einer Gruppe deutscher Jäger entdeckt. Unteroffizier Schneider setzte sich mit seiner Me 109 hinter die »Bombay« und feuerte. James entschloß sich zur Notlandung. Das Flugzeug war kaum zum Stehen gekommen, als die Besatzung heraussprang. Die Flieger wußten warum:

So fair der Luftkampf in Afrika auch sonst geführt wurde, in einem Punkt kannten die Piloten beider Seiten kein Pardon – Flugzeuge, die halbwegs intakt notgelandet waren, wurden in einem weiteren Anflug am Boden zerstört, um ihre Instandsetzung zu verhindern.

Schneiders Kanonen- und MG-Geschosse durchsiebten den Rumpf der »Bombay«. Von den 13 Insassen kam keiner mit dem Leben davon. Einer von ihnen war General Gott.

Als Winston Churchill die Nachricht erhielt, gab es für ihn keine Wahl mehr. Er mußte den Unbequemen nehmen, auf den mehrere Berater schon vorher hingewiesen hatten: Generalleutnant Bernard Law *Montgomery*.

Es gibt eine Montgomery-Anekdote, die so wahr ist, daß sie mit großer Wahrscheinlichkeit erfunden wurde: Nachdem »Monty« von seiner Ernennung erfahren hatte, philosophierte er laut und düster über die Tücken des Metiers: »So geht es uns Berufssoldaten. Man rackert sich aufwärts, wird bekannt – aber eine entscheidende Niederlage genügt, und schon ist die ganze Karriere zerstört.«

Jemand wandte ein: »Ganz so aussichtslos ist die Lage der 8. Armee denn doch nicht. Ich würde nicht so schwarzsehen.«

Montgomery fuhr aus seinem Sinnen auf: »Von wem reden Sie denn? *Ich* sprach von Rommel.«

Sicher ist, daß es unter dem nüchtern wägenden Profi Montgomery in Afrika keine Fehlleistung mehr gegeben hat, die auch nur entfernt an die Qualität der Ruweisat-Tragödie herangekommen wäre. Und gerade das weitere Schicksal des 40. Tankregiments bewies, daß auch eine so schwächlich bewaffnete Truppe, ihren Möglichkeiten entsprechend eingesetzt, durchaus militärische Lorbeeren ernten kann. Der treue »Chesty« ist noch heute stolz darauf, daß er deutsche Kriegsgefangene von der 90. Leichten Division in Tunesien voller Achtung von den »kleinen Panzern« sprechen hörte. Als sie ihre Valentines bis dorthin gefahren hatten, hießen sie längst mit offizieller Billigung des Befehlshabers »Montys Foxhounds«.

Ein »umgekehrter Radfahrer«

Die alten »Wüstenratten«, darin hatte Churchill schon recht mit seinem Zögern, blickten jedermann mit abgrundtiefem Mißtrauen entgegen, der »mit ungebräunten Knien« von der Insel zu ihnen kam. In den Offizierskasinos gab es allerlei Gebrummel über »diesen Burschen Montgomery«, dem man wohl erst die Flötentöne beibringen mußte.

Wer, wie es bei Militärs verbreitet ist, mit seinem Befehlshaber »auch was für's Auge« haben wollte, wurde enttäuscht: Montgomery war eher klein und feingliedrig, mit blaßblauen Augen und schmalen Schultern, was er durch seine Vorliebe für ausgebeulte Pullover noch betonte.

Obendrein brachte er noch eine Riege weiterer Burschen mit weißen Knien nach Afrika, feuerte die Korps-Kommandeure bis auf Herbert Lumsden, krempelte den Armee-Stab um und besuchte unangemeldet die Hauptquartiere, um, wie es schien und kolportiert wurde, »die Leute herumzuschubsen.«

Aber bald sprach es sich herum, daß er die Besuchten keineswegs geknickt, sondern aufgerichtet und eher erfrischt hinterließ. Er sagte kein überflüssiges Wort, aber seine Fragen trafen ebenso den Punkt wie seine Anweisungen.

Es zeigte sich auch, daß der gläubige Protestant, Antialkoholiker und Nichtraucher Montgomery bei aller Kürze und Schärfe nicht ohne Humor war.

Als er in das Hauptquartier der neuseeländischen Division kam, fiel ihm offenbar die pazifische Lässigkeit auf, mit der die Neuseeländer ebenso wie die Australier auf den Anblick hoher Tiere reagierten, denn er bemerkte nebenhin zu General Freyberg: »Ihre Soldaten grüßen wohl nicht gern?«

»Winken Sie ihnen doch einfach zu, Sir«, sagte der furchtlose Freyberg, »dann winken sie bestimmt zurück.«

Als »Monty« wieder abfuhr, winkte er. Die Soldaten, an denen er vorbeikam, erwiderten den Gruß höflich und gelassen.

Sir John Hackett, der von Montgomery sehr gefördert wurde, hat infolgedessen fundierte Gründe zu der Annahme, daß dieser eine Vorliebe für freche Kerle hatte. Des Armeeführers logische, wenn auch von starkem Selbstbewußtsein getragene Annahme war: Wer sich mit ihm anlegt, wird auch den fürchterlichsten Feind anfallen. In der Regel hatte er Recht.

Sir John: »Daß er ein großes Führungstalent war, können Sie daran erkennen, daß er auch seine negativen Charaktereigenschaften zu positiven Zwecken einzusetzen verstand; mit seinem Egoismus, seinem Ehrgeiz, seiner manchmal bis zur Boshaftigkeit gehenden Rücksichtslosigkeit konnte er, wo es nötig war, die Leute richtig hochbringen und ihren Zorn und ihre Aktivität in die richtigen Kanäle lenken.«

Sicher ist, daß Montgomery absolut loyal zu einmal akzeptierten Mitarbeitern hielt und niemals versuchte, den Schwarzen Peter nach unten weiterzureichen. Sir John: »Er hätte nicht einmal sich selbst den Gedanken gestattet, daß in seinem Bereich ein Fehler gemacht worden wäre, für den er nicht selbst verantwortlich war.« Das untrügliche Kennzeichen für einen Mann von Format: er war ein »umgekehrter Radfahrer«, er trampelte immer nur nach oben.

Der schottische Zwei-Meter-Mann Dr. Douglas Wimberley, der von El Alamein bis Tunis die 51. Hochland-Division kommandierte, erinnerte sich: »Als Vorgesetzter war er ein wundervoller kleiner Mann, der nie mehr verlangte, als man auch leisten konnte.«

Beifällig vermerkte man dann auch in den Kasinos, daß Montgomery sich nicht nur mit seinen Gefährten umgab, sondern mit sicherem Gespür für gute Leute auch Wüsten-Veteranen an sich heranzog und aufbaute: Brigadegeneral Freddy de Guingand etwa als Armeestabschef und den KDG-Leutnant Bill Williams als »Intelligence-Offizier« (Ic).

Die ersten offiziellen Aktionen des Neuen entlockten denn auch den letzten Skeptikern ein beifälliges Grunzen.

- Er ließ alle vorbereiteten Pläne für weitere Rückzüge ostentativ verbrennen, schickte einen großen Teil des Fuhrparks weit zurück und erklärte: »In dieser Linie hier werden wir bleiben – tot oder lebendig.«
- Er machte klar, daß es kein »Herumgeklecker« mehr mit Divisionen geben werde – keine Aufteilungen in Kampfgruppen oder »Jock-Kolonnen« und dergleichen: »Die Division ist als schlagkräftiger Kampfverband aus verschiedenen Waffen konzipiert, und so wird sie auch eingesetzt.«
- Er ließ frische ebenso wie kampferprobte Einheiten die Zusammenarbeit mit anderen Waffen üben – insbesondere Infanterie mit Tanks, und gab ihnen nach und nach das Gefühl zurück, daß mit dem anderen Verein doch allerlei anzufangen sei.

In dieser Zeit lieferten die »Ultra«-Codeknacker entschlüsselte Berichte der Panzerarmee Afrika, in denen immer mehr Einzelheiten über einen bevorstehenden Angriff standen. So teilte Rommel am 16. 8. über die römische Dienststelle des Generals von Rintelen mit, die Lage sei entspannt, weil deutsche Verstärkungen eingetroffen und auch italienische Verbände aufgefrischt worden seien.

Aber auch beim Feind träfen Geleitzüge ein, so daß nur noch bis etwa Ende August mit einer gewissen Panzer-Überlegenheit der Achsenkräfte (ca. 500 deutsch-italienische* zu ca. 400 britischen) zu rechnen sei. An schwerer Artillerie sei eine Überlegenheit von 50 Prozent gegeben, bei anderen Kräften Gleichstand.

Rommel schlug deshalb vor, in der Vollmondperiode Ende August anzugreifen. Voraussetzung sei, daß bis dahin der fehlende Kraftstoff eintreffe.

Und dann erläuterte der ahnungslose Feldmarschall ganz genau sein taktisches Konzept: Da die Engländer ihre Verteidigungs-

* Es juckte ihn wieder zum Angriff; er übertrieb leicht – außerdem waren mehr als die Hälfte der Panzer italienischer Bauart von bekannter Qualität. Allerdings verfügte die neu eingesetzte Division »Littorio« über neue Sturmgeschütze »Semovente« mit 7,5-cm-Kanone.

stellungen nur im Norden stark ausgebaut hätten, werde er wieder mit dem rechten Haken im Süden vorgehen, in der Nacht zwischen 1 und 3 Uhr nach Norden zur Küste eindrehen und die Masse der feindlichen Kräfte einschließen. Die eigene Konzentration im Süden vor dem Angriff werde getarnt; Entlastungsangriffe durch Infanterie und starkes Artilleriefeuer im Norden solle den Feind dazu verführen, seine Panzerverbände dort oben näher an die Front heranzuziehen.

Der Duce tat vier Tage später seinen Senf dazu: »Die bisher gegebenen Richtlinien für den Vormarsch in das Delta und auf den Suezkanal behalten Gültigkeit ... Die derzeitigen Stellungen der italienisch-deutschen Armee zwischen der Katarra-Senke und dem Arabischen Golf werden für alle Fälle besetzt bleiben.«

Montgomery, dem in seiner neuen Stellung zum erstenmal »Ultra«-Ergebnisse vorgelegt wurden, war offenbar gar nicht sehr erfreut. Er reagierte eher wie jener US-General im Ersten Weltkrieg, der zu nachrichtendienstlicher Tätigkeit sagte, daß »ein Gentleman anderer Leute Post nicht liest«. Oder besser wie ein Virtuose in der hohen Kunst des Fliegenfischens, dem jemand sagt, man brächte die Biester doch mit Handgranaten viel bequemer und effektiver um.

In der Tat hatte er seinen Rommel gründlich studiert und hätte auch ohne »Ultra« darauf geschworen, daß er mit seinem üblichen rechten Haken nach Süden ausholen werde.

Im übrigen verkannte aber gerade Montgomery nicht, daß man im Krieg durch List und Tücke Blut sparen kann. Eine ganze Abteilung im Stab der 8. Armee tat alles, um Rommel in dem Glauben zu bestärken, daß seine Verbände im Süden leicht durchbrechen könnten. So wurde ihm unter unverdächtigen Umständen eine Karte zugespielt, auf der die wichtigsten Minenfelder ausgelassen waren und Gebiete mit grundlosem Treibsand als gut befahrbar bezeichnet wurden.

Zugleich hatte sich auf nachrichtendienstlichem Gebiet alles gegen Rommel verschworen. Britische Funkpeiler hatten herausgefunden, daß sein glänzend funktionierender Horchdienst auf einem Hügel im Tel el Eisa-Gebiet hinter einem von Bersaglieri gehaltenen Frontabschnitt im Norden lag. Bei einem Angriff von

Morsheads knochenharter 9. australischer Division wurde ein spezieller Stoßtrupp darauf angesetzt. Die Australier überrumpelten die Italiener und nahmen die Horch-Dienststelle mit sämtlichen Geheimunterlagen, obwohl sich die Mannschaft erbittert wehrte und von über hundert Mann schließlich nur ein paar Schwerverletzte übrigblieben.

Das erbeutete Material barg beträchtliche Überraschungen. Aus den sauber abgehefteten Unterlagen ging hervor, daß Rommel durch die Sorglosigkeit des britischen Funksprechverkehrs während des ganzen bisherigen Feldzuges weitgehend über die Pläne seiner Gegner unterrichtet war. Sofort wurden die Sicherheitsvorschriften verschärft, eine eigene Horchtruppe eingesetzt, um die Einhaltung zu überwachen.

Noch katastrophaler für Rommel: Aus den Akten war zu erkennen, daß der Code des US-Militärattachés in Kairo geknackt war und seine Meldungen mitgelesen wurden.* Sofort wurde der Code geändert. Die Quelle sprudelte nicht mehr. Darüber hinaus fingen die Engländer in Kairo zwei deutsche Agenten, die unter großen Mühen dorthin gebracht worden waren, aber anscheinend bis zu ihrer Verhaftung hauptsächlich in Bars und in den Betten von Tänzerinnen spioniert hatten. Über ihre Sendefrequenz gab der britische Geheimdienst nun »Spielmaterial«.

Drei Marschälle und kein Sprit

Gleich nach dem Kriege schrieb der englische Brigadier Desmond Young eine erste Rommel-Biographie. Er war dem deutschen Heerführer in Afrika kurz begegnet: Als Young in Gefangenschaft geriet, wollte ihn ein deutscher Hauptmann zwingen, einer sehr lästigen britischen Batterie die Feuereinstellung zu befehlen. Young weigerte sich; auf dem Höhepunkt der Diskussion kam zufällig Rommel hinzu, der dem Hauptmann sofort klarmachte,

* In Verfolgung der Theorie, daß die Italiener an allem schuld waren, wurde auch dies bisher »allzu sorglosen Kreisen in Rom« angelastet; sie hätten sozusagen den Verrat verraten.

daß er den gefangenen feindlichen Offizier nicht zu einem solchen Befehl zwingen könnte. Für einen Augenblick sahen sie sich an, der englische Brigadier und der deutsche General, und Young glaubte den Anflug eines Lächelns bei Rommel zu erkennen.

Als er ein paar Jahre später das Rommel-Buch schrieb, erlag Young der Versuchung vieler Biographen: er identifizierte sich sehr weitgehend mit seinem Objekt. Das ist durchaus ehrenwert, zumal es in einer Zeit stattfand, in der schon ein typisch englisches Gemisch aus Sturheit und Fairneß dazugehörte, überhaupt einen deutschen General gut zu finden. Aber in einigen Punkten bekam es der Geschichtsschreibung nicht gut.

Zu dieser Zeit standen auch einem britischen Brigadier die Archive noch nicht offen; so verließ er sich in vielen Dingen, insbesondere was das Verhältnis zwischen Deutschen und Italienern betraf, auf Rommels nachgelassene Papiere und von ihm überlieferte Äußerungen.

Vor Beginn der letzten Offensive in El Alamein habe Cavallero, berichtet Young, wörtlich zu Rommel gesagt: »Sie können die Schlacht beginnen. Der Treibstoff ist bereits unterwegs.« Diese Äußerung ist nie gefallen. Sie geistert jedoch weiterhin durch die meisten Veröffentlichungen über den Afrika-Krieg, auch jetzt noch, da man in den Archiven nachlesen kann, wie weit die »Versprechungen« des Commando Supremo wirklich gingen.

In den Akten des Wehrmachtführungsstabes findet sich zum Beispiel ein Fernschreiben des General von Rintelen, in dem über das »Marschall-Gespräch« (Cavallero, Kesselring, Rommel) berichtet wird:

»Feldmarschall Rommel beurteilt die taktische und operative Lage als besonders günstig, jedoch nicht die Nachschublage ... In erster Linie sind die Bestände an Treibstoffen weder für deutsche noch für italienische Seite zur Zeit ausreichend. Marschall Cavallero versicherte, daß alle Maßnahmen getroffen sind, um Betriebsstoff nach Afrika herüberzubringen, angesichts der derzeitigen Seetransportlage könne er aber eine Garantie der rechtzeitigen und ausreichenden Überführung bis zu dem gewünschten Datum nicht übernehmen ...«

Auch in den Papieren der Panzerarmee liegt eine Aktennotiz

über dieses Gespräch. In diesem von Rommel oder einem seiner engsten Mitarbeiter formulierten Schriftstück heißt es zwar: »Exzellenz Cavallero sagte zu, mit allen Mitteln zu erreichen, daß bis zum X-Tage

a) der geforderte Sprit überführt wird (6000 Tonnen),

b) sofort Dampfer mit den verlangten 2 Munitionsausstattungen (vor allem Mangelmunition) beladen und beschleunigt abtransportiert wird*,

c) daß 750 Tonnen Betriebsstoff durch italienische Fahrzeuge zur Bevorratung der deutschen Truppe an die Front gefahren werden,

d) daß das Tempo der Prähme, die Sprit und Munition heranzubringen haben, gesteigert werden soll ...

Exzellenz Cavallero betont, daß er alles dransetzen werde, vor allen Dingen die notwendigen Schiffstransporte zur rechten Zeit herüberzubringen. Natürlich hänge dies bei der schwierigen Lage im Mittelmeer auch von den Einwirkungen des Gegners ab ...«

Die Funktion solcher Aktennotizen ist, beim Militär wie in der Wirtschaft, sich ein Alibi zu verschaffen. Wer diese Praxis kennt, darf vermuten, daß Cavallero schon sehr nachdrücklich von möglichen »Einwirkungen des Gegners« gesprochen haben muß.

Wer jedoch in der Tat zumindest sinngemäß gesagt hat »Sie können die Schlacht beginnen«, berichtet Westphal (»Erinnerungen«):

Rommel habe lange geschwankt, bis Kesselring ihm »auf Ehre« versprochen habe, im Notfall bis zu 400 Tonnen Benzin täglich mit Ju-Transportern heranzufliegen. Als er, Westphal, zu bedenken gegeben habe, daß man für diese Menge nahezu 250 Ju 52 brauche und daß diese Maschinen einen Teil des herangebrachten Sprits wieder für den Rückflug aufbrauchen müßten, habe Kesselring ihn ärgerlich weggeschickt. Die beiden Marschälle hätten sich nach einer Weile fest die Hand gedrückt und Rommel habe »Topp!« gesagt.

Kesselring wußte zu dieser Zeit vermutlich mehr als Rommel über die Schwierigkeiten der Italiener mit den Seetransporten. Er hatte am 20. 8. 42 an einer Besprechung im Commando Supremo

* Die Sprache ist ein wenig kraus, was aber unter den gegebenen Umständen wohl verständlich ist.

mit Cavallero und dem deutschen Admiral Weichold* teilgenommen, in der (wiederum nach einem Rintelen-Bericht an WFSt/OKW) festgestellt worden war: »Italien hat so wenig Heizöl, daß entweder der Transportverkehr oder der Geleitschutz vermindert werden muß.« Da die langsam laufenden Tanker ohnehin besonders gefährdet waren, sah es übel aus. Cavallero erinnerte vorsichtshalber auch Rommel noch einmal daran: »Wie Ihnen wohl bekannt ist, werden die Transporte unter größten Schwierigkeiten durchgeführt, weil die verfügbaren Mittel geringer sind als die Bedürfnisse. Diese Lage hat sich in der letzten Zeit noch verschlechtert ...« (Fernschreiben vom 21. 8.)

Kann man Desmond Young noch bestes Wollen unterstellen, nur beeinträchtigt durch mangelhaften Informationsstand, so wird bei jüngeren deutschen Veröffentlichungen angesichts der vorhandenen oder leicht erreichbaren Informationen deutlich, daß hier mit Eifer und Skrupellosigkeit an einer »afrikanischen Dolchstoßlegende« gestrickt wird: Da sieht man die Ölfelder am Persischen Golf und noch fernere Ziele schon »im deutschen Griff«, wenn uns die bösen Italiener nicht, abwechselnd durch Verrat und Unvermögen, dauernd in den Rücken gefallen wären.

Insbesondere jener Ex-Kriegsberichterstatter erklärt mit abendländischer Fairneß und Ritterlichkeit auf vier Seiten viermal die Offensive von El Alamein sei daran gescheitert, daß der Sprit nicht eintraf, »für dessen Überführung sich das Commando Supremo verbürgt hatte«, und streut der Vollständigkeit halber noch ein, obendrein habe ein italienischer Offizier den Angriffsplan verraten.

Die Tanker, die 6000 Tonnen Treibstoff bringen sollten, wurden in der Tat fast ausnahmslos versenkt, einer noch in der Hafeneinfahrt von Tobruk. Italienische Seeleute, im Bewußtsein fast völliger Aussichtslosigkeit losgefahren, starben auf die elende Weise, die einem ein riesiges Benzinfaß unter dem Hintern beschert. Die ritterlichen Abendländer finden das keiner Erwähnung wert.

Natürlich konnte auch Kesselring nicht einmal entfernt seine Versprechungen einhalten. Allerdings: es ist ohnehin stark zu be-

* Chef des Verbindungsstabes beim Admiralstab der italienischen Marine.

zweifeln, daß Rommels letzte Offensive in Ägypten durchgedrungen wäre, auch wenn er die geforderten 6000 Tonnen Treibstoff erhalten hätte.

»Ich sterbe gleich, Herr General«

Zum zweitenmal innerhalb weniger Wochen besuchte Englands Kriegsminister Winston Churchill am 19. August 1942 die Front bei El Alamein. General Montgomery bat den Regierungschef in seinen Kartenwagen.

»Hier setzte er uns die Situation sehr einleuchtend auseinander«, schrieb Churchill später. »Rommels nächsten Angriff sagte er korrekt voraus und schilderte, wie er ihn abwehren wollte. Alles traf dann auch seiner Voraussage gemäß ein.« Der Premier, Empfänger Nr. 1 der »Ultra«-Meldungen, wußte natürlich genau, woher Montgomery seine »Voraussagen« hatte. Was der Regierungschef sehen wollte, waren die Vorbereitungen Montgomerys.

Und die befriedigten ihn sehr: »Man führte mich zur Schlüsselstellung südöstlich des Ruweisat-Rückens. Hier lag in dem harten, welligen Auf und Ab der Wüste das Gros unserer Panzer, versteckt und getarnt, auseinandergezogen und dennoch taktisch zusammengefaßt ... Jede Senke war mit getarnter Artillerie gespickt. Die deutschen Panzer würden, ehe wir unsere eigenen ins Gefecht warfen, dem Feuer von drei- bis vierhundert Geschützen ausgesetzt sein.«

Nicht nur dem Feuer der Geschütze.

Als die Panzerarmee am 30. August 1942 kurz nach Einbruch der Dunkelheit losrollte – am linken Flügel die 90. Leichte, im Zentrum die beiden deutschen Panzerdivisionen und die italienischen Ariete und Littorio, rechter Flankenschutz durch die Aufklärungsabteilungen – stieß sie schon nach kurzer Fahrt auf die unbekannten Minenfelder. Fast gleichzeitig mit den ersten Minen-Detonationen begann schweres Artilleriefeuer. Maschinengewehre bestrichen den ganzen Raum, und die Pioniere konnten nur unter schweren Verlusten eine Gasse räumen.

Und mit grausiger Perfektion erschien die Royal Air Force. Ihre »Christbäume« machten die mondhelle Nacht zum Tage. Bombenteppiche krachten zwischen die Formationen, Jagdbomber preschten mit hämmernden Bordwaffen die Kolonnen entlang. Im Verhältnis zu dem ungeheuren Aufwand an Sprengstoff waren die Verluste nicht einmal so groß; selbst auf dem steinigen, zumeist tischflachen Boden bewährte sich die alte Regel: Verteilen, flachmachen. Das Schlimmste war das Gefühl völliger Hilflosigkeit und die durchaus entstehende Verlangsamung aller Aktionen.

Drei von vier deutschen Generalen fielen in den ersten Stunden aus: im Minenfeld wurde General Georg von Bismarck, Kommandeur der 21. Panzerdivision, getötet. Fast gleichzeitig wurde Generalmajor Kleemann von der 90. Leichten verwundet.

General Walther Nehring ahnte schon Böses, als unmittelbar über seinem Halbkettenfahrzeug ein Leuchtkugeln-»Christbaum« aufblühte. Mit betäubendem Krach detonierte eine Bombe unmittelbar neben dem linken Vorderrad. Den General trafen Splitter am Kopf und Oberarm. Die übrigen Insassen, Oberst Bayerlein und die Funker, hatten zwischen sich und dem Einschlag die mächtigen Funkgeräte, die alle Splitter abfingen.

Als der General sich blutüberströmt und benommen aufrichtete, sah er neben dem Wagen den Versorgungsoffizier stehen, Oberstleutnant Walter Schmitt aus Würzburg, einen Freund Bayerleins. Er sagte: »Herr General, ich bin tödlich getroffen, ich werde gleich sterben.«

»Ich bin auch getroffen«, antwortete der General. Der Oberstleutnant brach zusammen und starb.

Ein weiterer Offizier, der sich außerhalb des Wagens aufgehalten hatte, erlag seinen Splitterverletzungen.

Als der Vormarsch stockte, legte sich Hauptfeldwebel Wendt neben seinen Panzer und versuchte, etwas zu schlafen. Er wurde von einer gewaltigen Detonation geweckt. Direkt über ihm stand ein Leuchtfallschirm. Splitter schlugen Funken aus den Flanken des Panzers und durchlöcherten seine Jacke, die er am Turm aufgehängt hatte.

Ein paar Panzer weiter stand der Unteroffizier Lohbrügge hinter dem Kampfwagen, als eine Bombe einschlug. Ein großer Splitter fuhr unter der Bodenwanne durch und schlug ihm beide Füße ab. Lohbrügge hatte für Wendt auf der Schreibstube gearbeitet und ihn immer wieder gebeten, als Richtschütze mitgenommen zu werden. Dies war sein erster Einsatz. Sein Panzerkommandant, selbst völlig ausgemergelt von der Amöbenruhr, schleppte ihn zurück.

Es dauerte bis zum Morgengrauen, ehe Gassen durch die Minenfelder geräumt waren und die britischen Truppen sich langsam zurückzogen. Damit war schon klar, daß der Angriff nicht mehr nach Plan verlaufen konnte: Der waffengespickte kleine Höhenzug Alam Halfa, den Churchill mit solcher Befriedigung besichtigt hatte, sollte noch bei Dunkelheit umgangen sein. Rommel erwog, den Angriff abzubrechen. Aber dann befahl er, die feindlichen Stellungen direkt anzugreifen und zu durchbrechen.

Damit ließ er sich zu einer Aktion verleiten, die er immer zu vermeiden gesucht hatte, wenn man einmal von den unglücklichen und durch zuviel Emotion getrübten Entscheidungen bei den ersten Angriffen auf Tobruk absieht: stumpfsinniges, frontales Anrennen gegen überlegen bewaffnete und befestigte Stellungen. Denn nun hatten auch die Briten mit ihrem Sechspfünder eine durchschlagkräftige Panzer-Abwehrwaffe, zwar noch weit von der wüsten Wirkung der Acht-acht entfernt, aber mit ihr konnte Montgomery nun eine typische Rommel-Taktik nachahmen: seine kostbaren Kampfwagen nicht im Gefecht mit der mechanisierten Masse des Gegners zu riskieren, sondern ihn mit seinen Panzern auf eine kräftige Pak-Front zu locken. Die Taktik funktionierte auch bei ihm.

Ein heftiger Sandsturm tobte an diesem 31. August und behinderte zum Glück die Aktivitäten der RAF. Als es endlich voranging, saßen Grenadiere auf der Kettenabdeckung von Wendts Panzer.

»Setzt euch lieber hinter den Turm«, sagte der Hauptfeldwebel.

»Was soll denn passieren – so mitten im Panzerrudel?«

Sie stießen auf eine Bofors-»Pompom«, die Sprenggranaten verfeuerte und die armen Kerle mit ein paar Schüssen vom Panzer fegte. Eine weitere Serie von acht Schüssen »steppte« regelrecht den Drehkranz am Turmansatz und verschweißte den Stahl so, daß der Turm sich nicht mehr drehen ließ. Sie mußten rückwärts davonrattern.

Das Panzerregiment 8 von der 15. Pz.Div. drang noch am weitesten vor, konnte aber auch die Alam-Halfa-Stellung nicht durchbrechen. Es waren immerhin in der Mehrzahl die neuen, in Bewaffnung und Panzerung durch kein anglo-amerikanisches Produkt erreichten Panzertypen*, aber die ganze Situation hatte nun keine Ähnlichkeit mehr mit den schnellen Bewegungsgefechten, in denen Rommel Meister war:

Geschickt die Deckung ausnutzend und zumeist aus »hull down-position« (Rumpf-tief-Stellung = nur mit dem Turm über die Deckung ragend) feuernd, lieferten um den feuerspeienden Alam-Halfa-Rücken zwei Brigaden der 10. Tankdivision eine Abnutzungsschlacht. Die 7. Tankdivision, die das Passieren des Minenfeldes die ganze Nacht so schwer behindert hatte, war im Süden vor dem Vormarsch der Panzerarmee leicht zurückgegangen und stand nun in ihrer Flanke, von wo sie nicht nur die leicht gepanzerten Fahrzeuge der Aufklärungsabteilungen schwer dezimierte, sondern insbesondere die Nachschub-Kolonnen zusammenschloß. Das war der wichtigste Grund für die Versorgungsschwierigkeiten der kämpfenden Truppe, denn noch reichte der vorhandene Sprit, kam aber kaum nach vorn.

In der folgenden Nacht kamen die Bomber wieder. Heute, friedlich im Sessel sitzend, kann niemand mehr nachempfinden, was für eine Nervenkraft die Truppe aufbringen mußte, die Stunde um Stunde hilflos unter den Schlägen der Royal Air Force lag. Und am Tage ging es ohne Pause weiter: diesmal rettete kein hilfreicher Sandsturm die Angreifer.

Am 2. September beschloß Rommel, schrittweise seine Truppen zurückzuziehen. Sie ließen 49 zerstörte Panzer, 55 Geschütze und 400 Fahrzeuge zurück.

Montgomery widerstand auch der Versuchung, mit seinen Tank-Divisionen im Gegenangriff zu folgen: Es bestand zwar kein Zweifel, wer die Schlacht gewonnen hatte; aber was sich da zu-

* Bei Beginn der Schlacht: 27 langrohrige Pz. IV, 73 Langrohr-Versionen des Panzers III.

rückzog, war immer noch kein geschlagener und demoralisierter Haufen, sondern eine intakte Truppe, die noch schwere Schläge austeilen konnte.

So hielt er seine Tanks an der Leine und ließ nur an der südlichen Flanke die schnellen Honeys der 7. Division begrenzte Stöße ausführen. In seinem Buch »Operation Victory« schrieb sein damaliger Stabschef Freddy de Guingand, dort unten habe der schneidige Kavallerist und spätere Fallschirmjäger »Shan« Hackett sich so richtig ausgetobt – womit er die schnellen, im unregelmäßigen Zick-Zack-Kurs ausgeführten Honey-Angriffe meinte, die Spezialität von Hackett, der zu dieser Zeit stellvertretender Regimentskommandeur war.

Aber die Verbände der größeren Tanks blieben an der Leine. Sergeant McGinniley, der nun einen geduckten Crusader-Tank kommandierte, sah am frühen Morgen des 6. September zu, wie sich die letzten deutschen Einheiten zurück durch das Minenfeld bewegten. Seine Einheit begleitete sozusagen den Rückzug, schob sich hier und dort hinter Hügel und wagte schon einmal einen schnellen Schuß, sollte sich jedoch keinesfalls in etwas einlassen, was ihre Kampfkraft für kommende, größere Aufgaben schmälern konnte.

Kurz vor dem Minenfeld schien die letzte Chance zu sein, noch ein wenig Ärger zu machen, und McGinniley rollte etwas hastig eine kleine Anhöhe hinauf. Während er noch sein Fernglas justierte, sah er den Mündungsblitz von gleich drei Kanonen, spürte Krach und Einschlag und fiel aus dem Turm in den Kampfraum. Blut lief ihm über das Gesicht und die Uniform, und der Kanonier beugte sich über ihn: »Du bist verwundet.«

»Das dachte ich mir schon fast«, sagte McGinniley wütend, aber während der Kanonier ihm das Verbandspäckchen um den Kopf wickelte, beruhigte er sich und dachte: »Hurra, Krankenhaus!« Was ein Irrtum war, denn seine Wunde erwies sich als zwar stark blutender, aber oberflächlicher Kratzer. Nur der Tank war völlig ausgeknockt und mußte abgeschleppt werden.

4. Ein Lehrstück nach Clausewitz

Eine Armee von Kranken

Es gab ein gewisses Murren im Tank-Korps der 8. Armee: »Jetzt läuft Jerry endlich einmal, und wir bleiben hier auf unseren Hintern sitzen!«

Aber allgemein ging ein großes Aufatmen durch die Reihen der britischen Wüstensoldaten: So völlig unwiderstehlich war »Jerry« also doch nicht, und so völlig unterlegen waren auch ihre Waffen nicht mehr. Die neue Sechs-Pfünder-Pak war durchaus zu gebrauchen, das Ur-Übel des Tankgefechts war weitgehend ausgemerzt: daß die eigenen Kampffahrzeuge sozusagen als fahrbare Pak mißbraucht und an den Feind herangebracht werden mußten, um den Reichweite-Unterschied zu unterlaufen und dabei von überlegenen Kanonen in Stücke geschossen wurden.

Zum erstenmal hatte ein kühl kalkulierender Kommandeur jede »Kavallerie-Mentalität« unterdrückt und den Gegner auf massiert eingesetzte Verbände auflaufen lassen.* Und zum erstenmal hatten die deutschen Truppen erfahren müssen, was das Los ihrer Gegner in Polen, Frankreich und zunächst auch weitgehend in Rußland gewesen war: wie fatal feindliche Luftüberlegenheit sich auswirkt, nicht nur auf die kämpfende Truppe, sondern vor allem auf ihren lebensnotwendigen Nachschub.

Wie der bevorstehende Kampf im Westen aussehen würde, war vorgezeichnet: Schon zogen nicht mehr nur die zweimotorigen »Sturen Achtzehn« fast ungehindert ihre Bahn am Himmel,

* Um seinen Vorgängern Gerechtigkeit widerfahren zu lassen, muß man allerdings feststellen, daß Montgomery nicht nur durch neue Waffen, sondern auch durch die Vorteile der seitlich begrenzten Alamein-Stellung begünstigt war.

schon dröhnte die Luft unter dem sonoren Brummen der viermotorigen Giganten aus US-Fabriken, der »Fortress« und »Liberator«, die im hellen Tageslicht bis hin nach Benghazi und Tripolis flogen und ihre zerstampfenden Teppiche abwarfen. Und schon schwirrten um die Ströme der schweren Bomber Schwärme von Jagdflugzeugen, bildeten einen fast undurchdringlichen Schirm gegen die deutschen Jäger, so überlegen die »Messerschmitts« und »Focke Wulfs« zunächst auch noch waren.

Am 3. September 1942 schickte Rommel über General von Rintelen ein langes Fernschreiben an den Wehrmachtsführungsstab und das Commando Supremo, in dem er unter den Gründen für das Fehlschlagen des Angriffs als ersten Punkt das Ausbleiben des angeforderten Kraftstoffs anführte. Er mußte allerdings zugeben, daß zu dieser Zeit noch drei Verbrauchssätze (1 VS = ausreichend für 100 km Fahrt in normalem, nicht zu schwierigem Gelände) verfügbar und in den letzten Tagen 2610 Tonnen (4,2 VS) angekommen waren. Es gibt keinen Zweifel, daß Rommel bei einiger Aussicht auf Erfolg (und damit auch auf Beute-Sprit) auch mit dieser begrenzten Kraftstoff-Menge den Angriff fortgesetzt hätte.

Zu dieser Zeit war Rommel seit langem der einzige Mann seines Alters, der den Afrika-Feldzug vom ersten Tage an durchgestanden hatte. Aber er war längst krank; schon am 21. 8. hatte er per Fernschreiben einen Befund des Beratenden Internisten beim Panzer AOK Afrika nach Berlin übermitteln lassen: »Generalfeldmarschall Rommel leidet an den Folgeerscheinungen niedrigen Blutdrucks mit Neigung zu Ohnmachtsanfällen. Der gegenwärtige Zustand ist zurückzuführen auf eine seit längerer Zeit bestehende Magen- und Darmstörung, verstärkt durch übermäßige physische und psychische Beanspruchung in den letzten Wochen, insbesondere in Anbetracht der ungünstigen klimatischen Verhältnisse.«

Er könne erst nach längerer Behandlung in der Heimat wieder voll verwendungsfähig werden, schrieb der Internist. Rommel setzte hinzu: »Auf Grund des bevorstehenden Befundes bitte ich um baldmöglichste Inmarschsetzung eines für meine Vertretung geeigneten Oberbefehlshabers und schlage dazu Generaloberst Guderian vor. In Anbetracht der Schwierigkeit der Verhältnisse und der bevorstehenden Planungen ist baldiges Eintreffen erwünscht.«

Aber auch Guderian war zu dieser Zeit krank – und obendrein in Ungnade. Deshalb beschloß Rommel, den Angriff noch selbst zu führen. Am 30. August schrieb er an seine Frau: »... Gesundheitlich fühle ich mich in Höchstform. So große Dinge liegen vor uns. Wenn unser Schlag Erfolg hat, kann er sich entscheidend auf den Kriegsverlauf auswirken ...«

Bei einem Mann von Rommels Ehrgeiz ist es durchaus denkbar, daß die Hoffnung auf einen entscheidenden Sieg, auf die Erfüllung seines Traums vom Nil die Krankheitssymptome noch einmal völlig zurückgedrängt hat. Aber nach dem Fehlschlag brach seine Gesundheit völlig zusammen. Mehrfach fiel er plötzlich ohnmächtig um. Zwar schrieb er noch einmal an seine Frau, es ginge ihm eigentlich ganz gut, aber schließlich konnte er sich den Argumenten des Arztes nicht mehr verschließen. Er ließ sich zu einer Kur in Europa überreden.

Vorher hatte er noch über Rintelen und unter Einschaltung von Wehrmachtsführungsstab/OKW einen ausgedehnten Fernschreibkrieg geführt, den Churchill und Montgomery gewiß mit innigem Vergnügen verfolgt haben. Es ging, natürlich, um die Versorgung. Für die feindlichen Führer muß es sich bemerkenswert und hoffnungserweckend gelesen haben, wie lieb die Achsen-Verbündeten dabei miteinander umgingen.

Offiziell wurde der Schiffsraum zwischen Deutschen und Italienern 1:1 aufgeteilt. Zu versorgen waren knapp 100 000 deutsche Soldaten und, nach Angaben der Verbündeten, knapp 140 000 italienische. Diese Angaben wurden nun von der Panzerarmee energisch bezweifelt: Unter Rommels Kommando stünden nur 48 000 Italiener, wo denn nur die rund 90 000 übrigen steckten? Die Zahlen seien korrekt, teilte das Commando Supremo mit, während Rintelen von einem hilflos wirkenden OKW (»deutscher General in Rom bleibt angewiesen ... wird erneut mit Klärung beauftragt ...«) immer wieder aufgefordert wurde, die tatsächliche Kopfzahl der Italiener in Afrika zu ermitteln.

Was sollte er tun? Er konnte nur zum Commando Supremo gehen und sich Zahlen geben lassen.

Schließlich setzte er einen Spruch mit kühlen Angaben ab: »Vom

1. 8. bis 12. 9. wurden an Versorgungsgut für die Panzerarmee versenkt:
6 126 t Betriebsstoff
1 246 t Munition
1 141 t Verpflegung
641 t Stückgut.
Angekommen:
9 403 t Betriebsstoff
2 586 t Munition
1 338 t Verpflegung
1 492 t Stückgut.«
Schlußsatz: »Die Panzerarmee ist auf die zu erwartende Versorgungskrise mündlich hingewiesen worden.«

Kein Wunder, daß Rommel den General von Rintelen nicht so sehr mochte.

Der bittere und ernste Hintergrund der Geschichte war natürlich, daß die einfachen italienischen Landser ohnehin dauernd Hunger litten, und daß nun bei den deutschen Einheiten durch unzureichende und falsche Ernährung kaum noch ein Mensch als wirklich gesund bezeichnet werden konnte. Fast jeder hatte Leberschwellungen mit dem üblichen, quälenden Gefühl, dauernd kotzen zu müssen, und wie es um das andere Ende stand, schildert Heinrich Dammann anschaulich: »Man hatte alle Augenblicke das Gefühl, einen mächtigen Gang machen zu müssen, und dann kam nur ein Teelöffel Blut und Schleim raus ...«

Dabei traf es die Neulinge fast noch härter als die alten Afrikaner; Rommel führte an, daß allein bei einem Regiment der erst kürzlich eingeflogenen 164. Leichten Division der Krankenstand 1 000 Mann betrage – und das waren solche, die nicht nur ein wenig Scheißerei hatten, sondern in der Tat nicht mehr kriechen konnten.*

Der gelegentlich sprunghaft steigende Andrang führte oft zu schaurigen Zuständen in den Sammelstellen und Lazaretten: Wo findet man im Krieg schon solche Situationen, daß das Sanitäts-

* Allein im August 1942 wurden 30 000 Lazarettfälle, in der weit überwiegenden Mehrzahl Kranke, aus Afrika ausgeflogen. 45 000 Mann wurden im gleichen Zeitraum per Lufttransport hinübergebracht.

personal entkräfteten Durchfallkranken bei ihren Verrichtungen hilft und ihnen den Hintern wischt ...?

Oberleutnant Buchholz lag um diese Zeit in einem noch von den Briten ausgebauten Werk mit richtigen Beton-Kampfständen und gedeckten Unterständen. Natürlich war das Werk mit Verteidigungsrichtung Westen angelegt, aber auch die Rückseite ließ sich mit Hilfe von Stacheldraht und Minen hübsch zurechtmachen.

In dieser Gegend, natürlich ein Stück weiter östlich, lag auch die neuseeländische Division, deren Männer immer zu Späh- und Stoßtrupps aufgelegt waren. Buchholz würgte bei Sonnenuntergang gerade irgend etwas zum Abendbrot herunter, als ganz in der Nähe plötzlich ein langer Kerl im Stacheldraht stand und ganz ruhig mit einer großen Drahtschere herumschnippelte. Es war ein richtig friedlicher Abend. In ihrer Stellung gleich neben dem drahtknipsenden Mann saßen die Kanoniere einer 2-cm-Flak gemütlich rauchend.

»He, was machst du denn da am Draht?« sagte einer.

Der Mann schnitt ruhig weiter.

»Nun laß doch den Quatsch, komm in die Stellung!«

Als er immer noch nicht reagierte, gab einer der Flak-Leute einen Schuß ab; noch viel weniger als einen Warnschuß, gewissermaßen einen Scherz-Schuß, denn alle amüsierten sich einigermaßen über den stummen Schnippler, der ja wohl nur ein eigener, etwas verlaufener Infanterist sein konnte.

Aber im nächsten Augenblick begann von Osten eine wüste Ballerei mit Infanteriewaffen. Der Mann am Draht warf sich hin. Von den Flak-Leuten brachen zwei tot zusammen. Die anderen sprangen in den tieferen Unterstand.

In weniger als einer Minute war alles vorbei. Der Mann am Draht, ein neuseeländischer Leutnant, hob in seiner aussichtslosen Lage die Hände. Zwei andere hingen ein Stück weiter im Draht fest und ließen sich in der schnell einbrechenden Dunkelheit eher erleichtert herausholen. Sie hatten offenbar den Rückzug eines größeren Stoßtrupps gedeckt, denn um sie herum lagen 40 Patronenhülsen.

Die drei waren große Kerle mit Kreuzen wie Doppelspinde, sahen sich in dem Unterstand grinsend um, und der Leutnant sagte: »Das ist ja wohl ein richtiger Kinderkreuzzug, was ihr hier macht.«

Buchholz sah sich um, und es gab ihm einen kleinen Stich: der Mann hatte eigentlich Recht, die jungen Soldaten sahen wie die Konfirmanden aus, von der ewigen Ruhr ausgemergelt, bleich und blutleer wie Kellerkinder.

Ihn selbst hatte auch schon ein merkwürdiges Fieber beim Wikkel, das blitzschnell auf 40 Grad ansteigen und ebenso schnell wieder fallen konnte, aber es ließ einen schlotternd, schlapp und appetitlos zurück.

Ein Doktor weiter hinten im Werk behandelte ihn mit Chinin. Zum Glück war es keine Malaria, von der in dieser Gegend auch schon eine ganze Reihe von Fällen aufgetreten war.

Als Buchholz einmal ein wenig zitterig nach einem Anfall beim Doktor war, wurde ein Verwundeter hereingetragen, ein blutjunges und ausgemergeltes Bürschchen aus seiner Kompanie, Opfer einer dieser plötzlichen Artillerie-Überfälle, die beim Munitionsreichtum der anderen Seite schon durch einen Landser ausgelöst werden konnten, der zu auffällig pinkeln ging.

Diesen Jungen hatte offenbar ein Beinahe-Volltreffer in seinem Unterstand erwischt. Der Sanitäter, der dem Arzt die Kerze halten sollte, war ein ausgekochter Ex-Legionär, der sich schon in Indochina wie in Syrien herumgeschlagen hatte, aber als er den Verwundeten genau ansah, knallte er ohnmächtig auf den Betonboden.

»Herrgott, fällt mir der härteste Bursche aus den Pantinen«, sagte der Doktor zu Buchholz, »wären Sie so nett, mir die Kerze zu halten?«

Zitternd und zum Glück noch ein wenig apathisch, hielt der Oberleutnant die Kerze. Der Junge, 18 Jahre alt, war bei Bewußtsein. »Ein Glück, daß Sie mir helfen, Herr Doktor«, flüsterte er.

»Na, wo tut's denn weh, mein Junge?« fragte der Arzt.

»Ach, eigentlich überall, ich kann das schon gar nicht mehr unterscheiden.«

Er hatte drei schwere Schädelverletzungen, hinter denen man das Gehirn sah, ein Auge herausgerissen, ein Riesenloch unter dem einen Schulterblatt, das bis tief in die Lunge hineinging, das eine

Ellbogengelenk war zerschossen und von der einen Hand war kaum noch ein Finger übrig.

Der Arzt holte mit der Pinzette die Haare und Kleiderreste aus den Wunden und verband ihn. Mehr konnte er vorerst nicht tun.

»Das ist aber wirklich einer der seltenen Fälle, bei denen ein Sanitäts-Storch hermüßte«, sagte Buchholz, »der ist doch nicht transportfähig über diese Schotterpisten!«

»Das ist wahr«, antwortete der Doktor. Aber als am nächsten Tag immer noch kein Storch eingeflogen war, ließ er ihn doch durch die Steinwüste im einfachen Sanka wegbringen: »Dabei stirbt er wahrscheinlich, aber hier stirbt er mir ganz bestimmt unter den Händen.«

Später, auf dem Hauptverbandsplatz Marsa Matruk, erfuhr Buchholz zufällig, daß dieses gequälte Bündel Mensch lebend angekommen und auch noch lebend weiter nach Italien verfrachtet worden war.

Abenteuer im Lastensegler

An der Art der Transportmittel, die nach Rommels letztem Angriff eingesetzt wurden, um wenigstens die schlimmsten Engpässe in der Versorgung zu mildern, konnte man das Ausmaß der Nachschub-Katastrophe ablesen: auf den Flugplätzen Libyens und Ägyptens fielen plumpe Gebilde aus Holz und Segeltuch ein: Lastensegler.

Zuletzt hatten Maschinen dieser Art, die leichtere DF S 230 und die 5,5 Tonnen schleppende Go 242, eingeschlossene Einheiten im Rußlandfeldzug versorgt. Nüchterne Leute konnten sich angesichts der Parallelen eines leichten Grausens nicht erwehren. Die motorlosen Lufttransporter, die von aufwendigen Flugzeugen der Typen HE 111, Ju 52 und He 177 geschleppt werden mußten, waren außerordentlich ineffektiv. Ihr Einsatz war tatsächlich nur in vorübergehenden, außergewöhnlichen Situationen zu vertreten, wie sie etwa durch ebenso schnell gebildete wie aufzubrechende Kessel im russischen Bewegungskrieg entstanden.

Aber es konnte etwas nicht stimmen, wenn man sie zur Versorgung einer ganzen Armee heranziehen mußte. Einer Armee, an die sich noch vor kurzem so hochfliegende Hoffnungen knüpften ... Und nun mußte man ihr schon die »Leukoplastbomber« schicken, die ursprünglich zum Absetzen von Luftlande-Einheiten und ihrem Gerät konstruiert worden waren, »Hauruck-Instrumente« sozusagen, für kurzfristige Anstrengungen gedacht, aber auf Dauer ungeeignet in der nüchternen Zahlenwelt langfristig planender Logistiker.

»Dieser Krieg wird immer unseriöser«, murrten ergrauende Stäbler unter sich und fanden natürlich keinen Widerspruch mit diesen Worten. Gerade Krieg muß ernsthaft und wohldurchdacht betrieben werden, fanden sie. Dieses Improvisieren schien ihnen wie das Gebaren eines unfähigen oder gar unredlichen Kaufmannes, der immer neue Schulden macht, um immer neue Löcher zu stopfen, bei dem man aber beschäftigt war, und nun leider auch nicht kündigen konnte, denn auch über denen, die in rationalen Zahlen dachten, lagen wie ein Netz die irrationalen Bindungen und der scheinbar zu allem verpflichtende Treue-Eid.

Eine kleine Nummer aus dem Zahlenspiel der Logistiker hockte am 12. Oktober 1942 rund 20 Meter über dem Mittelmeer und fühlte sich fabelhaft, wenn auch ein klein wenig besorgt. Der 19jährige Gefreite Siegfried Kurre aus Nienburg an der Weser steuerte seinen Lastensegler vom Typ Go 242 auf Südkurs hinter der He 111 her, die ihn mit 240 km/h durch die Gegend riß. Die Sonne schien durch die Plexi-Haube, der Fahrtwind pfiff um die Zelle, und weit und blau mit winzigen Schaumkrönchen dehnte sich das Mittelmeer.

»Mensch, nu jeht et wirklich nach Afrika«, sagte Bordmechaniker Paul Hapke aus Berlin, als ob er es immer noch nicht so ganz glauben könnte.

»Halt die Klappe«, sagte Kurre. Dieses Schleppen im Tiefstflug war ihm immer noch etwas unheimlich. Sie flogen im Hochschlepp, der Segler also etwas höher als die Motormaschine, und von seinem Sitz sah es so aus, als ob die He 111 schräg unter ihm sich jeden Augenblick in die nächste kleine Welle bohren würde.

Oberfeldwebel Wald, der Schlepp-Pilot, hielt seine Maschine eisern zwei Meter über der Wasseroberfläche.

»Nur im Tiefstflug sind wir sicher«, hatte er vor dem Start in Athen gesagt, »die Engländer schleichen da überall herum mit ihren verdammten Spitfires, neuerdings auch Amerikaner mit diesen Doppelrumpf-Dingern, den Lightnings. Und denk immer dran: Wenn zu ziehst, stecken wir alle unangespitzt im Bach.«

Das war es, was den Flug ein wenig kitzlig machte: schön gleichmäßig muß der Zug auf dem Schleppseil sein, kein Geruckel und Gezuckel! So schnell kann keiner gucken, wie das Bruch gibt, wenn etwa der Segler dem Motorflugzeug nur ein bißchen den Schwanz hochhebt, so daß die Nase 'runtergeht. Bei dieser Geschwindigkeit bumst es sofort.

Zum Glück gibt es über der gleichmäßig kühlen Wasserfläche keine vertikalen Luftbewegungen, die Flugzeuge liegen wunderbar ruhig. Anders als vor ein paar Tagen, auf diesem Unglücksflug von Lecce nach Athen:

In Lecce, am Absatz des italienischen Stiefels, waren sie in brütender Mittagshitze gestartet. Die ganze Graspiste mußten sie hinunterrumpeln und hatten immer noch zuwenig Fahrt und damit zuwenig Auftrieb, als der Schlepper seine He hochriß und so gerade freikam von Olivenwäldchen und Weinbergen. Über die Adria ging es dann ganz gemütlich, aber dann, im Anflug auf Athen, wurden sie von den brutalsten Turbulenzen gebeutelt.
Mal hing das Seil beängstigend durch, mal straffte es sich wieder mit einem Ruck, daß die Plomben wackelten, die He 111 mit hochgerissenem Schwanz in den Sturzflug ging und der Pilot fluchend mit aller Kraft das Steuerhorn zog. Schließlich stieg er auf 3 000 Meter, wo es etwas ruhiger wurde. Und da lag auch schon Athen. Sie klinkten aus.

In seinen 40 Flugstunden auf Lastenseglern hatte Siegfried Kurre immerhin schon einen Frontflug in den Kessel von Cholm an der Ostfront gemacht, der ihm das EK 2 eingebracht hatte. So fühlte er sich als alter Hase, aber die Landung in Athen ging gründlich schief.

Zuerst schienen sie zu hoch hineinzukommen. »Paul, die Klappen raus«, schrie Kurre.

Paul Hapke schnallte sich los und sprang hinter die Sitze, um das ungefüge Handrad für die Landeklappen besser drehen zu können.

Und auf einmal waren sie zu tief. »Klappen wieder rein!« Hapke kurbelte wie ein Weltmeister, aber da standen am Beginn der Landebahn ein paar kniehohe Gemäuer. Der Segler, schwer beladen mit Ersatzteilen für die Me 109-Staffeln in Afrika, ging im Sackflug mitten hinein.

Es krachte fürchterlich, und Siegfried Kurre brauchte das Cockpit nicht aufzuklappen, um aus dem Trümmerhaufen auszusteigen. Mit etwas irrem Blick kaum auch Hapke herausgekrochen, eine stetig wachsende Beule mitten auf der Stirn. Ein mitleidiger Meteorologe, das gestickte Abzeichen des C-Segelfliegers an der Brust, bescheinigte dem Bruchpiloten, daß ungewöhnliche Fallwinde geherrscht hätten. Die Go war nicht mehr zu gebrauchen. Heil war nur noch die Borduhr, und die auch nur, weil Kurre sie vorsichtshalber in der Hosentasche gehabt hatte.

Sie konnten auch noch den Benzinkocher und die selbstgeschmiedete Bratpfanne bergen, auf der Paul Hapke so fabelhafte Kartoffelpuffer zu backen pflegte.

Erst nach zehn Tagen wurde von Lecce eine Ersatzmaschine herangeschleppt. Und in der staubten sie nun über das Mittelmeer, hinten im Laderaum wieder Teile für die Me 109 G.

Ein paar Kameraden vom 2. Go-Geschwader waren auf dieser Reise schon abgeschossen worden oder aus anderen Gründen in den Bach gefallen. Aber sie kamen ohne Zwischenfall durch, und nach knapp drei Stunden Flug tauchte voraus die afrikanische Küste auf.

Sie sah nur sehr merkwürdig aus. Eine gelbe, brodelnde Masse wie kochende Erbsensuppe lag über dem Land.

»Die haben Sandsturm«, sagte Oberfeldwebel Wald über das Bord-Telefon.

Er kannte Afrika schon und regte sich nicht weiter auf, während sie eine weite Schleife über dem Flugplatz Tobruk zogen. »Wir haben Schwein, der Windsack guckt noch raus«, sagte er dann.

Richtig, so eben über dem gelben Gebrodel konnte Kurre die rotweiße Wurst sich blähen sehen.

»Jetzt paß schön auf«, sagte der Oberfeldwebel, »ich schleppe dich genau in Landerichtung heran. Nach dem Ausklinken gehst du rein in die Brühe, hältst immer schön Kurs auf den Windsack und landest.«

Hört sich einfach an, dachte Kurre.

Beim Einschweben wurde es fast finster, Sand knisterte auf der Plexihaube, dann huschten rechts in regelmäßigen Abständen große, schwarze Schatten vorbei. Aber er hielt die Maschine eisern im Horizontalflug, langsam verlor sie Fahrt und schließlich fühlte er, wie die Räder auf festem Grund rollten.

Sie stiegen aus und fühlten schon im nächsten Augenblick überall Sand, selbst in der Unterhose. Mit tränenden Augen stolperte Kurre ein wenig zurück: er wollte doch gern wissen, was das für schwarze Schatten gewesen waren. Als er sie sah, geriet er noch ein wenig mehr ins Schwitzen: ernst und gluckenhaft hockten, hintereinander aufgereiht, mehrere Ju 52 auf ihren Schwänzen. Da war er nun mit rund 100 km/h ein paar Meter daran vorbeigezischt.

Irgendwo hinter der gelben Wand erstarb das Röhren vielhundertpferdiger Motoren. Offenbar hatte sich auch der wüstenerfahrene Oberfeldwebel sicher auf die Sandbahn gehockt.

»Natürlich starten wir auch bei Sandsturm«, sagte Wald gemütlich, als Kurre ihn nach langem Umherirren auf der Flugleitung wiedertraf. »Für euch da hinten im Segler macht das keinen Unterschied. Wenn ich die Kohlen auflege, seht ihr sowieso nichts mehr.«

Das erwies sich als nur zu wahr. Als sie sich zum Start aufreihten, konnte Kurre immerhin noch am Ende des 40 Meter langen Schleppseils das Heck der He 111 sehen. Aber dann schob Oberfeldwebel Wald die Stange rein, und das Knistern des Sandes auf der Plexihaube wurde zum Geprassel eines kräftigen Sandstrahlgebläses, gepeitscht von den Luftschrauben der He.

Schon setzten sie sich holpernd in Bewegung, nach höchstens 50 Zentimetern verschwand das Seil in gelber Brühe. Kurre stemmte die Füße in die Seitenruder, packte das Steuerhorn und fühlte, wie ihm der Schweiß in Bächen zwischen den Schulterblättern herunterlief.

Mit Hilfe des elektrischen Wendezeigers hielt er die Maschine gerade und schielte zugleich immer wieder auf das Seil. Bei 120 km/h änderte es sacht die Richtung und wies schräg nach oben. Da zog er auch und war in der Luft.

Kurze Zeit später schwebten sie wieder im schönsten Sonnenschein. »Au warte«, sagte Paul Hapke ernst.

Sie flogen nach Osten, auf die Front zu. Ihr Ziel war der Frontflugplatz Qu'taifia. Die tiefstehende Sonne in ihrem Rücken ließ die bizarren Formen der Wadis und Djebelränder hervortreten. Links schlängelte sich die Küstenstraße am Meer entlang.

Oberfeldwebel Wald stieg zunächst auf 150 Meter, für den Zivilflieger so gerade die Sicherheits-Mindesthöhe. Je weiter sie nach Osten kamen, desto tiefer drückte Wald den Schleppzug. Es galt, nicht nur herumstreifenden britischen Jägern, sondern auch den Strahlen der Radar-Geräte jenseits der El-Alamein-Linie zu entgehen.

Beim Ausklinken vor dem Feldflugplatz waren sie schon so niedrig, daß Kurre ohne Landekurve direkt einschweben konnte. Wald legte sich in eine Steilkurve und verschwand wie der Blitz, zurück nach Tobruk. Wenn es nicht unbedingt notwendig war, ließ man keine teuren Flugzeuge auf den Plätzen in Frontnähe herumstehen.

Den Grund erfuhren Kurre und Hapke schnell und eindringlich. Sie kramten in der Maschine noch ihre persönlichen Habseligkeiten zusammen, als sie das sonore Gebrumm zahlreicher Flugzeugmotoren rasch näherkommen hörten.

Scharfe Kommandos aus einer Batterie 8,8-cm-Flak am Rande der Rollbahn, dann das peitschende Krachen der Abschüsse. Die beiden Segelflieger stürzten in so ungebührlicher Hast aus ihrer Maschine, daß Kurre sich noch an einem Holm die Augenbraue aufschlug.

In sauberer Formation zogen 18 zweimotorige »Bostons« heran, umtanzt von den Sprengwolken der Flak, die jetzt wie wild feuerte. Am Rande der Rollbahn waren ein paar Ein-Mann-Löcher. In der Abendsonne sah Kurre die Bomben blinken, als sie aus den Bäuchen der Flugzeuge purzelten.

Der Bombenteppich, eine krachende Walze aus Qualm und

Staub und grellen Blitzen, rollte exakt vom einen Ende des Platzes zum anderen.

Ein wenig weich in den Knien stiegen die beiden aus ihren Löchern. Ihr Segler sah traurig aus. Splitter hatten zackige Spuren in den Tragflächen-Nasen hinterlassen.

»So fliegt se nich mehr jut«, sagte Hapke philosophisch. Selbst in den Ersatzteil-Kisten, die sie so mühsam über den Teich geschleppt hatten, steckten Bombensplitter. Die Rollbahn war übersät mit Trichtern, nicht sehr groß, dafür aber desto zahlreicher. Hier würde vorerst auch kein Schlepper mehr landen. Sie luden sich ihre wichtigsten Besitztümer auf – Fallschirme, Benzinkocher, Bratpfanne und einen Sack Kartoffeln – und wanderten hinüber zur Flakstellung, aus der ihnen die Kanoniere grinsend entgegensahen.

Ein Sani verpflasterte Kurres Augenbraue und wollte ihm unbedingt eine Bescheinigung für das Verwundeten-Abzeichen aufschwatzen. »Laß man«, sagte Kurre, »das würde mich bloß immer an meine eigene Dämlichkeit erinnern.«

Hapke hatte sich inzwischen schon mit dem Küchenbullen angefreundet und rieb Kartoffeln, der Kocher zischte, irgendwie würde es schon weitergehen.

Traum vom Großgermanischen Reich

Zwischen seinen beiden August-Besuchen in Kairo hatte Winston Churchill eine wichtige Mission, die ihm einigermaßen peinlich war: Er flog zu Stalin nach Moskau und mußte ihm, im Einverständnis mit US-Präsident Roosevelt, eine bittere Pille zu schlukken geben – es würde in der unmittelbaren Zukunft keine zweite Front in Europa geben.

Seit dem Bestehen der Kriegs-Koalition hatte Stalin darauf gedrängt; er hatte auch Grund zu der Annahme, daß seine westlichen Alliierten sie noch vor September 1942 errichten würden. Die deutsche Sommer-Offensive in Rußland lief, es war klar, daß Stalin dringend und sorgenvoll auf Entlastung für seine bedrängte Rote Armee wartete.

Die Unterredung wurde entsprechend stürmisch, und Stalin wurde schließlich bitter und schweigsam. Er horchte erst wieder auf, als Churchill ihm von einem Ersatz-Unternehmen berichtete, das den Decknamen »Torch« (Fackel) trug: eine anglo-amerikanische Landung in Französisch-Nordafrika mit dem Ziel, der Rommel-Armee in den Rücken zu fallen. Und mehr:

»Wenn wir um die Jahreswende im Besitz Nordafrikas sind«, sagte Churchill, »können wir das Hitlersche Europa am Bauch bedrohen.«

Er zeichnete, von seiner eigenen Idee mitgerissen, das europäische Festland stilisiert als Krokodil. »So«, sagte er, »so wollen wir gleichzeitig den weichen Bauch und die harte Schnauze der Bestie angreifen!«

Das war ein Spruch aus dem Herzen Stalins, und er wurde geradezu religiös: »Möge Gott dieses Unternehmen segnen!«

Aus den Tagebüchern von Reichsgeneralstabschef Lord Alanbrooke geht hervor, welche Mühe er in den folgenden Wochen hatte, seinen quirligen 68jährigen Regierungschef in dessen Ungeduld zurückzuhalten – von allzu heftigem Druck auf die Planung von »Torch« mit den Amerikanern, die ziemlich Bedenken hatten, sich mit der verletzlichen Landungsflotte zu weit in das Mittelmeer zu wagen, aber auch von seiner Lieblingsbeschäftigung: die Generale vom Mittelost-Kommando durch wütende Telegramme in vorzeitige Angriffs-Abenteuer zu jagen.

In diesen wenigen Wochen zwischen August und November liegt der Wende- und Höhepunkt des Zweiten Weltkrieges. Der Kriegstheoretiker Carl von Clausewitz, vermutlich der gescheiteste deutsche General aller Zeiten, hat mit der Fähigkeit des gründlichen Denkers, der das Offensichtliche (und damit das oft Übersehene) deutlich machen kann, die Lehre »von der abnehmenden Kraft des Angriffs« aufgestellt. Danach muß jeder Angriff, der nicht unmittelbar zum Frieden führt, in seinem Verlauf zwangsläufig schwächer werden und an einem bestimmten Punkt in der Verteidigung enden. Diesen Augenblick nannte Clausewitz »Kulminationspunkt«.

Es ist klar, daß das Erreichen des Kulminationspunktes zeitlich und räumlich vom Verhältnis zwischen den eigenen und den feindlichen Kraftreserven bestimmt wird. In diesem Herbst 1942 hatte die krumme Achse Berlin-Rom-Tokio ihren Kulminationspunkt erreicht. Was nach dem November kam, war bestenfalls noch offensive Verteidigung.

Beide Parteien wußten es allerdings noch nicht, und Hitler am allerwenigsten. Mitte August, als deutsche Angriffsspitzen auf Baku und Astrachan zielten, besuchte ihn Rüstungsminister Albert Speer* mit einigen deutschen Industriellen in seinem Hauptquartier in Winniza (Ukraine). Der Führer sah sich schon jenseits des Kaukasus, verbündet mit persischen und irakischen Aufständischen gegen die Engländer, auf dem Wege nach Indien: »Zwanzig bis dreißig deutsche Elite-Divisionen genügen!« Dann würde sein Großgermanisches Weltreich entstehen, natürlich auch mit Holländern, Skandinaviern und Flamen.** Die alle, voran natürlich die Deutschen, würden dann ungeheuer Kinder anfertigen: »Da spielen die paar hunderttausend Gefallenen dieses Krieges überhaupt keine Rolle ...«

Gewiß doch. Es wäre ihnen sicher ein Trost gewesen.

Aus dem Großgermanischen Reich wäre auch nichts geworden, wenn der clausewitzsche Kulminationspunkt ein wenig später gelegen hätte; für Churchills Ungeduld und Rauflust kam er auch so schon reichlich spät. Als er erfuhr, daß Rommels Angriff fehlgeschlagen war, vermerkte der Reichsgeneralstabschef in seinem Tagebuch: »Meine nächste Sorge wird es sein, Winston davon abzuhalten, daß er Alex und Monty dauernd stört und sie zu einem Angriff anzustacheln versucht, bevor sie wirklich fertig sind.«

Mit Alexander und Montgomery kommandierten nun allerdings zwei Männer in Mittelost, die sich nicht so leicht stören und anstacheln ließen. Sie verstanden und ergänzten sich; der Rücken Alexanders war breit genug, um Montgomery abzuschirmen, der wiederum nach dem mit überlegener Kühle errungenen, nie ge-

* Albert Speer: »Spandauer Tagebücher«.

** Angeregt durch den harten Widerstand der Franzosen in Bir Hacheim hatte Hitler vorher einmal enthusiastisch einem Vorschlag Himmlers zugestimmt, der seine Weltanschauung von der Herrenrasse in Ordnung bringen wollte und die meisten Franzosen zu Germanen ernannte: »Das müssen wir Frankreich alles wegnehmen, was es an Provinzen mit germanischer Bevölkerung hat – Flandern, die Champagne ...«

fährdeten Abwehrerfolg in einer felsenfesten Position war. Sir John Hackett glaubt, daß »Winnie« ihn trotzdem gern gefeuert hätte, als er die Vollmond-Periode im September ohne Angriff verstreichen ließ, und statt dessen seine stetig wachsende Armee zäh und geduldig zu einem exzellenten Angriffsinstrument hochtrainierte.

Es war kein Wunder, daß in diesen entscheidenden Wochen die Ansichten von Militärs und Politikern auseinandergingen. Nach dem peinigenden Eingeständnis in Moskau, Auge in Auge mit dem schwer bedrängten Verbündeten, wollte Churchill einen Sieg zum Herzeigen, wollte so schnell wie möglich die zweite Front, wenn sie nun auch nicht in Frankreich, sondern nur am »weichen Bauch der Bestie« liegen sollte.

Es kam hinzu, daß die deutsche Sommeroffensive zunächst sehr erfolgreich war – zum Unglück einer ganzen deutschen Armee, wie sich zeigen sollte, aber erst einmal schien die Sowjetunion zu wanken. Stalin teilte mit, seit dem letzten Gespräch habe die Lage sich sehr verschlechtert. Er forderte mehr amerikanische Flugzeuge und Panzer. Ausgerechnet zu dieser Zeit hatten die Westalliierten beschlossen, den Oktober-Geleitzug nach Murmansk zugunsten von »Torch« ausfallen zu lassen ...

Die Bremsen begannen zu fassen, aber weltweit waren die letzten Kräfte angespannt: im Pazifik befanden sich die Japaner wieder im Angriff, ebenso in Burma; in größeren »Wolfsrudeln« als zuvor durchstreiften deutsche U-Boote den Atlantik – auch die für sie tödlichen Ortungsgeräte waren schon erfunden, aber noch waren sie virulent. Und aus Mangel an Kriegsschiffen mußten wichtige Konvois für Afrika ohne Geleitschutz fahren.

Nach drei schwarzen Jahren war der Silberstreifen am Horizont deutlich zu sehen, man konnte schon wieder Pläne machen, auch für die Rückkehr auf das europäische Festland, die Churchill nie aus den Augen verloren hatte – nur: die letzte Durststrecke war durchzustehen, insbesondere die Sowjetunion mußte durchhalten. Deshalb zappelte Churchill vor Ungeduld, forderte auch das Unmögliche:

Ein Geleitzug nach Murmansk wurde im September schwer zusammengeschlagen; der Premier zauberte einen Plan aus dem

Hut, den er in Moskau mit Stalin in einer euphorischen Minute besprochen hatte: Warum sollte man nicht in Norwegen Fuß fassen und eine Basis zur Sicherung der Transporte durch das Nordmeer errichten?

Das allgemeine Kopfschütteln seiner militärischen Fachleute ließ ihn nur auf Auswege sinnen; heimlich nahm er sich den kanadischen Oberbefehlshaber McNaughton vor und versuchte ihn in einer langen Nacht weichzuklopfen, so daß der Bedauernswerte am nächsten Morgen völlig zerstört in Alanbrookes Sessel hing und nicht mehr recht wußte, ob er zugesagt hatte oder nicht.

Zum Glück intervenierte der kanadische Premier. Churchill war dicht vor Zornestränen.

Nur noch ein paar Wochen, dann sollte er den Freudentränen noch näher sein.

Ein Gaukler im Armeestab

»Im Kriege ist die Wahrheit so kostbar, daß sie stets mit einer Leibwache von Lügen auftreten sollte.« Dies war einer der zahlreichen Kernsprüche von Winston Churchill, die gern dahin umgedeutet werden, daß er damit Propaganda-Lügen zu rechtfertigen suchte.

Die verschmähte er zwar auch nicht, aber mit diesem Spruch meinte er etwas anderes: die Täuschung des Gegners, um Blut und Kraft zu sparen.

In Afrika hatte Rommel mit Staubfahnen, Sperrholz-Panzern oder blitzschnell abknickenden Bewegungen lange Zeit das Monopol auf füchsische Tricks gehabt. Schon in der ersten Alamein-Schlacht hatten Montys Leute erfolgreich getrickst, aber bei der Vorbereitung der zweiten steigerten sie ihre Täuschungen zu professioneller Perfektion – ein Ausdruck, der keineswegs abwegig ist, denn auch ein echter Profi gehörte zu der zuständigen Abteilung: der Zauberkünstler und Illusionist Maskelyn, dessen Ensemble vor dem Kriege so ziemlich an jedem englischen Varieté in Riesenbuchstaben angekündigt worden war – »Maskelyn & Devent«.

Was die Abteilung unter dem Decknamen »Unternehmen Bertram« betrieb, deckte sich exakt mit dem, was Zauberkünstler auf Varieté-Bühnen machen: dem Publikum die eine Sache überdeutlich zu zeigen, um schnell und unbemerkt etwas anderes machen zu können.

Das Achsen-Publikum auf der anderen Seite der Alamein-Linie bekam also im Laufe von September und Oktober alles zu sehen, was auf einen Angriff im südlichsten Abschnitt der Front hindeutete. Und zwar auf einen Angriff, dessen Vorbereitungen noch in der zweiten Oktober-Hälfte keineswegs abgeschlossen zu sein schienen.

Die deutsch-italienische Luftaufklärung brachte Bilder, auf denen eine stetig wachsende Menge von Vorräten, insbesondere Munition, hinter dem Süd-Abschnitt zu sehen war. Deutlich schob sich eine lange Pipeline an diese Gegend heran, und an den Fortschritten konnte man erkennen, daß sie erst im November vollendet sein würde.

Im Norden dagegen änderte sich nicht viel. Gewiß, hinter der Front stand eine ungeheure Menge von Transportfahrzeugen herum, darunter auffällig viele Groß-Lastwagen. Aber unverändert standen die Tanks im Süden. Aus den Luftaufnahmen war unmöglich zu erkennen, daß sich Nacht für Nacht mehr Tanks unter den plumpen Umrissen der Transporter im Norden verbargen, denn zu den Lkw-Attrappen führten ganz richtig Reifenspuren, während sich hinter den Tank-Attrappen, die im Süden zurückblieben, deutlich breite Raupenspuren abzeichneten.

Zugleich steigerte sich im Süden ein starker Funkverkehr immer mehr, der ganz offensichtlich von einer Tank-Einheit geführt wurde und die sich langsam steigernden Vorbereitungen zu einem größeren Unternehmen erkennen ließ. Diese Aktivität wurde vom Stab der (noch nicht einsatzbereiten) 8. Tankdivision veranstaltet, während die sich langsam im Norden konzentrierenden Verbände strikte Funkstille beachteten.

So wurde vor den Späheraugen der Panzerarmee nicht nur die wachsende Konzentration der Kräfte im Norden verborgen und der Aufbau einer Angriffs-Streitmacht im Süden vorgetäuscht, sondern auch das Einschieben einer vollständigen Tankdivision mit 150 Shermans und 240 Geschützen. Der Wandel im Verhalten der Briten war so extrem, daß auch der gewiegteste Feindnachrichten-Offizier keinen Verdacht schöpfen konnte: In den Jahren zuvor hatten sie, hauptsächlich durch ihren freimütigen Funksprechverkehr, außer bei »Crusader« nicht einmal über die sonst im Wüstenkrieg üblichen Riesen-Entfernungen ihre Vorbereitungen und die Dislokation ihrer Verbände verheimlichen können. Diesmal dagegen fand ihr Aufmarsch mit peinigender Langsamkeit gewissermaßen vor der Haustür der Achsen-Streitkräfte statt. Niemand konnte ahnen, daß ihnen dabei eine perfekte Täuschung gelang.

Ein besonders bemerkenswerter und im Krieg ungewöhnlicher Grundsatz von Montgomery war, nach und nach seine gesamte Armee bis zum letzten Landser in die groben Züge des Gesamtplanes einzuweihen. Es begann damit, daß er am 19. und 20. Oktober alle höheren Offiziere bis hinunter zum Rang des Oberstleutnants im Amariyo-Kino von Alexandria versammelte und ihnen selbst einen Vortrag über seinen Plan hielt. Die ältesten Hasen konnten sich nicht erinnern, jemals so beeindruckt ein Kino verlassen zu haben. Montgomerys Art, niemals ein überflüssiges Wort zu sagen und nur durch kalte Tatsachen zu überzeugen, war die einzige verbliebene Möglichkeit, auf die skeptischen und so oft enttäuschten »Wüstenratten« Eindruck zu machen.

Nach genau befohlenem Plan ließ er dann die Einzelheiten und damit seine Siegeszuversicht in der gesamten Armee verbreiten. Die höheren Offiziere unterrichteten ihre direkten Untergebenen, und schließlich, zwei Tage vor dem Angriff, versammelten die Truppenoffiziere ihre Einheiten um sich und malten mit Stöckchen in den Sand, was geschehen werde. Zugleich wurde strikte Urlaubssperre verhängt. Eine ganze Armee, zum erstenmal seit Wavells Tagen wieder von einem einheitlichen Willen gelenkt und von ihrer Überlegenheit überzeugt, wartete auf den Startschuß.

In einer Publikation nach dem Kriege* veröffentlichte Feldmar-

* »Alamein and the Desert War«, herausgegeben von Derek Jewell.

schall Viscount Montgomery of Alamein handschriftliche Notizen, die offenbar die Grundlage seines Vortrages vor den höheren Offizieren seiner Armee waren. Unter Punkt 6 »Der Feind« steht: »Geringere Stärke, nur kleine Vorräte an Benzin und Munition«, und der Kernsatz unter Punkt 8 »Allgemeine Führung der Schlacht« lautet: *Er* kann keine lange Abnützungsschlacht überstehen; wir können es.«

Montgomery erklärte den Offizieren, er habe seine Vorstellungen im Laufe der letzten Wochen geändert. Noch im September wollte er nach dem bis dahin gültigen Dogma der Wüstenschlacht zunächst die mechanisierte Streitmacht des Gegners vernichten. Dann kam er zu dem Schluß, daß die Ausbildung seiner Leute (insbesondere wohl mit dem neuen Sherman-Tank, dem einzigen ernsthaften Gegner der deutschen Panzer III und IV) dazu nicht ausreichte. Deshalb beschloß er, »in methodischem Fortschreiten, Einheit für Einheit, langsam und sicher« zuerst die infanteristischen Kräfte der Achse aufzureiben. In dieser Abnützungsschlacht würden auch die Panzer-Streitkräfte der Achse zwangsläufig dahinschmelzen, wenn man sie geschickt auf Abwehr-Fronten und Tanks in »hull-down-position« auflaufen ließe.*

Niemand möge in den ersten Tagen spektakuläre Erfolge erwarten. Aber wenn sich jedermann an den Plan hielte, sei der Sieg sicher.

Eine Notiz lautet: »Ganze Affäre ungefähr 10 Tage (12).« Genau zwölf Tage nach dem Beginn des Angriffs wurde in der Tat der entscheidende Durchbruch erzielt. »Monty« erklärte dazu, diese genaue Vorhersage sei »kein glücklicher Schuß im Dunkeln«, sondern das Ergebnis langer Tage und Nächte des Nachdenkens und der Diskussion.

Es ist heute schwer nachzuprüfen, ob er damals im Kino tatsächlich von zwölf Tagen gesprochen hat; sicher ist, daß Montgomery

* Das dürfte der wichtigste Punkt sein: weniger eine Anleihe bei Rommels Taktik als das Ergebnis einer sorgfältigen und klugen Analyse. Nur in der Alamein-Stellung würde man den »Wüstenfuchs« dazu bringen können, seine kostbaren Panzer bei solchen Aufgaben offensiver Verteidigung zu verheizen, um die einzige Enge zwischen Alexandria und El Agheila zu halten. Rommel-Vertreter Stumme biß sofort auf den Köder an; Rommel setzte den eingeschlagenen Kurs fort, hatte aber auch keine andere Wahl.

nicht weniger als sein Gegenüber auf seinen Nachruhm bedacht war. Sicher ist auch, daß er Churchill und Alanbrooke gegenüber von sieben Tagen gesprochen hat; am achten Tag rief der Premier den Reichsgeneralstabschef an und polterte: »Was macht *Ihr* Monty da? Ich glaube, er läßt die Schlacht einschlafen ...«

Und nicht alles ging nach Plan, so eindrucksvoll und exakt es auch begann.

Die Überlegenheit der 8. Armee übertraf bei den meisten Waffen die klassische Forderung Napoleons, daß der Angreifer dem Verteidiger mindestens im Verhältnis 2:1 überlegen sein müsse. Auf der Achsen-Seite standen wieder 530 Panzer, aber 300 davon waren italienischer Bauart.* Montgomery konnte 1200 Tanks ins Gefecht schicken, davon 470 schwere (Shermans und Grants). Bei Artillerie und Pak sind Zahlenvergleiche noch problematischer als bei anderen Waffen; allein die 78 Rohr Acht-acht, wohl eingegraben auf der deutschen Seite, sind in ihrer Kampfkraft schwer gegen britische Geschütze abzuwiegen.

Aber zwei weitere Zahlen kennzeichnen den Wandel der Zeiten: Von den alten Zweipfünder-Pak waren bei der 8. Armee noch 500 im Einsatz, jedoch 753 der neuen, starken Sechspfünder sowie allein 832 der bewährten 25-Pfünder-Feldhaubitzen. Und hinter diesen Geschützen lagen Berge von Munition.

Auch für die Panzerarmee waren 20 000 Tonnen Munition in den letzten Wochen auf afrikanischem Boden eingetroffen. Aber sie lagen in den Häfen der Cyrenaika. Es fehlte an Transportkapazität und Sprit; nicht einmal anderthalb Jahre war es her, daß die Logistiker ihre schnell vergessenen Berechnungen über die benötigten Lkw-Flotten aufgestellt hatten ...

Das Wichtigste war, daß die Achsen-Luftwaffe den 500 Jägern und 200 Bombern der RAF nichts Ernsthaftes entgegenzustellen hatte.

Der Ausgang war nicht zweifelhaft.

* Eine Abteilung gewaltiger »Tiger« mit Acht-acht-Kanone, von Hitler versprochen, war ausgeblieben.

Die Wende des Afrika-Krieges begann am 23. Oktober 1942 um 21.40 Uhr. Auf der gesamten Frontbreite begannen mit einem Schlag 882 Feld- und mittlere Geschütze die deutsch-italienischen Artilleriestellungen zu beschießen. Es gab eine gewisse Konzentration im Norden, aber da die Täuschung gewahrt bleiben und im Süden ein Ablenkungsangriff gelaufen werden sollte, mußten die Batterien schon über die ganze Breite der Alamein-Linie verteilt werden.

Nach 20 Minuten brach das Trommelfeuer ab. An 882 Geschützen stellten die Kanoniere neue Werte ein. Dann brüllten die stählernen Mäuler wieder auf. Diesmal detonierten die Granaten unmittelbar vor den Bereitstellungsräumen der Infanterie, hinter denen die geduckten Silhouetten der Valentine-Unterstützungstanks aufgereiht waren.

Langsam und nach genau festgelegtem Zeitplan begann die Feuerwalze nach Westen zu wandern. Die ersten Kompanien der angreifenden Infanterie hatten die Aufgabe, »Fühlung zu halten« mit der wandernden Hölle aus Blitzen, Staub und zackigen Splittern, um sofort nach dem Beschuß über den Stellungen der überlebenden Verteidiger zu sein.

Unmittelbar vor den ersten Stellungen vervielfachten sich die Detonationen: Rommels »Teufelsgärten«, mit größter Sorgfalt ausgedachte Kombinationen aus Minen aller Typen, Fliegerbomben und Stacheldraht, flogen in die Luft. Der Boden zitterte, und unter dem Dröhnen der Explosionen hörte man kaum das Brummen schwerer Flugzeugmotoren: eine erste Welle von 125 zweimotorigen Bombern flog an, um im grellen Schein der »Christbäume« ihre Bomben über den Artilleriestellungen abzuladen. Unbeirrte und in einem eintrainierten Schrittmaß marschierten die Sturmtruppen nach Westen, Dudelsäcke plärrten aufpeitschend bei den Schotten der 51. Hochland-Division. Navigationsoffiziere mit Schrittzählern und Kompaß voran, neben ihnen Pioniere mit elektrischen Minensuchgeräten. Kommandos markierten die Gassen und legten ein breites, weißes Band aus, das die Mittellinie des Angriffs bezeichnete. An einigen Stellen feuerten Bofors-»Pompoms« mit festgestellten Rohren farbige Leuchtspurgeschosse in ununterbrochenem Strom, um die Grenzen zwischen Angriffsabschnitten zu kennzeichnen. Es war eine Hölle mit wohldurchdachtem System.

Wenn die Feuerwalze der Artillerie kurz stehenblieb, kennzeichnete dies das Erreichen eines bestimmten Zwischenziels, wo nach festliegenden Plänen Stützpunkte eingerichtet wurden. Fünfeinhalb Stunden lang, mit gestaffelten Pausen von jeweils 10 Minuten stündlich (für das strapazierte Rohr und nicht etwa die strapazierten Kanoniere), feuerte jedes Geschütz, durchschnittliche 600 Granaten pro Rohr.

Die Ziele der ersten Nacht, zwei »Korridore« durch Minenfelder und Hauptkampflinie zu schlagen, wurden mit vergleichsweise geringfügigen Verlusten erreicht. Die ersten Gefangenen, ausgemergelt und verstört, taumelten nach hinten. Die deutschen Divisionen zählten zu dieser Zeit im Durchschnitt weniger als 4000 Mann.

Zu dieser Zeit lag Montgomery ruhig in seinem Wohnwagen und schlief. Um Punkt 22 Uhr hatte er sich hingelegt: »Es gab nichts, was ich zu dieser Zeit tun konnte; die Schlacht war nun in den Händen meiner Generale. Ich wußte, daß eine Krise eintreten würde, und vielleicht sogar mehrere, bevor die zwölf Tage vergangen waren. Ich war entschlossen, zwischendurch zu ruhen, wann immer das möglich war, und ich war bald fest eingeschlafen.«*

Die deutsch-italienische Artillerie schoß kaum in dieser ersten Nacht. Angesichts der Munitionsknappheit hatte Rommel-Vertreter General Georg Stumme, ein bewährter Panzerführer, vorerst keinen Feuerbefehl gegeben. Er wollte sich zunächst Klarheit verschaffen. Im Morgengrauen des 24. Oktober fuhr er nach Rommel-Vorbild selbst an die Front, geriet in einen Feuerüberfall und starb an einem Herzschlag.

Ein paar Stunden später erhielt Rommel auf dem Semmering bei Wien ein Fernschreiben:

* »Alamein and the Desert War«.

– – GKDOS – –EILT SEHR – –

1.) FEIND GREIFT SEIT 23/10 ABENDS ZUNAECHST NORDABSCHNITT UND SEIT 24/10 FRUEH AUCH SUEDABSCHNITT AN. MIT VERSTAERKUNG UND AUSDEHNUNG DES ANGRIFFS AUF GANZE FRONT AB 25/10 MUSS GERECHNET WERDEN. –

2.) GENERAL STUMME 24/10 AUF FRONTFAHRT IN HINTERHALT GERATEN UND SEIT 0930 UHR TROTZ EINGEHENDER NACHSUCHE VERMISST. ES MUSS ANGENOMMEN WERDEN, DASS ER VERWUNDET IN GEFANGENSCHAFT GERATEN IST ...

PANZER ARMEE AFRIKA ROEM EINS A GKDOS NR 2794 + +

– – ZUSATZ DER FUNKZENTRALE ROM: –

BITTE DIE AUSHAENDIGUNGSZEIT DES FERNSCHREIBENS AN GENERAL-FELDMARSCHALL ROMMEL SOFORT AN FS STELLE HRFX AUFGEBEN + +

Am Abend des 25. Oktober war Rommel wieder in Afrika. Er war immer noch krank, aber er wußte auch, daß sich in diesen Tagen das Schicksal »seines« Kriegsschauplatzes und mehr entschied.

Wahrscheinlich hoffte er wirklich, noch etwas retten zu können. In Rom hatte er kurz Station gemacht. Nach einem Gespräch mit General von Rintelen wußte er, wie es um den Nachschub bestellt war. U-Boote und Zerstörer würden versuchen, Benzin nach Marsa Matruk zu bringen. Hauruck-Instrumente wie die armen Lastensegler ...

Als er ankam, war die 15. Panzerdivision in fruchtlosen Gegenangriffen, ganz nach Montgomerys Plan, auf 38 Panzer zusammengeschmolzen. Rommel zog sofort die 21. Pz.Div., die noch im Süden hinter der Front gestanden hatte, ebenfalls nach Norden.* Auch sie war bald schwer angeschlagen, und Montgomery teilte

* Allerdings nicht vollständig; Not zwang ihn zum verhaßten »Kleckern«: Er konnte die südliche Front nicht völlig entblößen, denn der Benzinmangel war schon so akut, daß es zweifelhaft schien, ob eine Rückverlagerung nach Süden möglich sein würde.

dem Reichsgeneralstabschef zufrieden mit, Rommel tanze bisher nach seiner Pfeife, während bei Rommel ein merkwürdiges Fernschreiben aus Rom ankam:

»Der Duce beauftragt mich, Ihnen für den gelungenen und von Ihnen persönlich geführten Gegenangriff seine tiefe Anerkennung auszudrücken. Der Duce spricht Ihnen sein volles Vertrauen darüber aus, daß die in Gang befindliche Schlacht unter Ihrer Führung siegreich beendet wird. Ugo Cavallero.« Rommel hatte wohl nicht die Zeit, sich verhöhnt zu fühlen. Der Schlußakt begann.

Montgomery überlegte: Sein Gegner mußte inzwischen davon überzeugt sein, daß er den Durchbruch oben an der Küste erzwingen wolle. Das war auch genau, was er vorgehabt hatte, aber jetzt schien es an der Zeit, den Schwerpunkt zu verlagern. In der Nacht zum 28. November zog er in aller Ruhe die neuseeländische und die 1. Tankdivision aus der Frontlinie. Als Churchill in London davon hörte, drehte er nahezu durch und schickte den Staatsminister für den Mittleren Osten zu Monty, um ihn zu fragen, ob er etwa dabei sei, zu verlieren.

Mit der knappen Auskunft: »Im Gegenteil, aber wir haben keine Zeit« setzte Guingand den Unglücklichen vor die Tür.

Die Front war nun in der nördlichen Hälfte stark nach Westen ausgebeult, und Montgomery beschloß, den entscheidenden Einbruch vom untersten Rand dieser Beule in südwestlicher Richtung zu führen, wo er eine Nahtstelle zwischen Deutschen und Italienern zu treffen hoffte.

Er traf sie ganz richtig; das änderte nichts daran, daß auch hier der Einbruch zu einem schaurigen Gemetzel wurde. Als die Infanterie ihre Ziele erreicht hatte, wurde die 9. Tankbrigade mit 132 Kampfwagen durch die Lücke geschickt, um den letzten Widerstand zu brechen und Geschützstellungen zu zerstören. Nur 19 Tanks blieben übrig. Aber das schlug den Weg frei für die 270 Tanks der 1. Division als zweiter Welle. Und in Reserve standen noch zwei Tankdivisionen, darunter die berühmte 7., die Original-»Wüstenratten«.

Der nicht nachlassende, wütende Widerstand der deutsch-italienischen Truppen – auch der italienischen; die Ariete wurde völlig aufgerieben, ähnlich die Littorio und die Fallschirmjägerdivision Folgore – hatte Montgomerys Vorsicht noch gesteigert. Noch immer schien es ihm besser, sich nicht auf die Art Gefecht einzulassen, die der Wüstenfuchs so perfekt beherrschte: den schnellen Bewegungskampf mechanisierter und motorisierter Einheiten. Er konnte nicht wissen, wie katastrophal die Versorgungslage auf der anderen Seite inzwischen geworden war. Also hielt er seinen Verein zusammen, widerstand der Versuchung, den »Blitz« mit Durchbrechen und Ausfächern nachzuahmen. Daß er damit den Krieg in Afrika mit größter Wahrscheinlichkeit auf der Stelle beendet hätte, kann man heute leicht sagen.

Es bleibt ein Unterschied zwischen Fehlentscheidungen, die in voller Kenntnis aller Tatsachen begangen werden – etwa dem Stoß nach Ägypten ohne gesicherte Nachschubwege –, und solchen, die aus dem vorsichtigen Abwägen ungesicherter Informationen und Vermutungen entstehen.

Ein Ritter hat die Nase voll

Bei der Kommunikation zwischen Rommel und dem Führerhauptquartier kam es in diesen kritischen Tagen zu einem Verwirrspiel, das man erheiternd finden könnte, hätte es nicht vor dem Hintergrund von Blut und Tod und Qual stattgefunden.

Am 2. November war Hitler mit dem gesamten Stab aus Winniza in sein ostpreußisches Hauptquartier »Wolfsschanze« zurückgekehrt. Daß die Lage bei El Alamein kritisch war, hatte sich natürlich aus den Lageberichten Rommels ergeben. Deshalb beschloß der Führer, ihm eine moralische Spritze zu geben, deren Kernsätze fatal an das »Willenskraft«-Telegramm Churchills aus den vergangenen Tagen der Kämpfe zwischen Gazala und Tobruk erinnerten:

»Es wäre nicht das erste Mal in der Geschichte, daß der stärkere Wille über die stärkeren Bataillone des Feindes triumphierte. Ihrer Truppe aber können Sie keinen anderen Weg zeigen als den zum Siege oder zum Tode. Adolf Hitler.«

Aus irgendeinem Grunde – der »Ultra«-Experte Winterbotham

vermutet, es sei Sand in die Entschlüsselungsmaschine geraten –, mußte der Funkspruch zwischen Berlin und Rom oder zwischen Rom und Afrika wiederholt werden. So bekam Rommel ihn erst am Mittag des folgenden Tages, des 3. November, zu Gesicht. Er mußte ihn für die Antwort auf einen langen, zwölfteiligen Funkspruch halten, den er am Abend zuvor abgesetzt hatte. Darin hatte Oberst Westphal im Einverständnis mit dem Generalfeldmarschall eine ausführliche Lagebeurteilung abgegeben und schlicht angekündigt, daß der unvermeidbar gewordene Rückzug nunmehr angetreten werde.

Ein solches Propaganda-Geschwätz als Entgegnung auf eine sachliche Analyse war selbst für hitlersche Verhältnisse ein schwerer Brocken. Während Rommel zähneknirschend seine Rückzugsbefehle aufhob und selbst das Armeehauptquartier zur Rundum-Verteidigung fertigmachen ließ, gab es fern in der »Wolfsschanze« ein ungeheures Geschrei.

Rommels Lagebericht mit der Ankündigung des Rückzuges, nachts um 2 Uhr bei Rintelens Dienststelle in Rom eingegangen, war gegen 3 Uhr früh auch im ostpreußischen Hauptquartier abgesetzt. Der diensttuende Offizier in General Warlimonts »Sperrkreis II« hatte seinen Dienst erst abends angetreten und infolgedessen keine Ahnung von Hitlers Durchhalte-Telegramm.

Der ältere Reserve-Major hielt den Funkspruch aus Afrika für die Fortsetzung einer vorausgegangenen Tele-Kommunikation und legte ihn für den nächsten Tag beiseite, zumal Hitler um diese Zeit schlafenzugehen pflegte und das Fernschreiben, geprägt von Westphals afrikanischem Selbstbewußtsein, nicht etwa um die Erlaubnis zum Rückzug bat, sondern ihn schlicht und selbstverständlich ankündigte.

Als Hitler die Meldung am nächsten Mittag zu Gesicht bekam, war das Gebrüll ungeheuer. Der unglückliche Major wurde mit sofortiger Erschießung bedroht und sollte ein Geständnis ablegen: War die Verzögerung der Vorlage ein abgekartetes Spiel zwischen Rommel und dem »Sperrkreis II«, damit der Feldmarschall sich, von Durchhalte-Befehlen unbehelligt, aus Alamein davonmachen konnte?*

* Hitler ist anscheinend nie so recht dahintergekommen, daß sein vorher abge-

Der Major wurde degradiert, Warlimont weggejagt, was der offenbar recht gutmütige Hitler-Adjutant Schmundt später rückgängig machen konnte. Inzwischen traf Rommels Propaganda- und Ordonnanzoffizier Berndt, ein angesehener Nazi aus dem Goebbels-Ministerium, in Ostpreußen ein und schilderte die Lage.

Auch Kesselring, der sich noch zwei Tage zuvor mit Berichten über eine »Entspannung der Lage« wichtig gemacht und damit das Durchhalte-Telegramm mitbeeinflußt hatte,* schloß sich von Afrika aus Rommels »Freie Hand«-Forderung an. Mürrisch gab Hitler nach. Mit 24 (für manches Schicksal entscheidenden) Stunden Verspätung begann der offizielle Rückzug. Aber schon war die Küstenstraße verstopft mit ungeordnet zurückflutenden Haufen, brennenden Wracks und stehengelassenen Fahrzeugen, zwischen die britische Jagdbomber feuerten.

Unmittelbar nachdem er von Hitlers Durchhalte-Befehl gehört hatte, griff sich der Nehring-Nachfolger als DAK-Kommandeur, Generalleutnant Ritter von Thoma (ein zwanzigmal verwundeter Haudegen aus dem Ersten Weltkrieg) einen Segeltuchbeutel mit Toilettensachen, ließ sich zur Front fahren und verschwand in einem Deckungsloch, aus dem ihn auch das Geschrei seines Fahrers beim Auftauchen britischer Panzerspitzen nicht mehr hochscheuchen konnte. Bayerlein will ihn noch »hochaufgerichtet im Feuerhagel« gesehen haben. Naja ... sowas liest man gelegentlich, obwohl physikalische Gesetze stark gegen die Wahrscheinlichkeit sprechen, daß einer im echten »Feuerhagel« lange stehenbbleibt.

Jedenfalls wurde der Ritter bald darauf von Montgomery zu einem kleinen Imbiß empfangen. Ein untadeliger Offizier hatte für sich eine Entscheidung getroffen, zu der man ihn nur beglückwünschen konnte. Nur schade, daß der einfache Landser schon durch mangelhaften Informationsstand, aber auch durch zahlreiche Bedrohnisse solcher Möglichkeiten freier Selbstbestimmung beraubt war ...

setzter Spruch wie eine Antwort aussah und den Rückzug tatsächlich zunächst stoppte, denn nach Warlimonts Aussagen pflegte er noch Jahre später darüber zu greinen, daß er keine Gelegenheit bekommen habe, Rommel zum »Vorne stehenbleiben« zu veranlassen.

* Westphal berichtet, daß Rommel an diesem 4. November auf den eben aus Deutschland eintreffenden Kesselring gezeigt und geflüstert habe: »Der hat uns das alles eingebrockt!«

Bayerlein übernahm vorübergehend das Kommando über das DAK. Es waren die Stunden des Schwankens; noch hatte Hitler seinen Durchhalte-Befehl nicht aufgehoben, Ritter von Thoma hatte überdeutlich seine Haltung dazu gezeigt, der kühle Westphal argumentierte, daß ein in so weiter Entfernung gegebener Befehl aus Gründen, die nur an Ort und Stelle erkennbar seien, nicht zu befolgen sei – und der eifrige und ehrgeizige Bayerlein fragte, was er denn nun mit dem DAK machen solle.

Als ihn Brigadier Young kurz nach dem Kriege befragte, sagte Bayerlein, Rommel habe geantwortet: »Ich kann Sie nicht ermächtigen, diesem Befehl nicht Folge zu leisten.«

Das wäre eine beträchtliche Sauerei gewesen: Kein anständiger Kommandeur kann angesichts drohenden Kriegsgerichts eine solche Entscheidung auf den weitaus Dienstjüngeren abwälzen, dessen kaum noch divisionsstarkes Korps mit letzter Kraft in Abwehrkämpfen verblutete.

Und siehe da, mit dem Wechsel der Jahre und wachsender Rommel-Verehrung wandelte sich auch wohl die Erinnerung Bayerleins, denn er zitierte für Paul Carells Buch »Die Wüstenfüchse« Rommel so: »Der Führerbefehl ist sinnlos geworden ... Wenn wir für den Ungehorsam, den wir jetzt begehen, vor ein Kriegsgericht gestellt werden, so müssen wir für unseren Entschluß geradestehen. Machen Sie Ihre Sache gut. Alle Ihre Befehle an die Truppe sind in meinem Namen gegeben. Sagen Sie das den rangälteren Kommandeuren, falls Sie Schwierigkeiten bekommen.« Das dürfte auf ähnliche Weise zustandegekommen sein wie der »hoch aufgerichtete« Ritter; Westphal berichtet (in »Erinnerungen«), daß er Bayerlein damals inständig gebeten habe, nicht weiterzuerzählen, daß von Thoma mit der Absicht in die vorderste Linie gegangen sei, sich gefangennehmen zu lassen.

Ein Sterbender spielt Harmonika

Wüst würfelt das Schicksal im Kriege die Leute herum, und auf Rückzügen dieser Art ganz besonders. Der eine kommt weg, den anderen erwischt es, so oder so ...

Zu den wenigen intakten Einheiten gehörte der Sonderverband 288, komplett mit Fahrzeugen, Benzin, brauchbaren Waffen und Munition. Oberleutnant Buchholz zog mit seinen Männern als Flankenschutz weit unten durch die Wüste, von Fliegern gejagt, einmal auch von den eigenen, zerfetzte Reifen flickend, sich die nachschnüffelnden Aufklärungseinheiten vom Halse haltend, immer mal wieder die Toten begrabend. Bei Marsa el Brega, an der gefährlichen Enge, sollten sie noch einen starken Sherman-Verein aufhalten, bis das Gros der geschlagenen, fliehenden Armee die Küstenstraße hinuntergezogen war.

Hauptfeldwebel Wendt lag, den Oberschenkel von Splittern zerschlagen, in einem Lazarett in Marsa Matruk. Über tausend Mann lagen da, nicht geh- und transportfähig, was nur eben kraulen konnte, wurde von durchziehenden Einheiten mitgenommen.

Die Zahl der Sanitäter wurde immer kleiner, ein Oberarzt ging durch den Raum mit den langen Reihen zweistöckiger Betten. Wendt richtete sich mühselig auf und fragte: »Wie ist denn eigentlich die Lage, gehen wir in Gefangenschaft?«

»Ja«, sagte der Oberarzt, »es ist wohl nur noch eine Frage von Stunden.«

Es wurde ganz still in dem großen Raum. Wendt gegenüber lag ein blutjunger, ausgemergelter Bursche, der leise auf einer Mundharmonika Heimatlieder zu spielen begann. Erst lange, nachdem er verstummt war, sah ein Sanitäter nach ihm und winkte einem anderen, um ihn wegzutragen. Er war tot.

Auf einmal gingen Engländer durch den Raum, waren freundlich und fürsorglich, die schlimmsten Fälle wurden sofort nach Kairo und Alexandria ausgeflogen. Wendt brauchte zwei Jahre, bis er wieder laufen konnte.

Auch Günther Halm, der Junge mit dem Ritterkreuz, lag im Lazarett, nach wochenlanger Ruhr entkräftet umgekippt, abgemagert wie ein Gespenst. Als der Rückzug begann, wurde das Feldlazarett aufgelöst: »Seht zu, wie ihr weiterkommt!«

Er hatte Glück, ein Lastwagen nahm ihn mit bis nach Derna. Als sich auch dort alles auflöste, ging er zu dem kleinen Hafen, saß verlassen unter Hunderten von Soldaten am Ufer, alle mit der winzigen Hoffnung: Vielleicht nimmt mich noch ein Schiff mit?

Ein Obersteuermann ging vorbei, vierschrötig und wohlgenährt, stutzte und sah sich den abgemagerten Burschen an, an dessen Hals das Ritterkreuz blinkte.

»Komm mit, Junge«, sagte er mitleidig.

Bis Athen lag Halm in seiner Kajüte, vom Fieber geschüttelt. Erst nach Monaten wurde er wieder gesund.

In der Nähe von Fuka bombardierten englische Verbände die Rückzugstraße. Brände flackerten in den dichtgedrängten Fahrzeugkolonnen auf, im fahlen Licht der »Christbäume« rannten demoralisierte Männer um ihr Leben, weg von den Fahrzeugen, weg von der Straße.

Ein blonder Junge in der Uniform eines Flieger-Gefreiten scharrte mit bloßen Händen Steine zusammen, baute sich einen kleinen Schutzwall. Es war Siegfried Kurre, der Lastensegler-Pilot, der auf dem von Fliegerbomben umgewühlten Feldflugplatz Qu'taifia hängengeblieben war.

Zuerst hatten Kurre und sein Bordmechaniker Paul Hapke noch gehofft, daß sie ihren durchlöcherten Vogel irgendwie repariert kriegen würden, daß ein Schleppflugzeug sie abholen würde.

Ein paar Tage nach dem ersten Angriff wurde der Flugplatz auch notdürftig instandgesetzt, die Trichter zugeschüttet. Ein paar Me 109 fielen ein, starteten auch gelegentlich gegen die Bomber-Verbände und ihre Begleitjäger – wenn etwas Sprit angekommen war.

Luftkämpfe spielten sich über ihnen ab, zerschellte und notgelandete Maschinen von Freund und Feind lagen ringsum in der Wüste. Aus einer wohlerhaltenen Me 109, um die sich niemand kümmerte, baute sich der begeisterte Flieger Kurre die wichtigsten Instrumente aus. Merkwürdigerweise sollte er sie durch alle Fährnisse des Krieges behalten, sie sogar mit nach Hause bringen und dreizehn Jahre später in das erste Segelflugzeug des neugegründeten Fliegerclubs Nienburg bauen.

Auf dem Flugplatz Qu'taifia verstrichen die Tage, die beiden Flieger freundeten sich mit den Flaksoldaten an, nicht zuletzt dank der Kartoffelpuffer-Künste von Paul Hapke. Ein neuer Bomber-Verband erschien, verwüstete noch einmal den Platz, die übriggebliebenen Me 109 verschwanden.

Es war noch ein Trost, daß wenigstens die heilgebliebenen Ersatzteile aus ihrem Lastensegler ausgeladen und verwendet wurden. Kurre und Hapke machten sich im leeren Laderaum ihr Nachtlager zurecht, sicher vor Sandflöhen und Skorpionen. Bei den Flak-Leuten standen sie mit auf der Verpflegungsliste, machten sich auch manchmal nützlich beim Muni-Schleppen und bestaunten das Wunderwerk des Funkmeß-(Radar)Gerätes, das sie zum erstenmal sahen.

Als am 23. Oktober Montgomerys Offensive begann, hörten sie in Qu'taifia das Dröhnen des konzentrierten Artilleriefeuers.

»Macht euch keine Sorgen, wir nehmen euch mit, wenn wir abhauen müssen«, sagte der Wachtmeister von der Flak-Meßstaffel. In den nächsten Tagen wurde der Kampflärm immer lauter. Schließlich strömten italienische Soldaten, abgerissen und waffenlos, am Flugplatz vorbei nach Westen. Manchmal konnte der Rußland-erfahrene Kurre Abschüsse von Panzerkanonen hören.

Am Abend des 4. November bekam die Flakbatterie den Rückzugsbefehl. Kurre besorgte sich vom WuG-Wachtmeister zehn Stielhandgranaten, baute sich eine geballte Ladung zusammen und jagte das Cockpit seines Seglers in die Luft. Der Flak-Wachtmeister kam in einem englischen Beute-Jeep gefahren, die wichtigsten Besitztümer der beiden Flieger paßten noch drauf: die Fallschirme, die Instrumente aus dem Jäger, und natürlich Kocher und Kartoffelpuffer-Pfanne.

Sie blickten noch lange zurück auf ihren mißhandelten Segler. Eigentlich hätten sie ihn noch in Brand stecken müssen. Aber das brachten sie nicht übers Herz.

Der Anblick der Küstenstraße war für den 19jährigen Kurre, aufgewachsen und erzogen im Glauben an den Führer und die Überlegenheit des deutschen Herrenmenschen, ein schwerer Schock. Ausgemergelte und entnervte Landser, viele mit blutigen Verbänden, hasteten nach Westen.

In der dichtgedrängten Fahrzeugkolonne waren weit und breit keine schweren Waffen zu sehen. Jeder rettete das nackte Leben. So etwas hatte Kurre bisher nur in den Wochenschauen gesehen, die das Ende feindlicher Armee zeigten.

Als in der pechschwarzen Nacht bei Fuka über ihnen die »Christbäume« der feindlichen Bomber aufblühten und Reihenwürfe durch die Kolonne pflügten, brach eine Panik aus. Die tischflache Ebene links und rechts der Straße bot keine Deckung. Harter, felsiger Boden erhöhte die Wirkung der Splitterbomben. Im fahlen Licht der Leuchtkugeln warfen die rennenden Soldaten groteske Schatten. Nach jedem Einschlag sprangen sie wieder auf und stürzten weiter, nur weg von der Straße.

»Liegenbleiben, ihr Idioten!« brüllte schließlich eine Stimme, »die sehen uns doch!«

Kurre zwang das Entsetzen in sich nieder und schmiegte sich an den Boden. Im schrillen Pfeifen der Bomben glaubte er die Stelle am Nacken zu fühlen, wo es ihn treffen würde. Um ihn Schreie und Kordit-Gestank. Er betete ein Vaterunser, was er seit Pimpfen-Tagen für verweichlicht hielt, und fühlte sich seltsam getröstet.

Als der Bombenverband abdrehte, hastete Kurre zum Jeep zurück, der unversehrt zwischen brennenden Lastwagen stand. Die Flak-Soldaten waren schon da. »Paul!« brüllte Kurre.

»Ja?« eine Gestalt kroch unter dem Jeep hervor.

»Du hast sie nicht mehr alle«, sagte Kurre entgeistert, »was willst du denn unter dem Auto?«

»Ick hatte keene Lust zum Loofen«, sagte Hapke gelassen.

Die Kolonne schob sich weiter. Am zweiten Tag begann es zu regnen. Das rettete vermutlich einen großen Teil der Armee.

Die RAF konnte nicht fliegen. Sie hätte ein furchtbares Gemetzel unter dem Heerlager anrichten können, das sich tagelang vor den Serpentinen des Halfaya-Passes staute.

Feldgendarmerie löste ein Fahrzeug nach dem anderen aus dem Gewühl und lotste sie die Paßstraße hinauf. Wenn die Bewölkung aufriß, horchte jeder ängstlich nach Osten.

»Tiefflieger!« brüllte plötzlich jemand. Alles stürzte auseinander, raste keuchend in die Wüste hinein, aber nichts geschah. Irgendeinem waren die überreizten Nerven durchgegangen.

Mindestens zwei Mann schliefen nachts im Jeep, legten die Köpfe auf die Kanister mit dem kostbaren Benzin. Solange man Sprit hatte, brauchte man wenigstens nicht zu laufen wie die armen Italiener, die hohlwangig am Straßenrand mitzogen oder entkräftet herumlagen.

Am Halfaya-Paß taumelte einer auf den Jeep zu. »Sete, ho sete«, krächzte er mit schrundigen Lippen. Kurre gab dem Verdurstenden den Rest aus seiner Feldflasche.

Am 8. November erreichten sie Tobruk.

Eine der letzten He 111 nahm sie mit. Zufällig mußte der Flugzeugführer nach Lecce (Süditalien), wo Kurres 2. Go-Staffel lag.

Die geschlagene Armee in Afrika schien wie ein ferner Alptraum, als sie abends, satt und mit einem Extra-Kochgeschirr voll Rotwein, in ihrem Quartier saßen.

Der Führer sprach wie alljährlich zum Jahrestag des mißglückten Nazi-Putsches von München. Die Flieger von Lecce hörten ihn im Radio. Nach ein paar Minuten glaubte der 19jährige Kurre wieder fest an den Endsieg. Noch 30 Jahre später sollte er sich voller Staunen über sich selbst daran erinnern, daß er damals in Lecce vor Begeisterung und Erregung eine Gänsehaut bekam.

»Roosevelt, der alte Gangster . . .«

Auch der Generalfeldmarschall Erwin Rommel hörte die Hitler-Rede im Radio, allerdings mit völlig gegenteiligem Ergebnis, was erneut auf den Unterschied im Informationsstand zwischen General und Soldat zurückzuführen ist.

Er saß im Befehlsomnibus des Generals C. H. Lungershausen, des Kommandeurs der 164. Division, der zwischen den Trümmern des Forts Capuzzo stand. Und er hörte die Rede des Führers vor seinen »alten Marschierern«, diese suggestive Mischung aus scheinbar sachlichen Informationen und pseudo-logischen Schlüssen, diese wandlungsfähige Stimme, mal tief und auf dem R der »Ausrottung« rollend, mal überkippend am Rande der Hysterie, die doch ein ganzes Volk besoffen gemacht hatte.

». . . und wenn sie deshalb heute sagen, sie rückten irgendwo in der Wüste etwas vor – sie sind schon einige Male vorgerückt und sind wieder zurückgekehrt –, das Entscheidende ist in diesem Krieg, wer den endgültigen Haken austeilt. Und das werden wir sein, davon können Sie überzeugt sein!«

Um den Omnibus lagen die Reste einer geschlagenen Armee, die nie wieder vorrücken würde. Als Lungershausen seinen Oberbefehlshaber fragte, wieviel kampfkräftige Truppen er denn wohl noch habe, antwortete Rommel bedrückt: »Vielleicht eine verstärkte Brigade.«

Die tiefe Stimme orgelte, ein ganzes Volk hörte zu, in Betrieben und Wohnstuben und in den Notunterkünften der unter Bomber-Schlägen zerfallenden Städte. Hörten sie genau zu, hörte der Feldmarschall genau zu?

»Sie werden sich noch der Reichtstagssitzung erinnern, in der ich erklärte: Wenn das Judentum sich etwa einbildet, einen internationalen Weltkrieg zur Ausrottung der europäischen Rassen herbeiführen zu können, dann wird das Ergebnis nicht die Ausrottung der europäischen Rassen, sondern die Ausrottung des Judentums in Europa sein. Man hat mich immer als Propheten ausgelacht. Von denen, die damals lachten, lachen heute Unzählige nicht mehr, und die jetzt noch lachen, werden es vielleicht in einiger Zeit auch nicht mehr tun . . .«

Ein seltener Fall, das Geständnis eines Massenmörders vor Millionen Zuhörern.

Aber am Morgen dieses Tages hatte »Torch« begonnen, die Landung anglo-amerikanischer Sturmtruppen in Marokko und Algerien. Hitler ging mit einem Satz darüber hinweg: »Wenn Roosevelt heute seinen Angriff auf Nordafrika ausführt mit der Bemerkung, er müsse es vor Deutschland und Italien schützen, so braucht man über diese verlogene Phrase dieses alten Gangsters kein Wort zu verlieren . . .«

Statt dessen brüstete er sich mit der Einnahme von Stalingrad. Elf Tage später sollte die sowjetische Offensive beginnen, die das Ende der ganzen Armee Paulus bedeutete.

Ahnte Hitler trotzdem schon, daß der »Kulminationspunkt« des Generals von Clausewitz erreicht war? Er »bewies« mit der Schein-Logik, die von nun an ständig wiederholt wurde, daß nur Deutschland den Krieg gewinnen könne:

»Einer muß fallen – entweder wir oder sie.

Wir werden nicht fallen – folglich fallen die anderen.«

Zumindest für seinen Kriegsschauplatz konnte Rommel dem nicht so ganz folgen: »Wir müssen die Reste unserer Armee auf das Festland herüberkriegen. In Afrika haben wir verloren«, sagte er zu Lungershausen.

Von der Landung der Anglo-Amerikaner hatte auch der Stab der Panzerarmee nur im Radio gehört. »Die offizielle Begründung war, daß man uns nicht verwirren wollte«, berichtet Westphal. In der Tat hatte die Mehrheit im Führerhauptquartier, gebannt auf das Drama im Osten starrend, den Mittelmeer-Kriegsschauplatz in dieser Zeit noch gleichgültiger behandelt als zuvor.

Schon am 10. Oktober hatte Rintelen nach Berlin berichtet, das Commando Supremo erwarte eine Landung in Französisch-Nord- oder Westafrika: »Höhere Offiziere haben in letzter Zeit gelegentlich ihr Erstaunen durchblicken lassen, daß seitens des OKW auf die Frage der vorzubereitenden Gegenmaßnahmen gegen feindliche Landungen in Nord-West-Afrika nicht näher eingegangen werde ...«

Sieben Tage später antwortete das OKW: »Das Oberkommando der Wehrmacht sieht die Verteidigung der französischen Kolonien als eigene französische Aufgabe an und ist der Ansicht, daß die Franzosen schon in ihrem eigenen Interesse ihr Kolonialreich verteidigen werden ...« Das vom Commando Supremo beabsichtigte Vorgehen gegen Tunesien werde die Franzosen nur in die Arme der Engländer und Amerikaner treiben.

Der Widerstand der Franzosen war nicht allzu gewaltig.

Andererseits war Churchills Wunsch, so weit wie möglich nach Osten zu gehen und frühzeitig die Mittelmeer-Schlüsselpositionen Tunis und Bizerta zu nehmen, nicht durchgedrungen. Das sollte den Krieg im Mittelmeer beträchtlich verlängern. General Nehring, nach seiner Genesung auf dem Rückweg zu Rommel, wurde nach Tunesien geschickt und improvisierte aus dem Nichts einen deutsch-italienischen Brückenkopf. In den ersten Tagen holte er sich seine Feindnachrichten dadurch ein, daß er die französischen Mädchen in den verschiedenen Telefonzentralen anrief und mit ihnen parlierte: »Sind bei euch schon Amerikaner? Sind es viele, und haben sie Panzer bei sich?«

Aber es wurde dort nun doch ein richtig ordentlicher großdeutscher Kriegsschauplatz; gleich nach Nehring traf auch eine Dienststelle des berüchtigten Sicherheitsdienstes (SD) in Tunis ein, geführt von SS-Obersturmbannführer Rauff, dessen Briefe und Fernschreiben an das Reichssicherheitshauptamt (RSHA) und an seinen »lieber Walter« (Schellenberg) von stolzen Taten gegen die ortsansässigen Juden künden; eine rechte »Endlösung« gelang so unter den Augen französischer und italienischer Dienststellen natürlich nicht mehr, aber immerhin konnte man verhaften und zum Arbeitsdienst zwingen, Kontributionen aus ihnen herauspressen und Herrenrasse spielen. In einem seiner Briefe war Rauff weg vor Glück, weil es gelungen war, ein Todesurteil zu erzielen und es ganz schnell zu vollstrecken, ehe der französische Generalresident Esteva eingreifen konnte.

Den Befehl, »Juden zu Befestigungsarbeiten heranzuziehen«, gab OB Süd Kesselring, nett und hilfsbereit wie immer. Er sollte dann auch noch Oberbefehlshaber der Landtruppen in Afrika werden, was er sich angesichts seiner hohen Meinung von seinen strategischen Fähigkeiten immer so sehr gewünscht hatte. Und wenn Nehring in den späteren Phasen realistische Urteile über die militärische Lage abgab, sagte er hinterhältig: »Das müssen Sie mir schriftlich geben.« — Nehring mußte bald gehen.

Epilog

»Rommels Krieg in Afrika« endete in diesen Novembertagen nach der Niederlage von El Alamein. Es war nicht mehr sein Krieg, seit es nur noch rückwärts gehen konnte, seit die Verheißung des Nils und ferner, exotischer und ruhmbringender Ziele für immer verschwunden war.

Er flog Ende November unangemeldet zu Hitler. Das Protokoll über die Unterredung ist auf ausdrücklichen Führerbefehl vernichtet worden. Sicher ist, daß Rommel den Obersten Kriegsherrn überreden wollte, völlig zu räumen und die Truppen, auch unter Aufgabe der schweren Waffen, zur Verteidigung Europas auf das Festland zurückzubringen.

Aber Hitler war nun schon beim »Jeden-Fußbreit-Boden«-Dogma, dem Dogma der Verlierer. Vieles ist zweifelhaft, was mündlich von der Unterredung überliefert wurde. So ist es schwer vorstellbar, daß ausgerechnet Hitler, der von Waffen und Waffenwirkung mehr verstand als mancher seiner Generale*, zur Lösung der Nordafrika-Probleme »6000 Gewehre« angeboten haben soll. Wahrscheinlicher ist, daß Hitler in der Tat jede weitere Debatte mit den Worten unterband: »Nordafrika wird verteidigt und nicht geräumt – das ist ein Befehl, Herr Feldmarschall!«

Er habe ihn dann aus dem Raum gewiesen und sei, mit Tränen in den Augen und entschuldigenden Worten, noch einmal hinter Rommel hergelaufen – auch das mag hingehen; Hitler war kein Dummkopf, er sah zu dieser Zeit wahrscheinlich schon, daß es nicht nur in Stalingrad schiefgehen werde.

Rommel ging noch einmal, bis Anfang März 1943, nach Afrika zurück. Er führte seine Truppen zurück in den Brückenkopf Tunesien, schon bald zynisch umgetauft in »Tunisgrad«. Aber bevor 252 000 Mann in Gefangenschaft gingen, lieferten sie den Alliierten noch wilde Kämpfe, kamen noch einmal so viele ums Leben, wie der Feldzug jenseits der tunesischen Grenzen gefordert hatte. Zu welchem Zweck? Als Nehring den Kriegsschauplatz im Dezember 1942 verließ und sich bei dem Halder-Nachfolger als Generalstabschef, Zeitzler, meldete, bot er einen Bericht über seine Erfahrungen an. Aber Zeitzler wehrte ungeduldig ab: »Afrika? Unfug, das habe ich längst abgeschrieben!«

Sir John Hackett meint, der von El Alamein bis nach Tunesien hinein fehlgeschlagene Vorsatz Montgomerys, Rommels zurückgehende Truppe einzukesseln und zu vernichten, sei zwar taktisch ein gewisses Versagen gewesen, habe sich aber strategisch als großer Erfolg erwiesen: Weil Hitler nie der Versuchung widerstehen konnte, soviel wie nur möglich in einen offensichtlichen Fehlschlag zu investieren, habe der Brückenkopf Tunesien noch ein bedeutendes Stück der Achsen-Kraft gefressen. In der Tat ergoß sich noch ein Strom von Menschen und bestem Material nach Tunesien, was der verkürzte Seeweg zu der vorspringenden Felsennase Afrikas sehr erleichterte. Und noch als der Himmel über dem schrumpfenden Brückenkopf von anglo-amerikanischen Jägern wimmelte, ließ Hitler Personal in Transportern hinüberflie-

* Er hatte zum Beispiel schon 1940 befohlen, den Panzer III nur noch mit der langen 5-cm-Kwk zu bauen, und es gab einen mächtigen Krach, als sich herausstellte, daß der Befehl mit Rücksicht auf Produktionszahlen nicht ausgeführt wurde.

gen – mit schauerlichem Ergebnis.

Die schwerfälligen Transporter – darunter in großer Zahl der Me 323 »Gigant«, ein als Riesensegler konzipierter Sperrholzapparat mit nachträglich angefügten sechs Motoren –, wurden von den Jagdflugzeugen serienweise abgeschossen, ein gefahrloses Gemetzel, das selbst den Kampfpiloten auf die Nerven fiel.

Als die Achsen-Truppen in Nordafrika am 13. Mai 1943 kapitulierten, war Rommel seit zwei Monaten zur Kur in Deutschland – nicht, wie US-General Eisenhower verächtlich meinte, »um seine Haut zu retten«; die Kur war von Hitler verordnet, und auch das Fernschreiben liegt bei den erhaltenen Akten.

»The turn of the tide« – die Wende der Gezeiten – war schon in jenen Novembertagen eingetreten, aber viele merkten es immer noch nicht. Im Juli landeten die Alliierten auf Sizilien, ein halbes Jahr später als Churchill gehofft hatte, aber desto sicherer gelang das Unternehmen nach dem afrikanischen Aderlaß für die Achse. Vier Tage später brach die letzte deutsche Offensive im Osten (»Zitadelle«) zusammen. In England begannen die Vorbereitungen für das Unternehmen »Overlord«, die endgültige Rückkehr auf den europäischen Kontinent.

Zu dieser Zeit war Rommel der einzige deutsche Feldmarschall, der aus eigener Erfahrung beurteilen konnte, wie der Kampf um Westeuropa bei klarer Luftüberlegenheit der Alliierten ausgehen würde. Er kommandierte die Heeresgruppe B in Frankreich, und er stand in lockerer Verbindung zu einer Gruppe oppositioneller Offiziere und Politiker, die einen Putsch gegen Hitler und die Nazis planten.

Ganz offensichtlich war es weniger moralisches Aufbäumen gegen das Mord-Regime als die Einsicht, daß der Krieg verloren war, was ihn zu dieser Verbindung trieb: Man dürfe Hitler nicht umbringen, forderte er, und bot sich an, den Führer zu politischen Konsequenzen aus der verfahrenen militärischen Lage zu überreden: zum Friedenmachen.

Längst hatten die Alliierten auf ihrer Konferenz in Casablanca bedingungslose Kapitulation gefordert und klargemacht, daß Hitler für sie kein Vertragspartner war, und daß ihre Koalition bei allen inneren Widersprüchen ein untrennbares Zweckbündnis zur Erreichung dieses Zieles war.

So war die Vorstellung in doppeltem Sinne Traumtänzerei: zum einen war Hitler nicht zu Friedensangeboten zu bewegen, zum anderen hätte es nichts genützt.

Die alliierten Truppen unter dem alten Gegner Montgomery hatten in der Normandie Fuß gefaßt, ihre Bombergeschwader durchzogen am hellen Tage ungehindert den europäischen Himmel, das Ende war absehbar, als Rommel mit Gleichgesinnten eine neue Illusion entwickelte: Ohne Beteiligung Hitlers mit den Westmächten einen Separatfrieden zu schließen, wozu Schriftsteller Ernst Jünger Abendland in Sahnesauce servierte: eine gemeinsame »christliche Front« gegen die Kommunisten.
Ähnliches war auch vorher besprochen und für besonders aussichtsreich gehalten worden, falls eine alliierte Invasion mißlingen sollte.

Wie auch immer, es blieb die Phantasterei, daß man die halbe Welt anfallen und dann, wenn es einem an den Kragen ging, der einen Hälfte der Feind-Koalition zurufen wollte: »Seht doch die scheußliche Fratze des Bolschewismus da an eurer Seite ...«

Und sich selbst als viel besseren Partner anzubieten, garantiert christlich-abendländisch, die Menschenverbrennungsmaschinen würde man kurz vorher noch schnell löschen können, das hatten ja nur die Bösen gemacht, da hatte man nichts mit zu tun.

Rommel habe zu ihm gesagt: »Wenn wir die Atombombe hätten, glaube ich, daß wir weiterkämpfen sollten«, berichtete Vizeadmiral Ruge, gewiß kein Feind des Marschalls. Wo bleibt da das Bild des Geläuterten, aus moralischen Gründen zur Opposition gegangenen Mannes, der aus Entsetzen über die Nazi-Verbrechen, die ihm durch den Widerstandskreis bekannt wurden, Schluß machen wollte?

Am 17. Juli 1944, drei Tage vor dem mißlungenen Attentat auf Hitler, wurde Rommel in der Normandie bei einem Tieffliegerangriff lebensgefährlich verwundet. Mit der ihm eigenen Vitalität erholte er sich schnell und ließ sich zu seiner Familie nach Herrlingen bei Stuttgart bringen. Dort arbeitete er an seinen Notizen, focht die Schlachten in Afrika noch einmal, trauerte den gewaltigen strategischen Möglichkeiten nach, die nach seiner Ansicht

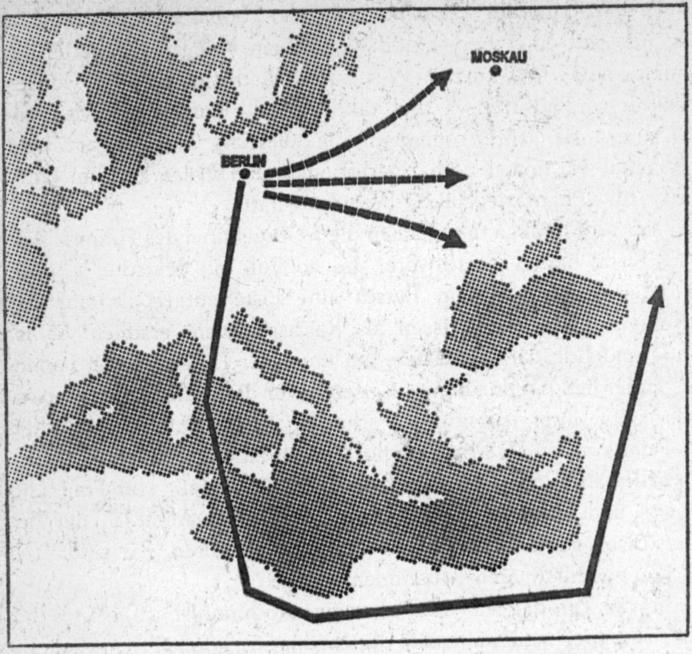

Was geradeaus (gestrichelte Linien, Grob-Darstellung) nicht reichte, sollte »durch die Hintertür« gehen: Rommels strategische Vorstellungen und die Länge dor Nachschubwege.

auf diesem Kriegsschauplatz versäumt worden waren:

Nur mit den Panzer- und motorsierten Verbänden, »die untätig in Frankreich und dem Reichsgebiet herumstanden«, hätte er nicht nur die englische Mittelost-Basis, sondern gleich den ganzen sowjetischen Koloß erledigen können, träumte er. Staunend liest man (»Krieg ohne Haß«), daß ihm das Nildelta und der Persische Golf mit seinen Ölquellen bei weitem nicht genügten, es sollte weitergehen über den Irak und Persien, die Barriere des Kaukasus leichthin überwindend, in die russische Ebene hinein, und zwar überaus geschwinde: »Die Russen hätten sicherlich nicht in aller Eile eine motorisierte Truppe aus dem Boden stampfen können, die uns organisatorisch und taktisch irgendwie in den offenen Flächen gewachsen gewesen wäre . . .«

Es war immerhin später Sommer oder Herbst 1944, die Russen zeigten sich einer immer noch gewaltigen Kriegsmaschinerie, die auf geradem und kurzem Weg aus Deutschland versorgt werden konnte, organisatorisch und taktisch nicht nur »irgendwie« gewachsen; sie griffen energisch die »Festung Europa« an. Und Rommel war immer noch ärgerlich, daß man seinen Plan im Jahre 1942 als »Phantasiegebilde« bezeichnet hatte.

Am 14. Oktober 1944 kamen die Mordgehilfen des Führers. Anscheinend hatten Verschwörer des 20. Juli mit deutscher Gründlichkeit schon vor dem Putsch eine Liste aufgestellt, auf der Rommel ohne sein Wissen als Reichspräsident erschien. Es ist auch möglich, daß Verhaftete ihn unter der Folter belastet haben.

Hitler ließ ihn durch zwei Generale vor die Wahl stellen, entweder unter ihrer Aufsicht ein schnellwirkendes Gift zu schlucken – oder vor den Volksgerichtshof gestellt zu werden. Der Feldmarschall wählte das Gift, verabschiedete sich gefaßt von Frau und Sohn und von seinem Gefährten Hauptmann Aldinger, der ihn beschwor, nicht aufzugeben: »Wir haben Waffen, wir sind doch schon in schlimmeren Situationen gewesen ...«

In der Tat, das war nicht abwegig: Noch immer vergötterte ihn die Truppe, man hätte sich durchschlagen können ... Aber die Mörder kannten die schwache Stelle des sonst so furchtlosen Mannes: seiner Familie werde nichts geschehen, hatten die Generale auszurichten; eine Pension für die Frau, ein Staatsbegräbnis in allen Ehren, kein Hindernis für den Lebensweg des Jungen ... Es war also kein Aufgeben, es war ein Opfer für die Familie. Das gab den Ausschlag.

So ging er mit den Generalen, stieg in ihren Wagen zu seiner letzten Fahrt. Was auch immer die Legenden zu berichten haben: Kein kühner feldherrlicher Schachzug, keine Tat in der Todesgefahr des Schlachtfeldes war größer als diese letzte, die nicht aus Ehrgeiz und Kampfeslust, sondern aus Liebe und Fürsorge kam.

Literaturverzeichnis

Alman, Karl:
»Ritterkreuzträger des Afrikakorps«, Rastatt 1968

Aberger, Heinz-Dietrich/Taysen, Adalbert von/Ziemer, Kurt:
»Nur ein Bataillon ...«, M. G. Btl. 8, Essen 1972

Bryant, Arthur:
»The Turn of the Tide«, (nach den Tagebüchern von Field-Marshall Lord Alanbrooke, 1939–1943), New York 1957

Bekker, Cajus:
»Angriffshöhe 400«, Oldenburg 1964

Bekker, Cajus:
»Verdammte See«, Oldenburg und Hamburg 1971

Bullock, Allan:
»Hitler«, Düsseldorf 1961

Brown, Anthony Cave:
»Die unsichtbare Front«, München 1976

Burdick, Charles B.:
»Unternehmen Sonnenblume«, Neckargemünd 1972

Bayerlein, Fritz/Nehring, Walther, u. a.:
»Marsch und Kampf des DAK«, München 1945

Bayerlein, Fritz:
»El Alamein« in »The Fatal Decisions«, New York 1956

Bauer, Eddy:
»Der Panzerkrieg«, Bonn 1965

Bender, Roger James/Law, Richard D.:
»Afrikakorps«, Uniform, Organization and History, Mountain View, Calif. 1973

Churchill, Winston S.:
»Der zweite Weltkrieg«, Bd. 1–5, Bern–München–Wien 1953

Ciano, Galeazzo:
»The Ciano Diaries« 1939–1943, New York 1973

Caidin, Martin:
»Flying Forts« The B-17 in World War II, New York 1968
Crisp, Robert:
»Brazen Chariots«, London 1959
Carell, Paul:
»Die Wüstenfüchse«, Stuttgart 1974, Hamburg 1958
Davy, George:
»The Seventh and Three Enemies«, Cambridge 1952
Esebeck, Hanns-Gert von:
»Helden der Wüste«, Bielefeld 1943
Esebeck, Hanns-Gert von:
»Afrikanische Schicksalsjahre«, Wiesbaden 1949
Esebeck, Hanns-Gert von:
»Das Deutsche Afrika-Korps«, Wiesbaden und München 1975
Engel, Gerhard:
»Heeresadjutant bei Hitler«, Stuttgart 1974
Eppler, John W.:
»Rommel ruft Kairo«, Gütersloh 1959
Fergusson, Bernhard:
»The Black Watch and the King's Enemies«, London 1950
Greiner, Helmuth/Schramm, Percy Ernst:
»Kriegstagebuch des Oberkommandos der Wehrmacht« Band I–IV, Frankfurt am Main 1963
Greiner, Helmuth:
»Die Oberste Wehrmachtführung«, 1939–1943, Wiesbaden 1951
Halder, Franz, Generaloberst:
»Kriegstagebuch«, Stuttgart 1962
Schulze-Holthus:
»Frührot in Iran«, Eßlingen 1952
Hubatsch, Walther:
»Hitlers Weisungen für die Kriegsführung«, Frankfurt am Main 1962
Hagemann, Walter:
»Publizistik im Dritten Reich«, Hamburg 1948
Hißmann, Joseph:
»Insch Allah«, Bochum 1968

Haupt, Werner/Bingham, J. K. W.:
»Der Afrika-Feldzug«, Dorheim 1968
Horrocks, Sir Brian, Lt-General:
»The 7th Queen's Own Hussars«, London 1975
Hillgruber, Andreas:
»Hitler, König Carol und Marshall Antonescu, 1938–1944«, Wiesbaden 1954
Heckstall-Smith, Anthony:
»Tobruk« London 1959, 1961
Irving, David:
»Hitler und seine Feldherren«, Berlin 1975
Jacobsen, Hans-Adolf/Rohwer, Jürgen:
»Entscheidungsschlachten des Zweiten Weltkrieges«, Frankfurt/Main 1960
Jacobsen, Hans-Adolf/Dollinger, Hans:
»Der Zweite Weltkrieg in Bildern und Dokumenten«, München 1963
Joly, Cyril:
»Take These Men«, London 1955
Kühn, Volkmar:
»Mit Rommel in der Wüste«, Stuttgart 1975
Kesselring, Albert:
»Soldat bis zum letzten Tag«, Bonn 1953
Luftwaffen-Kriegsberichter-Kompanie:
»Balkenkreuz über Wüstensand«, Oldenburg 1943
Liddell Hart, B. H.:
»The Rommel Papers«, London 1953
Liddell Hart, B. H. (Herausgeber):
»The German Generals Talk«, New York 1948
Lewin, Ronald:
»Rommel as a Military Commander«, London 1968
Long, Gavin:
»To Benghazi«, Canberra 1966
Macksey, K. J., Major:
»Afrika-Korps«, London 1972
McCorquodale, Colonel O. B. E.:
»History of the King's Dragoon Guards«, Glasgow

Moorehead, Alan:
»Afrikanische Trilogie«, Braunschweig–Berlin–Hamburg 1947
Montgomery, Feldmarschall:
»Von El Alamein zum Sangro«, Hamburg 1949
Montgomery, Bernhard Law Viscount:
»Weltgeschichte der Schlachten und Kriegszüge«. Bd. 1 und 2, München 1975
Montgomery, Bernhard Law, Viscount:
»Alamein and the Desert War«, London 1967
von Mellenthin, F. W.:
»Panzer Battles«, Oklahoma 1958 (Deutsch: Bergisch Gladbach, 1980)
Maughan, Barton:
»Tobruk and Alamein«, Canberra 1966
Perrett, Bryan:
»The Matilda«, London 1973
Perrett, Bryan:
»The Valentine in North Afrika«, London 1972
Perrett, Bryan:
»The Churchill«, London 1974
Perrett, Bryan:
»Through Mud and Blood«, London 1975
Phillips, C. E. Lucas:
»Alamein«, London 1962
Platt, J. R. I., Brigadier:
»The Royal Wiltshire Yeomanry« (Prince of Wales' Own), London 1972
Picker, Henry:
»Hitlers Tischgespräche im Führerhauptquartier 1941–1942«, Stuttgart 1963
Playfair, I.:
»The Mediterranean and Middle East«, Bd. 1–4, London 1954–1966
Rintelen, Enno v.:
»Mussolini als Bundesgenosse«, Tübingen und Stuttgart 1951
Rommel, Erwin:
»Krieg ohne Haß«, Heidenheim 1950

Shores, Christopher F.:
»Pictorial History of the Mediterranean Air War«, London 1973
Sündermann, Helmut:
»Tagesparolen«, Deutsche Presseanweisungen 1939–1945, Leoni 1973
Steffens, Hans von:
»Salaam«, Geheimkommando zum Nil, Neckargemünd 1960
Schmidt, Heinz Werner:
»With Rommel in the Desert«, London 1951
Speer, Albert:
»Spandauer Tagebücher«, Frankfurt/Berlin/Wien 1975
Warlimont, Walter:
»Im Hauptquartier der deutschen Wehrmacht 1939–1945«, Frankfurt am Main 1964
Winterbotham, Frederick, Colonel:
»Aktion Ultra«, Deutschlands Code-Maschine, London 1974, Frankfurt am Main, Berlin 1976
Westphal, Siegfried, General:
»Erinnerungen«, Mainz 1975
Westphal, Siegfried (Redaktion):
»Schicksal Nordafrika«, Döffingen 1954
Young, Desmond:
»Rommel«, mit einem Vorwort von Sir Claude Auchinleck, London 1950

Anmerkung zum Literaturverzeichnis

Die Versuchung war groß, in der vorstehenden Aufstellung die üblichen »Rumms-da-brannte-der-Tommy«-Publikationen von den Arbeiten zu trennen, bei denen man darauf vertrauen kann, daß sie nichts als gesicherte Informationen enthalten. Ich habe dieser Versuchung widerstanden, weil die meisten Veröffentlichungen auf diese oder jene Weise doch Respekt verdienen, auch wenn man in ihnen voller Wiedersehensfreude die Irrtümer der ganz frühen Autoren, die am wenigsten dafür können, wiederentdeckt; weil es Grenzfälle und Mischformen gibt, diese eigentlich sogar in der Mehrheit sind; weil niemand vor Irrtümern gefeit ist und auch eine differenzierte Rangfolge Anmaßung sein kann:

Da vermerken etwa die überaus respektablen Bearbeiter des Halder-Kriegstagebuchs hinter einer Zahlenangabe über englische Kreuzertanks: »d. h. schwerste Panzer«; oder die nicht weniger verehrenswürdigen Herausgeber des KTB/OKW lassen hartnäkkigst schon im April 1941 Kämpfe bei Marsa Matruk stattfinden; oder der wohlinformierte General der Kavallerie a. D. Siegfried Westphal verpaßt den Engländern schon im Herbst 1941 Panzerkanonen vom Kaliber 75 mm (wären die glücklich gewesen!).

So bleibt einem denn die Erkenntnis und die Erklärung, daß man für seine Irrtümer selbst verantwortlich ist, so sehr man auch die geduldigen Herren in den Archiven gequält hat. Und da ist allerherzlichster Dank abzustatten, insbesondere bei den Herren des Militärarchivs in Freiburg, des Imperial War Museum in London, des Black Watch Museum in Perth, des Bundesarchivs in Koblenz und der Public Record Office in London. Dank aber auch den Soldaten aller Ränge zwischen Singen am Hohentwiel und Coupar Angus im Schottischen Hochland, die für mich ihre Erinnerung strapaziert haben – und eine Entschuldigung denen, die ich stundenlang geplagt und dann bei der Fülle des Materials womöglich nicht einmal erwähnt habe.

Obwohl ich mich darauf beschränkt habe, bei den namentlich genannten Zeugen einen überschaubaren Kreis von beiden Seiten auszuwählen, war doch keine Aussage umsonst; die große Zahl von Momentaufnahmen der Erinnerung ergab schließlich in Mosaikform das Bild des Ganzen.

Aber bei allem Bemühen, aus dem gewaltigen Geschehen das Typische auszuwählen und es, abgesichert durch vergilbte Akten und Kriegstagebücher in den Archiven, zu einem möglichst wirklichkeitsgetreuen Bild des Krieges zusammenzusetzen, mag doch gelegentlich ein Blickwinkel schief, eine Beobachtung ungenau gewesen sein. Und in dieser Beziehung geht das Interesse von Autor und Verlag über das Veröffentlichen dieses Buches hinaus:

Für die zukünftige Arbeit würden wir uns über jede Zuschrift freuen, sei es Zustimmung oder Kritik, Anregung oder Korrektur der geschilderten Ereignisse. Zugleich möchten wir gern mit

Afrika-Kämpfern in Kontakt kommen, die an den Kämpfen nach El Alamein, dem Rückzug und den Schlachten im Brückenkopf Tunesiens teilgenommen haben. Schreiben Sie bitte an:

W. Heckmann, G. Lübbe Verl., Postf. 200 127, 5060 Berg. Gladb. 2

Register

Das folgende Stichwort-Verzeichnis ist unterteilt in ein Namens- und ein Ortsregister. Im Namensregister wird Erwin Rommel nicht aufgeführt, da sein Name durchgehend im ganzen Buch erscheint. Im Ortsregister werden in einigen Fällen auch geografische Punkte erwähnt, sofern sie eine wichtige Rolle spielen, wie etwa der »Ruweisat-Rücken«. Die Namen von Staaten sind erwähnt, wenn sie als aktiv Handelnde im Text vorkommen. Auf die im Bildteil vorkommenden Personen wird im Register nicht gesondert hingewiesen.

NAMENSREGISTER